高等院校经济管理类专业应用型系列教材

组织行为学
（第2版）

田在兰 赵巧丽 主 编
林玮玮 黎志凯 吴梅影 何小文 副主编

清华大学出版社
北 京

内 容 简 介

本书根据人在组织中的三种不同存在形式（个体成员、群体成员、组织成员）编写，共分为四篇、十章。第Ⅰ篇为导论，介绍了组织行为学的学科特点和研究方法；第Ⅱ篇为个体心理与行为，介绍了个体心理与行为的基础，个体差异，以及动机与工作激励；第Ⅲ篇为群体心理与行为，介绍了群体心理与行为的基础，沟通与冲突管理，以及领导行为；第Ⅳ篇为组织心理与行为，介绍了组织心理与行为的基础，组织文化，以及组织变革与发展。

本书适合高等院校、应用型大学经济管理类专业的师生作为教材使用。

本书封面贴有清华大学出版社防伪标签，无标签者不得销售。
版权所有，侵权必究。举报：010-62782989，beiqinquan@tup.tsinghua.edu.cn。

图书在版编目（CIP）数据

组织行为学/田在兰，赵巧丽主编．—2版．—北京：清华大学出版社，2021.10（2024.7重印）
高等院校经济管理类专业应用型系列教材
ISBN 978-7-302-58700-2

Ⅰ.①组… Ⅱ.①田…②赵… Ⅲ.①组织行为学－高等学校－教材 Ⅳ.①C936

中国版本图书馆 CIP 数据核字（2021）第 141309 号

责任编辑：陈凌云
封面设计：傅瑞学
责任校对：李　梅
责任印制：杨　艳

出版发行：清华大学出版社
网　　址：https://www.tup.com.cn，https://www.wqxuetang.com
地　　址：北京清华大学学研大厦 A 座　　邮　编：100084
社 总 机：010-83470000　　邮　购：010-62786544
投稿与读者服务：010-62776969，c-service@tup.tsinghua.edu.cn
质量反馈：010-62772015，zhiliang@tup.tsinghua.edu.cn
课件下载：https://www.tup.com.cn，010-83470410

印 装 者：三河市科茂嘉荣印务有限公司
经　　销：全国新华书店
开　　本：185mm×260mm　　印　张：18.5　　字　数：424千字
版　　次：2012年2月第1版　　2021年10月第2版　　印　次：2024年7月第4次印刷
定　　价：55.00元

产品编号：090937-01

从理论上讲,组织行为学研究的是组织中人的心理与行为,而人在组织中的心理和行为不是随机事件,是可以被解释、预测和控制的。组织行为学将心理学、社会学、人类学、生理学的相关知识和原理应用在对人的研究和管理上,是一门综合性较强的交叉学科。

从实践来讲,组织的成功依赖于组织的绩效,组织的绩效依赖于组织的行为,组织行为的基础是群体行为,群体行为的基础是个体行为。组织行为学关注人们在组织中做什么以及这种行为对组织绩效会产生怎样的影响,使管理者能够掌握员工的心理和行为发展变化的规律性,更充分地调动和发挥人们的积极性和创造性,以保证组织目标的实现,取得最佳的工作绩效。

人在组织中有三种存在形式。首先,作为一个单独的个体,人会表现出差异性的心理和行为,包括价值观、个性、态度、能力、情绪以及动机等;其次,作为群体中的一员,由于受到群体规范、群体压力等的影响,人又会表现出不同于个体的心理和行为,如从众、顺从、社会助长、社会抑制、社会惰化等;最后,人作为大的组织环境中的一员而存在,还会不可避免地被牵涉到权力与政治行为中,受到组织文化氛围和组织变革环境的影响和约束。

本书依据人在组织中的不同存在形式,分为四篇、十章,具体如下。

第Ⅰ篇 导论

第一章 组织行为学导论。本章主要介绍组织行为学的内涵、学科特点和知识框架体系,理清这门学科的发展脉络,提出其主要的研究方法。

第Ⅱ篇 个体心理与行为

第二章 个体心理与行为的基础——知觉与归因。不同的个体知觉外部世界和对自己的行为进行归因的过程是不一样的,最终会导致个体决策的差异性。

第三章 个体差异。个体与个体之间是存在差异的,表现在个性、气质、能力、价值观、态度、情绪等方面。

第四章 动机与工作激励。不同个体在组织中的工作动机是不一样的,组织对此应采取不同的激励方式,因而形成了四种不同类型的激励理论:内容型激励理论、过程型激励理论、强化激励理论和综合激励理论。

第Ⅲ篇　群体心理与行为

第五章　群体心理与行为的基础——群体的结构与行为。群体的形成要具备一定的条件,在群体动力下,会形成一些独特的群体行为,包括从众、顺从、惰化、暗示等。

第六章　沟通与冲突管理。群体中的沟通需要掌握一定的方法和技巧,而不同的群体沟通网络在沟通效果上也有差异性,进而对群体决策的有效性产生影响,沟通不顺畅就会产生员工间的冲突。

第七章　领导行为。领导是群体中比较特殊的个体,领导的有效性会对群体行为产生影响。领导理论主要包括三个观点：领导特质理论、领导行为理论和领导权变理论。

第Ⅳ篇　组织心理与行为

第八章　组织心理与行为的基础——权力与政治。权力与政治是组织中不同利益共同体相互争夺的产物,是组织心理和行为的基础。权力的本质是依赖性,权力的互相争夺会引发组织中政治与政治行为的发生。

第九章　组织文化。组织文化体现了组织软性的一面,组织中的成员会受到组织文化氛围的影响与约束。组织文化是由一些基本元素构成的,代表着组织的独特个性。

第十章　组织变革与发展。组织结构体现了组织硬性的一面,而组织结构不是一成不变的,会随着内外部环境的变化而产生变革与发展。

本书的特色主要有以下几点。

(1) 章首案例和章尾案例。每章以案例开篇,引起学生的兴趣。学完本章内容后,章尾案例可帮助学生加强对知识的理解。

(2) 关键术语。章尾以中英文对照的形式总结和回顾了本章的关键术语,供学生参考。

(3) 链接材料。每章的内容中都安排了链接材料,包括故事、试验、小案例等,拓宽学生的知识面。

(4) 课后习题。每章末尾提供了练习题,供学生加强对知识点的理解。

由于水平所限,书中错漏之处在所难免,恳请广大读者批评指正,在此表示感谢!

编　者
2021 年 4 月

第Ⅰ篇 导论

第一章 组织行为学导论 ………………………………… (003)
第一节 组织和组织行为 ………………………………… (004)
第二节 组织行为学的内涵与学科特点 ………………… (005)
第三节 组织行为学的发展与研究方法 ………………… (009)

第Ⅱ篇 个体心理与行为

第二章 个体心理与行为的基础——知觉与归因 ……… (027)
第一节 知觉和人际知觉 ………………………………… (028)
第二节 归因和归因理论 ………………………………… (036)
第三节 个体决策 ………………………………………… (042)

第三章 个体差异 …………………………………………… (057)
第一节 个体—组织交换的基础：心理契约 …………… (058)
第二节 个性与能力 ……………………………………… (061)
第三节 价值观与态度 …………………………………… (076)
第四节 情绪与情感 ……………………………………… (087)

第四章 动机与工作激励 …………………………………… (098)
第一节 动机和激励 ……………………………………… (099)
第二节 内容型激励理论 ………………………………… (102)
第三节 过程型激励理论 ………………………………… (110)
第四节 强化激励理论 …………………………………… (114)
第五节 综合激励理论 …………………………………… (116)

第Ⅲ篇 群体心理与行为

第五章 群体心理与行为的基础——群体的结构与行为 (129)
- 第一节 群体及其发展 (130)
- 第二节 群体动力和群体行为 (134)
- 第三节 团队及团队合作 (148)

第六章 沟通与冲突管理 (160)
- 第一节 沟通及其改善 (161)
- 第二节 群体决策 (175)
- 第三节 冲突和冲突管理 (179)

第七章 领导行为 (191)
- 第一节 领导的定义和本质 (192)
- 第二节 领导特质理论 (196)
- 第三节 领导行为理论 (197)
- 第四节 领导权变理论 (202)
- 第五节 当代的领导理论 (207)

第Ⅳ篇 组织心理与行为

第八章 组织心理与行为的基础——权力与政治 (225)
- 第一节 权力与权术 (226)
- 第二节 政治和政治行为 (229)

第九章 组织文化 (241)
- 第一节 组织文化及其构成 (242)
- 第二节 组织文化的功能和理论 (249)
- 第三节 组织文化的塑造 (254)

第十章 组织变革与发展 (266)
- 第一节 组织变革 (267)
- 第二节 组织发展 (275)

参考文献 (287)

Part One
第 I 篇

导 论

第一章　组织行为学导论

第一章 组织行为学导论

【学习目标】
1. 掌握组织、行为、组织行为的概念；
2. 理解组织行为学的内涵和知识框架体系，了解组织行为学的学科特点；
3. 了解组织行为学的不同发展阶段；
4. 认识、了解组织行为学的各种研究方法。

【篇首案例】

沃尔玛的人性管理

沃尔玛是全球最大的私人雇主，但公司不把员工当作"雇员"来看待，而是把他们视为"合伙人"和"同事"。公司规定，管理者对下属一律称"同事"，而不称"雇员"。即使是沃尔玛的创始人山姆·沃尔顿在称呼下属时，也是称呼其为"同事"。

沃尔玛各级职员分工明确，很少有歧视现象。领导和员工及顾客间呈倒金字塔形关系，顾客放在首位，员工居中，领导则置于底层。员工为顾客服务，领导为员工服务。"接触顾客的是一线员工，而不是坐在办公室里的官僚。"员工作为直接与顾客接触的人，其工作质量至关重要。因此，领导的工作就是给予员工足够的指导、关心和支援，以使员工更好地服务于顾客。

在沃尔玛，所有员工包括总裁佩戴的工牌都注明"我们的同事创造非凡"，除了名字外，没有任何职务标注。公司内部没有上下级之分，下属对上司也直呼其名，营造了一种上下平等、随意亲切的气氛。这让员工意识到，自己和上司都是公司内平等且同样重要的一员，只是分工不同而已，从而全心全意地投入工作，为公司也为自己谋求更大利益。

在沃尔玛，管理者必须尊敬和亲切地对待下属，不能靠恐吓和训斥来领导员工。创始人沃尔顿认为，好的领导者要在待人和业务的所有方面都加入人的因素。

如果通过制造恐怖的方式来经营，那么员工就会感到紧张，有问题也不敢提出，结果只会使问题变得更糟；管理者必须了解员工的为人及其家庭，还有他们的困难和希望，尊重和赞赏他们，表现出对他们的关心，这样才能帮助他们成长和发展。

Organizational Behavior

第一节 组织和组织行为

人的行为是可以预测的,而通过预测组织中人的行为又可以进一步预测组织的行为。

一、组织的定义及其特征

组织是指为了达到一定目标,由两个以上的人组成的系统。生活在社会中的个体会有自己的目标,有的目标可以单独完成,有的目标需要多人合作才能完成,个体为了达到自己单独行动不能达到的目标,就会建立组织。

著名组织理论学家巴纳德从人与人相互合作的角度来解释组织,他说,人们单独行动会受到主观和客观条件的限制,为了冲破这种限制,需要两个或更多的人合作,这就产生了组织。通过人与人之间的分工协作,可以达到单个人所不能达到的目标,因此巴纳德曾将组织定义为"两人以上有意识的协调力量和活动的合作系统"。

组织包含不同的类型,如政府、企业/公司、学校、研究所、医院、剧院、基金会、学会/协会等,具体又可以分为:营利组织(profit organization)和非营利组织(non-profit organization)、政府组织(government organization)和非政府组织(non-government organization, NGO)、正式组织(formal organization)和非正式组织(informal organization)等。

任何组织都具有以下三个共同特征。

(1) 明确的目标。组织都有自己的目标,著名管理学家德鲁克曾经指出,企业首先要问自己的一个问题就是:企业为什么而存在?一个组织的目标必须与整个社会的大环境保持协调。组织只有建立了明确的、符合社会需要的目标,才能确保其生存的基础和价值,也才有可能保持其持续发展的方向和动力。

(2) 精细的架构。组织实现目标的方式是分工与协作,组织中的成员个体或群体把组织的任务与目标进行层层分解,按相应的组织规则去完成,从而形成组织工作中的分工体系。分工与协作促使组织本身及其活动形成相互联系的具有层次性和网络化结构的整体,组织的成员按照各自的责、权、利形成相应的指挥与协调系统,进而形成组织精细的架构。

(3) 人员。组织是由人构成的特殊群体,当然其存在也需要其他一些物质资源。可以这样理解,组织既具有物质的结构,又具有社会的结构。组织中的活动的实施与完成,是通过人的参与来实现的,人在其中发挥着资源优化与有效配置的作用。因此,人聚合成群体而形成了组织,没有了群体也就不会存在组织。

二、行为和组织行为

行为(behavior)是机体种种外显动作和活动的总和(徐联仓等,1994),动物和人都具有行为。对于社会人来说,人的各种形体动作,人的各种喜怒哀乐,人对各种设备、仪器的操作,人与人之间的沟通交流,组织中部门与部门之间的沟通交流、矛盾和冲突,组织中的各种仪式活动,组织与外部组织的合作和交流等,都是组织行为学要研究的行为。

行为是可观察的、可解释的、可预测的。首先,人可以根据自己的感觉器官和仪器仪表观测到他人的行为和表现;另外,行为还可以被解释和预测。譬如,根据卢因的观点,人的行为是个体特征变量和环境变量两者的函数,用公式表示为 $B=f(P\times E)$。其中,B 为行为;P 为个体变量(如遗传、能力、个性、健康情况等);E 为环境变量(如是否有别人在场、个体的行动目标是否受到阻碍等);f 指函数关系。也就是说,我们可以根据个体的特征和环境的特征来解释人的行为表现。当我们已经掌握了行为、个体特征、环境特征之间的函数关系时,也可以根据当时的个体特征和环境特征变量来预测人的行为。

但是,组织行为学着重要研究的是组织行为(organizational behavior),组织行为是指人们作为组织成员时表现出来的,体现在个体、群体、组织三个水平上的行为。

因此,可以把它分为三个层次:个体层次、群体层次、组织层次。

(1)个体层次。个体是构成组织最基本的单元,是组织行为学研究的基础和出发点。由于组织是由人组成的,因此组织行为学从最基本和最简单的个体层次开展研究工作,研究的重点放在个体心理学的发展理论和解释之上,试图找到个体行为以及他们对不同组织政策、实践和过程的反应,以心理学的理论与方法探索个体的人性、需求、动机和激励等方面的行为与规律,进而发现对组织绩效的影响。个体的行为(behavior of individual)包括正常工作行为、知觉行为、归因行为、学习行为、决策行为等。

(2)群体层次。群体层次表明人在组织中开展活动往往需要分工与协作,这样就能以一定的结构和功能,按照工作和任务的需要整合成一定的群体。这些形式是自由的,可以是正式的,也可以是非正式的,诸如小组、部门、委员会等形式。群体中的人们是如何开展工作的,如何解决群体的凝聚力和领导问题,群体成员如何发挥自身的效用以及如何做出决定,群体的效率与效益如何产生,这些都是组织行为学中群体层次所涉及的问题。群体的行为(behavior of group)包括群体中的人际互动行为(包括沟通、谈判、冲突处理、领导),群体压力导致的从众行为,群体中的社会懒惰行为(搭便车行为),群体之间的沟通交流、群体之间的谈判和冲突处理等。

(3)组织层次。重点围绕组织结构设计与组织效率、有效沟通和信息传递的关系,认识组织与环境之间的互动和影响,组织变革与压力间的关系等领域和议题开展研究与探索工作。组织的行为(behavior of organization)包括组织中的政治行为、组织变革、组织发展等。

第二节　组织行为学的内涵与学科特点

组织行为学(organizational behavior)是一个研究领域,它研究个体、群体以及组织结构对组织内部行为的影响规律,以便应用这些知识来提高组织的效能。

一、组织行为学的内涵

国内外研究者提出了不同的组织行为学的定义。

杨锡山等(1986)在其《西方组织行为学》一书中使用了杜布林(A. J. Dubrin)的定义,即组织行为学是系统研究组织环境中所有成员的行为,它以成员个人、群体、整个组织及其与外部环境的相互作用所形成的行为作为研究对象。

徐联仓等(1994)对组织行为学的定义是:组织行为学是依据实证科学的分析方法,综合运用心理学、社会学、文化人类学、政治学等学科中有关的知识,系统地研究各种组织中人的心理和行为的科学。

卢盛忠、余凯成等(1993)对组织行为学的定义是:组织行为学是综合运用各种与人的行为有关的知识,研究各类工作组织中人的工作行为规律的学科。

国外著名学者罗宾斯(Robbins,1998)在其所著的《组织行为学》一书中,对组织行为学的定义是:组织行为学是一个研究领域,它研究个体、群体以及组织结构对组织内部行为的影响规律,以便应用这些知识来提高组织的效能。本书采用罗宾斯的观点。

概言之,组织行为学关注的是人们在组织中做什么以及这种行为如何影响组织的绩效,把研究个体、群体和结构对行为的影响所获得的知识加以运用,使组织的运作更为有效。

1. 组织行为学与管理学

管理学是一门系统地研究管理活动的普遍规律及管理基本原理和一般方法的科学,它从管理实践中产生、发展起来,又反过来对管理实践活动进行指导。

组织行为学是行为管理在管理领域中的应用,从个体、群体和组织三个层面研究如何对组织进行有效管理,激励人的积极性,协调人际关系,创造良好的工作环境,使组织成员能发挥潜能,既实现组织目标,也实现个人目标。

组织行为学与管理学在内容上有某些重叠。管理学主要包括计划、组织、领导、控制,而组织行为学则包括个体、群体和组织三部分,其中包含了组织和领导的内容。因此,这两门学科在组织和领导方面是重叠的,但也有相互不包含的部分。

2. 组织行为学与人力资源管理

人力资源管理是指为实现组织的战略目标,组织利用现代科学技术和管理理论,通过不断地获得人力资源,对所获得的人力资源进行整合、调控及开发利用,并给予报偿。实际上,人力资源管理是实现组织目标的一种手段,即利用人力资源实现组织的目标,它有自己独特的内容体系。

所有人力资源工作都是与人打交道,因此,研究组织中人的行为规律的组织行为学理所当然构成了现代人力资源管理的理论基础。但是,两者毕竟不是同一个领域,还是有许多区别的,比如,组织行为学和人力资源管理都非常重视激励,前者是从一般的角度上论述的,研究激励理论和规律;而后者则是从具体角度出发的,强调应该采用哪些措施来调动员工的积极性、薪酬制度具体该怎样设计等。当然,在考虑这些措施时,理所当然地要考虑到组织行为学中有关激励的一般理论规律。

相比较而言,组织行为学非常强调理论和个人的行为技能,是任何一个管理者都应掌握的基础的工商管理学科，是人力资源管理的基础；人力资源管理则强调应用，属于职能管理方面的学科。

3. 组织行为学与管理心理学

管理心理学主要研究伴随管理活动而产生的有关心理活动的规律，是一门应用理论科学，是心理学的一个分支。它的研究重点是企业管理中具体的社会、心理现象，以及个体、群体、领导、组织中的具体心理活动的规律性，在研究的基础上也提出为实际服务的有效管理方法。

组织行为学则侧重研究组织中人的行为的规律，它以人的外部表现、行为变化等作为主要研究对象，致力于探索人的心理活动的外在表现，它是一个学科群，通过整合包括心理学、社会学、文化人类学、政治学、工程学、信息和系统科学在内的有关学科理论和知识，从而提出有效地管理个体、群体和组织的方法，并在实践中检验这些方法的正确性。

所以，两者的主要区别在于：①管理心理学主要以心理学为基础，而组织行为学则从多种学科汲取营养；②管理心理学主要关注组织中的个体和人际行为，如人的知觉和决策、个性、价值观、激励、沟通、领导、冲突等，而组织行为学除了关注个体和人际行为外，还特别关注将组织作为一个系统来考虑的各种问题，如组织结构设计、组织中的权力系统和政治行为、组织文化、组织的发展和变革管理等。因此，尽管组织行为学与管理心理学有着非常密切的联系，但两者还不是完全一样的。

二、组织行为学的学科特点

组织行为学由于其特殊性，具有跨学科性（inter-disciplinary）、实证性（empirical study）和层次性（hierarchical）三大特点。

1. 跨学科性

组织行为学吸收、借鉴了心理学、社会学、人类学、社会心理学、政治学、历史学、工程学、信息和系统科学等多门学科的概念、理论和方法。

（1）心理学。心理学（psychology）主要是研究人的心理规律，是组织行为学中个体行为部分知识的重要来源，如人的行为产生的原因和动机、人的个体特征（个性、能力、价值观、态度等）、人的心理过程（知觉、归因、学习、决策）、个体因素和环境因素对人的行为的影响、遗传和环境对人的个性的塑造、个体差异对人的行为和工作绩效的影响等。

心理学中的学习理论家、人格理论家、咨询心理学家，还有最重要的工业和组织心理学家，都对组织行为学作出了贡献，并将继续为该领域补充新的知识。早期的工业与组织心理学家的研究焦点集中在疲劳、厌倦和其他与工作条件有关的因素上，因为这些因素会影响工作的有效性，近来他们的研究已经扩展到学习、知觉、人格、情绪、培训、领导有效性、需要和动机、工作满意度、决策过程、绩效评估、态度测量、员工甄选、工作设计和工作压力等方面。

（2）社会学。社会学（sociology）主要研究人在社会、机关、组织和群体中的社会行为，如群体的形成，群体中成员的角色/角色关系、地位/地位关系，群体的信念、价值观、目标、规范和规章制度，群体的权威和权力，婚姻制度和关系等。

具体地讲，社会学对组织行为学的最大贡献是关于组织中群体行为的研究，特别是正式和复杂的组织，社会学家对很多组织行为学领域提供了有价值的信息，其中包括：组织文化、正式组织理论与结构、组织技术、沟通以及权力和冲突。

（3）人类学。人类学（anthropology）主要研究人类本身的发展进化过程、特点及规律，是组织文化和跨文化的知识的起源，例如，人类学家对于文化和环境的研究使我们得以了解不同国家和不同组织中人们的基本价值观、态度和行为的差异。现在对组织文化、组织环境和民族文化差异的认识大多来自人类学家的研究结果，或是采用人类学方法得到的研究结果。

（4）社会心理学。社会心理学（social psychology）是心理学和社会学的交叉学科，主要研究在社会环境中人与人行为之间的相互影响。它主要关注在复杂的社会结构及过程中人的思想、情感和活动如何与别人的信念、动机及行为相互交织和相互作用。组织行为学中有关群体、沟通、价值观/态度、组织文化等的内容都与社会心理学的内容密切相关。

社会心理学家研究较多的一个主要领域是变革——怎样实施变革以及如何减少变革的阻力。另外，在以下一些领域中社会心理学家也作出了巨大贡献：有关态度的测量，理解和改变的研究，沟通模式等。除此之外，社会心理学家对组织行为学中群体行为、权力和冲突的研究也作出了重要贡献。

除了上述学科以外，组织行为学还从很多学科中汲取知识，例如，组织行为学中关于人的理性行为方面的知识有些来自经济学（economics），关于人的行为规律方面的知识有些来自历史学（history），关于组织权力和政治的内容很多来自政治学（politics），关于组织系统的设计和变革可以借鉴工程学（engineering）、信息科学（informatics）、系统科学（system science）中的相关理论和知识。

2. 实证性

组织行为学运用科学的、系统的方法进行研究，基于观察和推理提出假设，运用客观案例和数据进行论证，以保证其研究结论的可靠性和可信性，而不是靠一般性的经验、直觉和臆断得出结论。

3. 层次性

组织行为学学科通常分为三个层次。

第一层次是个体行为，包括个体的行为模式，个体的知觉、归因、学习、决策、个性、能力、价值观、态度、情绪情感、激励、工作设计、工作压力、工作与生活的平衡等。

第二层次是群体行为，包括群体形成的动态过程，群体中的行为特点（群体压力、从众行为、社会助长和抑制作用等），影响群体表现的因素（群体的类型、结构、规范等），沟通、领导、谈判和冲突处理行为等。

第三层次是组织行为，这是站在组织系统的高度来研究行为，内容包括组织结构，组织中的利益、权力和政治行为，组织文化，组织发展与变革等。

三、组织行为学的知识框架体系

组织行为学研究的是组织中的人的心理和行为，而人在组织中有三种存在形式：个体、群体和组织。

首先,作为一个单独的个体,会表现出差异性的心理和行为,包括价值观、个性、态度、能力以及动机等;其次,作为群体中的一员,由于受到群体压力的影响又会表现出不同于个体的心理和行为,如从众、顺从、暗示、模仿、感染以及群体成员间的沟通和领导等;最后,人作为大的组织环境中的一员而存在,还会不可避免地牵涉到权力与政治行为中,受到组织文化氛围和组织变革环境的影响和约束。

因而,本教材对该学科的知识框架体系也从个体心理与行为、群体心理与行为、组织心理与行为三个层面进行整理,其中个体心理与行为、群体心理与行为属于微观组织行为学的研究范畴,而组织心理与行为属于宏观组织行为学的研究范畴,如图1-1所示。

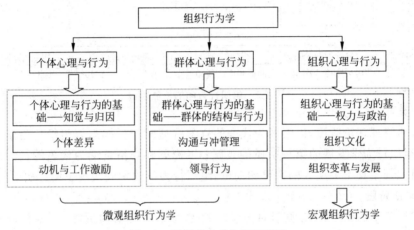

图1-1 组织行为学知识框架图

微观组织行为学以心理学为基础,研究个体态度与行为以及个体行为与组织系统的互动。

宏观组织行为学以社会学、经济学理论为基础,研究组织结构、组织设计及在一定社会经济背景下的组织行为。

第三节 组织行为学的发展与研究方法

组织行为学的发展经过了五个阶段:准备阶段、古典管理理论阶段、行为科学阶段、系统管理阶段和权变管理阶段。

一、组织行为学的发展阶段

组织行为学是在管理科学发展的基础上产生和发展起来的,人是管理的主体,也是管理的对象,因此研究人的行为规律便成为管理过程中的重要内容。

纵观组织行为学的发展历程,本书将其分为五个阶段:准备阶段、古典管理理论阶段、行为科学阶段、系统管理阶段和权变管理阶段,如图 1-2 所示。

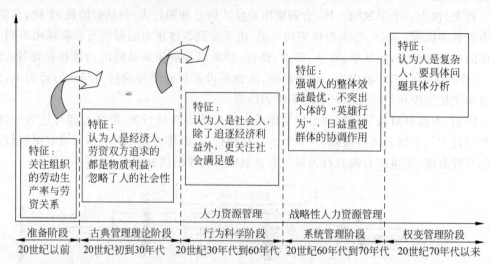

图 1-2　组织行为学的发展阶段

在古典管理理论阶段,以泰罗为代表的科学管理的产生标志着组织行为学的正式产生,这是组织行为学发展的第一次质的飞跃;以梅奥和麦格雷戈为代表的行为科学阶段标志着组织开始真正关注人的需要和动机,组织行为学的发展实现了第二次质的飞跃。

1. 准备阶段

组织行为学的产生最初源于对劳动生产率与劳资关系的关注,主要代表人物有亚当·斯密、查尔斯·巴贝奇和罗伯特·欧文等。

(1) 亚当·斯密。1776 年《国富论》出版,亚当·斯密在书中提出了劳动的基本重要性,重点强调劳动分工会引起生产的大量增长。

亚当·斯密认为,分工的起源是由于人的才能具有自然差异,那是起因于人类独有的交换与易货倾向,交换与易货属于私利行为,其利益决定于分工。假定个人乐于专业化及提高生产力,经由剩余产品之交换行为,促使个人增加财富,此等过程将扩大社会生产,促进社会繁荣,并达私利与公益的调和。

他列举制针业来说明,"如果他们各自独立工作,不专习一种特殊业务,那么他们不论是谁,绝对不能一日制造二十枚针,说不定一天连一枚也制造不出来。他们不但不能制出今日由适当分工合作而制成的数量的二百四十分之一,就连这数量的四千八百分之一,恐怕也制造不出来"。

分工促进劳动生产力提高有三个原因:第一,劳动者的技巧因专业而日进;第二,由一种工作转到另一种工作,通常需损失不少时间,有了分工,就可以免除这种损失;第三,许多简化劳动和缩减劳动的机械发明,只有在分工的基础上才有可能。

(2) 查尔斯·巴贝奇。1832 年,英国数学家查尔斯·巴贝奇在《论机械和制造业的经济》一书中进一步发展了亚当·斯密关于劳动分工的思想,分析了分工能提高劳动生产率的原因。他指出这些原因是:节省了学习所需要的时间;节省了学习中所耗费的材料;节省了从一道工序转变到另一道工序所耗费的时间;节省了改变工具所耗费的时间；由于经常重复同一操作，技术熟练，工作速度可以加快；分工后注意力集中于比较单纯的作业，能改进工具和机器，设计出更精致合用的工具和机器，从而提高劳动生产率。

巴贝奇还指出，脑力劳动也同体力劳动一样可以被分工。他指出，法国桥梁和道路学校校长普隆尼把他的工作人员分成技术性、半技术性、非技术性3类，把复杂的工作交给能力强的数学家去做，把简单的工作交给只能从事加减运算的人去做，从而大幅提高了整个工作的效率。

他进行了有关工作时间问题的研究。在这项研究中，他征得同意后引用了法国库伦布的观察材料，这是在管理问题上国际合作的最早范例。

在劳资关系方面，他强调劳资协作，强调工人要认识到工厂制度对他们有利的方面。这也同泰罗在几十年后发表的论点很相似。他提出一种固定工资加利润分享的制度，认为这种制度有以下几个好处：每个工人同工厂的发展和利润的多少有直接的利害关系；每个工人都会关心浪费和管理不善的问题；能促使每个部门改进工作；鼓励工人提高技术和品德，表现不好者减少分享的利润；由于工人同雇主的利益一致，能消除隔阂，共求繁荣。

（3）罗伯特·欧文。罗伯特·欧文是英国伟大的空想社会主义者，19世纪最有成就的实业家之一。欧文18岁时就创立了自己的第一家工厂，他的管理思想基于"人是环境的产物"这一法国唯物主义学者的观点。欧文认为，好的环境可以使人形成良好的品行，坏的环境则会使人形成不好的品行。他对当时很多资本家过分注重机器而轻视人的做法提出了强烈批评，并采用多种办法致力于改善工人的工作环境和生活环境。在工厂里，欧文通过改善工厂设备的摆设和搞好清洁卫生等方法，为工人创造出一个在当时看来尽可能舒适的工作场所，他还主动把工人的工作时间从13~14小时缩短到10.5小时。

他在工厂内推行了一种新的管理制度，其核心是废除惩罚，强调人性化管理。欧文根据工人在工厂的表现，将工人的品行分为恶劣、怠惰、良好和优质四个等级，用一个木块的四面涂上黑、蓝、黄、白四色分别表示，每个工人的前面都有一块，部门主管根据工人的表现进行考核，厂长再根据部门主管的表现对部门主管进行考核。考核结果摆放在工厂里的显眼位置上，所属的员工一眼就可以看到个人木块的不同颜色，这样，每人目光一扫，就可以知道对应的员工表现如何。刚开始实行这项制度时，表现恶劣的工人很多，表现良好的工人很少。但是，在众人目光的注视中和自尊心理的驱使下，表现恶劣的人数和恶劣表现的次数逐渐减少，而表现良好的工人却不断增多。为了保证这种考核的公正，欧文还规定，无论是谁认为考核不公，都可以直接向他进行申诉。这种无惩罚的人性化管理，在当时几乎是一个奇迹。同时，部门主管考核员工，经理考核部门主管，同时辅之以越级申诉制度，开创了层级管理的先河，也有利于劳资双方的平等沟通和矛盾化解。

欧文批评那些重设备、轻雇员的工厂主，认为关注雇员、改善劳动条件是企业管理者的最佳投资，这样不仅会减轻工人的不幸，也有利于企业经营。欧文是一个理想主义者，他倡导的是一个减轻工人苦难的"乌托邦"，比自己所处的时代超前了100多年，在管理史上首次提出关心人的哲学，这是他对管理和组织行为研究的巨大贡献。由于他在企业中试图建立一种新型的人际关系，所以被称为"人际关系之父"。

2. 古典管理理论阶段

古典管理理论的发展阶段是从 20 世纪初到 20 世纪 30 年代,这一阶段是管理理论最初形成的阶段。

其间,在美国、法国、德国分别活跃着具有奠基人地位的管理大师,即"科学管理之父"泰罗、"管理理论之父"法约尔以及"组织理论之父"马克斯·韦伯。

(1) 泰罗的科学管理。20 世纪初到 30 年代,以弗里德里克·温斯洛·泰罗(F. W. Taylor,1856—1915)等为代表,开创了科学管理理论学派,并推动了科学管理实践在美国的大规模推广和开展。泰罗最早采用科学方法研究工人的工作效率问题,他在美国伯利恒钢针厂对工人实行严格管理,并用计件奖励工资激励工人努力生产,运用"时间—动作分析"的方法进行了大量的试验,提出了"劳动定额""工时定额""工作流程图""计件工资制"等一系列科学管理制度和方法。工人按他设计的工具和操作方法进行劳动,工作效率成倍提高。1911 年泰罗发表《科学管理原理》一书,奠定了科学管理理论的基础,因而被西方管理学界称为"科学管理之父"。

泰罗一生关注的就是如何提高生产效率,这不但要降低成本和增加利润,而且要通过提高劳动生产率增加工人工资。实施科学管理的结果是提高了生产效率,而高效率的雇员和雇主是实现共同富裕的基础。

他提出的科学管理理论的主要内容有:进行动作研究,确定操作规程和动作规范,确定劳动时间定额,完善科学的操作方法,以提高工效;对工人进行科学的选择,培训工人使用标准的操作方法,使工人在岗位上成长;制定科学的工艺流程,使机器、设备、工艺、工具、材料、工作环境尽量标准化;实行计件工资,超额劳动超额报酬;管理和劳动分离;倡导精神革命,劳资双方利益一致。

泰罗的科学管理理论是基于经济人、理性人的人性假设,认为劳资双方追求的都是物质利益,只有金钱、物质利益才能刺激工人的生产积极性。然而他把工人当作机器看待,忽略了人的社会性本质。

链接材料 1-1:泰罗的科学管理试验

1. 搬运铁块的试验

1898 年,泰罗在伯利恒钢铁厂开始他的试验。这个工厂的原材料是由一组计日工搬运的,工人每天挣 15 美元,这在当时是标准工资,每天搬运的铁块重量为 12~13 吨。对工人的奖励和惩罚就是找工人谈话或者开除,有时也会选拔一些较好的工人到车间里做等级工,并且可得到略高的工资。

通过观察和试验,泰罗发现,工人如果能把劳动时间和休息时间很好地搭配起来,每天的工作量可以提高到 47 吨,同时也不会太劳累。于是,泰罗从 75 名工人中挑出了 4 人,又对这 4 人进行了研究,调查了他们的背景、习惯和抱负,最后挑了一个叫施密特的人。这个人非常爱财并且很小气。泰罗要求这个人按照新的要求(每天搬运 47 吨)工作,每天给他 85 美元。

施密特开始工作后,第一天很快就搬完了 47 吨,拿到了 85 美元的工资。于是,其他工人也渐渐按照这种方法来搬运,劳动生产率提高了很多。

泰罗把这项试验的成功归结为四个核心点：精心挑选工人；让工人了解到这样做的好处，让他们接受新方法；对他们进行训练和帮助，使他们获得足够的技能；按科学的方法工作会节省体力。泰罗相信，即使是搬运铁块这样的工作也是一门科学，也可以用科学的方法来管理。

2. 铁砂和煤炭的挖掘试验

早先工厂里工人干活都是自己带铲子，铲子大小各不相同，而且铲不同的原料用的都是相同的工具，这就导致在铲煤沙时合适的铲子，在铲铁砂时就不合适了，因为铁砂要比煤沙重。

泰罗研究发现，工人的平均负荷是21磅，为使每铲都能达到这一标准，泰罗决定不让工人自己带工具，而是准备了一些不同的铲子，每种铲子只适合铲特定的物料。为此他还建立了一间大库房，里面存放各种工具，每种工具的负荷都是21磅。同时他还设计了两种颜色的卡片，卡片上面写着工人在工具房所领到的工具和该在什么地方干活，以及前一天的工作情况和收入。工人取得白色卡片时，说明工作业绩良好；取得黄色卡片时，意味着要加油了，否则要被调离。

将不同的工具分给不同的工人，需要进行事先的计划，要有人对这项工作专门负责，需要增加管理人员。但是尽管这样，工厂也是受益良多，据说这一项变革可为工厂每年节约8万美元。

泰罗因这项试验提出了新的构想：将试验的手段引进经营管理领域；计划和执行分离；标准化管理；人尽其才，物尽其用。

3. 金属切削试验

在米德韦尔公司时，为了解决工人的怠工问题，泰罗进行了金属切削试验。由于他自己具备一些金属切削的作业知识，于是他对车床的效率问题进行了研究，开始了预计6个月完成的试验，以研究在用车床、钻床、刨床等工作时，要用什么样的刀具、多大的速度等来获得最佳的加工效率。这项试验非常复杂和困难，原本预计6个月完成，实际却用了26年，花费了巨额资金，耗费了80多万吨钢材。最后在巴斯和怀特等十几名专家的帮助下，试验取得了重大进展。这项试验还带来了一个重要的副产品——高速钢的发明，并取得了专利。

泰罗的这三个试验可以说都取得了很大成功。正是这些科学试验为他的科学管理思想奠定了坚实的基础，使管理学成为一门真正的科学，这对以后管理学理论的成熟和发展起到了非常大的推动作用。

（2）亨利·法约尔的一般管理。泰罗之后形成的组织理论，所研究的中心问题是组织结构和管理原则的合理化以及管理人员职责分工的合理化问题，其中影响最大的是法约尔及其一般管理理论。

英国的亨利·法约尔（Henri Fayol）是一位极为杰出的经营管理思想家，他和泰罗虽是同时代人，但个人经历不同。法约尔1860年从圣埃蒂安国立矿业学院毕业后，进入康门塔里—福尔香堡（Comentry-Fourchambault）采矿冶金公司，成为一名采矿工程师，从1866年开始一直担任高级管理职务，对全面管理工作有深刻的体会和了解，积累了管理大企业的经验，并在此度过了58年的职业管理生涯。1916年，法约尔在75岁时发表了他的划时代名著《工业管理和一般管理》,对管理学的形成和发展作出了巨大的贡献。

法约尔认为,泰罗的科学管理理论同他的理论是相互补充的,因为他们都想努力通过不同的分析方法来改进管理。泰罗的研究是从"车床前的工人"开始,重点内容是企业内部具体工作的效率,法约尔的研究则是从"办公桌前的总经理"出发的,以企业整体作为研究对象。

法约尔第一次明确区分了"经营"和"管理"的概念,法约尔认为"经营"和"管理"是两个不同的概念。法约尔还认为,企业无论大小,无论简单还是复杂,其全部活动都可以概括为六种。为了突出管理的实质,法约尔又进一步将管理的要素划分为计划、组织、指挥、协调和控制,提出了14项管理原则。

链接材料1-2:法约尔的14项管理原则

法约尔在他的《工业管理和一般管理》一书中首先提出了一般管理的14项原则。

① 分工。劳动分工是各个机构和组织前进和发展的必要手段,属于自然规律的范畴,可以提高生产效率,也可使工人的培训费用大为减少。

② 权力与责任。法约尔认为,权力即"下达命令的权力和强迫别人服从的力量"。权力可区分为管理人员的职务权力和个人权力,个人权力是指由担任职务者的个性、经验、道德品质以及能使下属努力工作的其他个人特性而产生的权力,个人权力是职务权力不可缺少的条件,出色的管理者要用个人权力来补充职务权力的不足。责任和权力是相互的,有责任必须有权力,有权力就必然产生责任。

③ 纪律。任何组织要有效地工作,必须要有统一的纪律来规范人的行为。法约尔认为,纪律的实质是遵守公司各方达成的协议,要维护纪律就应做到:对协议进行详细说明,使协议明确而公正;各级领导要称职;在纪律遭到破坏时,要采取惩罚措施,但制裁要公正。

④ 统一命令。一个员工在任何活动中只应接受一位上级的命令,否则,就会使权力和纪律遭到严重的破坏。但在实际企业管理中,破坏这一原则的双重领导现象是非常多的,为了保证统一指挥,必须要避免出现这些现象。

⑤ 统一领导。为达到同一目的而进行的各种活动,应由一位首脑根据一项计划开展,这是统一行动、协调配合、集中力量的重要条件。法约尔指出,统一领导和统一指挥的区别在于:人们通过统一领导来完善组织,而通过统一指挥来发挥人员的作用,统一指挥不能脱离统一领导而存在,但并不来源于统一领导。

⑥ 员工个人要服从整体。法约尔认为,整体利益大于个人利益的总和,协调这两方面利益的关键是领导阶层要有坚定性,要作出良好的榜样,协调要尽可能公正,并经常进行监督。

⑦ 人员的报酬要公平。法约尔认为,报酬是人们服务的价格,报酬必须公平合理,要尽可能使职工和公司双方满意。对贡献大和活动方向正确的职工,要给予奖赏。

⑧ 集权。这条原则主要讨论了管理的集权与分权问题,分权是提高部下作用的重要性的做法,而集权会降低下级的作用。集权的程度应视管理人员的个性、道德品质、下级人员的可靠性以及企业的规模、条件等情况而定。

⑨ 等级链。等级链是由最上级到最下级的各层权力联成的等级结构,是一条权力线,用于贯彻执行统一的命令和保证信息传递的秩序。依据这条路线来传递信息,对于各层统一指挥是非常重要的,但它并不是最迅速的途径。等级链是法约尔管理理论的核心。

⑩ 秩序。秩序即人和物必须各尽其能,包括物的秩序和人的秩序。管理人员首先要了解每一工作岗位的性质和内容,使每个工作岗位都有称职的职工,每个职工都有适合的岗位,同时还要有条不紊地精心安排物资、设备的合适位置。

⑪ 平等。平等是由善意与公道产生的。平等就是以亲切、友好、公正的态度严格执行规章制度。雇员们受到平等的对待后,会以忠诚和献身的精神去完成他们的任务。

⑫ 人员保持稳定。最高层管理人员应采取措施,鼓励职工尤其是管理人员长期为公司服务。

⑬ 主动性。给人以发挥主动性的机会是一种强大的推动力量,必须大力提倡、鼓励雇员认真思考问题,发挥创新精神,同时也应使员工的主动性受到等级链和纪律的限制。

⑭ 集体精神。职工的融洽、团结可以使企业产生巨大的力量,实现集体精神最有效的手段是统一命令,在安排工作、实行奖励时不要引起嫉妒,以避免破坏融洽的关系。此外,法约尔还认识到,人员间的思想交流特别是面对面的口头交流,有助于增强团结,因此他认为应该鼓励口头交流,反对滥用书面联系方式。

法约尔管理思想的意义和贡献在于以下三点。

首先,法约尔对管理"普遍性"的论述是管理思想发展史上的一个重大贡献。法约尔提出,管理是可以应用于一切事业的一种独立活动;随着一个人在职务上的提升,越来越需要管理活动;管理知识是可以传授的。

其次,法约尔的管理思想具有很强的系统性和理论性,后人根据他建立的框架,建立了管理学并把它引入课堂。其主要贡献是在管理的范畴、管理的组织理论、管理的原则方面提出了崭新的观点,从而为以后管理理论的发展奠定了基础。

最后,法约尔的一般管理理论被誉为管理史上的第二座丰碑,后来成为管理过程学派的理论基础,也是以后各种管理理论和管理实践的重要依据,对管理理论的发展和企业管理的进程均有着深刻的影响。

(3) 马克斯·韦伯的组织理论。马克斯·韦伯(Max Weber)是德国社会学家、经济学家和管理学家,是泰罗和法约尔的同时代人,古典管理理论在德国的代表人物。韦伯在管理思想上的最大贡献是提出了"理想的行政集权制理论",被人称为"组织理论之父"。其思想精髓主要表现在:一个组织只有遵从规章,摆脱个人主义影响,才能长期生存;只有合理和法定的权力才是行政组织的基础;领导者应在能力上胜任,应该依据事实而不是随意地来领导。

韦伯认为理想的行政组织是通过职务和职位来管理的,理想的行政集权组织的主要特点如下:

- 有确定的组织目标,人员的一切活动是为了实现组织目标;
- 明确的分工,每个职位的权力和责任都应有明确的规定;
- 自上而下的等级系统,组织内的每个职位,按照等级原则进行法定安排,形成自上而下的等级系统;

- 人员的考评和教育，人员的任用完全根据职务的要求，通过正式考评和教育训练来进行；
- 职业管理人员，管理者有固定的薪金和明文规定的升迁制度；
- 遵守规则和纪律，管理者必须严格遵守组织中规定的规则和纪律；
- 组织中人员之间的关系，组织中人员之间的关系完全以理性准则为指导，不受个人情感的影响。

韦伯认为这种理想的行政组织是最符合理性原则的，其效率是最高的，在精确性、稳定性、纪律性和可靠性等方面都优于其他组织形式，而且这种组织形式适用于各种管理形式和大型的组织，包括企业、教会、学校、国家机构、军队和各种团体。

另外，他还提出任何组织都必须以某种形式的权力作为基础。如果没有某种形式的权力，任何组织都不能达到自己的目标。韦伯认为，人类社会存在三种为社会所接受的权力。

① 传统权力：传统惯例或世袭得来。韦伯认为，人们对其服从是因为领袖人物占据着传统所支持的权力地位，同时，领袖人物也受着传统的制约。但是，人们对传统权力的服从并不是以与个人无关的秩序为依据，而是在习惯义务领域内的个人忠诚，领导人的作用似乎只为了维护传统，因而效率较低，不宜作为行政组织体系的基础。

② 超凡权力：来源于别人的崇拜与追随。韦伯认为，超凡权力的合法性，完全依靠对于领袖人物的信仰，他必须以不断的奇迹和英雄之举赢得追随者。超凡权力过于带有感情色彩并且是非理性的，不是依据规章制度，而是依据神秘的启示，所以，超凡权力也不宜作为行政组织体系的基础。

③ 法定权力：理性—法律规定的权力。韦伯认为，只有法定权力才能作为行政组织体系的基础，其最根本的特征在于它提供了慎重的公正，原因在于：管理的连续性使管理活动必须有秩序地进行；以"能"为本的择人方式提供了理性基础；领导者的权力并非无限，应受到约束。

有了适合于行政组织体系的权力基础，韦伯勾画出了理想的官僚组织模式。韦伯对组织管理理论的伟大贡献就在于他明确而系统地指出理想的组织应以合理合法的权力为基础，这样才能有效地维系组织的连续和目标的达成。为此，韦伯首推官僚组织，并且阐述了规章制度是组织得以良性运作的基础和保证。

总之，韦伯从事实出发，把人类行为规律性地服从于一套规则作为社会学分析的基础，他认为一套支配行为的特殊规则的存在，是组织概念的本质所在，没有它们，将无从判断组织性行为。这些规则对行政人员的作用是双重的：一方面他们自己的行为受其制约，另一方面他们有责任监督其他成员服从这些规则。

韦伯理论的主要创新之处来源于他对有关官僚制效率争论的忽略，而把目光投向其准确性、连续性、纪律性、严整性与可靠性。韦伯这种强调规则、强调能力、强调知识的行政组织理论为社会发展提供了一种高效率、合乎理性的管理体制，现代管理理论中普遍采用的高、中、低三层次管理就是源于韦伯的理论。

行政组织化是人类社会不可避免的进程，韦伯的理想行政组织体系自出现以来便得到了广泛应用，它已经成为各类社会组织的主要形式。韦伯的行政组织理论虽然不是管理思想的全新开创,只是社会实践的理论总结,但其思想对现代组织行为仍有现实指导意义。

3. 行为科学阶段

从 20 世纪 30 年代开始,组织行为学进入行为科学阶段,形成了以梅奥为代表的人际关系管理学派和以阿吉雷斯、麦格雷戈为代表的人力资源管理学派。

(1) 人际关系管理学派。人际关系管理学派产生于 20 世纪 30 年代至 60 年代,代表人物是埃尔顿·梅奥(Elton Mayo)。

在人际关系管理学派的发展史中被称为里程碑式的试验就是 1924 年开始的霍桑试验。当时,美国哈佛大学心理学教授梅奥在美国芝加哥西部电器公司所属的霍桑工厂进行了一系列的心理学研究,从而发现了"霍桑效应":

- 人是"社会人",是复杂的社会关系的成员,因此,要调动工人的生产积极性,还必须从社会、心理方面努力;
- 工作效率主要取决于员工的积极性,取决于员工的家庭和社会生活及组织中人与人的关系;
- 除了正式组织外还存在着非正式组织,这种非正式组织有它的特殊情感和倾向,左右着成员的行为,对生产效率的提高有举足轻重的作用;
- 工人所要被满足的需要中,金钱只是其中的一部分,大部分的需要是感情上的慰藉、安全感、和谐、归属感;
- 新的领导能力在于提高职工的满足度,提高职工的士气,从而提高劳动生产率。

人际关系管理学派对人性的假设是社会人而不是经济人,认为人们的行为并不单纯出自追求金钱的动机,还有社会方面、心理方面的需要,即追求友情、安全感、归属感和受人尊重等,而且社会心理方面的需求是更为重要的。人际关系管理学派还非常强调非正式组织在企业中所起的重要作用,强调新型的领导者应该注意倾听员工的意见,与员工进行沟通,提高员工满意度等。

霍桑试验的结论以及在此基础上总结出来的人际关系理论,在企业管理中有重要的意义与深远的影响,它第一次正式地把社会学、心理学引入企业管理中来,因而有力冲击了传统的管理理论,使管理者认识到他们的下属都是一些有思想、有情感的活生生的人,而团体就是由这些具有不同心理特征的人所组成的人群组织。因此,作为一个管理者,不仅需要具备有组织地控制整个企业经营事业的能力,还必须具备满足职工社会与心理需求以激发职工的积极性和创造性的能力,以及控制或操纵整个群体的能力。

由于人际关系理论的出现,使得西方资本主义国家的企业管理开始注重对人的因素的研究,使资本家认识到,人和物比起来,人是企业的主体,只有充分发挥人的主动性,才能充分发挥现代技术的作用,因而使资本主义企业的管理手段由原来的只重视机器的作用,逐步改变为更加重视人的作用。

> **链接材料 1-3:梅奥的霍桑试验**
>
> 霍桑试验共分为四个阶段。
>
> 1. 车间照明试验——"照明试验"
>
> "照明试验"的目的是弄明白照明的强度对生产效率的影响。当时的试验假设是:提

高照明度会有助于减少疲劳,提高生产效率。但不管是提高照明度,还是降低照明度,即使一个组的照明已经降到月光的程度,工人的产量仍然提高,专家无法解释是什么原因促使产量增加。

2. 继电器装配试验——"福利试验"

"福利试验"的目的是找到更有效地控制影响职工积极性的因素,梅奥等人对试验结果进行归纳,排除了四种假设:①在试验中改进物质条件和工作方法,可导致产量增加;②安排工间休息和缩短工作日,可以解除或减轻疲劳;③工间休息可减少工作的单调性;④个人计件工资能促进产量增加。最后得出了"改变监督与控制的方法能改善人际关系,能改进工人的工作态度,促进产量的提高"的结论。

3. 大规模的访谈计划——"访谈试验"

梅奥等人制订了一个征询职工意见的访谈计划,在1928年9月到1930年5月不到两年的时间内,研究人员对工厂中两万名左右的职工进行了访谈。在访谈计划的执行过程中,研究人员对工人在交谈中的怨言进行分析,发现引起他们不满的事实与他们所埋怨的事实并不是一回事,工人所表述的不满与隐藏在心理深层的不满情绪并不一致。比如,有位工人表现出对计件工资率过低不满意,但深入了解以后发现,这位工人是在为支付妻子的医药费而担心。

根据这些分析,研究人员认识到,工人由于关心自己个人问题而会影响工作的效率,所以管理人员应该了解工人的这些问题。为此,需要对管理人员,特别是要对基层管理人员进行训练,使他们成为能够倾听并理解工人的访谈者,能够重视人的因素,在与工人相处时更热情、更关心他们,这样能够促进人际关系的改善和职工士气的提高。

4. 工作室试验——"群体试验"

继电器绕线组的工作室试验是一项关于工人群体的试验,其目的是要证实在以上的试验中研究人员似乎感觉到在工人当中存在着一种非正式的组织,而且这种非正式的组织对工人的态度有着极其重要的影响。

试验者为了系统地观察在试验群体中工人之间的相互影响,在车间中挑选了14名男职工,其中有9名是绕线工,3名是焊接工,2名是检验工,让他们在一个单独的房间内工作。

试验开始时,研究人员向工人说明,他们可以尽力地工作,因为在这里实行的是计件工资制。研究人员原以为,实行这一套办法会使职工更加努力工作,然而结果却出乎意料。事实上,工人实际完成的产量只是保持在中等水平,而且每个工人的日产量都差不多。根据动作和时间分析,每个工人应该完成的标准定额为7 312个焊接点,但是工人每天只完成了6 000~6 600个焊接点就不干了,即使离下班还有较为宽裕的时间,他们也自行停工不干了。这是什么原因呢?研究者通过观察了解到,工人们自动限制产量的理由是:如果他们过分努力工作,就可能造成其他同伴失业,或者公司会制定出更高的生产定额。

研究者为了了解他们之间的能力差别,还对试验组的每个人进行了灵敏度和智力测验,发现3名生产最慢的绕线工在灵敏度的测验中得分是最高的,其中1名最慢的工人在智力测验上排行第一,在灵敏度测验上排行第三,测验的结果和实际产量之间的这种关系使研究者联想到群体对这些工人的重要性。1名工人可以因为提高他的产量而得到小组工资总额中较大的份额,而且减少失业的可能性,然而这些物质上的报酬却会带来群体非难的惩罚,因此每天只要完成群体认可的工作量就可以相安无事了。此外,即使在一些小的事情上也能发现工人之间有着不同的派别,绕线工就一个窗户的开关问题经常会发生争论,久而久之,就可以看出他们之间不同的派别了。

(2) 人力资源管理学派。管理思想史上对人的因素的重视可以追溯到欧文。20世纪50年代后期美国出现了经济衰退,人际关系管理学派片面强调改善人际关系的观点迫切需要被修正,这时心理学界对动机、需要、群体动力等研究也趋于深化,加上科学技术突飞猛进,美国成功地实现了轰动世界的阿波罗登月计划,职工的需要和期望正起着深刻的变化。这些客观因素促使行为科学家重新探讨激励员工积极性的途径,于是在人际关系理论基础上发展出一个新的学派——人力资源管理学派。其中心思想认为,企业中发生种种问题的根源在于未能发挥职工的潜力。

这个学派的主要代表人物是阿吉雷斯和麦格雷戈。

阿吉雷斯在1957年发表了《个性与组织》一书,公开对人际关系管理学派进行抨击。他主要从组织角度来分析影响职工发挥潜力的原因,认为传统的组织设计死扣规章制度,使职工处处听命上级,变得消极被动,依赖成性,这样既束缚了职工的创造性和积极性,又阻碍了个性的成熟发展。在人际关系理论的影响下,管理者在福利待遇、增加职工休息时间、放长休假等方面改善与员工的关系,但始终未能让员工承担更多的责任、满足员工的成就感,结果仍不能解决员工的积极性问题。阿吉雷斯呼吁企业管理者要从组织上进行改革,鼓励职工多负责任,让他们有成长和成熟的机会。

1960年,麦格雷戈在他所著的《企业的人的方面》一书中总结了人性假设对立的两种观点,即X、Y理论。麦格雷戈认为传统管理理论来源于教会和军队,没有接触现代化的政治、社会和经济,因此把人看成是厌恶工作、需要严格控制的消极因素,他将这种假设称为X理论;而现实生活中许多现象不符合X理论的观点,人并不天生厌恶工作,人们在工作中能自我控制,在现代工业社会中,一般人没有充分发挥潜力,他将这种观点称为Y理论。他认为现代组织的管理者就应让职工负更多的责任,发挥他们的潜力。如果这样做,将如20世纪30年代发现原子能一样,开发出难以想象的"人力能源"。

4. 系统管理阶段

系统管理学派产生于20世纪60年代到70年代,代表人物有钱德勒、劳伦斯等,其特点是把系统科学的理论应用于管理,即把通常说的系统论、信息论、控制论等应用于管理领域,形成新的组织管理技术和方法。

系统管理理论指出,组织是由人、物资、机器和其他资源在一定的目标下组成的一体化系统,强调把人、物、环境各个子系统结合起来,作为一个系统来考察和分析,既重视对物的管理,也重视对人的管理,既重视技术因素,又重视人的社会心理因素。

系统管理阶段对人的研究强调求取整体效益最优,不突出个体的"英雄行为",而是日益重视群体的协调作用。

5. 权变管理阶段

20世纪60年代末70年代初,人们倾向于具体问题具体分析,权变理论逐渐进入管理领域。该理论认为管理的对象和环境变化多端，简单普适的方案并不存在，必须按照对象和具体情境选择具体的对策。

麻省理工学院教授沙因(E. Schein)提出了"复杂人"的假设，认为人的需要是多种多样的，而且会随着人的发展和环境条件变化而变化；人在同一时间内会有多种需要和动机，相互结合形成复杂的动机模式；人在某一时期的动机模式，是其内部需要与外部环境相互作用的结果；一个人在不同单位或部门工作，会出现不同需要，也会出现不同的需要满足情况；人们对不同的管理方式会作出不同的反应。因此，管理者不能将所有的人视为一样，用一种固定的模式进行管理，而是要根据不同人的特点采取不同的管理方法。

二、组织行为学的研究方法

组织行为学的研究方法包括经验总结法、试验法、现场调查法和案例研究等方法。

1. 经验总结法

经验总结法是研究者根据实际工作者的经验，用组织行为学的理论和知识，进行归纳、总结的一种研究方法。优秀企业家和管理者在实践中积累了丰富的管理经验，他们的管理经验在媒体发表后产生很大的社会影响，但由于他们可能缺乏管理理论包括组织行为学的知识，其经验有一定的局限性，有时缺乏普遍意义和推广价值，这就需要组织行为学家与他们合作，开展咨询活动，将他们的经验提炼为理论，使之科学化，经过总结后再加以推广。

2. 试验法

试验法是研究者有目的地在严格控制的环境中或创造一定条件的环境中，诱发被试者产生某种心理现象或行为，以研究人的心理活动规律和行为规律的一种方法。按试验地点的不同，试验法可分为实验室试验法和现场试验法。

实验室试验法是指在实验室里严格控制无关因素，精确操作自变量，然后观察因变量变化的方法。常见的自变量有智力、人格、经验、动机、领导方式、报酬、组织结构、选拔方法等；常见的因变量有生产率、缺勤率、流动率、工作态度、组织绩效等。实验室试验法有助于确立变量之间的因果关系，但研究结果难以推广到实际中。

现场试验法是指在真实的组织中，通过操作自变量来观察因变量变化的方法。与实验室试验法相比，现场试验法无法控制或排除无关变量的影响，但研究结果真实可信。

3. 现场调查法

现场调查法是运用问卷、访谈等形式，在有代表性的若干样本中收集数据的方法。现场调查的实施应当注意：第一，调查工具的设计；第二，样本的选择；第三数据的收集。现场调查与分析问题迅速、经济，也易量化，所以是用途最广的研究方法。

4. 案例研究

案例研究是根据某一个体、群体、组织的第一手或第二手材料来分析其行为特征的方法，如分析名人传记、深入某群体或企业获得数据。案例研究有助于掌握真实情况，为深层分析提供感性认识，但也可能产生主观偏见。这种方法在于认识和描述不同组织结构中的基本相同点,对这些相同点的收集和分析可以产生一些能够作为预测未来发展的工具而应用于其他类似的或可比较情境的一般结论。由此可见,案例研究有其广泛的实用价值。

上述各种方法都有可能要结合使用测验法——采用标准化的心理量表研究组织行为规律的一种方法。

【本章小结】

1. 组织行为学是一个研究领域较广的学科,它研究个体、群体以及组织结构对组织内部行为的影响规律,以便应用这些知识来提高组织的效能。
2. 组织行为学具有跨学科性、实证性和层次性三大特点。
3. 组织行为学的发展分为五个阶段:准备阶段、古典管理理论阶段、行为科学阶段、系统管理阶段和权变管理阶段。
4. 组织行为学的研究方法包括经验总结法、试验法、现场调查法和案例研究等方法。

【关键术语】

组织行为学(organizational behavior)　　心理学(psychology)
社会学(sociology)　　人类学(anthropology)
社会心理学(social psychology)

【课后练习】

1. 组织是指为了达到一定的(　　),由两个以上的人组成的系统。
   A. 资源　　　　B. 目标　　　　C. 架构　　　　D. 市场
2. 组织的共同特征不包括(　　)。
   A. 优秀的领导者　　B. 明确的目标　　C. 精简的架构　　D. 人员
3. 组织行为学是研究(　　)方面规律性的学科。
   A. 一切人的心理活动　　　　　　B. 一切人的行为
   C. 一定组织中的人的心理与行为　　D. 一切人的心理与行为
4. (　　)被称为"科学管理之父",创立了科学管理理论。
   A. 梅奥　　　　B. 泰罗　　　　C. 麦格雷戈　　D. 欧文
5. (　　)在1924—1932年主持了著名的"霍桑试验"。
   A. 梅奥　　　　B. 泰罗　　　　C. 麦格雷戈　　D. 欧文
6. 提出著名的X、Y理论的心理学家是(　　)。
   A. 梅奥　　　　B. 泰罗　　　　C. 麦格雷戈　　D. 欧文
7. 组织行为学的学科特点不包括(　　)。
   A. 跨学科性　　B. 实证性　　　C. 层次性　　　D. 个体性

8. 英国的（　　）创立了一般管理理论,首先提出了管理的五大职能:计划、组织、指挥、协调和控制。

　　A. 梅奥　　　　　　B. 泰罗　　　　　　C. 麦格雷戈　　　　D. 法约尔

9. （　　）不属于组织行为学研究的三个层次。

　　A. 个体层次　　　　B. 社会层次　　　　C. 群体层次　　　　D. 组织层次

10. 组织行为学的研究方法不包括（　　）。

　　A. 统计法　　　　　B. 经验总结法　　　C. 现场调查法　　　D. 案例研究

【案例分析】

韩都衣舍的买手小组

在韩国工作的10年时间里,韩都衣舍的创始人赵迎光见证了韩国电子商务从起步到成熟的过程,并从中看到了机会。一开始,他在易趣、淘宝开网店卖化妆品,但成绩都不太理想。2007年,他到韩国一家日销售额超100万元人民币的知名网店拜访,这彻底改变了他的命运。网店所属公司的社长告诉赵迎光三个秘诀:第一,在网上卖东西,一定要做自己的品牌,将来才有长远发展的机会;第二,一定要卖女装,女装这个行业是电子商务最热的行业;第三,女装款式要尽量多,更新要尽量快,性价比要高。只要做好了,一定能成功。2008年,赵迎光带着三个秘诀回国创业,创立韩都衣舍。韩都衣舍第一年的销售额为130万元,2018年的销售额突破15亿元。从一个网店小卖家到企业创始人,赵迎光是如何做到的呢?

赵迎光核心团队设计出以产品小组为核心的运作模式,不同于传统企业,每个产品小组只有三个人,每个小组独立核算、自负盈亏,收入和销售业绩是挂钩的,因此运作效率非常高。靠着这种高效的运作方式,韩都衣舍击垮了竞争对手,销售额在10年时间里从130万元增长到15亿元,翻了1000多倍。赵迎光能做得如此成功,最主要的推动力就是他的"小组制"模式。

小组制1.0:从买手到买手小组

刚开始时,韩都衣舍资源有限,只能做代购,赵迎光把重心放在培养买手上,招揽留学生,将韩语专业和服装设计专业的人搭配在一起,从韩国3 000个服装品牌中挑选出1 000个,分给40个人,每人每天从25个品牌的官方网站上挑出8款新品,这意味着每天能挑出320款新品。当时,淘宝搜索按刷新时间排序,原本赵迎光只是想使产品充足、新鲜,却没想到赢得了流量。但是这种竞争力主要表现在争夺顾客的前端,赵迎光很快发现这种模式在后台的问题。第一是代购有几大硬伤,比如等待时间过长,经常断货、断色、断码,性价比不高等。第二是选款师没有经营意识和竞争意识,选款师上完新款之后,顾客下不下订单、这款衣服能卖多少跟他们没什么关系。

于是,赵迎光作出调整。第一,从"代购商品"转为"代购款式"。买手像从前一样选出款式,然后交给生产部门采购样衣打样,选料,在国内找工厂量产。第二,不再要求每个人盯着25个品牌,而是全部打乱,买手之间开始竞争,培养买手的独立经营意识。但是,新问题出现了:每个买手都希望上更多的产品,却不注意库存问题,只选图片上传,对供应链并无太多考虑。于是赵迎光抱着试试看的心理,给了一个买手2万元,让她自己决定生产件数、颜色、尺码,一旦盈利,公司和买手分成。但是这种尝试也有问题:其一,买手是设计专业出身,运营并非其长处;其二,就算某个买手有经营天赋,同时负责选款和经营也是很难的事。于是,赵迎光把经营事务剥离了出来,但不是像以前那样,交给公司的生产部,而是给每个买手配上视觉人员和运营人员。几个月后,这种"小组+分成"制度的优势开始显现出来,买手小组的积极性提高了,他们不仅可以找到韩国最新的时尚款式,还能找到相对靠谱的代工工厂生产,从而降低成本,把控质量;库存周转也快起来了。赵迎光索性在内部做了个试验,成立了两套模式:一套是按照传统服装公司模式设置三个部门:设计师部、商品页面团队以及对接生产、管理订单的部门;另一套模式把三个部门的人打散,从每个部门抽出1个人,由3个人组成1个小组,总共10个小组。两套模式同时运行,3个月后,传统模式被停掉,公司开始试用效率更高、绩效更好的小组制生产模式。就这样,小组制模式成型了:买手+视觉人员+运营人员。

小组制2.0:内部资源市场化,大家都是二老板

时间到了2011年,韩都衣舍有了70个小组。小组一多,原来可以调配的资源就没法调配了,比如公司内部的推广资源如何分配?店铺的首页放哪个小组的产品会更好?赵迎光索性给每个小组更高的自治权,款式选择、定价、生产量、促销全都由小组自己决定,小组提成根据毛利率或者资金周转率来计算,毛利和库存成了每个小组都最关注的两个指标。因此,在韩都衣舍的淘宝店里,并不会有统一的打折促销,而是每个小组根据自己商品情况做出促销决策,以保证毛利率和资金周转率。对于首页资源,他们有一个内部资源市场化的机制:成立6个月以上的小组,可以竞拍位置;成立6个月以内的,首页拿出专门的位置,让大家抢,谁手快谁抢到。最重要的财权完全放开,每个小组的资金额度自由支配,而这个额度又与小组的销量直接挂钩,卖得越多,额度越大。在韩都衣舍,本月的资金额度是上个月销售额的70%。比如,上个月有个小组卖了500万元,500万元的70%是350万元,那么该小组这个月可以用350万元去下新的订单。因此,每个小组都必须有很强的危机意识。假设一个小组以5万元"起家",小组一定不会把这5万元都用于下订单。因为如果卖不出去,就再没有使用额度了,小组必须开始卖库存。如果库存永远卖不出去,这个小组就永远没有额度,甚至会"死掉"。"死掉"怎么办?"死掉"就"破产""重组"。他们会对各个品类的小组进行竞争排名,排名前三位的会得到奖励,后三名会被打散重组。

这样,每个小组都是一个竞争因子,几乎就是一家小公司。这种把公司做小的理念,稻盛和夫和张瑞敏都在尝试,而韩都衣舍依托互联网基因轻装上阵,走得更远。这一阶段的使命是解决内部资源分配问题,这也是韩都衣舍整个公司架构全面小组化的阶段。产品小组若是觉得之前对应的摄影小组不够好,那就换一个;若是觉得生产部某个小组协调得力,就会分配更多任务给它,那个小组就会有更多收入,也会更有动力。整个组织架构就像标准配件一样,可以自由对接,也确保大多数人员的收入能够跟市场绩效挂钩。

小组制3.0:一切为了提高售罄率

2012—2013年,韩都衣舍有200多个小组、7个品牌、每年将近2万款产品,这个阶段最头疼的是什么?供应链!这就需要全局规划和单品精确管理。所以,小组制又进化了,他们创建了单品全流程运营体系，公司层面则成立企划中心，用售罄率倒逼各个链条做到单品生命周期管理，并统筹全局。所谓单品运营，就是以单款来考虑的：一款衣服从设计到销售，全部有数据把控；每款产品的生命周期，都有专人精心维护。平均下来，每个月每个小组管理七八款衣服，每款给什么位置，做什么搭配，冲击爆款能到什么程度，库存水平到什么状态需要打折，长期如此，自然得心应手。企划中心则根据历史数据，在年初参考年度的波峰、波谷节奏制定目标，然后分解到各个小组；每个小组都有月度、季度、年度的细分考核指标。企划中心相当于韩都衣舍的指挥和数据中心，协调各小组之间的竞争。企划中心的节奏控制对于韩都衣舍的供应链至关重要，能够让生产部及其工厂提前预测下一步的进度，方便备料。

数万款产品下单，没有节奏控制，无异于自杀。现在韩都衣舍的售罄率能够做到95%，这在服装行业是非常高的，尤其是在每年有2万款产品的情况下。但是，韩都衣舍分销部负责人刘景岗透露，完成这个指标压力不大。为了做到这一点，韩都衣舍将产品分为爆、旺、平、滞。爆款和旺款可以返单（韩都衣舍的爆款标准不是传统企业的动辄几万件，能卖2 000件在韩都衣舍就算爆款了）。平款和滞款必须立即打折促销，而且要在旺销时间进行，这时稍一打折就会售出，等到了季末，需要清仓的恶性库存自然就很少。这样，整个供应链反应更灵敏，品质也更易控制。当然这个过程是一点点摸索和改进的，没有历史数据的积累，也做不到预测。

总之，小组制可以做到大的共性与小的个性结合，所有非标准化的环节，如产品的选款、页面制作、打折促销，全部由小组来做；标准化的环节，如客服、市场推广、物流、市场、摄影等，统称公务部门，由公司来做。此外，再加上人资、财务、行政等部门，就形成了韩都衣舍组织架构的三级管理模式。

资料来源：案例节选及改编自微信公众号"哈佛商业评论精选"2018年11月23日发布的文章"韩都衣舍运用了什么模式使销售额从130万到15亿，这是如何做到的？"以及微信公众号"阿米巴经营实践"2019年1月27日发布的文章"海尔、京瓷、韩都衣舍，三个案例深度解析阿米巴模式"。

问题：

（1）在小组制的不同阶段，韩都衣舍的小组结构分别关注并解决了什么重要问题？

（2）韩都衣舍的小组制可能存在什么隐患？

Part Two
第 Ⅱ 篇

个体心理与行为

第二章　个体心理与行为的基础——知觉与归因
第三章　个体差异
第四章　动机与工作激励

Part Two

个体心理与行为

第二章 个体心理与行为的基础——知觉与归因

【学习目标】

1. 掌握知觉的定义、基本特征和影响因素；
2. 理解错觉和人际知觉的常见偏差，以便更好地解释和预测自己及他人的行为；
3. 了解并掌握归因的概念和理论，以及归因结果对人的行为的影响；
4. 理解个体决策的影响因素、决策模型以及常见的决策偏差。

【篇首案例】

国际心理学会议上的枪声

一次，一个重要的国际心理学会议正在举行，突然从外面冲进来一个人，后面追着一个黑人，手中挥舞着手枪，两人在会场中追逐着，突然"砰"的一声枪响了，两人又一起冲出门去，事情发生的时间前后不过20秒钟。

在与会者的惊慌情绪尚未平息的时候，会议主席却笑嘻嘻地请所有与会者写下他们目击的经过，原来这是一位心理学教授请求做的关于"注意"的试验。结果，在上交的40篇报告中，没有一个人的记载是完全正确的。其中只有1篇错误率少于20%，有14篇的错误率在20%～40%，有12篇的错误率在40%～50%，有13篇的错误率在50%以上。而且，许多报告的细节是臆造出来的。

虽然每个人都注意到两人之中有一人是黑人，然而40人中只有4人符合事实地报告说黑人是光头。其余有的说他戴了一顶便帽，有的甚至说他戴了高帽子。关于他的衣服，虽然大多数都说他穿一件短衣，但有的说这件短衣是咖啡色的，有的说是红色的，还有说是条纹的。而事实上，他穿的是一条白裤，一件黑短衫，系一条大红的领带。

为什么这40位心理学家会出现这样的粗疏、臆造呢？

第一节 知觉和人际知觉

知觉(perception)是个体为了对自己所在的环境赋予意义而组织和解释他们感觉印象的过程,具备整体性、选择性、理解性和恒常性等特征。

一、知觉的定义及基本特征

关于知觉,不同学者用不同表达方式提出了各自的定义。

杨锡山(1986)认为,当客观事物作用于人的感觉器官,人脑中就产生了反应,这种反应如果只属于事物的个别属性,就称为感觉,如果是对事物各种属性的各个部分及其相互关系的综合反应则称为知觉。

谢默霍恩(Schermerhorn)等人(2004)认为,知觉是指"人们对从周围获取的信息的选择、组织、理解、反思和反应的过程"。

罗宾斯(2005)认为,知觉是指"个体为了对自己所在的环境赋予意义而组织和解释他们感觉印象的过程"。本书采用此观点。

总之,知觉是在感觉的基础上,对于对象的各种不同属性的总和以及它们之间相互联系的反映,具有整体性、选择性、理解性和恒常性四个基本特征。

1. 整体性

知觉的整体性是指根据知觉对象的特点将其知觉为具有一定结构的整体形象。它包括封闭性、接近性、连续性和相似性四大规律。

(1)封闭性规律:一组分散的知觉对象包围一个空间时,容易被人知觉为一个整体。如将图2-1看成封闭的区域。再比如,火车车厢里面对面坐着的乘客,比背靠背坐着的乘客,更容易被知觉为一个整体。

(2)接近性规律:在时间、空间上接近的知觉对象容易被知觉为一个整体。如将图2-2看成三个圈和四个圈。

(3)连续性规律:连续性规律和封闭性规律密切相关,封闭性规律提供了缺失的刺激,而连续性规律则认为人倾向于将那些连续的线段或模式知觉为一个整体。如将图2-3看成两条婉转的连续曲线组成了英文字母X的形状。再比如,弹奏钢琴的各个音符因其连续性而被人知觉为一首乐曲。

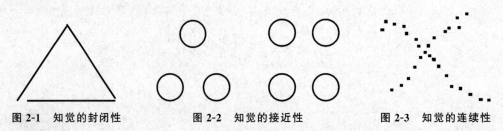

图2-1 知觉的封闭性　　　图2-2 知觉的接近性　　　图2-3 知觉的连续性

(4) 相似性规律：视野中相似的部分容易组成图形。如将图 2-4 中的空心圆圈归为一类，将实心圆圈归为另一类，竖着往下看比横着看觉得舒服一些。

2. 选择性

知觉的选择性是指知觉者在知觉外部世界的过程中会有选择地挑选知觉对象，也称知觉的相对性，即知觉对象与知觉背景是相对的。如图 2-5 所示，把白色部分当成知觉对象、把黑色部分当作知觉背景时，看到的是女人的腿；而把黑色部分当成知觉对象、把白色部分当作知觉背景时，看到的则是男人的腿。

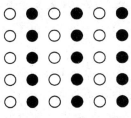

图 2-4 知觉的相似性

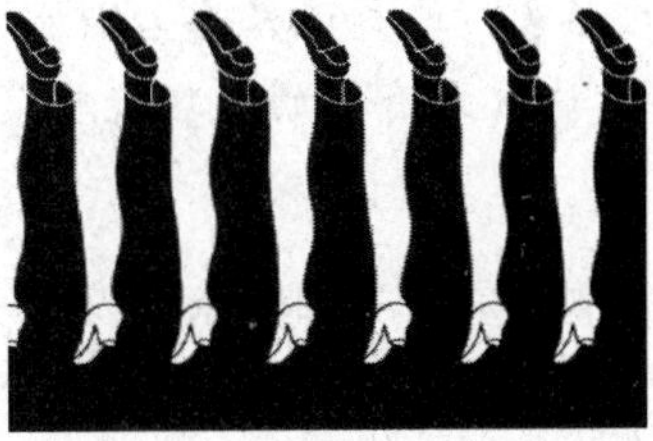

图 2-5 知觉的相对性

📖 **链接材料 2-1：两小儿辩日**

孔子去东方游历，路上看见两个小孩在争论，便询问他们争论什么。

一个小孩说："我认为太阳刚出来时离人近，到中午时离人远。"

另一个小孩认为太阳刚出来时离人远，到中午时离人近。

一个小孩说："太阳刚出来时大如车盖，到中午时小如盘子，这不正是远的东西显得小，而近的东西显得大吗？"

另一个小孩说："太阳刚升起来时冷丝丝的，到中午时热得就像把手伸进热水中，这不正是近的就觉得热，远的就觉得冷吗？"

孔子一时不能判断谁对谁错。

两个小孩笑着说："谁说你知识丰富的？"

……

3. 理解性

知觉的理解性是指以过去的知识经验为依据，力求对知觉对象作出某种解释，使它具有某种意义。如图 2-6 所示，具备北极、雪地、熊等相关的自然环境和动物知识经验的人，容易逐渐理解这个图形是一头北极地带的狗在雪地上。这样，过去的知识经验促使我们理解知觉到的事物，使知觉活动顺利进行。知觉的理解性同言语指导（暗示）有密切的关系，它能使知觉过程更加迅速，映像更加完整。

图 2-6 知觉的理解性

 链接材料 2-2：年轻的少女或者老妇人

图 2-7 于 1888 年发行在德国的明信片上。在这个图形中，你看见的是一个年轻的少

女还是一个老妇人？她们都存在于图形中，但你不可能同时看见少女和老妇人。当你将图中少女的脸部轮廓看成老妇人的鼻梁轮廓，或是将少女的耳朵看成老妇人的眼睛时，你所看到的少女就会变成老妇人了。

这一图形后来被许多人改编过，其中包括两名著名的心理学家R. W. Leeper和E. G. Boring。1930年，他们在解释"心理旋转"概念时使用了这一图形，并使之闻名于世。心理旋转（mental rotation）又称心智旋转，是一种想象自我或客体旋转的空间表征动力转换能力。当某人提起你熟悉的朋友名字时，即使这位朋友不在眼前，你的脑海中也会浮现出他（她）的形象。这种现象在心理学上称为心理表象。以心理表象为基础，会产生一种奇异的现象，这就是有趣的心理旋转。

4. 恒常性

知觉的恒常性是指当知觉条件发生变化时，知觉对象仍保持不变，包括知觉对象的亮度、形体、大小、颜色等方面的恒常性。例如，白色的墙壁在阳光和月色下看，都是白的；煤块在阳光和月色下看，都是黑的。从物体反射的光量看，太阳的光量约为月光的80万倍，因此，煤块在阳光下反射的光量约为白墙在月光下反射的光量的5万倍。但是，煤块在阳光下看上去仍是黑的，白墙在月光下看上去仍是白的。如图2-8所示，表面上看起来图中的三个人大小不一，其实是因为背景的干扰，实际上这三个人的大小是一样的。

图2-7 是少女还是老妇人

图2-8 知觉的恒常性

链接材料2-3：六顶思考帽

《六顶思考帽》是英国著名的思维训练专家爱德华·德·波诺的著作，其核心理论是当我们在认识、分析和解决一个问题时，可以运用六种不同的视角（书中比喻为六种不同颜色的帽子），这样就可以全面系统地认识、分析和解决问题。

这六顶思考帽的颜色分别是白、红、黄、黑、绿、蓝，不同颜色的帽子的视角和功能如下。

（1）白色思考帽。白色显得中立而客观，白色思考帽代表客观的事实与数字。运用白色思考帽需要考虑的问题是：我们有什么信息？我们需要得到什么信息？

(2) 红色思考帽。红色暗示着愤怒、狂暴与情感,红色思考帽代表情绪上的感觉、直觉和预感。运用红色思考帽需要考虑的问题是:现在你感觉这个怎么样?但你不必刻意去证明你的感觉。

(3) 黄色思考帽。黄色是耀眼的、正面的,黄色思考帽代表乐观,包含着希望与正面思考。运用黄色思考帽需要考虑的问题是:为什么这个值得做?利益是什么?为什么可以做这件事?它为什么会起作用?

(4) 黑色思考帽。黑色是阴沉、负面的,黑色思考帽也就是考虑事物的负面因素,它是对事物负面因素的注意、判断和评估。运用黑色思考帽需要考虑的问题是:是真的吗?它会起作用吗?缺点是什么?它有什么问题?为什么不能做?

(5) 绿色思考帽。绿色象征着草地,生意盎然、肥沃丰美,绿色思考帽代表创意与创造性的想法。运用绿色思考帽需要考虑的问题是:有何不同的想法?新的想法、建议和假设是什么?可能的解决办法和行动的过程是什么?选择是什么?

(6) 蓝色思考帽。蓝色是冷静的,它也是天空的颜色,在万物上方。运用蓝色思考帽需要考虑的问题是:我们走了多远?下一步做什么?蓝色思考帽代表思维过程的控制与组织,它可以控制其他思考帽的使用。

资料来源:爱德华·德·波诺.六顶思考帽[M].德·波诺思维训练中心,编译.北京:新华出版社,2002.

二、影响知觉的因素

在日常工作和生活中经常可以发现,不同个体对同一对象会产生不同的知觉,同一个体对同一对象在不同的时间和环境下也会产生不同的知觉。如何解释这种现象呢?罗宾斯(2005)提出了影响了人的知觉过程和结果的三大因素:知觉对象、知觉者、知觉的情境。

1. 知觉对象

知觉对象的特点对知觉内容和结果影响很大,包括:知觉对象的新奇(novelty)、运动(motion)、声音(sounds)、规模(size)、背景(background)、类似/接近(proximity)。

(1) 大小法则:尺寸、空间越大,则越容易引起注意、重视。

(2) 强度法则:强度越高,则越容易被感知。

(3) 对比法则:与背景相反和出乎人们意料之外的事物最容易被感知。

(4) 动感法则:活动的事物比静止的事物更易于被感知。

(5) 重复法则:经常重复的事物比只出现一次的事物更容易被感知。

(6) 新颖法则:新颖的事物容易被感知。

总之,当知觉对象具有与众不同的特性时,被觉察到的可能性更大。体积较大、声响较大、反复出现、运动变化、对比分明的事物,更容易被注意到;相反,体积较小、数量不多、较少发生、静止不动、含糊不清的事物,则更可能被忽视。例如,顾客服务部门更多地注意到那些嗓门较大的顾客,会尽最大可能帮助他们解决问题;而安静礼貌的客人则更可能被忽视;一封信中只有一个错字时,很可能会被忽略;但若错别字连篇,则很容易被看出来;闪动的霓虹灯、画面不断变换的广告牌更容易被人们看到并记住。

2. 知觉者

知觉者的特点对知觉内容和结果也有很大影响,包括知觉者的个性、能力、价值观、态度、动机、兴趣、经验、期望等。

当道路上出现一起车祸时,亲眼看见事件全过程的警察和医生,事后回忆他们所"看到"的细节内容很可能是不一样的。在组织环境中,当讨论在哪里建立新工厂时,营销部门的代表更多会注意销售数字、市场潜力,而生产部门的代表则会对原料、人力来源以及当地反污染的法律等问题较为敏感。再比如,一个干渴难耐的人,会将注意力集中于前面的水和饮料,而对眼前的其他事物则视而不见、听而不闻。

链接材料 2-4:悲剧的背后

1959 年,加拿大曾发生过这样一件事:一名猎户到野外打猎,结果把自己的同伴射死了。在案件审理过程中,猎户坚持说自己看到的是一只棕色的鹿,而不是穿着红色工作服的同伴。后来,法庭分析了这一案件发生的原因,指出有两个因素导致了被告把人看成鹿的错觉:其一是天色将晚,此时的外景确实使红色变暗,趋近于棕色;其二是猎户急于回家,但又想到一整天都一无所获,急切地希望有点收获再回家,这时看到远处一个晃动的目标便以为是鹿,于是开了枪。

3. 知觉的情境

情境对知觉的影响也很大,包括时间、工作环境、物理环境和社会环境等。

例如,当一只老虎在枝繁叶茂的树林中躲避时,即使离它不到 30 米,也可能看不见它;可如果它是在草木不生的荒野上,即使远在 200 米外,也可以看得清清楚楚。又例如,早上 10 点接到朋友的一个电话,可能会令人心情愉快;可如果同样的铃声半夜三更响起,就可能会引起反感与不快了。再例如,同样加薪 5%,不同员工的感受可能不同,有人因此而高兴,因为其他同事平均只涨了 2% 的薪水;有人则可能不快和恼火,因为他看到周围人的平均薪水涨了 15%。

三、错觉及人际知觉的常见偏差

错觉(illusion)是指个体由于种种原因产生的感知与客观事物不一致的现象。它是一种不正确、被歪曲了的知觉。产生错觉的原因主要有知觉者生理和心理的状况以及知觉对象和背景的特点。

错觉是比较普遍的。由视觉、听觉、味觉、嗅觉等构成的知觉经验,都会有错觉。在我们日常生活中,随时会感受到错觉。例如,在火车未开动之前,常因邻近车厢的移动,觉得自己车厢已经开动。这种现象称为移动错觉。再如,在火车尾部窗口俯视铁轨时,若火车是开动的,就会觉得铁轨好像是从车底下向后迅速伸出;若火车遽然停止,就会觉得铁轨好像是向车底迅速缩进。当注视电扇转动时,会觉得忽而正转,忽而倒转,甚至有时会有暂时停止不转的感觉。

人为什么会产生错觉?至今尚不清楚。一般认为:①错觉不是观念问题,而是知觉问题,因为即使知道是错觉也不会改变;②错觉不是发生在视网膜上;③视错觉不是视觉器官的活动所引起的。

错觉的种类很多,常见的有大小错觉、形状错觉、方向错觉、承重错觉、倾斜错觉、运动错觉、时间错觉等,图 2-9 给出了一些常见的错觉情形。

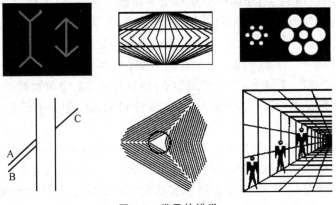

图 2-9 常见的错觉

📖 链接材料 2-5:经典错觉

图 2-10 给出了一些比较经典的错觉。

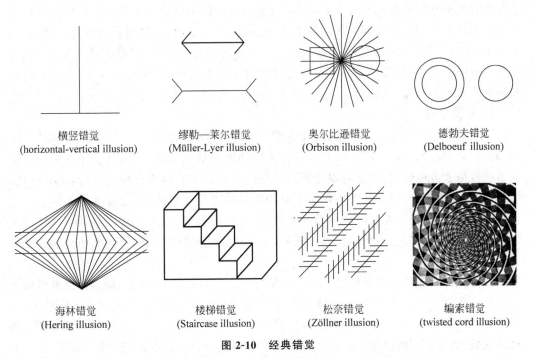

横竖错觉
(horizontal-vertical illusion)

缪勒—莱尔错觉
(Müller-Lyer illusion)

奥尔比逊错觉
(Orbison illusion)

德勃夫错觉
(Delboeuf illusion)

海林错觉
(Hering illusion)

楼梯错觉
(Staircase illusion)

松奈错觉
(Zöllner illusion)

编索错觉
(twisted cord illusion)

图 2-10 经典错觉

人际知觉又称社会知觉,由美国心理学家布鲁纳 1947 年首次提出。该理论认为对人、对群体的知觉不仅取决于被感知的人、群体本身,也取决于感知者的目的、态度、价值观和过去的经验。

在人际知觉的过程中，也存在各种偏差，包括首因效应、晕轮效应、近因效应、定型效应、投射效应、知觉防卫等。

1. 首因效应

首因效应（first impression effect）也称第一印象，是指知觉者最初得到的信息，对于知觉的形成具有强烈影响。老师第一天上课，学生们会凭他的衣着、谈吐、对学生的态度等有限资料，形成对他的第一印象。而且，第一印象一旦形成，就会在人的心理上占据重要地位，它鲜明而牢固，显著影响以后的长期认知。虽然常言道："不能根据一本书的封面来断定其内容"，但不幸的是，在知觉的形成过程中，确实有着偏重最初得到的那些表面信息而忽视全面信息的倾向。研究表明，相貌和性格是人际知觉中最容易影响第一印象形成的两大因素。

（1）属于相貌的因素。虽然我们总会强调不应"以貌取人"，但心理学家的研究发现，对方的相貌是影响知觉者形成第一印象的重要因素之一。一项研究在调查对于大学生偷窃行为应该如何惩罚时，发现一般人都相信相貌姣好的大学生不会有偷窃行为（Efran，1974）。另一项调查研究了美国大学男生就业时的起薪与其身高的关系，结果发现身高平均在 6.2 英尺以上者的起薪，高于以优异成绩毕业的荣誉生（Deck，1968）。

（2）属于性格的因素。与人初次接触获得第一印象时，除了注意到对方的外在形象特征外，还会注意到其言行举止中表现出来的性格特征，这些性格特征出现的先后顺序，会影响人们对他的印象。心理学家阿希（Asch，1946）曾用试验方法研究了性格因素出现的先后顺序对于知觉的影响。他设计了甲、乙两位主人公，他们都拥有六种性格特征，只是以不同的排列顺序出现，让一组被试对主人公甲进行评价，另一组被试对主人公乙进行评价。研究者发现，尽管所列的六种性格特征两人完全相同，但是排列顺序的先后差异，却影响了人们的知觉和判断。

2. 晕轮效应

晕轮效应（halo effect）是指对一个人形成的整体印象或评价，受到个体某一种特征（如智力、社会活动力、外貌等）的影响而普遍偏高或偏低的现象。例如，当你觉得一个女同事的性格十分可爱时，也会对她的能力、态度、人品甚至外貌均有较高评价，也就是说，你对"性格可爱"这个特质的评价影响了对她的总体评价。当然，晕轮效应的影响也可能是消极的，这种消极影响有时也称扫帚星效应，它指的是我们对一个人的总体评价，往往因为其某一方面不理想而普遍偏低。例如，一名受过处分的员工，人们经常也会认为他在其他方面表现较差。

阿希的另一项经典研究证实了一些人格特质会影响晕轮效应的出现。研究者给被试出示的一张纸上列有六种品质：聪明、灵巧、勤奋、实际、坚定和热情，而在另一张纸上，研究者仅把"热情"换为"冰冷"，其他品质保持不变，然后再给被试另一张包含了其他的一些品质的纸，要求被试指出那个人还具备其中的哪些品质，结果发现，"热情—冰冷"这一人格特质的变化，会导致人们对于这个人的整体印象产生极大的改变。

不过，晕轮效应并不是随机发生的。研究表明，在下面这些情况下，晕轮效应最可能出现：当被知觉的特质在行为表现上模棱两可时；当这些特质含有道德意义时；当知觉者根据自己有限的经历来判断特质时。

3. 近因效应

近因效应(recency effect)是指在社会交往环境中，时间上离知觉最近的，也就是最近的信息，容易给人留下深刻而强烈的印象，对认知和评价有着较大的影响。例如，一个人多年来总是全勤，只是最近两个月生病没来上班，另一个人是多年的老病号，最近半年才正式上班，但在年终评审的时候，人们更可能会把前者视为病号，而把后者视为出勤较好。又如一个平时表现一般的人，突然做了一件好事，人们往往会对其刮目相看，并肯定他以往的一贯表现。近因效应会掩盖甚至否定对一个人的一贯了解，从而影响对人的全面认识。

那么，什么时候首因效应起作用，什么时候近因效应起作用呢？

有研究者指出，这与人际交往的时间与熟悉程度有关，当两个陌生人接触时，首因效应的作用更大一些。随着交往次数的增加，彼此比较熟悉，近因效应就可能有更大的影响。但是无论如何，有一点是清楚明确的，即在认知加工过程中，处于中间位置的信息经常受到忽略或遗忘，而最初和最近出现的信息产生的影响作用更大。

4. 定型效应

定型效应(stereotype effect)又称刻板效应，指对某人进行知觉时，可能会依据一些明显的特性，先对某人进行归类（这些特性包括性别、年龄、民族、国籍、职业、所属组织等），再将这群人已有的固定形象作为判断某人的依据。日常生活中刻板印象的例子不胜枚举，例如，大家普遍认为英国人持重守旧，美国人开放进取，德国人勤勉严谨；北方人豪爽率直，南方人灵活精明；女人以家庭为重，男人以事业为重；销售人员是积极进取、伶牙俐齿的，财务人员是严谨认真、安静稳重的，广告设计人员是想象力丰富、思维前卫的……

并非所有的刻板印象都是不好的，它们也不完全是负面的。有证据指出，某些特质的确在一些社会团体的成员身上较容易找到，而在另一些社会团体中不易找到。这种手段使复杂世界变得简化，并承认人们之间拥有一致性。但是，刻板印象的问题就在于过度类化，它抹杀了一群人当中的个别差异，所以具有形成错误印象的潜在危险。因为未必每一个销售人员都是努力进取的，也并非所有财会人员都是安静内向的。

5. 投射效应

投射效应(projection effect)是指由于自己具有某种特性，因而判断他人也一定会有与自己相同的特性。我们在判断他人时，总是有意无意地假定别人与我们相似，因而把自己的感受、态度或动机，投射在对于他人的判断上，俗话说的"推己度人"就是这个道理。例如，如果你希望自己的工作富有挑战性，则会假定别人也同样希望如此；如果你是个诚实守信的人，则会想当然地认为别人同样是诚实可信的；胆小之人经常也会把别人的行为解释为恐惧或紧张。

投射作用使人们倾向于根据自己的状况来知觉他人，而不是按照对方的真实情况进行知觉。当管理者进行投射时，他们了解个体差异的能力就降低了，他们很可能认为别人比实际情况更为同质，并因而使我们对其他人的知觉产生失真。虽然俗话说"将心比心"，但在知觉过程中，这样做无疑会阻碍我们的判断力。

6. 知觉防卫

知觉防卫(perception defense)是指人们对于自己发展的信息或者与自己看法不一致

的信息,有时会故意视而不见或将输入的信息加以歪曲(杨锡山,1986)。譬如,两个敌对的国家都会对对方的好消息视而不见,而对坏消息倍加宣扬。很多时候,知觉防卫会阻碍人们对事实和真理的发现。当发现试验现象与自己先前已建立和被人广泛认同的理论相矛盾时,有些研究人员可能会对该现象视而不见,甚至歪曲事实,这是非常有害的。

7. 选择性知觉

选择性知觉(selective perception)是指观察者根据自己的兴趣、背景、经验和态度进行主动选择观察到的信息而造成的错觉。比如,老李、小王和小张下班后一起去看电影。电影结束后,老李说:"片子不错,把社会世风日下的现实反映得淋漓尽致。"小王说:"什么呀,这明明是讲两个年轻人爱情故事的嘛。"小李在旁边悄悄感慨:"怎么会这样理解呢?这片子把人与人之间心灵的距离描绘得入木三分,你们怎么都没有看出来呢?"

8. 对比效应

对比效应(contrast effect)是指由于对两个事物进行比较而使知觉失真的现象。"瘸子里面挑将军"这句谚语就是对比效应的例子,在企业面试过程中,如果面试者的水平普遍比较低,那么,在这群面试者中一个能力一般的人很可能被认为是优秀的候选人。同样,一群优秀的候选人在一起竞争,他们中间表现稍差一些的人就会被别人看做失败或者糟糕。

第二节 归因和归因理论

一、归因的定义和影响因素

在社会生活中,人们绝不满足于对人形成的直觉印象,也不满足于知道别人在做什么,而更想进一步了解别人的举止行为背后隐含的意图和行为原因,总是试图解释他为什么以某种方式行动。只有了解了他的行为原因,人们才能预料他的行为,从而有利于自己控制周围的环境。于是,就需要对一些表面信息或印象作进一步的分析和推测,指出其性质,推论出这些行为内在原因的心理活动过程,这就是归因。

1. 归因的定义

归因(attribution)是指人们对别人或自己的行为进行分析、解释和推测其原因或者动机的过程,即指人们从可能导致行为发生的各种因素中,认定行为的原因并判断其性质的过程。

归因是人类的一种普遍需要,每个人都有一套从其本身经验归纳出来的行为原因与其行为之间的联系的看法和观念。对同一行为,人们可能会作出不同的归因;对不同的行为,人们也可能作出相同的归因。

2. 归因的影响因素

(1) 社会视角的影响。由于人们在归因上的社会视角不同,因而对行为原因的解释也有明显的不同。

(2) 自我价值保护。个体在归因过程中,对有自我卷入的事情的解释,带有明显的自我价值保护倾向,即归因向有利于自我价值确立的方向倾斜。

(3) 时间因素。随着时间的流逝,归因越来越具有情境性,人们会将过去很久的事件解释为背景的原因,而不是行为主体、刺激客体的原因。

影响归因的因素还有能力高低、努力程度、任务难易、运气好坏、身心状态、外界环境等。

二、归因理论

归因可以说是社会知觉的一个重要拓展方面。正是通过归因过程,人们才会由表及里、由浅入深地认识自己和他人。因此,归因过程的研究已成为社会知觉领域的一个重要课题。

研究者对归因的要素、规则、可能产生的错误、对未来行为的影响等进行了大量研究,并形成了许多理论,主要包括海德的朴素心理学、凯利的三维归因理论、维纳的归因理论、琼斯和戴维斯的相应推断理论。

1. 海德的朴素心理学

海德(Fritz Heider)是最早研究归因理论的学者,是归因研究的创始人,他非常关心现象的因果关系,认为人们需要控制周围的环境,预见他人的行为,只有这样人们才能更好地在复杂多变的社会中生活。因此,每个人都会致力于寻找人们行为的因果性解释,海德把这种普遍现象称为朴素心理学。朴素心理学认为,为了预见他人行为并有效控制环境,关键在于对他人的行为或事件作出原因分析。

海德认为,我们对行为给予解释时,一般不外乎两种方式:一种是认为该行为的发生由于情境因素导致,也就是说,属于自己控制范围之外的因素引起的,故称为外部归因(external attribution);另一种是将行为的原因归于个人的自身因素,也就是说,属于自己控制范围之内的因素,故称为内部归因(internal attribution)。

例如,对于一名上班迟到的员工,如果你把他的迟到归结为昨天晚会上玩到半夜因而睡过了头,这就是内部归因;如果你认为他的迟到是因为今天的大雾天气导致交通严重阻塞而造成的,那么你进行的就是外部归因。再例如,一位先生忘记了太太的生日,你认为这位太太对先生的行为该如何归因?以下两种归因都有可能:其一,太太怀疑先生对自己表现冷淡;其二,太太猜想先生的工作太忙所致。前者是内部归因,后者是外部归因。遗憾的是,在这种情况下,人们经常倾向于做内部归因。

可以认为,个体的任何行为既有外部原因,也有内部原因,是内外两方面共同作用的结果。但在每一特定的时刻,总有其中某一种原因起主要作用。他的理论的核心在于:只有厘清其根本原因是内在的还是外在的,才能有效地控制个体的行为。海德的归因理论虽然简单,但他开创了一个新的研究领域,为以后的一系列研究打下了基础。

2. 凯利的三维归因理论

美国心理学家凯利进一步补充了海德的归因理论,提出了一种颇有说服力的理论。他认为当我们观察个体的行为时,总会试图判断这种行为是由于内部原因还是外部原因造成的,人们行为的原因十分复杂,有时仅凭一次观察难以推断他的行为原因,必须在类似的情境中多作几次观察,根据多种线索做出个人或是情境的归因,这种判断在很大程度上取决于三个要素:特殊性、共同性和一贯性,因此而称为三维归因理论,如图2-11所示。

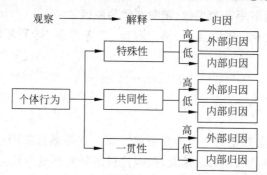

图2-11 凯利的三维归因模型

资料来源:孙健敏,李原.组织行为学[M].上海:复旦大学出版社,2005.

凯利以"玛丽在看电影时为什么会大笑"为例,解释了这三个要素在归因判断中的作用。

(1)特殊性(distinctiveness),指被分析的行为是否特殊,个体在不同情境下是否表现出不同行为,迟到行为是否不同于平常。如果是,则观察者可能会对行为进行外部归因;如果否,则可能进行内部归因。特殊性越高,越是外因引起;特殊性越低,越是内因引起。

特殊性考查的是这种行为是只在特殊情境下发生,还是在不同情境下经常发生。例如,玛丽只是在看到这个电影时大笑,还是她每次看电影时都会大笑。我们想了解的是这种行为是否不同于平常。如果是,则观察者可能会对行为进行外部归因;如果否,则可能将活动归于内部原因。

(2)共同性(consensus),指被分析的行为是否与其他人一致,所有的人都有类似的行为。如果每个走相同路线上班的员工都迟到了,则这一行为的一致性高,我们可能对行为进行外部归因;如果走相同路线的其他员工都准时到了,我们会判断他迟到的原因来自内部。一致性越高,越是外因引起;一致性越低,越是内因引起。

共同性考查的是这类情境下是否引起大家共同的反应。例如,玛丽看电影过程中大笑时,大家也都在笑吗?还是别人都不笑而只有她一个人大笑?凯利认为,如果共同性高,我们很可能对大笑行为进行外部归因;如果其他人都不笑而只有玛丽一个人大笑,我们更可能会断定大笑的原因来自内部。

(3)一贯性(consistency),指被分析的行为是一贯的还是偶然的。不论时间怎样变化,此人是否都表现出相同的行为呢?如果一名员工并不是在所有情境下都上班迟到10分钟,则表明这是一个特例;而对于另外一种情况(如他每周迟到3次),则说明迟到行为是固定模式中的一部分。行为的一贯性越高,越是内因引起;一贯性越低,越是外因引起。

一贯性考查的是在不同的时间和情境下这个人是否都表现出类似的行为?例如,玛丽每次看到这类电影都会大笑吗?行为的一贯性越高,观察者越倾向于对其做内部归因。

3. 维纳的归因理论

在组织生活中,常常听到这样的说法:"我只要努力就会取得好成绩""我天生就不是一块干大事的材料,也就是干点跑跑腿、打打杂的工作""这次能晋级真是撞大运了"……总之,人们在完成一件重要工作之后,无论其行为后果是成功的,还是失败的,往往喜欢对自己的成败理由作出分析,而这些分析探讨,又会决定以后行动的方式和方向。但是,不同的人对于自己的行为结果会有不同的考虑。

20世纪70年代后,维纳(Weiner)及其同事扩大了原来归因论的观念,研究人们对成功和失败的归因倾向,建立了一套从个体自身的立场上解释自己行为成败的归因理论。维纳提出,影响归因的因素很多,总体上可以分为三个维度:原因源、稳定性和可控性。

(1)原因源(内部、外部)维度指的是造成事实的原因属于个体内部还是外部的因素。天资、能力、心境、努力等因素都是个人因素决定的,即内部原因;而任务难度、运气、他人偏见、同事帮助则是由个体之外的力量决定的,即外部原因。

(2)稳定性(稳定、不稳定)维度指的是作为行为原因的内外因素是否具有持久的特征。能力是稳定的,而心境、运气这些因素则是不稳定的。

(3)可控性(可控、不可控)维度指的是行为动因能否为行动或他人所支配或驾驭。如努力是可控的,而天资、心境、机遇是难以控制或不可控的。

根据三种归因维度,个人在对自己成败理由分析时,可能做出以下六个方面的归因。

- 能力。根据自己的评估,个人承担此项工作有无足够能力。
- 努力。个人反省此次工作是否尽了最大努力。
- 工作难度。凭个人经验判断这次工作是困难还是容易。
- 运气。个人自认为此次的工作成败是否与运气好坏有关。
- 身心状况。凭个人感觉判断工作时的心情及身体健康状况。
- 别人反应。在工作时及以后别人对自己工作表现的态度。

三个维度与六项主要归因之间的关系,如表2-1所示。

表2-1 归因的三种维度与归因类别

归因类别	原因源		稳定性		可控性	
	内部	外部	稳定	不稳定	可控	不可控
能力	✓		✓			✓
努力	✓			✓	✓	
工作难度		✓	✓			✓
运气		✓		✓		✓
身心状况	✓			✓		✓
别人反应		✓		✓		✓

维纳认为,个人对其成败原因的归纳分析广泛地影响后来行为的方向和方式,不同的归因,对后来行为产生的影响是不同的。

当倾向于能力归因(稳定、不可控、内部归因)时,如果个体成功,会认为自己能力高,因而信心十足;如果个体失败,就会有羞耻感,认为自己能力低,因而丧失信心,但不会做出任何改变,只是听任下次失败的再度到来。

当倾向于努力归因(不稳定、可控、内部归因)时,如果个体成功,会认为是努力的结果,并预期今后的成功,鼓励自己,再接再厉;如果个体失败,最可能的情绪是内疚,认为是由于不努力造成的,自己只要努力,一定可以获得下次的成功。因此,这种归因的潜在效果是提高了激励水平,促进了工作积极性。

对象对行为作何归因,关系到一个人的心理变化,关系到以后的行为方向,在一定程度上影响着今后的学习、工作。维纳等人的研究表明:把成功归因于内在因素如努力、能力等,使人感到满意和自豪;若把成功归因于外在因素如任务容易、运气好等,使人产生意外的和感激的心情。把失败归因为能力差、任务难等内外原因中的稳定因素,会使人感到内疚与无助,就必然会造成人们对今后工作和学习成功的期望失去信心,也就是说难以产生坚定的努力行为。若把失败归因于外部因素,则会使人产生气愤和敌意。把成功归因于稳定因素如任务容易或能力强,会提高以后的工作积极性;若把成功归因于不稳定因素如运气好或努力,则以后工作积极性既可能提高也可能降低。把失败归因于稳定因素如任务难或能力差,会降低其以后工作的积极性;若归因于不稳定因素如运气不好或努力不够,则可能提高其今后工作的积极性。

大量研究表明,个体对学习成功的归因变化是有规律的。一般来说,幼儿和小学生看重努力的作用;但当学生进入初中时,努力的"价值"逐渐贬值,他们会越来越感到努力会表明自己能力低下,这种感觉与年俱增;到了大学阶段,就把能力看做是最能体现个人价值的关键了。有研究表明,这其中存在性别差异,男女大学生的归因倾向是不完全相同的。女生大多数将自己学习成功的首要原因归因于兴趣与努力,其次是理想、认真踏实等,归之于这些因素,主要是归之于内在因素,但有极少数人归之于学习难度不大、同伴合作与机会运气等外在因素。而男大学生则认为影响自己学习成功的首要因素是对学习的兴趣和敢于竞争的性格特征,其次是认真踏实、努力等内在因素。而且,肯定能力在学习成功中的重要作用时,男女学生的性别差异达到了显著水平。

4. 琼斯和戴维斯的相应推断理论

琼斯和戴维斯的相应推断理论的基本假设是:认知主体对他既稳定又富有信息的行为总爱寻找有意义的解释。如果他人的行为被判断为是故意的,而且是由于持续一致的重要意图产生的,并非随情境变化而变化,那么这种行为是最富含信息的,即暂时的想法不如经常出现的意图更能说明一个人。琼斯认为,人们在判断一个人的言论、行动的原因时,首先考虑外界环境的影响,尤其对于处于高压之下的人,其言行很难做个人的、内在的归因。只有不存在外界压力或压力很小时,个人的言行才会被看做内在品质、动机、性格的外在表现,才可以做内在归因。

琼斯主张一个人的人格特质、动机都同一定的外在行为相联系,一定的外在行为是由一定的人格特质、动机所引起的。这就是说,人的外在行为和其内在行为特征是相互对应的。当知道一个人做了不道德的事,人们就可以从其行为推论他是个不道德的人,因此,从一个人的外在行为就可以推断他的动机、人格特质,后者是前者的原因,故他的理论也称为相应推断理论。

相应推断理论正确性的主要条件如下。

(1) 行为结果的多少。某一行为导致的结果越多,原因的推断就越困难。

(2) 行为的社会赞许性的高低。见面握手、微笑是社会所要求和赞许的,多数人都会做出这种行为,因此,这种行为很难作为个人特质的表现形式。倘若一个人蛮横无理,这种不为社会所赞许的行为的原因则被归于个人。

(3) 行为的自由选择。凡属经自由选择而实现的行为,通过对选择与放弃的两种行为异同的比较,可以推断出行为的原因。选择与放弃这两种行为的共同方面不可能成为选择的原因,只有两者的不同之处才是行为的原因。因此,不同之处越多,越容易推断原因。

三、归因偏差

人们经常存在归因失真的错误或偏见。

1. 基本归因错误

当人们解释他人行为时,尽管有充分的证据支持,还是倾向于低估情境作用而高估个人内在品质的作用,即是犯了主要归因错误或基本归因误差。这种现象解释了这样的情况:当销售人员的业绩不佳时,销售经理更倾向于将其归因于下属的懒惰而不是竞争对手拥有革新产品。

2. 动机性归因偏差

除了着眼点不同而导致偏差外,个体还倾向于把自己的成功归因于内部因素(如能力或努力),而把失败归因于外部因素(如运气),这称为自我服务偏见。

同一种行为,行为者本人对自身行为动机的归因不同于他人对自己行为的归因。虽然双方认知到的是同一行为,但是行为者往往把自己的失败行为归因于情境,而观察者则可能归因于该行为者;行为者把自己的成功行为归因于个人,而观察者可能归因于情境。这说明行为者和观察者由于着眼点不同而产生了偏差。

斯奈德曾经进行了一项试验,考查人们如何解释自己的成功和失败,即他们如何估计自己成功和失败的原因。结果表明,当研究者以某种方式解释自己的成败时,观察者却用不同的方式解释他的行为。斯奈德邀请研究对象赛跑,另一些人观看赛跑,赛跑结束后,心理学家们请参加赛跑的人解释自己成败的原因:胜利者把自己的成功归因于内在因素,诸如技术和能力;失败者把自己的失败归因于外部因素,例如运气不好。观察者的解释却又大不相同,他们认为胜利者的取胜是由于运气好和其他外在因素,而失败者却是由于技术不高、不够努力。

另一项试验是让被试观看一个嫌疑犯受审坦白的录像。如果录像集中在嫌疑犯身上,则被试会觉得坦白是真诚的,如果录像集中在警察身上,则被试觉得坦白是被迫的。这是因为认知者的观察视角不同所致。要避免归因偏差,两方面的人都应该出现在录像中。

3. 涉及个人利益时的归因偏差

对他人行为的归因还取决于他人行为是否与自己有利害关系,当他人失败使自己的利益受到损害时,人们会把他人的失败行为归因于能力等个人因素。琼斯的试验:安排一组被试做同一工作,并在这组被试中渗入一个假被试。工作中所有的被试都是成功的,只有假被试是唯一的失败者。试验者控制了两种情境：一种是假被试的失败会使全体被试都得不到奖赏；另一种是假被试的失败只使他一人无奖赏，并不因此影响其他被试获奖。虽然假被试在两种情况下工作的成绩同样差劲，但在前一种情境下，全体被试都归因于假被试能力差，对其作个人倾向归因。

对于学习成绩较差的学生，有些教师经常责备他不努力，又太笨；学生却不认为自己差，而认为功课负担太重、教师讲课呆板。这种归因偏差就源于双方利益的冲突。

第三节 个 体 决 策

一、个体决策的定义和影响因素

决策是非常普遍的、重要的心理过程。诺贝尔经济学奖获得者赫伯特·西蒙（Hebert Simon）指出，管理就是决策。管理的几个基本职能——计划、组织、领导、控制等，每个方面都要做决策，处于组织中任何层次的个人都需要做决策，这些决策成为组织行为的重要组成部分，决定着组织的成功与否，决策是每个人在每天的工作、生活中都会遇到的问题。

所谓个体决策，是指在面临某种问题的情况下，个人为了实现某种目标，在两个以上的备选方案中，选择一个最佳方案的分析判断过程。

由于时间、信息等资源的有限，决策受很多因素的影响，其中主要包括决策者、决策问题和决策情境三大因素。

1. 决策者因素

决策者本人的知觉、思维方式、气质与性格、情绪和情感会影响个体的决策过程。

（1）知觉。决策方案的制订、选择及实施过程均受到决策者知觉过程的影响。首先，是否存在问题和是否有决策的需要是一个知觉问题。例如，一个管理者可能认为他的工厂年生产能力提高了8%是一个严重的问题，需要采取行动解决可能存在的问题；而另一名管理者面对同样的情况，可能觉得很满意。其次，决策者的知觉过程会影响他对信息的获取、解释和评估。

（2）思维方式。思维贯穿于决策的整个过程，对决策有着最直接的影响，而且决策本身也是一个思维过程。良好的决策思维，是有效决策的前提和关键。决策思维主要表现为对问题认识的全面性、客观性，对信息掌握和判断的正确性与深刻性以及思维的系统性等，它们都直接关系到决策的正确性。思维方式或偏好影响个人决策，具有全局思维的人适合做战略性决策，而具有分析思维的人适合做战术性决策；具有发散性思维的人适合做非程序性决策，而具有聚合性思维的人适合做程序性决策。

> **链接材料 2-6：小男孩的回答**
>
> 美国知名主持人林克莱特一天访问一名小朋友，问他说："你长大后想要当什么呀？"

小朋友天真地回答："嗯……我要当飞机的驾驶员！"

林克莱特接着问："如果有一天,你的飞机飞到太平洋上空,所有引擎都熄火了,你会怎么办？"

小朋友想了想："我会先告诉坐在飞机上的人绑好安全带,然后我挂上我的降落伞跳出去。"

当现场观众笑得东倒西歪时,林克莱特继续注视着这孩子,想看他是不是自作聪明的家伙。没想到,孩子的两行热泪很快夺眶而出,这才使林克莱特发觉这孩子的悲悯之情远非笔墨所能形容。

于是林克莱特问他："为什么要这么做？"

小孩的答案透露出一个孩子真挚的想法："我要去拿燃料,我还要回来！"

（3）气质与性格。个人的决策行为往往与其气质和性格相联系。首先,个人决策受气质的影响：胆汁质者决策容易冲动,盲目,大胆冒险,决策过程比较快；抑郁质者决策过程较慢,一般选取风险较小的决策,但一旦做出决策,便很难改变；多血质者决策时能够吸收多方面意见,使决策比较有效,但容易受他人影响而轻易改变决策。

其次,个人决策受性格的影响。意志坚强的人能够果断地做出决策,而意志薄弱的人往往优柔寡断,迟迟做不出决策,甚至在目标确定后还可能轻易改变。自信心强者容易独立做出决策,而自卑者决策时容易受他人影响。自尊高者不轻易改变决策,自尊低者容易改变决策。

（4）情绪和情感。决策还受到决策者情绪和情感的影响。情绪和情感作为心理活动的组织者,影响着其他的心理过程,包括促成知觉选择、监视信息的变化、影响工作记忆和思维活动等。沉稳、愉快的情感,会使决策者思维敏捷；抑郁的情绪,会降低大脑的兴奋性,而使思维迟钝,阻碍问题的顺利解决；而过度兴奋、情绪高涨也会妨碍进行合理的分析推理；暴躁的情绪情感,往往会使所做的决策草率而冲动；忧郁苦闷、悲观失望,又可能使所做的决策消极怠惰。因此,对于决策者,应努力克服消极的情绪,培养和激发良好的情绪。

2. 决策问题因素

任何决策都源于问题的出现,决策是针对问题做出的回应。那么,什么是问题？简言之,就是达到目标过程中遇到的阻碍,问题的某些特性会明显影响到决策过程及决策结果,其中有三种特性尤其值得强调：新异性、不确定性、复杂性。

（1）新异性。有些问题深为决策者所熟悉,例如,学生总要面对期终考试,护士总要面对不听话的病人,交警总要面对违反交通法规的司机……决策者对于这些反复发生的问题的反应都是例行化的,通常利用过去经验和已有的决策过程。不过,另一些问题则是以前从未面对的,基于过去经验总结出来的方法也难以适用。

问题的新异性可能造成两种影响。

第一,导致决策过程的迟缓与不确定。一般来说,我们会首先验证例行的程序或方法,如果验证失败,则可能在一段时间里出现混乱局面,大家相互推卸责任,或找出各种理由来解释为何失败。然后,人们才重新评价问题的情境,寻求新的解决方案。

第二,这种问题也会促使决策者必须运用创造力解决问题,使决策具有创新性。决策者的这种素质不仅是组织生存所必需的,而且可以为组织带来成长与发展的机会。

(2) 不确定性。每项决策都包含三种成分：投资（或赌注）、产生某种结果的概率、后果本身。风险高的决策，失败的概率也大；反之亦然。但是，大部分的决策，在投资、可能的后果及其概率方面都或多或少具有不确定性。例如，一家公司决定引进一套培训计划，以提高新任管理者的管理技能。首先，在投资上可能存在不确定性。这项计划究竟需要花费多少时间？花费多少金钱？管理层需要多大的努力来推行和支持计划？可能的后果及概率也存在不确定性。经过这项培训后，新任管理者到底从计划中获益的程度有多大？他们的管理技能比过去好多少？对组织中的其他人产生多大的影响？

有研究证明，风险与不确定性是决策的重要变量。一项研究显示，人们对于自己认为不太重要的方面，更愿意冒较大的风险。他们让被试评定 12 项问题情境的重要性，然后针对每个问题指出他们愿意冒的风险有多大。结果发现，对男性而言，问题越是重要，他们越不想冒险。有趣的是，对女性而言，并没有发现这种关系（K. Highbe & T. Lafferty, 1972）。

琼斯和约翰逊（Jones & Johnson, 1973）的研究则显示，决策的后果会影响人们面对问题情境愿意冒多大风险。首先，研究者让被试相信：用药剂量越大，治疗效果越好，但同时造成的不良副作用的风险也越大。而后，他们在试验中让被试选择药品的不同剂量。试验发现，当告诉被试药品将在 30 分钟内产生效果，人们选择的剂量较小，平均的剂量为 94mg；当告诉被试药品将在 3～24 小时以后发生作用时，则平均选取的剂量为 146～175mg。研究者分析，当决策后的正效果与负效果同时发生时，对决策者而言，负效果更具重要性。

(3) 复杂性。在问题的复杂性或难度方面，有一些比较清晰的预测。人们面对复杂的问题，总要比简单问题花费更多的时间，其中一部分原因在于复杂的问题需要处理更多的信息；另一部分原因可能在于，人们感到对于复杂问题的决策更没有把握。

组织中对于复杂问题的反应，经常是进行群体决策。理论上说，由一群人来做决策可以节省时间，提高效率，因为他们可以分工合作。此外，通过群体讨论还可以降低不确定性。不过，群体决策也有自己的问题，我们在后面还会具体讨论。

3. 决策情境因素

决策发生于复杂的环境中，而环境与行为过程及行为后果之间又会交互作用、相互影响。

虽然物理因素，例如时间压力、过强噪声或不适温度等因素会造成分心现象，并对决策效果产生不利影响，但总体来说，社会环境的影响更为重要。

(1) 受限制的选择。在决策者拟订的各项备选方案中，有些方案会受到社会环境的限制。例如，学生在面对期末考试时，其中一种解决方案是作弊。为什么绝大部分学生不会选择这一方案呢？因为决策方案受到法律、道德、伦理规范的约束。同时，组织本身也限制着决策者，使人们调整自己的决策，与组织的规章制度、操作程序保持一致，反映出组织对于绩效评估和奖励制度的要求，并符合组织规定的时间限制。另外，决策者所属的非正式群体，也对决策方案的选择产生着重要影响。

(2) 反馈。决策中的反馈，指的是个人得到自己所做决策质量的信息。证据显示，反馈信息对于而后的决策有着重要影响。一项研究表明，对个体先前决策效果的反馈，会影响对以后工作目标的确定。失败结果的反馈,往往使个体决定降低或维持先前的目标;而成功结果的反馈,则往往会促使个体决定提高未来目标的难度。

(3) 他人的影响。他人对个体决策的影响,不仅在于对绩效提供反馈,他人的榜样作用、他人的赞赏与批评等,都会影响决策过程。

研究表明,对大多数人来说,批评容易造成压力。如果压力过大,则会干扰到决策行为。而表扬通常给人带来喜悦,让人感到被接纳和认可,这种心境有助于决策者的行为更为果断和自信。另外一个现场试验,验证了榜样作用对他人决策行为的影响。该试验是观察行人在通过十字路口时是否闯红灯的行为(Dannick,1973),研究者让一名男性助手站在马路边上,他有时遵守交通规则(不闯红灯),有时违反交通规则(闯红灯)。通过2 500次以上的观察,研究者发现:研究助手的行为明显影响了其他人的决策,当研究助手闯红灯时,其他人违规闯红灯的行为明显高于助手不闯红灯时的情况。可见,决策者所处的社会环境对决策行为很有影响。

> **链接材料2-7:把梳子卖给和尚**
>
> 有一个单位招聘业务员,由于待遇很好,所以很多人面试。经理为了考验大家就出了一个题目:向和尚推销梳子。很多人都说这不可能,和尚没有头发,怎么可能向他们推销梳子?于是很多人放弃了这个机会,但是有三个人愿意试试。第三天,这三个人回来了。
>
> 第一个人卖了一把梳子,他对经理说:"我看到一个小和尚,头上生了很多虱子,很痒,在那里用手抓。我就骗他说抓头用梳子抓,于是我卖出了一把。"
>
> 第二个人卖了10把梳子。他对经理说:"我找到庙里的主持,对他说如果上山礼佛的人的头发被山风吹乱了,就表示对佛不尊敬,是一种罪过,假如在每个佛像前摆一把梳子,游客来了梳完头再拜佛就更好了!于是我卖了10把梳子。"
>
> 第三个人卖了3 000把梳子!他对经理说:"我到了最大的寺庙里,直接跟方丈讲,你想不想增加收入?方丈说想。我就告诉他,在寺庙最繁华的地方贴上标语,捐钱有礼物拿。什么礼物呢,一把功德梳。这个梳子有个特点,一定要在人多的地方梳头,这样就能梳去晦气、梳来运气,于是很多人纷纷捐钱,一下子就卖出了3 000把梳子。"

二、个体决策的过程

个体做出理性决策的过程一般包含以下几个步骤,如图2-12所示。

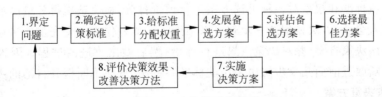

图2-12 决策的过程模型

资料来源:陈国权.组织行为学[M].北京:清华大学出版社,2006.

1. 界定问题

准确地界定问题是决策成功的第一步。人们在决策最初必须弄清楚要处理的是一个什么性质的问题、问题涉及的主要利益相关者有哪些、它们最关心的是什么、解决这个问题的关键在哪里,等等。如果一个人遇到问题就匆忙做出决策,最后的结果往往是错误的、事与愿违的。

2. 确定决策标准

将决策问题的性质和关键弄清楚以后,还必须确定选择评判不同可选方案时需要考虑的主要方面(标准)。譬如,公司招聘、选拔重要岗位人选时,就必须考虑几个因素,如品德、个性、能力、经验、学习能力和发展潜力等。

3. 给标准分配权重

确定决策标准后,还必须确定每个标准的重要性程度,也就是分配权重。譬如,上面的例子中,企业招聘一个重要岗位人选,是品德更重要,能力更重要,还是个性适合更重要?是以前有过类似工作的经验、来了就能上手更重要,还是其本身的学习能力和发展潜力更重要?确定这些标准的重要性排序是决策中非常重要的工作。

4. 发展备选方案

通过各种方式获得可能的备选方案。譬如,企业可以通过发布招聘广告,获得可挑的人选。

5. 评估备选方案

获得若干可能的备选方案后,就要根据前面确定的标准和权重分别对这些方案进行评价。例如,企业可以针对几个候选人分别进行评价,综合打分。

对各种备选方案的评估,主要有两个指标:风险和不确定性。

(1) 风险(risk)。风险实际上代表了由某种决策 A 导致发生某种结果 B 之间的概率。在有风险的情况下,决策者虽然不能确切地知道给定决策方案行动的后果,但是具有足够的信息可以估计出产生不同后果的可能性。风险本质上是一个客观的概念,但由于人们对风险存在不同的认知,所以在实际决策中,人们对风险的主观认知对决策方案的最终选择影响也很大。

(2) 不确定性(uncertainty)。不确定性是指决策者缺乏足够的信息来估计某种可选方案后果发生的概率的程度。不确定性越高,决策者越不能估计某种决策方案产生某种后果的概率;越是确定性的情况,决策者就越清楚某种可选方案产生某种后果的概率。显然,不确定性是更难处理的情况。

6. 选择最佳方案

采用各项标准和权重对各种可选方案进行评价打分,最后选出得分最高的最佳方案。

也许有人会认为,决策到这一步就可以结束了。但是作为一个完整的决策过程,还应该包括实施该决策方案,并对决策效果进行评价,然后做出改进的过程。因为只有这样,人类才能不断改进前面几个步骤中采用的标准和方法,从而不断提升自己的决策能力。

7. 实施决策方案

实施决策方案是执行阶段,是把决策方案变成行动和现实的过程。譬如,企业正式聘用被挑选出来的某人担任某个岗位的职务。

8. 评价决策效果、改善决策方法

这一阶段是有意识和系统地收集决策结果的信息,然后分析、评价下列方面:决策有没有达到预期的目的?为什么达到了或没有达到?决策中对问题的界定正确吗?决策标准定得合适吗?各个标准的权重分配合适吗?备选方案的数量和质量过关吗?分析评估备选方案正确吗?最后确实是选择了得分最高的方案吗?实施方案过程准确到位吗?决策的最终效果如何?只有充分回顾、反思了这些问题,才能吸取经验、教训,改进在各个阶段的表现,从而提高总体的决策成效。人的决策能力就是通过这种学习的过程不断改进的。

> **链接材料 2-8:海尔的"地瓜式洗衣机"**
>
> 1996年,一位四川农民投诉海尔洗衣机排水管老是被堵。服务人员上门维修时发现,这位农民居然用洗衣机洗地瓜,泥土大,当然容易堵塞!但服务人员并没有推卸责任,依然帮顾客加粗了排水管。农民感激之余,说:如果能有洗地瓜的洗衣机就好了。
>
> 农民一句话,海尔人记在了心上。经过调查,他们发现原来这位农民生活在一个"红薯之乡",当年红薯喜获丰收,卖不出去的红薯需要加工成薯条。在加工前要先把红薯洗净,但红薯上沾带的泥土洗起来费时费力,于是农民就使用了洗衣机。海尔公司通过更进一步的调查发现,在四川农村有不少洗衣机用过一段时间后,电机转速减弱、电机壳体发烫。向农民一打听,才知道他们冬天用洗衣机洗红薯,夏天用它来洗衣服。
>
> 技术人员一开始是把此事当笑话讲出来的,但是,海尔集团董事局主席兼首席执行官张瑞敏听了之后却不这样认为,张瑞敏对科研人员说:满足用户需求,是产品开发的出发点与目的。技术人员对开发能洗地瓜的洗衣机想不通,因为按"常理"论,客户这一要求太离谱甚至荒诞了!但张瑞敏却认为这会开发创造出一个全新的市场。终于,"地瓜式洗衣机"在海尔诞生了!它不仅具有一般双桶洗衣机的全部功能,还可以洗地瓜和水果!

三、个体决策的偏差

心理学家丹尼尔·卡纳曼(Daniel Kahneman)获2002年诺贝尔经济学奖,他遵循1978年诺贝尔经济学奖获得者赫伯特·西蒙(Herbert Simon)的有限理性理论和启发式的思想,提出人类的决策行为经常是非理性和有偏差的,而且这种偏差是有规律的,并用不确定性判断和前景理论来解释这种偏差。其中,不确定性判断中提出三种常见的启发式(代表性、可得性、锚定和调整)所带来的偏见,而前景理论则包括回避损失、参照依赖和捐赠效应。

1. 不确定性判断:启发式与偏见

遵循西蒙的有限理性学说,卡纳曼指出,人们在不确定性世界中作判断依赖于有限的启发式,其中有三种最重要的启发式:代表性、可得性、锚定和调整。

(1) 代表性启发式。代表性启发式(representative heuristic)是指人们倾向于根据样本是否代表(或类似)总体来判断其出现的概率,代表性越高的样本其判断的概率越高。

例如,一项心理试验设计了这样一种情境:研究者安排一组人由律师和工程师组成,其中 40% 是律师，60% 是工程师。然后让试验对象针对这组成员中的一名成员所做的描述来判断他的职业。从概率论上说，如果这个样本中大多数人是工程师而不是律师，正确的判断应该考虑到这一先验概率条件。但是试验结果发现，人们经常忽略在试验情境中工程师与律师的比率这一信息。如果这段描述中的人具有很强的社交能力、能说会道，试验对象经常会判断他是一名律师而不是一名工程师。因为在我们的日常工作生活中，律师的行为更符合这种经验描述，即具有代表性。这种"代表性"机制使得人们只注意到事物之间的相似性，而对先验概率置之不顾，从而导致系统偏差。

(2) 可得性启发式。可得性启发式(availability heuristic)是指人们倾向于根据客体或事件在知觉或记忆中的可得性程度来评估其相对频率，容易知觉到的或回想起的客体或事件被判定为更常出现。例如，对于"字母 k 常出现在英文单词的第 1 个字母位置还是第 3 个字母位置"这个问题，绝大多数人认为字母 k 常出现于英文单词的开头。

但实际上，在英文里，第 3 个字母是 k 的单词数是以 k 字母开头的单词数的 3 倍，人们之所以认为字母 k 常出现于英文单词的开头，是由于人们更容易回忆出以某个特定字母开头的单词，而不容易回忆出有特定的第 3 个字母的单词。

(3) 锚定和调整启发式。锚定和调整启发式(anchoring and adjustment heuristic，取舍性机制)是指在判断过程中，人们最初得到的信息会产生"锚定效应"，人们会以最初的信息为参照来调整对事件的估计。例如，对两组被试分别提出下列两个问题：$8\times7\times6\times5\times4\times3\times2\times1$ 等于多少和 $1\times2\times3\times4\times5\times6\times7\times8$ 等于多少，要求被试在 5 秒内估计出其乘积。

结果发现，被试对第一道题的估计的中位数是 2 250，对第二道题的估计的中位数是 512，两者差别很大，并都远远小于正确答案 40 320。可以设想，被试在对问题做了最初的几步运算以后，由于"锚定效应"的影响，就以获得的初步结果为参照来调整对整个乘积的估计，与两道题的乘数数字排列不同，第一道题的最初几步的运算结果大于第二道题的，因而对其整个乘积的估计也较大。

2. 前景理论

(1) 回避损失(loss aversion)。损失的效用要比等量收益的效用得到更大的权重。例如，由于受市场变化的威胁，某 CEO 面对一个两难问题，他的财务顾问告诉他得采取行动，否则公司的 3 个制造厂就得倒闭，6 000 名雇员失业，并提交了以下两项计划。

计划 A：执行该计划必定可以保存一个工厂，保留 2 000 名雇员；

计划 B：执行该计划有 1/3 的概率可以保留全部 3 个工厂和 6 000 名雇员，但是另外 2/3 的概率则是全部工厂倒闭以及全部雇员失业。

上述两项计划可以从损失的角度改写如下。

计划 C：执行该计划必定损失两个工厂，损失 4 000 名雇员。

计划 D：执行该计划有 2/3 的概率损失全部 3 个工厂和 6 000 名雇员，但是另外 1/3 概率则没有任何工厂倒闭、任何雇员失业。

从客观的以及传统的期望效用理论的观点来看，这 4 项计划可以导致相似的结果。

但试验结果表明，在计划 A 和 B 中，大多数人倾向选 A，表现出为获益而回避风险；而对于计划 C 和 D，大多数人倾向选 D，表现出为回避损失而冒风险。可见，从收益和损失两种不同的角度提出问题,可以导致很不相同的结论：人们对损失更关注,以至于宁愿冒险去回避损失。

（2）参照依赖（reference dependence）。人们对资产的变化比对净资产更敏感,因此人们根据参照点来定义价值,而不是根据净资产本身。例如,让两组不同的被试分别回答下列两组问题。

第一组：假设你现在已经有1 000美元,除了你所拥有的之外,现在你可以在下面两项中选择一项。

A：必定获得500美元；

B：50%的可能获得1 000美元,50%一无所得。

第二组：假设你现在已经有2 000美元,除了你所拥有的之外,现在你可以在下面两项中选择一项。

A：必定获得500美元；

B：50%的可能获得1 000美元,50%一无所得。

在第一组中,84%的被试选A；而在第二组中,69%的被试选B。对于被试可以获得的净收益来说,两个选择都是一样的,然而由于两组被试的参照点不同,被试的选择也会不同。第一组被试以已拥有的1 000美元为参照,选择比较保守；而第二组被试以2 000美元为参照,选择冒险。由此可见,可以通过改变人们的参照点来改变其行为。

（3）捐赠效应（endowment effect）。对于获得的自己财产之外的东西,人们倾向于给予更高的评价。例如,许多商家都提供产品的"试用期"。比如顾客可以先免费试用该产品90天,试用期满后如果顾客愿意可以选择退回该产品。然而,到那时该产品已经像是家中财产的一部分了,捐赠效应使得人们不愿意归还而更愿意购买该产品。

将被试分为三组,假如给第一组被试每人一个杯子,第二组被试什么都不给,第三组被试可以选择要杯子还是要等量的钱。结果发现,第一组拥有杯子的被试期望以不低于7.12美元的价格卖出杯子,而第二组被试则期望以不高于2.87美元的价格得到杯子,第三组被试对杯子的估价是3.12美元。对此结果的解释是,拥有杯子的被试,因为对于获得的本来非自己财产的杯子的评价更高,不想放弃,所以对杯子的估价也更高。

【本章小结】

1. 知觉是个体为了对自己所在的环境赋予意义而组织和解释他们感觉印象的过程。

2. 知觉具备整体性、选择性、理解性和恒常性四个基本特征,个体的知觉过程受知觉对象、知觉者和知觉的情境三大因素的影响。

3. 在人际知觉的过程中,可能存在各种偏差,包括首因效应、晕轮效应、近因效应、定型效应、投射效应和知觉防卫等。

4. 归因是指人们对别人或自己的行为进行分析、解释和推测其原因或者动机的过程,即指人们从可能导致行为发生的各种因素中,认定行为的原因并判断其性质的过程。归因理论包括海德的朴素心理学、凯利的三维归因理论、维纳的归因理论等。

5. 个体决策是指在面临某种问题的情况下,个人为了实现某种目标,在两个以上的备选方案中,选择一个最佳方案的分析判断过程。

6. 个体决策的过程受决策者、决策问题和决策情境三大因素的影响。个体做出理性决策的过程一般包含界定问题,确定决策标准,给标准分配权重,发展备选方案,评估备选方案,选择最佳方案,实施决策方案,评价决策效果、改善决策方法。

【关键术语】

知觉(perception)　　　　　　　　首因效应(first impression effect)
晕轮效应(halo effect)　　　　　　近因效应(recency effect)
定型效应(stereotype effect)　　　　投射效应(projection effect)
归因(attribution)　　　　　　　　外部归因(external attribution)
内部归因(internal attribution)　　　特殊性(distinctiveness)
共同性(consensus)　　　　　　　一贯性(consistency)
代表性启发式(representative heuristic)　可得性启发式(availability heuristic)
锚定和调整启发式(anchoring and adjustment heuristic)
回避损失(loss aversion)　　　　　捐赠效应(endowment effect)
参照依赖(reference dependence)

【课后练习】

1. 从组织行为学认知的角度看,人们常说的"一见钟情"属于(　　)。
   A. 首因效应　　　B. 晕轮效应　　　C. 近因效应　　　D. 定型效应
2. 知觉的基本特征是整体性、理解性、选择性和(　　)。
   A. 恒常性　　　　B. 连续性　　　　C. 相似性　　　　D. 封闭性
3. (　　)是指个体为了对自己所在的环境赋予意义而组织和解释他们感觉印象的过程。
   A. 感觉　　　　　B. 情感　　　　　C. 知觉　　　　　D. 注意
4. "瘸子里挑将军"这句谚语就是(　　)的例子。
   A. 晕轮效应　　　B. 对比效应　　　C. 投射效应　　　D. 刻板效应
5. (　　)是指人们对别人或自己的行为进行分析、解释和推测其原因或者动机的过程。
   A. 知觉　　　　　B. 归因　　　　　C. 决策　　　　　D. 感知
6. 知觉的(　　)是指以过去的知识经验为依据,力求对知觉对象做出某种解释,使它具有某种意义。
   A. 理解性　　　　B. 选择性　　　　C. 整体性　　　　D. 恒常性
7. 在企业中,人们普遍愿意认为男性"充满活力、雄心勃勃、喜欢出差",女性则"稳重、没有野心、喜欢稳定的办公环境",这是一种(　　)现象。
   A. 晕轮效应　　　B. 对比效应　　　C. 投射效应　　　D. 刻板效应

8. 凯利的三维归因理论认为,影响人的归因判断的三个因素不包括( )。
   A. 特殊性   B. 目标性   C. 共同性   D. 一贯性

9. 当一只老虎在枝繁叶茂的树林中躲避时,即使离它不到 30 米,也可能看不见它;如果它是在草木不生的荒野上,即使远在 200 米外,也可以看得清清楚楚。这是因为人的知觉受( )因素的影响。
   A. 知觉者   B. 知觉对象   C. 知觉情境   D. 主观感觉

10. ( )是指人们对于自己发展的信息或者与自己看法不一致的信息,有时会故意视而不见或将输入的信息加以歪曲。
    A. 晕轮效应   B. 对比效应   C. 投射效应   D. 知觉防卫

【案例分析】

案例 2-1

最年轻的亿万富翁

想象这样一幅画面:一名既是老板又是创始人的亿万富翁,站在会议室里试穿胸罩,CEO 在后面为她调整肩带,地上到处是内衣。老板脱下一件又换上另一件,会议室里的 5 个高管几乎没有眨眼。欢迎来到萨拉·布莱克利(Sara Blakely)Spanx 塑身衣公司。短短几年内,Spanx 在塑身衣市场上的名气就已经相当于明胶类食品中的 Jello 或者面巾纸中的舒洁。在这一领域的支配地位使 Spanx 成了塑身衣的代名词。

42 岁的布莱克利并不是世界上最年轻的亿万富翁。然而,她在白手起家的女性亿万富翁中的确是最年轻的。和许多成功创业的故事一样,她的成功一部分归于坚忍不拔的决心,一部分归于灵感,还有一部分归于环境。她在很小的时候就表现出坚韧的品质。成长于佛罗里达州克利尔沃特海滩,布莱克利在小的时候就通过设置竞争来吸引朋友替自己做家务。16 岁的布莱克利极度渴望成功,以至于每天都在不间断地听自我激励大师韦恩·戴尔(Wayne Dyer)的录音。朋友们不愿意坐她的车。"不,她会强迫我们听那些励志的废话!"布莱克利回忆她的朋友这样说。

两次未能考入法学院后,布莱克利开始第一次创业,她在克利尔沃特的希尔顿酒店偷偷开设了一家儿童俱乐部。在被希尔顿的总经理发现前,这家俱乐部一直运营良好。之后,她一边做全职销售工作,一边学习创业。Spanx 的灵感就是她在这期间获得的。作为办公用品公司的销售经理,她需要主动打电话向顾客推销。她讨厌连裤袜。"佛罗里达那么热,我还要去搬打印机那么重的东西。"她说。

在佐治亚理工学院的图书馆里,布莱克利仔细研究了每一个申请专利的连裤袜。她根据在巴诺书店读到的一本教材,为自己的专利写了申请。随后,她开始进行市场推广、生产、融资,每一项都有专门的计划。在经历了无数次的拒绝后,她终于找到北卡罗来纳州的几位磨坊主,他们愿意为这个项目的生产环节投资。"最后,那家伙只是想帮帮我。"布莱克利说,"尽管他根本不相信这个想法会成功。"

一段时间内,布莱克利依靠在内曼·马库斯(Neiman Marcus)这样的百货商店设立柜台赢得口碑,逐渐为人所知。她把内衣样品送到奥普拉·温弗瑞的造型师手中,这一举动成了品牌的突破点。哈普传播公司（Harpo Productions）打电话告诉她，奥普拉会把Spanx塑身衣列为年度最受欢迎的单品，并提醒布莱克利赶快建立网站。她当时连网站都没有。

之后就是数十亿美元的销售量，她当然不会让产品的热度降下来。之后，Spanx塑身衣被销往全球54个国家，布莱克利想在未来3年内使国际销售额翻番。她说："生活中最大的危险就是不去冒险。每一次冒险都与所得成正比。如果我害怕某件事，那么这件事就是我接下来要做的。这就是我一贯的方式。"

问题：

（1）布莱克利的成功有多少是因为她的性格与努力，又有多少是因为机缘巧合（在正确的时间做了正确的事）？

（2）归因理论可以帮你回答上述问题吗？为什么？

案例 2-2

新可乐不敌老可乐

1985年4月23日，可口可乐公司董事长罗伯特·郭思达（Roberto Goizuta）宣布了一项惊人的决定。他宣布，经过99年的发展，为了迎合现在消费者偏好更甜口味的软饮料的需求变化，可口可乐公司决定放弃它那一成不变的传统配方，推出新一代可口可乐，用"新可乐"替代"老可乐"。

可口可乐公司之所以做出改换产品口味的决定，是希望借此将其饮料王国的强劲对手百事可乐置于死地。直到20世纪70年代中期，可口可乐公司一直是美国饮料市场上无可争议的领导者。然而，在1976—1979年间，可口可乐在市场上的增长速度逐年下降。与此形成鲜明对比的是，百事可乐来势汹汹，异常红火。到20世纪80年代，可口可乐独霸饮料市场的格局正在转变为可口可乐与百事可乐分庭抗礼。

种种迹象表明，口味是造成可口可乐市场份额下降的一个很重要原因，"老可乐"99年秘不示人的配方似乎已经迎合不上今天消费者的口感了。因此，郭思达上任伊始就宣布，要开发出一种全新口感、更惬意的可口可乐。可口可乐公司在研制"新可乐"之前，秘密进行了代号"堪萨斯工程"的市场调查行动，出动了2 000名市场调查员，在美国10个主要城市进行调查。结果显示，有50%的顾客愿意尝试"新可乐"。对"新可乐"样品品尝测试的结果也令郭思达兴奋不已，顾客对"新可乐"的满意度超过了百事可乐。为了确保万无一失，可口可乐公司又倾资400万美元再一次进行规模更大的口味测试，全美13个最大城市的20万名顾客参加了测试，55%的品尝者认为"新可乐"的口味胜过了"老可乐"，而且在这次口感测试中，"新可乐"再次击败了老对手百事可乐。

1985年4月23日，可口可乐公司在纽约市林肯中心举行盛大的新闻发布会，郭思达正式宣布可口可乐公司决定用"新可乐"取代"老可乐"，同时，停止"老可乐"的生产和销售。消息闪电般地传遍美国，80%的美国人在24小时内都知道了"新可乐"。在"新可乐"全面上市初期，市场反应相当好，全美有1.5亿人在"新可乐"面世的当天就品尝了它，历史上从来没有任何一种新产品会在面世当天拥有这么多买主，发给各地瓶装商的"新可乐"原浆数量也达到了5年来的最高点。

当可口可乐的决策者还沉浸在胜利的喜悦之中的时候,市场却风云突变。尽管郭思达事先预计会有人对"新可乐"取代"老可乐"不满,但却没想到反对者队伍的增长如此之快。在"新可乐"上市4小时之内,可口可乐公司就接到650个抗议电话。到5月中旬,公司每天接到的批评电话多达5 000个,而且更有雪片般飞来的抗议信件。可口可乐公司不得不开辟83条热线,雇佣更多的公关人员来处理顾客的抱怨和批评。

有的顾客称可口可乐是美国的象征,是美国人的老朋友,可如今老朋友却突然被人抛弃了,还有的顾客威胁说将改喝茶水,永不再买"新可乐",更有一群"老可乐"的拥护者组成了"美国老可乐饮者"组织,准备在全国范围内发动抵制"新可乐"的运动。许多人开始寻找已停产的"老可乐",这令"老可乐"的价格一涨再涨。到6月中旬,"新可乐"的销售量远低于可口可乐公司的预期值,不少瓶装商强烈要求销售"老可乐",愤怒的情绪在美国蔓延,传媒还在煽风点火,对99年历史的"老可乐"的热爱被传媒形容成为爱国的象征。许多人认为可口可乐公司把一个神圣的象征给玷污了,就连郭思达的父亲也站出来批评"新口乐",甚至威胁说要与之脱离父子关系。

面对来势汹汹的批评,郭思达决定暂时先不采取行动,到6月的第4个周末再说,看看到那时销售量会有什么变化。但到6月底,"新可乐"的销量仍不见起色,而公众的抗议却愈演愈烈。于是,郭思达再也坐不住了,决定恢复"老可乐"的生产,将其商标定名为"可口可乐古典"(Coca-Cola Classic)。同时继续保留和生产"新可乐",商标为"新可乐"(New Coke)。7月11日,郭思达率领可口可乐公司的高层管理者站在可口可乐标志下向公众道歉,并宣布立即恢复"老可乐"的生产。

消息传来,美国上下一片沸腾。ABC电视网中断了周三下午正在播出的节目,马上插播了可口可乐公司的新闻,所有传媒都以头条新闻报道了"老可乐"归来的喜讯。华尔街为可口可乐公司的决定欢欣鼓舞,"老可乐"的归来使可口可乐公司的股价攀升到12年来的最高点,但是,可口可乐公司已经在这次的行动中遭受了巨大的损失。百事可乐公司美国业务总裁罗杰尔·恩里克(Roger Eurique)评价说,可口可乐公司推出"新可乐"是灾难性的错误。

资料来源:https://www.sohu.com/a/320975863_120082489。

问题:

(1) 试分析"新可乐"不敌"老可乐"的原因。
(2) 运用相关理论分析导致可口可乐公司决策失误的原因。
(3) 可口可乐公司关于新可乐的决策应做哪些改进?

案例2-3
和老罗一起工作的是什么样的人

锤子科技五周年之际,一家使用基因检测与心理测试研究人类行为的科技公司"各色"采集了锤子科技134位员工的唾液,试图用基因检测、心理测试和半结构化访谈结合的方式,探寻锤子员工在先天特质上的共性,以及锤子的工作环境如何重塑了他们的个性。

我们先来看看这项调查得到了哪些事实与结论。

（1）先把老罗说的"情怀"数据化一下：测量工作偏好的心理学量表测量结果显示，95%以上的锤子员工或多或少有"仅仅是因为想把自己喜欢的事情做到极致"的情怀；对60%的锤子员工来说，情怀对他们工作的激励作用是大于那些外部激励物的。

（2）锤子的员工普遍觉得自己比较厉害，他们平均给自己打了75分，只有12%的人对自己的评价在及格线（60分）以下。

（3）锤子科技的心理测试结果的两个标签是：喜欢刺激，抗压较强。

对锤子科技员工的心理测试显示，他们在"新颖寻求"和"心理韧性"这两个特点上的得分都要远高于一般人群的平均水平。锤子员工的情怀得分有一半可以被这两个特点所解释。和普通的"各色"用户进行比较后发现，锤子员工中喜欢刺激和新鲜感的人所占的比例确实要稍高一些。但是在心理韧性，也就是抗压项目上的检测结果显示，锤子员工并没有比普通的"各色"用户更突出。体现在锤子员工身上的这种情怀和骄傲，也许存在一些天生的基础，但是更多还是受到后天环境的影响。

（4）提到老罗，锤子员工最先想到的三个词是什么？134位锤子员工给出了如下回答：胖、老板、锤子、幽默、相声、情怀、易怒、偏执、吹牛、认真、老师、骂人、善良、手机、脾气、开会、演讲、牛、挑剔、能说、情绪化、工匠、理想主义、愤怒、严肃、天才、严厉、暴躁、可怕、愤青、英语、笑、可爱、天生骄傲等。

（5）几乎所有锤子员工都经历过以下这些事。凌晨2:00下班后的怀疑人生：为什么工作永远做不完？为什么怎么做都不合格？接到父母苦口婆心的电话，"听说你们老板跑了？高管走了？你就别在那儿耗着了，我帮你看好了一个公务员工作，你回家来考吧"。在朋友圈看到让人郁闷的转发：《锤子科技还能走多远？》《锤子科技将被××收购》。

（6）根据锤子员工生活状态的调研数据，一位典型的锤子员工的日常作息大致如下。

7:20 起床

9:14 出门

10:00 开始工作

20:16 离开办公室

21:02 到家

23:50 睡觉

关于员工运动时间的统计：尽管锤子科技公司内部设置了健身房，但锤子员工平均每天运动不足30分钟，这当中还包括了散步和上下楼的时间。跑步、踢球、游泳等高强度运动更是鲜少出现在锤子员工的日常安排里，一周平均只会进行38分钟。

（7）锤子员工的压力来源有哪些？

朱萧木，产品总监。压力源：罗永浩是其中之一。

"老罗有一点非常可爱，他真诚。对我们来讲就是，当他认为我们做的东西不好时，会直接说，你为什么给我端上来的总是垃圾？'总是'这两个字很厉害。我感激他的真诚，但被骂的当口一定是有生理反应的。他骂得最狠的几次，把我灵魂都骂出去了。我跳出来看眼前这人，唉，他怎么会这么生气呢？我早就不在乎他骂什么了，就光见着一个人在张嘴吼。我观察四周，发现时间都慢了下来，什么声音也听不见了。等他骂完，我又'唰'地一下回来。如果真的有灵魂出窍，大概就是这样的体验。"

方迟，UI 设计总监。压力源：用户的期待与自我要求。

"我很在意用户反馈，我们公司所有设计师都很在意。有一些狂热的粉丝，会把设计拿出来讨论。有时候哪个设计师犯迷糊出了问题，就会有用户@我们的微博：这是你们谁设计的？有失水准。如果有人提出了很好的意见，我会点进主页，看是不是同行，常常会感慨有才华的人遍地都是。虽然我们的很多设计师已经是业内顶尖的了，但在细分领域里，还是有很多人的专业技能，是我们远远达不到的。"

（8）针对基因数据的分析，并未发现锤子员工天生抗压能力显著高于一般人群。但从心理问卷得出的现状表现来看，锤子员工普遍有非常好的心理韧性，抗压能力与情绪稳定性显著高于一般人群，也许这是工作环境塑造的结果。锤子内部融洽的人际关系，对做出好产品的强烈信念等因素，为他们提供了应对压力的良好资源，这也使他们即便屡屡受挫，却愈挫愈勇。朱萧木和草威是人群中非常稀有的天生抗压能力最强，并在后天完全没有辜负基因的两位员工。与一般人不同的是，他们没有选择放松、暂离工作的方式来应对压力，而是迎难而上。

朱萧木基因标签：抗压最强。

"老罗在东北长大，从小爆粗口骂人。有时我们还会出现这种心理：一个东西做砸了，准备被他狂骂一顿，但最后他只骂了预期的 50%，我们就会很失落。还有同事被骂完出来一脸愉悦，说好爽。然而无论老罗怎么骂，我们产品团队的共识是，一定要拿着自己的方案去跟他争。我们都希望有一天能把他摁在地上，让他承认我们团队是很棒的，放手让我们去做，这是我们的愿望，也一定是老罗的愿望。跟老罗抗争久了，我们或多或少总结出了一些经验。第一，对方案一定要看他心情。如果他当下有怒气，别说了，一定一句话给你砍掉。第二，你必须表现得非常惶恐。老罗属于攻击型人格，你越自信他就越怼你。如果一上来就说，老罗你这个错了，他马上就会回'是你不对'。而如果你说你拿不准，他就会说'你这是对的'。总之，他就是想反驳你。还有一种情况是你犯了个错误，这时你最好把后果说得极严重。像我每次都会如丧考妣地跟他说'完蛋了，我们给公司造成了很大的损失，抱歉'，这么说能在很大程度上激发出他的反抗精神，他往往会哈哈一笑，'这不值一提！我告诉你这样做就行了……去吧'。老罗肯定早就察觉到了我们的话术，也默许这样的方式。毕竟，他时间就这么多，一发火会就开不下去，那公司还怎么推进？"

"我们部门的离职率高过一阵子，我非常理解。毕竟不是所有人都跟我和李毅一样，能在他痛骂的情况下再去反击。可能想，我爸我妈都没这么骂过我，这辈子挨的骂 90% 在这个公司，我何必呢，我疯了？然后跳槽去一些大公司。看他们整天在朋友圈晒晚上 7:00 下班了，我就觉得，求仁得仁吧，都挺好的。每个人追求的东西不一样，我们追求的是跟老罗闯事业，人家追求的是生活。不过我们公司有一个很神奇的地方，很多人走了会再回来，而且回来以后都很开心。比如李毅，他上两次回来之后还好，这次回来变得很厉害，帮我分担了大部分工作。我猜测原因，一个是他出去以后确实学到了一些东西；再一个是他会以一个以旁观者的视角看公司内部的问题，这样就能看得更清楚。而人的勇气恰恰来自看清楚问题。前段时间他去跟老罗对标一个方案，坚持我们做的是对的，让老罗最终妥协，我非常佩服。我不可能离职，有两方面原因：一是离开锤子我去哪儿，在这里待了五年后，再没有一家公司能吸引我了；二是在锤子科技还有我没达到的目标——公司要成功,而我必须成为一个合格的产品总监。"

草威基因标签:抗压最强。

"2013年3月,我们发布了第一款产品,一个可适配其他机型的系统。新系统错漏百出,通常一次更新就要修复上千个漏洞。当时,用户反馈主要集中在微博上。有人骂骂咧咧地说,'你们什么科技公司啊,怎么做出这么个严重影响使用的东西。'于是我们的产品经理、客服,还有我,全扑在微博上,态度特别端正地为用户解答,有点吓人的那种端正。给那边都说不好意思了,对方回,'没想到你们这么不容易'。然后你可以观察到用户一个特别有趣的变化:第一条破口大骂→第二条语气趋于正常→第三条就开始感谢了。我亲身经历了全过程,特别有意思。"

"其实,我在工作中展现出的人物性格,和我本人差别很大。我是一个特别分裂的人,处处都分裂。葛优老师说过一句话,'人们都夸他演技好,他说没觉得自己演多好',但他觉得作为演员有个基本要求就是演什么像什么,要符合这个角色的需要。对我来说也是这样,工作、生活需要不同角色,我就会去找那个角色需要我怎样。分饰多角并没有给我造成过什么困扰。就像刘瑜说的,自己是支队伍,只要找对方向,角色扮演对我来说很容易。例如,担任公关角色。如果纯粹为公司做宣传,我很乐意,可头疼的是,我们经常会面临一些舆论公关危机,绝大部分都是莫须有的,因为造谣成本太低了。比如,之前有人在某网站上匿名发帖:如何看待锤子科技员工在公司里吸大麻?底下好几十条回答,都玩嗨了。他们讲话很讲究方法,一上来就是个定论。我就搞不懂,大家无冤无仇,怎么总是蓄意去害我们呢?其实面对这种情况,最简单的办法是拿钱办事。这个网站上不是有人骂你吗,你就给它投资。我们做不了,一是没钱,二是老罗不同意。我们采用的方法是最笨的,一条条跟人讲道理。可没人舍得撤下'老罗'和'锤子科技'这种自带流量的新闻。往往是某网站刚曝出个假新闻,立刻就被几十家网站转载铺开。我们挨个打电话让编辑撤稿,对方的统一口径是:我们只是转载,不承担责任。我特别害怕这种事,但公司这种事又特别多,只能调整心态,让自己接受这样的常态。此外,还有专注工作内容的角色。工作日常内容我基本可以把控,但关于产品的主策略,Slogan是要和老罗磨的。没人会认为想Slogan需要单独空出工作时间,所以会议通常放在一天工作之后的半夜。'漂亮得不像实力派'这个Slogan磨了四个月,前前后后想了几十个,过程很痛苦,但大家真正碰出来的那一刻,成就感无可比拟。"

资料来源:改编自虎啸网(https://www.huxiu.com)"创业五周年,锤子科技还是那家'天生骄傲'的公司吗?"

问题:

(1) 你认为案例中影响锤子员工行为的因素是什么?

(2) 案例中锤子员工对自己的工作有怎样的认知,这些认知是如何最终影响到他们的行为的?

第三章 个体差异

【学习目标】
1. 理解心理契约的定义和内容;
2. 掌握个性的定义和影响因素,了解个性的理论和测量方法;
3. 掌握能力的定义和分类;
4. 理解价值观的定义和类型;
5. 掌握态度的定义和成分,了解态度改变的理论和类型;
6. 理解情绪与情感的定义,了解情绪的理论和常见的情绪调节策略。

【篇首案例】

马修的人格

马修·科林是 Freshii 公司的 CEO。Freshii 是一家正在迅速扩张的连锁餐厅,主要特色是所有新鲜的食材都来自本地有机农场。科林称,他与公司共同创造了一个主打"健康休闲"的新市场。科林一开始只在自己的家乡加拿大经营 Freshii 餐厅。如今,公司总部设在芝加哥,在美国拥有的餐厅数量比在加拿大还多,并扩展至奥地利、中国、哥伦比亚、瑞典以及阿联酋。

起初,23 岁的科林在父母家中经营 Freshii 餐厅;如今,32 岁的他经营着这家年收入近 1 亿美元的公司。不同寻常的人格特征也许正是他能在如此年轻的时候便迅速取得成功的原因。科林以野心勃勃著称,事实上,未来几年内,他打算把餐厅规模扩大到 1 000 家,创造出一个像星巴克那样无处不在的"全球标志性品牌"。当被问及是如何招聘经理的时候,科林说"仅仅做到好"这种程度是不够的,只有"超级成功"的人才适合进入我们的公司。

科林以强硬的作风闻名。他要求别人必须做到最好,并且不怕为成功付出代价,"失败是绝对不能接受的"。他说:"在我看来,传统餐饮业信奉的是餐厅只要开起来,自然有人来。我觉得那实在是太老套了。所以我们的理念是,开设一家餐厅后,用尽一切力量攻克市场,吸引顾客。"

科林还是自恋型人格。他希望身边的人来迎合他。当问到他看重员工的哪些潜在特质时,他说:"他们得让我主动想要和他们做朋友。"他喜欢成为关注

的焦点，也乐于被人认出来。事实上，有些人还给他贴上炒作狂的标签。他喜欢结交名人：瑞安·西克雷斯特（Ryan Seacrest）和艾什顿·库彻（Ashton Kutcher）都出席了Freshii餐厅在纽约的盛大开业典礼。

最近，科林出席了加拿大版的电视真人秀《卧底大老板》，为了避免被人认出，他黏上胡子，戴上假发，穿着肥大的西装，在Freshii餐厅里切西红柿，一不小心还切到了手指。一名员工为了帮他，竟然朝他的伤口撒盐。伤口随即血流不止，科林的脸痛苦地扭作一团，但这个员工并没有因此被解雇。

第一节　个体—组织交换的基础：心理契约

组织行为学是研究人的行为规律的科学，既然是探讨人的行为规律，那么首先就要回答几个最基本的问题：人为什么会产生行为？人产生行为的本质原因是什么？如何解释个体的行为？

20世纪60年代，美国著名的社会学家霍曼斯提出社会交换理论，主张人的一切行为都受到某种能够带来奖励和报酬的交换活动的支配，因此，人类一切社会活动都可以归结为一种交换，人们在社会交换中所结成的社会关系也是一种交换关系。

美国心理学家阿吉里斯（Argyris）最早提出使用心理契约（psychological contract）来描述个体与组织形成的交换关系，随后有关心理契约问题的研究在20世纪80年代中期以后蓬勃兴起。

一、心理契约的定义

阿吉里斯在1960年所著的《理解组织行为》一书中，用"心理契约"来刻画下属与主管之间的一种关系：如果主管采取一种积极的领导方式，雇员就会产生乐观的表现；如果主管保证和尊重雇员的非正式规范（如让雇员有自主权，确保雇员有足够的工资，有稳定的工作等），雇员就会有少的抱怨，而维持高的生产力。

1962年，莱文森等人深化和发展了心理契约的概念，认为心理契约是雇主与雇员之间事先约定好的没有明确说出的双方各自对对方的期望。

后来还有很多学者提出心理契约的定义，这些定义大体分为两类。

一类定义认为心理契约有个体的心理契约和组织的心理契约两个层次。例如沙因（Schein）认为，在组织中，每个成员与管理者之间，以及与其他成员之间，任何时候都存在没有明文规定的一整套期望，这就是心理契约。

另一类定义认为心理契约只是体现在个体层次。例如卢梭（Rousseau）认为，组织本身不会有心理契约，组织只是为心理契约提供背景。卢梭还指出，心理契约是指雇员个人以雇佣关系为背景，以承诺、信任和感知为基础而形成的关于个人与组织双方责任的信念。

结合不同学者提出的各种定义，本书支持以下观点：心理契约是指个体与组织之间隐含的没有明文规定的双方各自的责任以及对对方的期望,包括员工期望组织为自己提供什么(即组织对员工的责任),以及组织对员工的期望(即员工对组织的责任)。

二、心理契约的作用和影响

心理契约在组织中的作用主要有以下三个方面。

(1) 可以减少雇佣双方的不安全感,因为正式协议不可能涉及雇佣关系的方方面面,而心理契约可以填补正式协议留下的空白;

(2) 可以规范组织成员的行为,组织成员以自己对组织所负的责任来衡量自己对待组织的每一行为,以其作为调节自己行为的标准;

(3) 心理契约也可以使组织不断地审视自己对员工所承担的责任和自己满足员工需要的程度,更好地提高组织对员工的吸引力。

虽然心理契约与正式的员工雇佣契约不同,它并没有被正式地通过文件表达出来,但它确确实实存在着,并且对个体与组织的关系产生明显可见的影响。契约双方中任何一方的期望没有实现,就会产生不满、怨恨、气愤等情绪反应,信任与真诚将被打破,而且很难重建。心理契约的打破将降低个体的工作满意度、生产力和继续留在组织中的愿望。对组织来说,由于员工的欺骗或背叛而造成的心理契约被打破,将会降低组织的绩效。

三、心理契约的内容

在不同的时代背景和雇佣关系中,心理契约有着不同的内容。例如,在过去相对稳定的组织环境中,员工期望组织能够为自己提供稳定的工作机会,组织则期望员工忠诚,希望员工长期留在组织中;在当今充满变化的组织环境中,员工和组织之间对稳定和忠诚的期望不再是心理契约的主要内容,员工不再期望工作稳定,组织也不再期望员工一辈子为自己服务。

心理契约的具体内容千差万别,举例如下。

1. 员工对组织的责任

- 忠诚,诚实,服务,守纪律;
- 接受职位变化;
- 敬业,无私,愿意加班;
- 有集体意识,与人合作,做好团队一员;
- 胜任,拥有专业技能,职业化,规范化,体现组织形象;
- 爱护资产,保护组织声誉,保守组织机密;
- 支持领导。

2. 组织对员工的责任

- 工作充实,有价值,委以责任;
- 高薪资,绩效奖励;
- 迅速提升,有培训发展机会,工作稳定,至少一年的工作保障;

- 专业对口,符合职业生涯发展需要;
- 人事政策公平、公正;
- 高度理解,关怀和支持。

员工与组织之间的心理契约体现在双方在心理上的卷入与互动,心理契约对双方的影响是相互的。例如,公司期待员工为公司作出更大的贡献,不断提高个人绩效;反过来,当个体作出高的绩效表现时,他们会期待得到更多的回报,包括薪水、工作安全感、尊重、挑战性的工作机会以及培训等。

对于公司来讲,它所关心的问题是"如何使组织中的个人贡献最大化""如何使组织中的个体接纳组织对他们的期待和组织的规范";而对个体来说,他们关心的问题是"我将怎样从组织中得到满意和报酬""我将如何管理我的职业生涯以实现个人的成长与发展""我怎样才能既满足组织的期望又能拥有属于我个人的生活"。

有效的管理者都知道心理契约是至关重要的,因为它联系着组织与组织中的个体,只有双方互相理解对方的期望并且努力使期望得以实现,才能使个体与组织的关系得以健康地维系。

四、心理契约的动态发展过程

舍伍德和格莱德威尔(Sherwood & Glidewell)曾经提出了一个有关组织与个体心理契约的模型,这个模型描述了心理契约的动态特征,并且提出了对减少由于期待发生变化而导致的不良结果的建议,也提供了一个在日常工作情境中持续不断地对心理契约进行管理的框架,如图 3-1 所示。

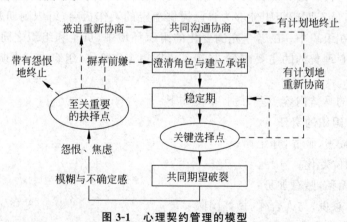

图 3-1 心理契约管理的模型

资料来源:张德.组织行为学[M].大连:东北财经大学出版社,2006.

(1) 共同沟通协商。组织与个体之间建立心理契约的第一个阶段是共同沟通,了解相互之间的期望,进行协商。如果在这个阶段,组织的期望和员工的期望能够达成一致,就可以基于共同的期望建立心理契约;反之,则无法建立起心理契约,组织与员工的关系就会有计划地终止。

（2）澄清角色与建立承诺。员工和代表组织的管理者都分别认清自己的角色所应该承担的责任和拥有的权利，并且相互理解和接纳对方的角色，双方都有一种愿意履行自己的义务和认为双方能够实现期望的信念。

（3）稳定期。稳定期是一个组织和员工都各自遵守业已建立的心理契约、履行各自职责的阶段，双方的观念和行为是协调一致的，较少发生冲突，而且表现出较高的生产力和效率。

（4）关键选择点。当环境中一些因素发生变化，组织与个体原有的期望也会发生变化，当期望变化所产生的差异达到一定程度时，组织与员工都面临着一次选择，这就是一个关键选择点，这个关键选择点是心理契约管理过程中一个早期的警告信号。当面临关键选择点的时候，有几种可能的发展情况：一种情况就是自动恢复到稳定期，即员工与管理者进行沟通，将自己的困难告诉管理者，双方重新建立期望，对心理契约进行调整；还有一种情况就是员工没有和管理者进行很好的沟通或者管理者拒绝对员工的工作进行调整，这样双方的心理契约就会受到威胁，也就是问题升级，进入下一个阶段。

（5）共同期望破裂。如果关键选择点的问题不能得到有效的解决，组织和员工双方的共同期望就会破裂，双方都会产生模糊和不确定感，产生怨恨和焦虑。

（6）至关重要的抉择点。由于一些先前积累下来的矛盾冲突没有得到很好的解决，组织和员工双方的对立情绪不断发展，而且往往是由于出现了某个更为严峻的问题，组织与个体的心理契约处于一个存亡攸关的抉择点。如果在这个时候双方期望的冲突没有得到解决，心理契约就将会崩溃，没有任何挽回的余地。

在这个至关重要的抉择点，组织和个体双方面临着三种选择：第一种情况是双方经过沟通了解了事情的本来面目，各自承担起对问题的责任，客观理智地解决问题，在原有的心理契约基础上形成新的心理契约；第二种情况是双方被迫进行重新协商，重新沟通双方的期望，例如可能是在更高管理层的要求下进行的；第三种情况是问题没有得到解决，双方带着怨恨终止关系，例如员工离职。

第二节　个性与能力

一、个性的定义和影响因素

你是谁？你如何描述你具有的优点与缺点？你与其他人存在哪些差异？你如何界定与衡量这些差异？心理学家往往用个性概念来回答上述问题。

1. 个性的定义

个性（personality）又称人格，源自拉丁文 persona，意指演出时所戴的假面具，也就是说代表各种人的身份与特征。在我们的日常生活中，个性也是一个很常用的词，人们常用一种突出的心理特征来形容一个人的个性，如善良、温和、坚强、懦弱等，有人统计字典上的这类形容词有 4 000 个以上。

目前广泛运用的定义是：个性是在先天生理素质基础上，在一定的社会历史条件下的社会实践活动中经常表现出来的、比较稳定的、区别于他人的个体倾向和个体心理特征的总和。

个性是由个性倾向和个性心理特征结合而成的。个性倾向是指人对社会环境的态度、行为的积极性特征，它主要表现在心理活动对客观事物的选择性、对事物的不同态度以及行为方式上，包括需要、动机、态度、兴趣、理想、信念、世界观等。个性心理特征则是在人的个性差异中比较经常的、稳定的、具有决定意义的部分，它表明一个人的典型心理活动和行为，包括能力（人能够顺利完成某种活动所必备的心理特征）、气质（人的心理活动的动态特征）和性格（人对现实的稳定的态度和习惯化了的行为方式）。性格与气质的对比如表 3-1 所示。

表 3-1 性格与气质的对比

性　　格	气　　质
后天形成的，可以改变	先天的遗传素质，比较稳定
内容侧重于社会意识，有好坏之分	内容侧重于生理意义，无好坏之分
有阶段性，没有性格相同的人	无阶段性，有气质相同的人

链接材料 3-1：乔哈里资讯窗

这个概念最初由 Joseph Luft 和 Harry Ingham 提出，故称为乔哈里资讯窗（乔哈里即 Johari，是 Joseph 和 Harry 的合称），如图 3-2 所示。

	自己知道	自己不知道
他人知道	公开区 Open Area	盲区 Blind Spot
他人不知道	隐秘区 Hidden Area	封闭区 Unknown Area

图 3-2 乔哈里资讯窗

乔哈里资讯窗有四个象限。

第一象限：公开区。自己知道，别人也知道的信息。例如，你的名字、发色，以及你有一只宠物狗的事实。人与人之间交往的目的就是扩大公开区，实现这一目的的主要做法有提高个人信息的曝光率、主动征求反馈意见。

第二象限：盲区。自己不知道，别人却知道的盲点。例如，你的处事方式，别人对你的感受。

第三象限：隐秘区。自己知道，别人不知道的秘密。例如，你的秘密、希望、心愿，以及你的好恶。

第四象限：封闭区。自己和别人都不知道的信息。未知区是尚待挖掘的黑洞，它对其他区域有潜在影响。

人与人开始接触之际，公开区较小，因为缺少时间和机会进行信息交流。根据一般的交往经验法则，你应该尽可能扩大公开区，使其成为信息交流的主要窗口，不断增强信息的透明度、公开度和诚信度。当你开诚布公的时候，对方可能也正在为你打开心扉。

2. 个性的影响因素

有关个性研究的早期学说，争论主要集中在这样一个问题上：人的个性究竟来自遗传还是来自环境？也就是个性是在个体出生时就已确定的，还是在个体与周围环境的相互作用中产生的。

影响个性形成的因素主要包括遗传、环境和情境三个方面。

(1) 遗传。遗传指的是那些由胚胎决定的因素。遗传观点认为,根据染色体上基因的分子结构,可以解释个体的人格特征。

基因学家认为,个体的人格特征可以根据染色体上基因的分子结构得到解释。每个人都有一组独特的基因,在此基础上生长出中枢神经系统、内分泌系统和感官等,对人的行为有约束控制的作用,遗传是人格形成的一个决定性因素。

美国学者曾对100多对刚出生就分离,并分别在不同家庭成长起来的同卵双胞胎进行研究,如果遗传在决定个性主面所起的作用很小,那么,在这些分开抚养的双胞胎身上将很难发现相似性,但研究者发现,他们有很多共同的地方。比如,一对双胞胎彼此分离了39年,在相距45英里的两地分别成长起来,但研究者发现他们驾驶的汽车型号和颜色完全相同,抽同一牌子的香烟,给自己的狗起相同的名字,而且经常去距离各自1 500英里以外的海滨度假……

(2) 环境。许多行为学家相信,环境对人格的形成起着更大的作用。影响人格的环境因素包括社会文化背景、家庭环境、个人的经历特别是早年生活经历。

文化是指人群或他们所处社会组织的独特方式。生于某种特定文化环境中的个人,会接受来自家庭和社会的价值观念以及普遍认可的行为规范。文化同时还界定了不同社会角色的规范,例如,美国人崇尚个性和独立,日本人则推崇合作及团队。

有研究表明,婴儿期母爱被剥夺,将很难产生自信和信任感;少儿期将男孩打扮成姑娘,常会引起性角色误差的性心理变态;经常挨父母打骂的孩子常形成撒谎、缺乏独立、唯唯诺诺的性格,也有的产生反抗或攻击行为;而幼时娇生惯养、放纵、溺爱,可能养成孩子骄横任性、自私懒惰、意志薄弱的个性;父母吵架、家庭暴力往往致孩子胆小或相反也学成狂躁暴虐的禀性。

链接材料 3-2:孟母三迁

孟子小时候,他的母亲考虑到他的教育问题,曾为了选择合适的人际环境,连续搬家三次。

汉朝刘向的《列女传》有段记载:孟母带着幼年孟子,起初住在一所公墓附近,孟子看见人家哭哭啼啼地埋葬死人,他也学着做。

孟母说:"我的孩子住在这里不合适。"于是立刻搬到了集市附近住。孟子看见商人自吹自擂地卖东西赚钱,孟子又跟着学。

孟母说:"我的孩子住在这里也不合适。"于是又搬到了学堂附近住。在这里,孟子学习礼节并要求上学。孟母说:"这里才是适合我孩子居住的地方!"于是,孟母就带着孟子在学堂附近住了下来。

(3) 情境。一般来说,个体的个性是稳定、持久的,但在不同的情境下会有所改变。情境是指在特定情况和环境下表现出的人格的特殊性,这种特殊性既有在平常环境条件下没有表现出的潜在人格,又有在特殊环境条件下表现出的一些反常举动。例如,一个平时柔弱温顺的女子,关键时刻可能会表现出比男子更坚韧的刚强;而平时巧舌如簧、大大咧咧的男子,在他喜欢的女子面前,却可能显得语无伦次、手足无措。再比如,性格内向的人在安全、愉快、轻松、热闹的气氛下有时也会变得开朗、爱笑、外向。

情境因素影响个体的人格特点这种假设具有内在逻辑基础,但是要对其进行明确系统的划分,以了解各种不同情境类型对人格的具体影响,还为时尚早。研究已经表明,在影响人格方面,一些情境因素比另一些情境因素所起的作用更大。在对情境因素进行分类时值得注意的是,情境对行为的影响似乎与其他限制因素有着本质的不同。某些情境(如教堂、招聘面试情境)限制了很多行为,另一些情境(如公园野餐)则对行为的限制相对较少。

二、个性的理论

关于个性的理论很多,但主要分为两类:一类是个性的类型理论,包括四种气质类型理论、A 型性格和 B 型性格、霍兰德职业人格类型、梅耶—布里基斯人格类型等;另一类是个性的特质理论,包括卡特尔的人格特质论、"大五"因素模型等。

1. 个性的类型理论

(1) 四种气质类型理论。气质是由生理尤其是神经结构和机能决定的心理活动的动力属性,表现为行为的能量和时间方面的特点。人的气质千差万别,但如果对人群进行观察就不难发现,气质也有一些相似的类型。系统的气质学说最早是由古希腊的医生希波克拉底和罗马医生盖仑提出的,当时他们用人体的体液解释气质缺乏科学证据,但这种分类是从实际生活中概括出来的,具有朴素的唯物主义思想,所以人们普遍接受。后来,苏联著名的生物病理学家巴甫洛夫的高级神经活动学说为这种分类提供了科学的基础。

希波克拉底和盖仑认为人体内有四种体液:血液生于心脏,黏液在脑(水根),黄胆汁生于肝(空气),黑胆汁生于胃(土根)。四液的含量决定了人的气质。根据这四种体液中某一种含量多依次形成了多血质、黏液质、胆汁质和抑郁质。

日常生活中通常采用内向与外向、情绪的稳定和不稳定两个维度来分辨一个人的气质,如表 3-2 所示。

表 3-2 四种气质类型的行为特点

气 质 类 型	内、外向	情绪稳定性	行 为 特 点
胆汁质(兴奋型)	外向	不稳定	易于冲动,热情直率,不够灵活,精力旺盛,动作迅猛,性情暴躁,脾气倔强
多血质(活泼型)	外向	稳定	活泼好动,富于生气,灵活性强,乐观亲切,善于交往,浮躁轻率,缺乏耐力和毅力
黏液质(安静型)	内向	稳定	沉着冷静,情绪稳定,深思远虑,思维、言语、动作迟缓,交际适度,内心很少外露,坚毅执拗,淡漠,自制力强
抑郁质(抑制型)	内向	不稳定	细心谨慎,敏感多疑,内心体验深刻但外部表现不强烈,行动迟缓,不活泼

这些气质类型的典型代表人物,如《水浒传》中的李逵就是胆汁质的代表;《红楼梦》中的王熙凤则是多血质的典型,林黛玉属于抑郁质的代表人物,薛宝钗则是黏液质的代表人物,因此,这种气质体液分类有很大的参考价值。

(2) A 型性格和 B 型性格。有些人总愿意从事高强度的竞争活动,并长期有时间紧迫感,这些人就拥有 A 型性格(Type A Personality)。

A 型性格表现为:运动、走路和吃饭的节奏很快;对很多事情的进展速度感到很不耐烦;总是试图同时做两件以上的事情;无法处理休闲时光;着迷于数字,他们的成功是以每件事中自己获益多少来衡量的。

与 A 型性格相对照的是 B 型性格(Type B Personality),B 型性格很少因为要从事不断增多的工作或要无休止地提高工作效率而感到焦虑。

B 型性格表现为:从来不曾有时间紧迫感以及其他类似的不适感;认为没有必要表现或讨论自己的成就和业绩,除非环境要求如此;充分享受娱乐和休闲,而不是不惜一切代价实现自己的最佳水平;充分放松而不感到内疚。

链接材料 3-3:A、B 型性格心理测试

1. 不在意约会时间　　1 2 3 4 5 6 7 8　　从不迟到
2. 无争强好胜心　　　1 2 3 4 5 6 7 8　　争强好胜
3. 从不感觉仓促　　　1 2 3 4 5 6 7 8　　总是匆匆忙忙
4. 一时只做一事　　　1 2 3 4 5 6 7 8　　同时要做好多事
5. 做事节奏平缓　　　1 2 3 4 5 6 7 8　　节奏极快
6. 表达情感　　　　　1 2 3 4 5 6 7 8　　压抑感情
7. 有许多爱好　　　　1 2 3 4 5 6 7 8　　除工作之外无其他爱好

结论:累加总分,然后乘以 3,分数高于 120 分,表明你是极端的 A 型性格;分数低于 90 分,表明你是极端的 B 型性格。

分　数	性格类型
120 以上	A+
116~119	A
110~115	A-
100~114	B-
90~99	B
90 以下	B+

(3) 霍兰德职业人格类型。霍兰德(John Holland)提出了个性—工作适应性理论(Personality-Job Fit Theory),编制有霍兰德职业人格能力测验,帮助被试发现和确定自己的职业兴趣和能力专长,从而科学地做出求职择业的决策。如图 3-3 所示,在六角形中两个领域或取向越接近,则两者越一致,临近的类型比较近似,而对角线上相对的类型则极不相似。

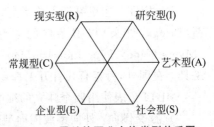

图 3-3　霍兰德职业人格类型关系图

霍兰德的职业选择理论以对表 3-3 中六种不同类型的人物及特性的分析为根据。

表 3-3　霍兰德职业人格类型

类型	偏好	个性特点	职业范例
现实型	需要技能、力量、协调性的体力活动	害羞、真诚、持久、稳定、顺从、实际	机械师、钻井操作工、装配线工人、农场主
研究型	需要思考、组织和理解的活动	分析、创造、好奇、独立	生物学家、经济学家、数学家、新闻记者
艺术型	需要创造性表达的模糊且无规则可循的活动	富有想象力、无序、杂乱、理想、情绪化、不实际	画家、音乐家、作家、室内装饰家
社会型	能够帮助和提高别人的活动	社会、友好、合作、理解	社会工作者、教师、议员、临床心理学家
企业型	能够影响他人和获得权力的言语活动	自信、进取、精力充沛、盛气凌人	法官、房地产经纪人、公共关系专家、小企业主
常规型	规范、有序、清楚明确的活动	顺从、高效、实际、缺乏想象力和灵活性	会计、业务经理、银行出纳员、档案管理员

① 现实型(R)：喜欢做使用工具、实物、机器有关的工作；具有手工、机械、农业、电子方面的技能；爱好与建筑、维修有关的职业；脚踏实地，实事求是。

② 研究型(I)：喜欢各种与生物科学、物理科学有关的活动；具有极好的数学和科学研究能力；爱好科学或医生领域的职业；生性好奇，勤奋自立。

③ 艺术型(A)：喜欢不受常规约束，以便利用时间从事创造性的活动；具有语言、美术、音乐、戏剧、写作等方面的技能；爱好能发挥创造才能的职业；天资聪慧，创造性强，不拘小节，自由放任。

④ 社会型(S)：喜欢参加咨询、培训、教学和各种理解、帮助他人的活动；具有与他人相处共事的能力；爱好教师、护士、律师一类的职业；乐于助人，友好热情。

⑤ 企业型(E)：喜欢领导和左右他人；具有领导能力、说服能力及其他一些与人打交道所必需的重要技能；爱好商业或与管理人员有关的职业；雄心勃勃，友好大方，精力充沛，信心十足。

⑥ 常规型(C)：喜欢做系统地整理信息资料一类的事情；具有办公室工作和数字方面的能力；爱好记录、整理文件、打字、复印及操作计算机等职业；尽职尽责，忠实可靠。

(4) 梅耶—布里基斯人格类型。1976 年，美国心理学家梅耶(Myers，女儿)和布里基斯(Briggs，母亲)根据荣格的心理类型学理论设计、编制了 MBTI 量表。MBTI 是"Myers-Briggs Type Indicator"的简称。该量表是目前世界上应用最为普遍的个性评价工具。在国外，每年有几百万人都在接受 MBTI 测验。

MBTI 量表使用四个独立的维度来分解人格类型。

① 社交倾向：外向型或内向型(E 或 I)。外向型的个体对人友好，能够影响他人，富有进取心，希望改变这个世界。外向者需要这样的工作环境：富于变化或活动取向，能够

和其他人在一起,并能给他们带来相当丰富的体验和经历。内向型的个体被描述为羞怯、退缩,关注对世界的认识和了解,他们更喜欢安静专一、能够独处、使他们有机会对有限的体验进行深度探索和挖掘的工作环境。

② 资料搜集:领悟型或直觉型(S或N)。领悟型的人不喜欢新问题,除非有规范化的办法来解决这些问题,他们喜欢已经成型的规范做法,对细节问题表现出耐心,擅长精耕细作。直觉型的人喜欢解决新问题,不喜欢重复同样的工作,喜欢跳跃性地得出结论,对常规细节缺乏耐心,不喜欢在细枝末节上花费时间。

③ 决策偏好:情感型或思维型(F或T)。情感型的个体体察他人及他人的情感世界,喜欢和谐,不需要获得表扬和认可,不喜欢告诉别人不愉快的事情,富有同情心,常能与绝大多数人相处得很好。思维型的人则对他人的情感世界不感兴趣或难以动情,喜欢逻辑分析,能够把事情安排得井然有序。

④ 决策风格:感知型或判断型(P或J)。感知型的人充满好奇心、主动性、灵活性和包容性,他们把事情的开始看得至关重要,所以倾向于延迟决策,希望等了解所有信息之后再开始工作。判断型的人则坚决果断,目标明确,要求严格,是良好的计划者,他们致力于完成一项任务,能够迅速做出决策,只希望得到那些对工作开展十分必要的信息。

依据上述四个维度,可以组合得出 16 种人格类型及其典型职业(见图 3-4)。

ISTJ 稽查员	ISFJ 保护者	INFJ 咨询师	INFP 治疗师/导师
ESTJ 督导	ESFJ 供给者/销售员	ENFJ 教师	ENFP 倡导者/激发者
ISTP 操作者/演奏者	ISFP 作曲家/艺术家	INTJ 智多星/科学家	INTP 建筑师/设计师
ESTP 发起者/创设者	ESFP 表演者/示范者	ENTJ 统帅/调度者	ENTP 发明家

图 3-4 梅耶—布里基斯人格类型

表 3-4 对上述 16 种类型中的 4 种进行了具体描述。

表 3-4 梅耶—布里基斯人格类型范例

类 型	描 述
INFJ (内向、直觉、情感、判断)	沉着坚定,有责任心,关注他人;这种人的优势在于持之以恒,思维独特,对任何必要和想要的东西都有一种做事的冲动;常常因为自己毫不妥协的做事原则而受到尊重
ESTP (外向、领悟、思维、感知)	心直口快但有时粗心大意;这种人能直面现实,很少焦虑紧张或担惊受怕;他们随遇而安,对任何事都能泰然处之;擅长那些需要进行分解组合的事情

续表

类型	描述
ISFP （内向、领悟、情感、感知）	敏感而温和，谦逊而羞怯，待人十分友好；这种人非常不喜欢意见分歧，并且力图回避它们；他们是忠实的追随者，而且常常让事情干起来很轻松
ENTJ （外向、直觉、思维、判断）	热情而友好，直率而果断，通常擅长任何需要推理和智能的任务，但有时可能对自己的能力水平估计过高

资料来源：（美）斯蒂芬·P. 罗宾斯，玛明·库尔特. 管理学[M]. 7版. 孙健敏，等，译. 北京：中国人民大学出版社，2008.

在理解和预测个体行为方面，MBTI量表是非常有用的工具之一。首先，它们会影响个体的社会交往和处理问题的方式。如果上级和你收集信息的方式不同，上级是直觉型的，喜欢来自本能的直觉，你是领悟型的，喜欢用事实说话，那么，为了与上级和睦相处，你可能不仅要汇报关于工作的事实，而且要谈谈你感觉如何。另外，MBTI量表还可以帮助管理者选择与某些具体工作类型相匹配的员工。

2. 个性的特质理论

早期的一些人格研究者认为，要想了解个体，必须将行为模式分解成系列可以观察的特征。这些特征包括害羞、进取心、顺从、懒惰、雄心、忠诚、畏缩等。当一个人在不同情境下表现出这些特征时，就称其为人格特质（personal trait）。特质指人拥有的影响行为的品质或特性，是个人有别于他人的特性，是一种神经心理结构，是先天的倾向。

（1）卡特尔的人格特质论。美国心理学教授卡特尔将人格特质区分为表面特质（surface trait）和根源特质（source trait）。表面特质是指从外部行为能直接观察到的特质；根源特质则是内在的、决定表面特质的最基本的人格特质，是那些稳定的、作为人格结构的基本因素的特质。

他用因素分析的方法找到了16种根源特质，并编制出卡特尔16种人格因素问卷（Sixteen Personality Factor Questionnaire, 16PF），在临床、工商业、政府部门及教育方面有着广泛的应用，特别是在人才选拔、就业指导及心理咨询方面有较高的使用价值。

卡特尔16种个性特质包括以下内容。

A. 乐群性　　B. 聪慧性　　C. 稳定性　　E. 恃强性
F. 兴奋性　　G. 有恒性　　H. 敢为性　　I. 敏感性
L. 怀疑性　　M. 幻想性　　N. 世故性　　O. 忧虑性
Q1. 试验性　　Q2. 独立性　　Q3. 自律性　　Q4. 紧张性

各项心理特质高、低分者呈现的特征，如表3-5所示。

表3-5　卡特尔16种心理特质的特征

心理特质	低分者特征	高分者特征
A. 乐群性	缄默孤独	乐群外向
B. 聪慧性	迟钝、学识浅薄	聪慧、富有才识
C. 稳定性	情绪激动	情绪稳定
E. 恃强性	谦虚顺从	好强固执

续表

心理特质	低分者特征	高分者特征
F. 兴奋性	严肃审慎	轻松兴奋
G. 有恒性	权宜敷衍	有恒负责
H. 敢为性	畏缩退却	冒险敢为
I. 敏感性	理智、重实际	敏感、感情用事
L. 怀疑性	信赖随和	怀疑刚愎
M. 幻想性	现实、合乎成规	幻想、狂放
N. 世故性	坦白直率、天真	精明能干、世故
O. 忧虑性	安详沉着、有自信心	忧虑抑郁、烦恼多端
Q1. 试验性	保守、服膺传统	自由、批评激进
Q2. 独立性	依赖、随群附众	自主、果断
Q3. 自律性	矛盾冲突、不明大体	知己知彼、自律严谨
Q4. 紧张性	心平气和	紧张困扰

(2) "大五"因素模型。"大五"因素模型(Big Five Factor Model)是近年来比较有代表性并得到广泛应用的人格模型,最初由突普斯和克里斯特(Tupes & Christal,1961)提出,认为任何个体都存在着5个相对显著、独立而且稳定的个性因素:外向性(extraversion)、合群性(agreeableness)、责任感(conscientiousness)、情绪的稳定性(emotional stability)和经验的开放性(openness to experience),如表3-6所示。

表3-6 "大五"特征的具体描述

特 征	具体描述
外向性	该人是合群的、自信的并且是好交际的(与保守的、羞怯的、安静的相反)
合群性	该人是合作的、热情的并且是令人愉快的(而不是冷漠的、令人不愉快的、敌对的)
责任感	该人是努力工作的、有组织性的、可靠的(与懒惰的、没有条理的、不可信赖的相反)
情绪的稳定性	该人是冷静的、自信的、镇定的(与不安全的、焦虑的、消沉的相反)
经验的开放性	该人是有创造力的、有好奇心的、有修养的(而不是实际的、兴趣狭窄的)

① 外向性。这一维度描述的是个体对关系的舒适感程度。外向者喜欢群居、善于社交和自我决断;内向者倾向于封闭内向、胆小害羞和安静少语。

② 合群性。这一维度描述的是个体服从别人的倾向性。高合群性的人是合作的、热情和信赖他人的;低合群性的人是冷漠的、敌对的和不受欢迎的。

③ 责任感;这一维度是对信誉的测量。高度责任心的人是负责的、有条不紊的、值得信赖的、持之以恒的;在该维度上得分低的人很容易精力分散、缺乏规划性,且不可信赖。

④ 情绪的稳定性。这一维度刻画的是个体承受压力的能力,它的对立面是神经质。积极的情绪稳定性者倾向于是平和的、自信的和安全的;消极的情绪稳定性者倾向于是紧张的、焦虑的、失望的和缺乏安全感的。

⑤ 经验的开放性。最后一个维度针对个体在新奇方面的兴趣和热衷程度。开放性非常高的人富有创造性、凡事好奇、具有艺术的敏感性;处于开放性维度另一个极端的人很保守,对熟悉的事物感到舒适和满足。

三、个性的测量方法

由于个性内容的复杂性,对于个性的测量与评价就成了一个较复杂的问题。在心理测量中,对个性的测量主要使用问卷法和投射法。

1. 问卷法

问卷法又称自评量表,是心理学常用的方法之一。这种方法就是把所要了解的问题列出来,交由被试去回答。在个性测量中,一般的做法是把拟测量的某种个性特征(方面)用多个问题的形式写在卷面上,每一道问题下,有供被试做选择的两个或多个以上的答案,在被试作答时,根据自己的实际情况只能两者择一或是多者择一。

问卷法的最大可取之处似乎是:反应标准确定,便于进行数量处理;能在短时间取得大量的数据;从大量数据中,可以测定一般人的典型反应;所得反应可通过统计上显示的正常状态来加以阐明。

一个最著名的量表是明尼苏达多项人格调查表(MMPI),该量表测评较为复杂,有550格题目,在中国有修订版,有较高的信度和效度。另外,"大五"因素模型是通过 NEO 人格量表(NEO personality inventory)测量的。近些年在企业组织中广为流行的一个自评量表是梅耶—布里基斯量表(MBTI)。

2. 投射法

投射法又称投射测验。测试者向个体出示一些图片、抽象图形或者照片,要求他们描述自己所看到的东西,或者根据所见到的东西讲一个故事。投射测验背后的原理是:每个人对刺激的反应可以反映出他独特的个性,常见的投射测验有罗夏墨迹测验与主题统觉测验。

(1) 罗夏墨迹测验。罗夏墨迹测验(Roshach ink-blot test)是由瑞士精神病医生罗夏在 1921 年编制的,方法是采用 10 张对称的墨迹图(其中 5 张黑色、5 张黑色加彩色)。

主试向被试逐一出示卡片并逐张提问:这可能是什么?你看见了什么?或这使你想起了什么?测验利用人们惯常的趋向会把它们想象成动物、白云、战场、脸谱等,使被试在无意中反映了自己的思想、愿望、情感等方面的特征。

对被试的回答从以下四个方面评定。

① 部位。被试对墨迹的反应是全部还是部分?用以测试被试的风格。

② 决定。被试对图形是形状反应还是颜色反应?是把图形看成静态的还是动态的?用以测试情绪的稳定和思维的类型以及内倾还是外倾。

③ 内容。把墨迹看成是动物、人物、植物还是风景?用以测试愿望、态度和思想等。

④ 从众性。被试的反应与一般人的反应相同还是不同?

(2) 主题统觉测验。主题统觉测验(thematic apperception test,TAT)是美国的默利(H. A. Murray)和摩根(C. D. Ivlorgan)在 1930 年创制的。这类测验包括 30 张图片,意义暧昧,每张图内至少有一个人物,也有风景。测验时,被试一张一张地观看图片,并根据图片中的内容和人物自己编一段故事,要求其内容必须包括:图片中的情境怎样;情境发生的原因;将来的演变,可能有什么结果;个人的体会。

TAT测验认为,个人编的故事与其生活经历有密切关系。被试在编故事时,不知不觉地把自己内心深处的冲突、需要、动机和愿望,用故事情节反映出来,即把个人的心理活动投射在故事之中。测验者通过分析、研究和解释,就可以了解其个性中存在的各种需要以及其他内容。

📖 链接材料3-4：菲尔人格测试

这个测试是菲尔博士在著名主持人欧普拉的节目里做的,国际上称为"菲尔人格测试",这已经成为很多大公司人事部门实际用人的"试金石"。

1. 你何时感觉最好?（　　）
   A. 早晨　　　　　　B. 下午及傍晚　　　C. 夜里
2. 你走路的方式是（　　）。
   A. 大步地快走　　　B. 小步地快走　　　C. 不快,仰着头面对着世界
   D. 不快,低着头　　E. 很慢
3. 和人说话时,你会（　　）。
   A. 手臂交叠站着
   B. 双手紧握着
   C. 一只手或两只手放在臀部
   D. 碰着或推着与你说话的人
   E. 玩着你的耳朵、摸着你的下巴或用手整理头发
4. 坐着休息时,你会（　　）。
   A. 两膝盖并拢　　　B. 两腿交叉
   C. 两腿伸直　　　　D. 一腿蜷在身下
5. 碰到令你发笑的事情时,你的反应是（　　）。
   A. 欣赏地大笑　　　B. 笑着,但不大声
   C. 轻声地笑　　　　D. 羞怯地微笑
6. 当你去一个聚会或社交场合时,你会（　　）。
   A. 很大声地入场以引起注意
   B. 安静地入场,找你认识的人
   C. 非常安静地入场,尽量保持不被人注意
7. 当你非常专心工作时,有人打断你,你会（　　）。
   A. 欢迎他　　　　　B. 感到非常恼怒　　C. 在上述两极端之间
8. 下列颜色中,你最喜欢哪一种颜色?（　　）
   A. 红色或橘黄色　　B. 黑色　　　　　　C. 黄色或浅蓝色　　D. 绿色
   E. 深蓝色或紫色　　F. 白色　　　　　　G. 棕色或灰色
9. 临入睡的前几分钟,你在床上的姿势是（　　）。
   A. 仰躺,伸直　　　B. 俯卧,伸直　　　C. 侧躺,微蜷
   D. 头睡在一条手臂上　E. 被子盖过头

10. 你经常梦到自己（　　）。
    A. 落下　　　　　　B. 打架或挣扎　　　C. 找东西或人　　　D. 飞或漂浮
    E. 你平常不做梦　　F. 你的梦都是愉快的

四、能力的定义和分类

能力（ability）是指一个人顺利完成某项活动所必需的并直接影响活动效率的个性心理特征。它是个性心理特征的综合表现，一个人的能力高低会影响他所掌握的各种活动的成绩和活动效果。

任何一种单一的能力都难以成功地完成某项活动，因为任何一项活动都往往是多种能力结合的结果。例如，进行知识的学习，要求具有良好的观察力、记忆力、理解力和抽象概括等能力；飞行活动要求飞行员具有良好的知觉辨别能力、良好的注意力分配能力和具有动作反应灵活协调、情绪稳定、意志坚强等心理品质，这些心理品质都是属于能力的不同方面。

一般来讲，能力可分为一般能力、特殊能力、创造力和情绪智力等。

1. 一般能力

人的一般能力即智力，是反映每一个个体完成一切活动都必须具有的共同能力，主要包括：

（1）思维能力，指对事物进行分析、综合、抽象和概括的能力，在一般能力中起核心作用；

（2）观察能力，指对事物进行全面、细致审视的能力，主要指知觉能力；

（3）语言能力，指个体描述客观事物的语言表达能力；

（4）想象能力，包括再造想象和创造想象的能力；

（5）记忆能力，个体积累经验、知识、技能，形成个性心理的重要心理条件；

（6）操作能力，指通过人的各种器官，主要是手、脚、脑等并用，解决人机协调、完成操作活动的能力。

这些一般能力的稳定、有机的综合就是通常所说的智力。

2. 特殊能力

特殊能力是指个体从事某种专业活动应具备的各种能力有机结合而形成的能力，如教学能力、管理能力等。特殊能力是在特殊活动领域中表现出来的。

一般能力与特殊能力相互联系，形成辩证统一的有机整体。一方面，个体从事某种职业或专业活动时，一般能力（智力）在特殊方面的独特发展，就成为特殊能力的组成部分。例如，记忆力属于一般能力范畴，但话务员在业务工作中刻苦训练，能记住2 000个电话号码，这种记忆能力就变成了专业技术方面的特殊能力。另一方面，在特殊能力得到发展的同时，一般能力也会不断提高。这种事例也不胜枚举。具备特殊能力的数学家、科学家、哲学家和音乐家，他们的一般能力会较快地发展，普遍高于平常人。

3. 创造力

创造力是指产生新思想，发现和创造新事物的能力，是成功地完成某种创造性活动所必需的心理品质,它是知识、智力、能力及优良的个性品质等复杂多因素综合优化构成的。例如创造新概念、新理论,更新技术,发明新设备、新方法,创作新作品都是创造力的表现。创造力是一系列连续的复杂的高水平的心理活动,它要求人的全部体力和智力处于高度紧张状态,以及创造性思维在最高水平上进行。

创造力与一般能力的区别在于它的新颖性和独创性,它的主要成分是发散思维,即无定向、无约束地由已知探索未知的思维方式。按照美国心理学家吉尔福德的看法,当发散思维表现为外部行为时,就代表了个人的创造能力。

4. 情绪智力

最早提出情绪智力(emotional intelligence,EI)概念的是心理学家彼得·萨洛维(Peter Salovey)和约翰·D. 梅耶(John D. Mayer),他们认为传统智商概念忽视了情感能力。然而使 EI 广受关注的是心理学家丹尼尔·戈尔曼,他把情绪智力定义为:察觉自己和他人的感受、进行自我激励、有效地管理自己以及他人关系中的情绪的能力。

戈尔曼认为,情商对于职业生涯的成功远比智商更重要。IQ 使你获得工作,而 EQ 使你获得升迁。表 3-7 是戈尔曼提出的情绪智力五维度模型。

表 3-7 情绪智力五维度模型

维 度	特 征	工作中的例子
自我察觉	了解自己,认识当前的真实感觉	约翰意识到自己现在很生气,因此他需要先冷静下来并收集更多的信息,再做一个重要的人事决策
自我约束	控制自己的情绪以利于而不是阻碍手头的工作;摆脱负性情绪并回到解决问题的建设性轨道上	安布控制住自己不表现出不安的情绪,也不大声反对客户的投诉,而是尽量多地收集关于该事件的事实
自我激励	坚持追求理想中的目标;克服负性的情绪冲动,在实现目标后才感到满足	尽管缺乏资源以及最高管理层的支持,帕特还是克服了这些挫折,坚持成功地完成了该项目
共情	能够敏感地察觉并理解他人的感受;能够感觉到他人的感受和需要	因为团队的领导知道她的成员体力耗尽,或者精神上很疲倦,所以她在午休时把所有人都带出去玩板球,以帮助他们恢复精力
社交技能	辨别社交场合的能力;顺利地与他人互动,形成社交网络;能够引导他人的情绪和行为方式	杰里米从他的职员的一些非言语的表现看出来他们并不接受公布的新政策,所以会议结束后他一个个找他们面谈,解释为什么他们可以从新政策中获益

📖 链接材料 3-5:三个助教的故事

史登博格(Sternburg)经常会讲他的三个助教的故事:一位助教成绩很好、智商很高,史登博格让他担任教学助理;另一位助教常有很多创新的主意、独特的意见,也就是创造力高,史登博格让他担任研究助理;另一位助教脾气很好,人际关系不错,也就是情商很高,史登博格让他担任行政助理。这三个助教毕业后,最快找到工作的是第一个助教(智商高),升迁最快的是第三个助教(情商高)。

除了智商(IQ)、情商(EQ)外,近年来又流行一个新概念:逆商(AQ)。IQ、EQ、AQ并称3Q,成为人们获得成功的法宝。

五、能力的测量

人的各种能力总是通过各种心理特征表现出来的,因此,如果能够对人的有关心理特征进行测定,就能测量出一个人在某方面可能存在的能力。能力测验按测验方式可以分为个人测验和群体测验;按测验内容可以分为文字测验和非文字测验;按能力的性质可以分为一般能力测验、特殊能力测验、创造力测验、情绪智力测验等。

1. 一般能力测量

在心理学中,智力是指各种基本能力的综合,包括观察力、记忆力、思维力、想象力、注意力,所以它又称一般能力。智力测验主要是对应聘者的数字能力和语言能力进行测试。常见的智力测验量表有比奈—西蒙智力量表、韦克斯勒成人智力量表、瑞文智力测验量表。

在常用的斯坦福—比奈量表(在比奈—西蒙智力量表的基础上修订而成)中,采用智力年龄(心理年龄,MA)代表智力达到的年龄水准,它与实际年龄(生理年龄,CA)的比称为智力商数(简称智商,IQ),代表被试的智力水平。用公式表达为

$$IQ = \frac{MA}{CA} \times 100$$

智商为人的普通心智机能提供了一种综合指数。法国心理学家特曼(L. M. Terman)、美国心理学家韦克斯勒(D. Wechsler)等人都通过智商研究了人的智力分布,说明了智力差异的常态曲线分布,如表3-8所示。

表3-8 韦克斯勒智力分布表

IQ	类 别	智商/%
130以上	超常	2.2
120~129	优秀	6.7
110~119	中上(聪明)	16.1
90~109	中等	50.0
80~89	中下(迟钝)	16.1
70~79	低能边缘	6.7
69以下	智力缺陷	2.2

一般能力倾向测验用于测量从事某项工作所具备的某种潜在能力的心理测试,它在人员选拔与安置中应用最广。美国劳工部的一般能力倾向成套测验(GATB)由8个纸笔测验和4个仪器测验组成,可以测量9个因素:语言能力、数字能力、空间能力、一般学习能力、形状知觉、文书知觉、运动协调、手指灵巧、手的敏捷性。这9个因素中的不同因素组合代表着不同种类职业能力倾向,如数字能力、空间能力和手的敏捷性较好的人适于从事设计、制图作业以及电器职业,因此,GATB也常用来测定职业倾向,进行职业指导。

2. 特殊能力测量

特殊能力测验是主要针对特定职位而设定的测试，又称技能测试。比如，对秘书进行文书能力测验；对机械工进行机械能力测试；对会计进行珠算、记账、核算等能力测试。再如，对飞行员要从语言表达、智力、机械知识、空间定向、注意分配、反应灵活性、动作协调等方面进行心理特性的测试。测定方法通常是采用一整套仪器及纸笔测验。心理学家从一系列测验项目的结果中，根据常态分配曲线组成所谓飞行能力9级制。获得测验分数愈高者，飞行能力愈好，淘汰率也较低；反之，分数较低者，淘汰率则较高，表3-9是一个具体的例子。

表 3-9　美国飞行人员心理选拔测验项目

序号	项 目	测 验 要 求
1	自传表	与驾驶、领航和轰炸训练有关的经验背景、社会和家庭状况
2	一般知识	对于飞机、飞行技术、汽车驾驶、机械学、体育运动的兴趣和知识
3	空间定向	在一幅大的图片和地图中找出一幅与其有共同内容的小地形照片
4	观察辨识速度	迅速辨识形状的异同及对象的细节
5	选择反应时间	对于不同空间位置的视觉刺激物进行选择性反应
6	旋转追踪和注意分配	眼手的协调活动，同时进行两项工作的注意分配
7	手指动作灵巧性	以手指精确地玩弄小物体的动作速度
8	舵的控制	以脚调节飞机方向舵的踏板
9	复合协调活动	对于连续呈现的视觉刺激物在操纵杆上作出连续协调运动反应
10	双手追踪	以双手协调动作把指针保持在运动的目标上
11	瞄准器操作	以瞄准器追踪或瞄准一个运动目标
12	判断	解决实际问题的能力
13	协调阅读	迅速读出雷达显示器上的目标的距离和方向
14	阅读理解	阅读技术资料，并根据材料得出逻辑结论
15	仪表和表格阅读	阅读仪表及复杂表格的速度与准确度
16	机械原理	日常生活中的机械常识和经验，对物体安排的表象及推理
17	机械了解	关于机器的构造、工作和修理的知识
18	仪表理解	根据飞机仪表来确定飞机方位
19	数学测验	简单运算的速度和准确性，运用和了解数字
20	理智活动	判断实际情况的能力

3. 创造力测量

美国心理学家吉尔福特（J. P. Guilford）认为，创造性思维（即创造力）包括求同思维（聚合思维）和求异思维（发散思维）两类。所谓求同思维，是指根据已有的假设、条件来综合得出解决问题的答案的思维方式。所谓求异思维，又称发散思维，是指寻求多样性答案的思维方式，比如数学中的一题多解就是求异思维。吉尔福特认为，创造力的本质是求异思维，而不是求同思维。他认为，求异思维的测量可以通过求异思维的流畅性、变通性及独特性这三个维度来进行。

（1）流畅性。流畅性是指在单位时间内产生多种反应的数量。高创造力的人，能在短时间内想出数量较多的项目，即反应迅速而且数量众多。

（2）变通性。做出不同反应的范围或维度范围越大、维度越多,说明变通性越强。变通性强的人,在解决问题时能触类旁通,举一反三,不拘泥于现有的常规方法。如创造力测验中有这样一道题就是测查变通性的：要求被试在 5 分钟之内列出砖的用途。如果被试列出的用途只局限于建筑范围内,如盖房子、建教室、铺路、垒墙等,说明其变通性较差。如果被试举出的例子范围很广,并有一些特别的用途,如压纸、钉钉子、磨红粉等,则说明其变通性很强。

（3）独特性。独特性是指能对问题提出超乎寻常的、角度独特的见解,不受已有观念的束缚和限制(孙健敏,2005)。

吉尔福特特别强调,在求异思维的这三个维度中,最能反映求异思维的是独特性,独特性是衡量创造力的最关键指标。

4. 情绪智力测量

目前美国进行的情绪智力测量中,影响较大的有两种：二是乐观测试；一是 PONS 测试。

乐观测试的目的是了解个人的价值观状况。它是由马丁·塞格曼设计的,通过问题的方式来进行测试。乐观测试首次被应用于对一家保险公司新雇员的测试,通过测试发现,获得乐观测试高分者(但在公司常规测试中为失败者)要比在乐观测试中的失败者(但在公司常规测试中为成功者)的保险销售额好得多。

PONS(profile of nonverbal sensitivity)测试是由罗伯特·罗森斯发明的,其目的是测试个人情绪的能力。其基本方法是将一些人的情感肖像如愤怒、嫉妒、感激等进行编辑处理,让被试通过图片提供的线索判断这些人的情绪。获得 PONS 高分者,在社交和工作中有成功的倾向。

第三节　价值观与态度

个体对客观事物,如工作、金钱、感情,有自己的衡量标准,即价值观。这些客观事物对个体而言,有轻重主次之分。价值观不是与生俱来的,而是在后天生活、工作的环境中逐步形成的,一旦形成,具有相对稳定、持久的特点。

人们在知觉基础上与人交往、与客观事物接触,就会逐渐形成态度。由于每个人的社会生活环境、知识经验不同,待人处事的态度往往迥然不同。态度差异是个体差异的一个重要方面,对人的行为有很大影响。不同于价值观的是,一个人的态度是缺乏稳定性的,是可以改变的。

一、价值观的定义和类型

价值观代表了一系列的基本信念,是个体对客观事物的综合态度,能够直接影响个体对事物的看法和行为,是个体判断对错、是非、好与不好、值得与不值得的标准。

人们的价值观体系来自何处？一部分是遗传的,其余则受到社会环境的影响,如民族文化、家庭教育、教师、朋友等。

人的价值观一旦形成,就如同社会文化价值观一样,是相对稳定和持久的。这样的行为会形成相对一致的标准,不致陷于变化无常的盲从状态。当然,价值观并非绝对一成不变。当人们处在某种新的环境,其行为必须符合新的情境要求时,人们常常会对旧的价值观提出疑问,对可能不再适合的部分进行修正,从而经过反复、比较,导致价值观的变化。

价值观按内容、表现形态可分为不同的类型,奥尔波特、罗克奇和格雷夫斯等学者对价值观进行了分类。

1. 奥尔特波的早期价值观分类

苏联心理学家奥尔波特(Gordon Willard Allport,1897—1967)将人的价值观分为6种,即经济型、理论型、审美型、社会型、政治型和宗教型,如表3-10所示。

表3-10 奥尔特波的六种价值观

类 型	价值观特点
经济型	强调有效和实用
理论型	重视以批判和理性的方法寻求真理
审美型	重视外形与和谐均称的价值
社会型	强调对人的热爱
政治型	重视拥有权力和影响力
宗教型	关心对宇宙整体的理解和体验的融合

奥尔特波还提出,个体的价值观是一个系统,它包容了所有的类型,不过,某一时期某些类型处于重要地位,其他的则处于相对次要的地位。对某一特定情境下的个体而言,一种类型的重要性可能超乎其他的类型,此时就可以将其看成此种价值观类型的人。不同类型占主导地位的人,就属于不同价值观类型的人。

奥尔波特还发现:不同职业的人对这六种价值观的重视程度不同,形成了不同的优先顺序,反映了不同的价值体系,如表3-11所示。

表3-11 三种职业的人对价值观重要性的排序

排序	牧师	采购代理商	工业工程师
1	宗教	经济	理论
2	社会	理论	政治
3	审美	政治	经济
4	政治	宗教	审美
5	理论	审美	宗教
6	经济	社会	社会

资料来源:张德.组织行为学[M].北京:高等教育出版社,1999:44.

2. 罗克奇的价值观调查分类

米尔顿·罗克奇(Milton Rokeach,1973)设计了罗克奇价值观调查问卷(Rokeach value survey,RVS),包括两种价值观类型,各有18项具体内容。

第一种类型称为终极价值观(terminal values),指的是一种期望存在的终极状态,是人一生中希望实现的最根本的目标,如舒适的生活、成就感、世界和平、平等、自由、快乐、自尊等。

另一种类型称为工具价值观(instrumental values),指的是人喜欢的行为方式或实现终极价值观的手段,如勤奋工作、胸怀开阔、清洁、勇敢、宽容、富有想象力、顺从、负责、自律等。

表3-12列出了每一种价值观类型的具体内容。

表 3-12 罗克奇价值观

终极价值观	工具价值观
舒适的生活(富足的生活)	雄心勃勃(勤奋工作、奋发向上)
振奋的生活(刺激的、积极的生活)	胸怀开阔(开放)
成就感(持续的贡献)	能干(有能力、高效率)
世界和平(没有冲突和战争)	欢乐(轻松、愉快)
美丽的世界(艺术与自然的美)	清洁(卫生整洁)
平等(兄弟般的情谊、机会均等)	勇敢(坚持自己的信仰)
家庭安全(照顾自己所爱的人)	宽容(谅解他人)
自由(独立、自主的选择)	助人为乐(为他人的福利工作)
幸福(满足)	正直(真挚、诚实)
内在和谐(没有内心冲突)	富有想象力(大胆、有创造性)
成熟的爱(性和精神上的亲密)	独立(自力更生、自给自足)
国家安全(免遭攻击)	智慧(善于思考)
快乐(快乐的、悠闲的生活)	逻辑性强(一贯性强、理性的)
救世(救世的、永恒的生活)	博爱(温情的、温柔的)
自尊(自重)	顺从(忠于职守、尊重他人)
社会承认(尊重、赞赏)	礼貌(彬彬有礼的)
真挚的友谊(亲密关系)	负责(可靠的)
睿智(对生活有成熟的理解)	自我控制(自律、有约束的)

3. 格雷夫斯的价值观层次分类

关于价值观的另一个有影响的研究是对价值观的层次进行分类。格雷夫斯(Graves,1970)研究了组织中各种人员的行为,根据表现形态的差异,把个人的价值观和生活方式划分为七个层级(level)。

第一级,反应型。这样的人没有意识到自己和别人作为人类的存在形式,只是对基本生理需要做出反应,最典型的就是新生婴儿。这样的人在组织中很少见。

第二级,宗族服从型。这样的人以高度服从为特征,他们的行为和观念主要受权威人物(例如父母或领导)、传统和权力的影响。他们服从习惯与权势,喜欢按部就班。

第三级,自我中心型。这样的人相信个人主义,具有强烈的进取精神,比较关注自我。

第四级,顺从型。这样的人不太容忍模糊性,喜欢清楚明白,对于价值观与自己不同的人很难接受,希望别人接受自己的价值观。

第五级,操纵型。这样的人渴望通过控制别人或操弄事件来达到自己的目标,是绝对的功利主义者,主动追求显赫的社会地位,渴望支配别人,并得到别人的承认,爱炫耀自己。

第六级,社会中心型。这样的人把受人喜欢和与人友好相处看得比个人表现突出更重要,对人和善,与世无争。他们往往被操纵型和顺从型的人所排斥。

第七级,存在主义型。这样的人能够高度容忍不确定性和与自己价值观不同的人,喜欢创新和灵活性,对僵化的体制、限制性的政策、等级地位、滥用权力等直言不讳。

这个价值观的分类层级,可以用来分析组织中价值观的多样性,我们可以据此对组织中的员工进行分类。遗憾的是这个理论没有提出测量这 7 个层次价值观的工具,所以,其应用范围并不广泛。但其分析价值观的思想,对于我们解释很多组织现象是有启发的。

4. 三种经营价值观

经营价值观是对经营管理好坏的总的看法和评价。西方组织行为学家认为,管理者对经营管理的评价主要有三种观点,可以概括为三种经营价值观:最大利润价值观、委托管理价值观和企业价值—社会效益价值观,如表 3-13 所示。

表 3-13 三种经营价值观的比较

项 目	最大利润价值观	委托管理价值观	企业价值—社会效益价值观
一般目标	最大利润	令人满意的利润水平	利润只是一种手段
指导思想	个人主义,竞争,野心勃勃	混合的,既有个人主义又有合作	合作
政府作用	越少越好	虽然不好,但不可避免,有时是必要的	企业的合作者
对员工的看法	是实现利润目标的工具之一,员工为物质报酬而工作	既是手段,也是目的	员工本身就是目的
领导方式	专制独断	开明专制、专制和民主混合	民主、高度的参与
股东的作用	头等重要	主要的,但也兼顾其他群体的利益	并不比其他群体更重要

(1) 最大利润价值观。这是一种最古老、最简单的价值观,其局限性也最大。这种价值观认为,企业的全部管理决策和行为都必须服从最大利润这个唯一的标准,企业经营管理的好坏都要以这个标准来进行评价。这种观念在 18、19 和 20 世纪初非常盛行,甚至在今天,美国的很多企业仍然奉行这种价值观。但是,随着人类社会进入 21 世纪,这种传统的经营价值观面临着严峻的挑战。以美国安然公司和世界电信公司为代表的一批企业,由于过度追求利润最大化而违反企业伦理道德的行为,已经引起全球的广泛关注。企业社会责任概念的盛行,使得我们必须重新审视企业经营管理的价值究竟是什么,必须重新设计评价企业管理业绩的标准。

(2) 委托管理价值观。从 20 世纪 20 年代开始,委托管理价值观的形成进一步修正和补充了最大利润价值观。这种价值观是在企业规模扩大、组织日趋复杂、投资额巨大而投资者分散的情况下,管理者受投资者的委托从事经营管理而形成的价值观。其主要思想是：在为投资者取得最大利润的同时，必须兼顾其他相关各方的利益。经营管理的最高价值是保证各利益相关方对企业的满意度：对投资者来说，要取得满意的利润；对员工来说，要取得满意的工资和福利；对消费者来说，要取得物美价廉的商品和服务；对政府来说，要取得应得的税收。企业经营者只有同时满足不同人员的利益，才能保证企业的正常运作；反之，如果经营者只顾投资者利益的最大化，忽视甚至不顾其他各方的利益，这种经营是不可能长久的。

（3）企业价值—社会效益价值观。这是20世纪70年代以来兴起的一种最新的经营价值观。这种价值观的核心战略理念是：社会责任决定企业长远发展。它强调在确定企业利润水平时，不仅要考虑企业所有者的利益，还要考虑为实现这种利益所必须付出的代价，以及为实现利益目标可能给社会带来的诸如环境污染、破坏生态平衡、损害社会公德等不利影响，通过自觉承担社会责任为企业带来盈利。例如，TCL集团把自己的经营价值观表述为"为顾客创造价值，为社会创造财富，为员工创造机会"。这也是为什么进入20世纪90年代以来，经营管理领域"管理利益相关者"的概念越来越受到重视的重要原因。

二、态度的定义和成分

态度是指个体对外界事物的一种较为持久而又一致的内在心理和行为倾向。人们在认识客观事物或在工作交往中，总是对人或事产生不同的反应，做出各种各样的评价，如赞成或反对、亲近或疏远、喜欢或厌恶、接纳或排斥等。这种对客观对象所表现出来的积极、肯定的或消极、否定的心理倾向，是一种内在的心理准备状态，它一旦变得比较持久、稳定，就会成为态度。

总之，态度是主体对特定对象做出价值判断后的反应倾向——要么喜欢，要么不喜欢，是关于客观事物的评价性陈述。

态度包括三种成分：认知（cognitive）成分、情感（affective）成分、行为（behavioral）成分。例如，"老板很有魄力，非常随和"是某员工对老板态度的认知成分，"我很钦佩我的老板"是该员工对老板态度的情感成分，"我愿意与老板一起讨论事情，有时也偶尔开开玩笑"是该员工对老板态度的行为成分。

1. 认知成分

认知成分是指人对事物的看法、评价以及带评价意义的叙述，包括个人对某一对象的理解、认识以及肯定与否定的评价。例如，主管认为在一个员工有效进行某项操作之前，应该进行两周的培训，就反映了主管对于培训的态度。态度中包含的肯定或否定的评价是一种认知体系，如"歧视员工是错误的"就是一种信念的价值陈述，与价值观有密切关系。认知成分直接或间接地涉及态度表达，如"目标管理可以调动人的积极性"是直接赞成的鲜明观点，而"强调数量容易使人忽视质量"则是间接不赞成的态度。所以态度不等于认知，但含有认知倾向。

2. 情感成分

情感成分即人对事物的好恶，带有感情色彩和情绪特征。人的喜爱或讨厌、热爱或憎恨、尊敬或蔑视、耐心或厌烦、热情或冷淡、谦逊或骄横等，都反映出人的态度，如"我不喜欢张经理，因为他歧视民工"。态度与情感不能画等号，但态度含有情感倾向，情感和情绪可以直接反映出态度。

3. 行为成分

行为成分即人对事物的行为准备状态和行为反应倾向。态度不同于行为，但态度含有行为倾向，人的行为反映态度，如"我厌恶张经理，不想见他"。

态度的三种成分之间的关系是复杂的，一般情况下三者是协调一致的。如对工作的重要意义认知清楚，则情感上会热爱工作，表现在行为上是专心致志，认真负责，甚至废寝忘食。但三种成分之间也可能不一致，如往往有人说"理智地说，某一制度（政策）是正确的，但感情上我难以接受，因而行动就有抵触"，这就表明了三者的不协调。

三、态度改变的理论

态度改变的理论包括费斯汀格的认知失调理论、海德的认知平衡理论、凯尔曼的态度转变与形成三阶段论、墨非的沟通改变态度理论和预言实现改变态度理论。

1. 费斯汀格的认知失调理论

认知失调理论（cognitive dissonance）是社会心理学家列昂·费斯汀格（Leon Festinger）在20世纪50年代后期提出的，试图解释态度和行为之间的联系。认知失调指个体可能感受到的两个或多个态度之间或者他的行为和态度之间的任何不和谐，任何形式的不和谐都是令人不安的，因而个体将试图减少这种不协调，寻求使不协调最少的稳定状态。

费斯汀格认为，认知不协调的基本单位是认知，它是个体对环境、他人及自身行为的看法、信念、知识和态度。它可以分为两类：第一类是有关行为的，如"我今天去郊游"；第二类是有关环境的，如"今天下雪"。而认知结构是由诸多基本的认知元素构成的，认知结构的状态也就自然取决于这些基本的认知元素相互间的关系。

他进一步将认知元素间的关系划分为三种。

（1）不相关，两种认知元素间没有联系，如"我每天早上七点钟吃早饭"与"我对足球不感兴趣"。

（2）协调，两种元素的含义一致，彼此不矛盾，如"我是一个品德高尚的人"与"我做了一件帮助他人的事情"。

（3）不协调，如"我是一个品德高尚的人"与"我做了一件损人利己的事"，这两者就是不协调的。

没有人能够完全消除不协调状态。例如，大家都知道逃税是不对的，但还是有很多人逃税，或者家长告诉孩子饭后刷牙，但自己却做不到。那么，到底将不协调降低到什么程度呢？这取决于3个因素：导致不协调的因素的重要性；个人认为他对这些因素的影响程度；不协调可能带来的后果。

费斯汀格提出，当出现不协调状态时，个体会通过改变行为、改变态度和引进新的认知元素这三种途径来减少失调，即寻求一种能把失调降到最低程度的稳定状态。如某公司经理李先生坚决认为任何公司都不应该对空气和水造成污染,但由于工作需要,将公司污水倒入当地河流中(假设这样做并不违法)能使公司获得最佳经济效益,即出现了不协调状态,那么他可能采用以下途径处理面临的困境:第一种是改变行为,停止污染河流;第二种是改变态度,认为这种不协调的行为毕竟不重要,以此来减少不协调程度("污染河流没什么错,处在管理者的位置上,我不得不考虑企业生存问题,等公司发展了,我们会努力治理污染");第三种是寻找其他因素来平衡不协调因素("我们生产的产品的社会效益要大于污染造成的损失")。

2. 海德的认知平衡理论

海德(Heider,1958)认为,我们的认知对象包括世界上的各种人、物、事、概念等,这些对象有的互不相关,有的互相联结。海德将构成一体的两个对象的关系称为单元(unit);对于每种认知对象的感情和评价(喜恶、赞成、反对)称为情绪。当对一个单元内两个对象的看法一致时,其认知体系呈现平衡状态;当对两个对象有相反看法时,就会产生不平衡状态。

海德强调一个人(P)对某一认知对象(X)的态度,常受他人(O)对该对象态度的影响,当两个人的态度一致时,其认知体系呈现平衡状态;当两个人的态度不一致时,就会产生不平衡状态,此时,个体也会采取措施来解除这种不平衡状态。

图 3-5 为海德根据 P、O、X 三者的情感关系推导出的 8 种模式,其中 4 种是平衡的,4 种是不平衡的。海德认为,人类普遍地有一种平衡、和谐的需要,一旦人们在认识上有了不平衡和不和谐性,就会在心理上产生紧张和焦虑,从而促使他们的认知结构向平衡与和谐的方向转化。

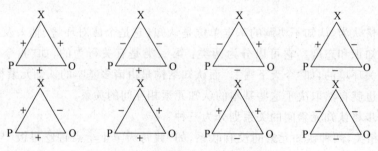

图 3-5　海德的平衡理论示意图

由图 3-5 可以看出,处于平衡状态的三角形三边符号相乘必为正,而处于不平衡状态的三角形三边符号相乘必为负。例如,P 为职工,O 为受尊敬的领导,X 为拟开发的新项目。P 主张开发新项目,听到 O 赞同,则其认知体系为平衡状态;若听到 O 表示不赞成开发新的项目 X,则其认知体系呈现不均衡状态。

解除不均衡状态的方法有以下三种:①接受领导的劝说,改变态度(如 P—O 关系变为"一");②坚持己见,改变对领导的评价,不再尊敬领导(P—O 关系变为"一");③认为领导的反对态度只是一种假象,实际上领导还是持赞成态度(擅自将 O—X 关系变为"+")。

认知平衡理论的用途在于使人们以"最小努力原则"来预计不平衡所产生的效应,使个体尽可能少地改变情感关系,以恢复平衡结构。

3. 凯尔曼的态度转变与形成三阶段论

心理学家凯尔曼(H. C. Kellmen)通过研究,提出态度的形成过程主要经历三个阶段:服从、同化和内化。服从又称为顺从,这是态度转化的第一阶段,即一个人从表面上转变了自己的观点,这是个体在遭受外部压力的情况下形成的;同化则是自愿地接受他人的观点、信念、态度与行为,使自己的态度与他人的态度相接近;内化是一个人从内心深处相信和接受他人的新观点,转而彻底转变自己的态度,这意味着把他人的新观点、新思想接纳入自己的价值体系,使之成为自己态度体系中的一个有机组成部分。

4. 墨菲的沟通改变态度理论

沟通改变态度理论起源于心理学家墨菲对黑人态度的研究。他选择了一批白人作为被试,随机把他们分为两个组(试验组和控制组),并用瑟斯顿量表法对他们进行态度测量,证实他们对种族歧视的态度大体相同。随后,让试验组看宣传黑人成熟的电影、电视和画报,控制组则不参加此项活动。结果发现,试验组对黑人的态度发生了显著的改变,而控制组的态度则没有变化。

5. 预言实现改变态度理论

别人的预见以及由此而采取的对待方式会影响个体的心理,称赞和鼓励会诱发个体上进的动机;经常遭受指责、歧视,会导致个体消极、自暴自弃,用公式表示为

$$员工的行为 = f(管理者的期望 \times 对待方式)$$

四、转变员工态度的方法

转变员工的态度必须注意方式方法,包括通过改变认识成分来转变态度的宣传法、通过改变情感成分来转变态度的员工参与法和通过改变行为成分来转变态度的组织规范法。

1. 宣传法

宣传法就是借助一定的手段(如简报、局域网、广播、讲座等),把信息传递给员工,改变他们的原有态度,以形成新态度的方法。宣传分为单向宣传和双向宣传。单向宣传是由管理者向员工讲事情的有利(或不利)的一面。双向宣传是管理者与员工相互沟通,既讲事情有利的一面,也讲事情不利的另一面。双向宣传往往被人看做是更公正、更少偏见的讲评,会减少人们的对抗心理或防御心理,从而更易于说服员工;而单面宣传往往会被看做是有偏见的,从而增强抵制作用。因此,同时提出正反两种观点,而后强调自己见解的正确性和重要性,则更具有影响力。

心理学家们发现,对文化程度高者而言,双向宣传有效;对文化程度低者而言,单面宣传容易改变其态度。另外,当员工与管理层的观点一致或对问题不熟悉时,单向宣传效果更好;如果员工与管理层的观点不同,对问题又较为熟悉,那么双向宣传要比单向宣传更为有效。此外,适当的恐惧唤起有助于改变员工的态度。在进行宣传而运用恐惧唤起手段时,一般可采用中等强度的恐惧。

在宣传的过程中,既可以借助理性说服,也可以借助感情的唤起来影响员工,做到晓之以理,动之以情。一般来说,能够唤起人们感情的宣传能更好地改变员工的态度。

> **链接材料 3-6：采用宣传法的过程中常见的心理效应**

权威效应。所谓权威效应，是指因宣传者的威望而产生的使受宣传者无保留地接受宣传信息及观点的影响力与效果。哈夫兰德（C. I. Hovland）曾经以大学生为对象，将其分为两组，施以同样的宣传。但对一组大学生说宣传者是一位威望很高、受到人们崇敬的人，而对另一组则说宣传者是一个普通的人。结果显示，前者有23%的人转变了态度，后者转变态度的人数不足7%。这说明有崇高威望的宣传者发出的信息具有强烈的心理影响力。

名片效应。所谓名片效应，是指宣传者在论述自己的基本观点前，先表明自己在许多问题上与受宣传者有一致的意见，造成宣传的观点与受宣传者已有的态度相近、有共同之处的印象，从而使宣传对象更容易接受所宣传的观点。这是因为事先已有共同见解，可以减少对立情绪，削弱受宣传者对宣传观点的挑剔态度，便于求同存异。

"自己人"效应。不仅宣传者与宣传对象间的观点一致，而且他们之间的任何相似之处（职业、民族、籍贯、经历、研究领域等）都会增强宣传的效果。因为相似之处会使人产生认同的趋向，把对方看成"自己人"，从而缩短心理距离，这就是"自己人"效应。

2. 员工参与法

要改变一个人的态度，必须引导他积极地参加相应的活动，在活动中增强对态度对象的了解，从而有效地改变态度。一个不喜欢跳舞的人，通过参加舞会，很可能会慢慢地喜欢跳舞。对于原来不喜欢的人，由于经常在一起工作、学习，互相了解，也可能由不喜欢变为喜欢。

费斯汀格曾研究过美国白人对黑人态度的转变。他选择的被试是相互住得很远、从不来往的白人和黑人。他设计了几种情境：一是让白人和黑人一起玩纸牌游戏；二是让白人和黑人一起观看别人玩纸牌游戏；三是双方同处一室，但不组织共同活动。结果表明，各种情境下白人对黑人表示友好态度的人数差别很大，三种情境下的比例分别为66.7%、42.9%和11.1%，这说明参加活动可以促成态度转变。

在现实管理工作中，许多人会应用"角色扮演法"，如一些工厂让工人轮流担任质量督导员，或开展"一日厂长"等活动，这对于强化职工的质量意识、引导职工关心企业、积极参与企业的管理活动起到了很好的作用。

3. 组织规范法

每个人都处于一定的组织中，组织的准则、价值、规范化的规则可以有效地影响人的态度。组织规范法就是利用群体规范的强制力、约束力，或者采用一定的行政手段、经济手段和规章制度，迫使员工了解管理者发出的信息，促使其逐步改变态度的一种方法。最初，员工可能是在压力强制下被迫地接受规定，随着时间的推移，变得越来越习惯，进而越来越自觉，以致最后改变原来的态度。这种方法一般运用在管理层与员工的态度、立场严重对立，采取一般的宣传说服难以奏效的时候。

管理中一些重大问题的决策可适当采用讨论的方法形成决议，充分运用团体对个人的影响作用，并通过在企业中形成独特的团体精神、企业风气来有效地影响员工的态度。

五、态度的类型

组织行为学关注与工作和工作环境有关的态度,主要包括四种:工作满意度(job satisfaction)、组织承诺(organizational commitment)、组织公民行为(organizational citizenship behavior)、工作参与(job involvement)。其中,对工作满意度、工作参与的讨论集中于员工对工作的态度,而对组织承诺、组织公民行为的讨论集中于员工对整个组织的态度。

1. 工作满意度

工作满意度是指某个人在组织内进行工作的过程中,对工作本身及其有关方面(包括工作环境、工作状态、工作方式、工作压力、挑战性、工作中的人际关系等)有良性感受的心理状态。工作满意度高的人,对工作就可能持积极的态度;对工作不满意的人,就可能持消极的态度。一般来说,员工的态度更多的是指工作满意度。

最早研究工作满意度的 Hoppock(1935)认为,可能影响工作满意度的要素包括疲劳、工作单调、工作条件和领导方式等。他更多的是从工作内容、工作条件等物质属性角度定义员工工作满意度的维度。随着社会环境的变化,人们发现这种方式有许多缺陷。后来,Friedlander 从社会环境和员工的心理动机出发,认为社会及技术环境因素、自我实现因素、被人承认的因素是工作满意度的组成维度;Vroom 和 Weiss 等不同学者也从不同视角研究了员工工作满意度的组成维度,不断丰富了工作满意度维度的研究内容。

中国学者俞文钊通过对 128 名合资企业的员工进行研究发现,影响员工总体工作满意度的因素主要有 7 个:个人因素、领导因素、工作特性、工作条件、福利待遇、报酬工资、同事关系;邢占军通过对国有大中型企业职工的研究表明,工作满意度主要由物资满意度、社会关系满意度、自身状况满意度、家庭生活满意度、社会变革满意度五个维度构成;中科院心理研究所的卢嘉、时堪认为,我国企业员工的工作满意度包括五个因素:领导行为、管理措施、工作回报、工作协作、工作本身。

2. 组织承诺

组织承诺也称组织归属感、组织忠诚,是指员工对于特定组织及其目标的认同,并且希望维持组织成员身份的一种状态。高组织承诺意味着一个人对所在组织的认同。在组织承诺中,个体确定了与组织连接的角度和程度,特别是规定了那些正式合同无法规定的职业角色外的行为。高组织承诺的员工对组织有非常强的认同感和归属感。

组织承诺包括三个维度。

(1)情感承诺:指员工对组织的感情依赖、认同和投入。员工对组织所表现出来的忠诚和努力工作,主要是由于对组织有深厚的感情,而非物质利益。

(2)持续承诺:指员工对离开组织所带来的损失的认知。它是员工为了不失去多年投入所换来的待遇而不得不继续留在该组织内的一种承诺。

(3)规范承诺:反映的是员工对继续留在组织的义务感。它是员工由于受到了长期社会影响形成的社会责任而留在组织内的承诺。

3. 组织公民行为

1988年,沃根(Organ)提出了组织公民行为(organizational citizenship behavior, OCB)一词。沃根指出,任何组织系统的设计都不可能完美无缺,如果只依靠员工的角色内行为,将难以有效达成组织目标。因此,必须依赖员工的角色外行为,以促进组织目标的达成。沃根将此类行为称为"组织公民行为"。这种行为是自发的,不被组织正式奖励系统直接或明确识别,但从总体上有利于提高组织功能和效率。这种行为不是工作描述或角色所强迫要求的,和员工与企业签订的合同的精确描述不同,它是出于个人选择,没有表现出来,也不会被惩罚。

在综合各种文献中有关OCB内容分类的基础上,我们总结出OCB主要包括以下内容。

(1) 帮助行为(helping behavior)。这是研究者发现的OCB的重要形式,它涉及自愿帮助他人处理或防止工作中出现的问题,具体包括利他、调解和喝彩等子维度,也包括为了同事采取行动防止事故而表现出的礼貌行为等(沃根,1998)。

(2) 运动家精神(sportsmanship)。沃根(1990)在界定这一维度时,认为它指自愿忍受不可避免的不便以及无抱怨地从事额外工作。

(3) 组织忠诚(organizational loyalty)。它包括忠诚地拥护组织,认可、支持和维护组织目标,它还指向外界宣传组织,防止外界威胁,即使在不利条件下仍对组织有较高承诺。

(4) 组织遵从(organizational compliance)。它是指人们对组织的内在化和对组织规则、程序的接受,还指在组织环境中即使没有人注意他们,他们的行为也不会有变化。

(5) 个人首创(individual initiative)。个人首创涉及的内容包括与工作有关的行为是出于自愿的,如为改进个人工作或组织绩效而进行的创新,持续努力地完成工作,主动承担多余义务,并鼓励他人也这样做。

(6) 公民道德(civic virtue)。它代表了对组织宏观层面的兴趣或承诺,表现为自愿积极参与有关管理活动,如出席会议、参与政策讨论、对组织采取的战略表达个人见解;监测组织环境中的威胁和机会,如跟踪业内可能对组织产生影响的变化;关心组织的利益,如报告火警、锁门或关心其他可疑事情。这种行为反映了个体对作为集体一分子的认识。

(7) 自我发展(self development)。布雷夫(Brief,1992)认为,自我发展是指员工自愿改进自己的知识、技能和能力;乔治(George,1992)认为,自我发展是包括寻求和利用先进的培训课程、对本领域内的最新发展保持开放的心态,甚至学习一组新技能以扩大一个人对组织贡献的范围。

人们在解释OCB发生的机制时常会用到"社会交换"模型,并认为个体在将来为了得到对当前贡献的回报,而现在表现出愿意承担某种形式的义务。它是交换双方基于信任和某种形式的承诺,是彼此间的心理契约的产物。信任是维持社会交换的必要工具,有助于缓解对管理者机会主义行为倾向的猜测。布雷曼(Bryman,1992)认为,管理者必须是可信赖的、且具有人格的正直性,否则下属只愿意承担最基本的职责,而不会有任何自发的创新性行为。

4. 工作参与

工作参与是指员工在心理上对工作的认可程度,认为他的绩效水平对自我价值的重要程度。工作参与度高的员工对所从事的工作有很强的认同感,工作参与程度高说明他认为工作对他实现自己的价值很重要,对工作有强烈的认同感,愿意积极投入。

第四节 情绪与情感

情绪是唤起心理活动和行为的动机。为实现任何目标的行动,都包含着人的认知、决策、感情和动机的整合。在组织中,如何准确有效地理解、表达员工个体的情绪与情感,对个人的绩效和组织的有效运作都非常重要。情绪智力(emotional intelligence)的概念近年来引起了比较多的关注,组织中的高成就个体往往都是那种具有比较高的情绪智力的人。

有许多工作需要从事该项工作的人表现出某些符合期望的情绪与情感,也就是所谓的情绪劳动(emotional labor),例如那些与客户打交道的员工所做的工作。情绪是人际沟通的工具。要在组织中建立和谐、融洽的人际关系和组织氛围,也需要有效地运用情绪。另外,管理中的各种决策行为也往往不是理性的,而是在很大程度上受到情绪的影响和制约。

一、情绪与情感的定义和特征

俗话说:"人非草木,孰能无情。"情绪与情感是人们在工作和生活中普遍的心理过程。我国古代有"人有七情"的说法,所谓七情就是喜、怒、哀、乐、爱、恶、欲,这就是人们最常见的七种情绪与情感反应。

1. 情绪与情感的定义

关于情绪(emotion)和情感(feeling)的定义,目前还没有统一的说法。但是,不同的定义通常都认为情绪与情感一方面是与外部环境刺激联系在一起的,另一方面是与个体的切身需要和主观态度联系在一起的。

人们通常把区别于认识活动、有特定主观体验和外显表现,并同人的特定需要相联系的感性反应统称为感情(effect)。

情绪(emotion)代表着感情性反应的过程,是一种心理和生理经历,直接指向人或物,是对客体的反应。当你对某个人或某件事感到快乐或害怕时,你就是在表达你的情绪。也就是说,情绪必须针对某一具体的客体产生。

情感(feeling)通常被用来描述社会性高级感情。一般认为,具有稳定而深刻的社会含义的感情性反应叫作情感,标示感情的内容。对祖国的热爱、对事业的酷爱、对美的欣赏、对人的羡慕和妒忌、羞愧和负罪感,这些都是情感。

2. 情绪的特征

情绪有以下三个主要特征。

(1) 情绪是短暂的经历,而不是一种特质。
(2) 情绪指向客体,而心境不指向特定事物。例如,我们在工作中会经历对上司、客户、计算机等人、事、物的高兴、害怕、愤怒等情绪体验,这些都是对客体的心理反应。心境并不指向一个客体,例如在生活中经常打不起精神,感到没有自信等,这些感觉并不能归因于一个单独的事物。

(3) 我们在心理和生理上经历情绪。

3. 情绪与情感的联系和区别

情绪与情感是人对客观事物的态度体验和相应的行为反应。情绪与情感包括几种基本的成分:内在的状态或体验(大脑的一种感受状态)、生理唤起(引起生理反应)、外显的表情(情绪表达,包括面部表情、姿态表情、语调表情)。例如,格里格和津巴多(2003)认为,情绪是一种躯体和精神上的复杂变化模式,包括生理唤醒、感觉、认知过程和行为反应,这些是对个人所知觉到的独特处境的反应。当你感觉到快乐时,生理唤醒可能是平缓的心跳,感觉是积极的,相关的认知过程包括那些使你将该情境界定为快乐的解释、记忆和预期;外显行为反应可能是表情上的(微笑)或动作上的(拥抱爱人)。Lahey(2001)认为,情绪是由刺激所引起的积极的或者消极的感受,同时伴随有生理唤起和相应的行为。

个体的情绪与情感紧密联系在一起,统称为感情或情感过程。稳定的情感是在情绪基础上形成的,又必须通过情绪活动来表达。

但是两者又有一定的区别:首先,从时间上看,情绪发生较早,为人类和动物所共有;情感体验发生得较晚,是人类所特有的;其次,从稳定性上看,情绪不稳定,具有情境性和冲动性,而情感相对比较稳定;最后,从表现形式上看,情绪较为明显,情感较为内隐。

二、情绪理论

有代表性的情绪理论主要包括以下三种。

1. 詹姆斯—兰格的躯体反应理论

也许你会认为,人们是由于首先有了某种情绪然后才产生行为反应的。例如,你首先感到很气愤(情绪)才会去拍桌子(行为反应)。但是,100多年前,著名的心理学家威廉·詹姆斯(W. James)却提出了相反的看法,他认为我们是首先有了躯体反应,然后才感受到某种情绪的。按照詹姆斯的观点,我们是因为哭泣而感到难过的,是因为大笑而感到快乐的,是因为动手打所以生气,是因为发抖所以害怕。情绪只是对于身体状态的一种感觉,它的原因纯粹是身体的。

与詹姆斯同期的一位丹麦心理学家卡尔·兰格(K. Lange)也提出了同样的观点,因此这类情绪理论被称为詹姆斯—兰格的躯体反应理论。根据这一理论,体验到一个刺激引起的自动唤醒和其他躯体行动后,才会产生特定的情绪。詹姆斯—兰格的躯体反应理论强调了外周神经系统的作用,把情绪链中最重要的角色赋给了内脏反应,而控制它的自主神经系统的反应是中枢神经系统的外周。因此,这一理论也被称为情绪的外周学说。

尽管这一理论遭到了质疑,但却流传至今,且被看做第一个真正的情绪理论。詹姆斯首先提出了情绪的发生与身体的变化相联系的论点,这是构建情绪理论的重要组成部分。

迄今为止，任何情绪理论都不能抹杀身体变化与情绪之间的联系(孟昭兰，2005)。詹姆斯指出，他的理论是指那些所谓"粗糙的情绪"，而不是那些类似审美感等的"精细的情绪"。詹姆斯的理论不只注意了自主神经系统的内脏反馈，也注意到了躯体骨骼肌肉系统引起的表情活动在情绪发生中的作用。

詹姆斯—兰格的躯体反应理论在后来的一些研究中可以找到支持的证据。例如，在莱尔德所做的研究中，研究者要求大学生在电极接触他们的面孔的时候皱眉，即收缩肌肉、紧皱眉头，结果这些大学生报告说他们体验到了愤怒。在他们的另一项研究中，当人们在观看卡通片时，那些被诱发出微笑表情的人体验到更多的快乐而觉得卡通片更有趣。Strack等人的研究也得到了类似的发现。在该研究中，研究者让一组被试用牙齿咬住钢笔观看卡通片，另一组被试则用嘴唇含住钢笔观看，结果用牙齿咬住钢笔的一组觉得卡通片更有趣，这是因为用牙齿咬住钢笔会牵动笑肌，而用嘴唇含住钢笔则不会。

2. 坎农—巴德的中枢神经过程理论

生理学家沃尔特·坎农(Walter Cannon)反对外周主义而支持中枢主义。在20世纪二三十年代，坎农和其他一些批评者指出了詹姆斯—兰格理论的一系列不足。例如，他们提到，内脏反应与情绪无关——即使通过手术切断内脏同中枢神经系统的联系，被试的动物仍然会继续存在情绪反应。坎农着力于脑的研究，发现将猫的大脑皮质切除后，并不影响动物表现出情绪行为的能力。切除了丘脑以上的全部两半球，动物仍然表现出了愤怒。根据试验结果，坎农认为，感受器接受的信息通过丘脑部位时，冲动一方面上行传导到大脑皮层，另一方面下行激活自主神经系统。皮层兴奋下行时，解除了丘脑的抑制状态，释放了丘脑的兴奋。而丘脑兴奋上行到皮层时，皮层感觉与丘脑兴奋相结合，专门性质的情绪体验就附加到简单的感觉上，这才是情绪体验产生的机制。由于丘脑是该理论中最重要的生理结构，因此这种理论也被称为情绪的丘脑学说。

反对詹姆斯—兰格理论的学者还辩论说，自主神经系统的反应显然太慢了，不足以成为引发情绪的源头。按照坎农的观点，情绪反应要求大脑在输入刺激和输出反应中起作用。来自丘脑的信号到达皮层某一位置，产生情绪感觉，到达另一位置而引起情感的表达。另一位生理学家菲利普·巴德也得出了同样的结论。一个情绪唤起的刺激同时产生两种效应通过交感神经系统导致了躯体上的唤起，并通过皮层得到情绪的主观感受。该理论说明情绪刺激产生的两种同时反应(生理唤醒和情绪体验)之间没有因果关系。如果某事令你生气，在你心跳加快的同时，你心里想"太可气了"，这既不是你的躯体导致了精神上的反应，也不是你的精神导致了躯体上的反应。

3. 情绪的认知评价理论

阿诺德在20世纪60年代提出了情绪的认知评价理论。他认为情绪产生于评价过程，情绪体验是有机体对刺激事件的意义被知觉后产生的，而刺激事件的意义来自评价。举例说，在森林里遇到一只熊，会产生极大的惊恐，而在动物园里看到熊时，不但不会产生恐惧，反而会产生兴奋和惊奇，这种情绪反应的区别来自对情境的知觉——评价过程。阿诺德把情绪的产生与高级认知活动联系起来，认为情绪产生于大脑皮层与皮层下部位的作用。阿诺德描述了情绪产生的神经学路径，包括大脑皮层高级中枢、丘脑系统和自主神经系统联结网，认为情绪性刺激在皮层上产生对事件的评估，只要事件被评为对有机体具有足够重要的意义,皮层兴奋即下行激活丘脑系统,丘脑系统改变自主神经的活动,进而激起身体器官和运动系统的变化。此后,自主神经系统的活动上行再次通过丘脑而达到皮层,并与皮层的最初评价相结合,转化为情绪体验。

阿诺德理论的发展主要包括两类理论:一是以沙赫特为代表的认知—激活理论,研究生理激活变量与认知的关系;二是以拉扎勒斯为代表的纯认知理论,从环境、认知和行为方面阐述认知对情绪的影响。

斯坦利·沙赫特的理论认为,情绪体验是一种生理唤醒和认知评价相结合的状态,两者对于情绪的发生同等重要。所有的唤醒都被假定为一般的、没有差别的,而且是情绪序列的第一步。你对你的生理唤醒进行评价,来努力决定你的感觉是什么,哪个情绪标签最为合适。

拉扎勒斯(Lazarus,1984,1991)是另一位倡导认知评价理论的学者,他认为情绪体验被简单理解为在个人或大脑中发生了什么,而要考虑和评估环境的交互作用。拉扎勒斯强调,评价通常是在无意识状态下发生的。拉扎勒斯认为,情绪的发展来自环境信息,情绪依赖于短时的或持续的评价,情绪是一种生理、心理反应的组织。

三、情绪与情感管理

情绪与情感管理可能包括很多方面,比如情绪性工作和情绪智力。

1. 情绪性工作

情绪性工作的概念最早是由社会学家霍奇柴尔德(Hochschild)提出来的。情绪性工作概念的提出是与服务经济的兴起密不可分的。20世纪七八十年代,西方国家的服务型经济迅速发展。在服务型的工作中,员工表达自我的情绪和控制自我的情绪成为其工作内容的一部分。当员工需要在工作中按照组织的要求来管理自己的情绪时,他们所从事的工作就是情绪性工作。

霍奇柴尔德将情绪划分为个人内心中体验到的情绪和在公众场合中表现出来的可以观察到的情绪。从事情绪性工作的人就是要通过管理自己的情绪从而在公众面前表现出符合某种特定期望的情绪。例如,航空公司的乘务员所从事的工作就是典型的情绪性工作,在他们与乘客接触的服务过程中,除了有体力和认知方面的付出之外,还需要付出情绪方面的努力才能有效地完成工作。Morris等人(1996)认为,情绪的产生很大程度上取决于社会环境,情绪性工作是个体在人际交往的过程中努力使自己表现出符合组织要求的情绪行为。后来的研究者将情绪性工作的范围扩大到既包括与外部客户交往,也包括与内部客户交往。

早期的学者主要强调的是情绪的外部表现行为,后来的研究者则开始注意到情绪的内在感受。Glomb等人(2004)提出了情绪工作的两个维度:一个是表现维度,也就是情绪表现得恰当与否;另一个是感受维度,指的是情绪的表现与内部感受是否一致。如果在某个情境下要求表现出积极的情绪,那么就可能出现三种情况:①感受到积极的情绪体验,同时也表现出积极的情绪,也就是说情绪是一种真实的表现;②没有感受到积极的情绪,但是表现出来了,这是一种假装表现;③感受到负面的情绪,但是没有表现出来,这是压抑表现。

从事情绪性工作的人常常需要假装表现或者压抑表现,这需要个体在情绪方面付出较大的努力。因此,如果个体长时间处于高强度的情绪性工作状态,会伴随有较多的心理能量的付出,容易感受到工作压力,甚至产生工作倦怠。对于从事情绪性工作的员工,加强压力管理方面的帮助以及提高心理健康方面的辅导是非常必要的。

2. 情绪智力

最初对情绪智力开展研究并发展出系统理论的是两位心理学家 Salovey 和 Mayer,他们在 20 世纪八九十年代开展了大量有关情绪智力的学术研究。他们最初对情绪智力的定义是:审视自我和他人的情绪和情感的能力;识别情绪并运用情绪信息指导思维和行动的能力。他们将情绪智力作为社会智力的一个子系统。而真正使情绪智力或者情商(EQ)这个概念家喻户晓的是记者出身的心理学家丹尼尔·戈尔曼所写的两本畅销书。戈尔曼在书中引用了 Salovey 和 Mayer 的研究,并进一步将情绪智力定义为:觉察自己和他人的感受、进行自我激励、有效地管理自己以及与他人关系中的情绪的能力。戈尔曼提出了情绪智力的五个主要维度。

(1) 自我意识。个体对自身情绪状态的意识,例如当某人在发火时,他能够意识到自己这种生气的情绪状态,知道自己需要先冷静下来。

(2) 自我控制。个体控制自己的情绪使之适应环境的能力,特别是控制住有可能对工作造成不利影响的情绪,例如心情不好的时候能够控制住自己不向客户表达负面情绪。

(3) 自我激励。克服消极情绪,以积极的情绪坚持实现理想中的目标,例如在工作中遇到挫折的时候,依然情绪饱满地完成工作目标。

(4) 通情能力。个体正确感知他人的情绪与情感的能力,例如能够觉察出领导的情绪状态、打算换个时间再和他讨论。

(5) 社会技能。个体有效地对他人施加影响或建立持久关系的能力,例如影响或说服他人接受某个建议。

【本章小结】

1. 个体—组织交换的基础是心理契约。心理契约是指个体与组织之间隐含的没有明文规定的双方各自的责任以及对对方的期望,包括员工期望组织为自己提供什么(即组织对员工的责任),以及组织对员工的期望(即员工对组织的责任)。

2. 个性是在先天生理素质基础上,在一定的社会历史条件下的社会实践活动中经常表现出来的、比较稳定的、区别于他人的个体倾向和个体心理特征的总和。影响个性形成的因素主要包括遗传、环境和情境三个方面。

3. 关于个性的理论很多,但主要分为两类:一类是个性的类型理论,包括四种气质类型理论、A 型性格和 B 型性格、霍兰德职业人格类型、梅耶—布里基斯人格类型等;另一类是个性的特质理论,包括卡特尔的人格特质论、"大五"因素模型等。

4. 能力是指一个人顺利完成某项活动所必需的并直接影响活动效率的个性心理特征,可分为一般能力、特殊能力、创造力和情绪智力等。

5. 价值观代表了一系列的基本信念，是个体对客观事物的综合态度，能够直接影响个体对事物的看法和行为，是个体判断对错、是非、好与不好、值得与不值得的标准。

6. 态度是指个体对外界事物的一种较为持久而又一致的内在心理和行为倾向，包括认知、情感和行为三种成分。

7. 感情是指区别于认识活动、有特定主观体验和外显表现，并同人的特定需要相联系的感性反应。

8. 情绪是指个体的感情性反应的过程。

9. 情感是指社会性高级感情。

【关键术语】

心理契约(psychological contract)　　　个性(personality)
外向性(extraversion)　　　合群性(agreeableness)
责任感(conscientiousness)　　　能力(ability)
经验的开放性(openness to experience)　　　情绪的稳定性(emotional stability)
情绪智力(emotional intelligence)　　　终极价值观(terminal values)
工具价值观(instrumental values)　　　工作满意度(job satisfaction)
组织承诺(organizational commitment)　　　工作参与(job involvement)
组织公民行为(organizational citizenship behavior)
感情(effect)　　　情绪(emotion)
情感(feeling)

【课后练习】

1. 影响个性形成的因素不包括(　　)。
   A. 遗传　　　B. 环境　　　C. 情境　　　D. 饮食

2. 古希腊医生希波克拉底将人的气质划分为四种基本类型，以下(　　)不包括在四种基本类型之中。
   A. 多血质　　　B. 社会型　　　C. 黏液质　　　D. 胆汁质

3. "大五"因素模型不包括(　　)。
   A. 独立性　　　B. 外向性　　　C. 经验开放性　　　D. 情绪稳定性

4. 如果一个人对事物的感受性很强，特别敏感多疑，行为反应细心谨慎但又带有刻板性，情绪易波动且持久，其气质类型属于(　　)。
   A. 胆汁质　　　B. 多血质　　　C. 抑郁质　　　D. 黏液质

5. (　　)不属于态度的构成成分。
   A. 认知　　　B. 价值观　　　C. 情感　　　D. 行为

6. (　　)理论认为，一个人对某个认知对象的态度常受他人对该对象态度的影响。
   A. 认知失调　　　B. 沟通改变态度　　　C. 认知平衡　　　D. 预言改变态度

7. (　　)是指区别于认识活动、有特定主观体验和外显表现,并同人的特定需要相联系的感性反应。
   A. 情绪　　　　B. 感情　　　　C. 情感　　　　D. 感知
8. (　　)理论认为,当人遇到危险,比如在野外看到一只熊时,人会立即逃跑,然后才感到害怕。
   A. 躯体反应　　B. 中枢神经过程　C. 认知评价　　D. 认知失调
9. (　　)理论认为,当人遇到危险,比如在野外看到一只熊时,人会感到害怕,并同时逃跑。
   A. 躯体反应　　B. 中枢神经过程　C. 认知评价　　D. 认知失调
10. (　　)理论认为,当人遇到危险,比如在野外看到一只熊时,人会先判断熊是否对自己有威胁,再选择是否逃跑。
    A. 躯体反应　　B. 中枢神经过程　C. 认知评价　　D. 认知失调

【案例分析】

案例 3-1
员工敬业驱动因素在世界各地的差异

法国员工:当然是生活

与其他国家的员工相比,法国员工更注重工作与生活的平衡,他们觉得持续的工作压力已经开始挤占 35 个工作小时之外的时间。不过,他们也很乐意为客户提供超值服务。而且,他们需要得到更多的尊重,对法国员工来说,这是最重要的敬业驱动因素。在参与调查的受访者中,有近一半的法国员工认为自己在工作中有尊严并得到尊重,低于 40% 的法国员工认为他们被鼓励进行创新。

美国员工:更看重是否受到尊重

美国员工渴望受到尊重,并愿意为自己的职业发展付出更多。在那些感觉得到应有尊重的员工中,4/5 以上的人表示愿意做自己职责范围之外的事情,以帮助公司取得成功。此外,相信职业目标可以实现对美国员工来讲是影响敬业度的一个关键因素。在能够看到自己职业发展机会的前提下,有近 90% 的员工愿意付出更多的努力。

加拿大员工:他们想要的东西往往是自己已经获得的

有三个因素对加拿大员工来说非常重要:能够得到应有的尊重,在工作和生活之间维持良好的平衡,感觉到自己能够给公司客户提供良好的服务。总体上看,加拿大员工认为雇主很好地满足了自己的需求,有 3/4 的受访者感觉自己能够得到应有的尊重,并且其公司在客户服务方面拥有良好的信誉;有将近 2/3 的员工表示,他们能够在工作和私人生活之间保持很好的平衡。

巴西员工:一种强烈的认同感

总体来说,巴西员工对其公司的看法相当积极:3/4 以上的受访者为能够在公司工作感到自豪,4/5 的员工相信公司未来一定能获得成功。此外,4/5 的员工表示他们对公司感到很满意,并且对公司有强烈的责任感。但是,巴西员工对培训、自我发展以及实现工作与生活的平衡不是特别在意。

英国员工：关注客户

英国员工非常认同公司客户导向的做法,有 4/5 的受访者表示其所在部门了解顾客的需求,但他们认为公司产品及服务的声望已经滞后。他们对自己在工作中实际拥有的自主权也感到非常满意,但对于管理层的信任和满意度不太满意。其敬业驱动力的关键组成部分是能够从工作中获得个人成就感,大约有 70% 的受访者对此持肯定态度。

瑞典员工：尊重是试金石

瑞典员工认为得到尊重的重要性远远高于任何其他因素,将近 1/3 的受访者表示他们能够得到应有的尊重,无论其职位或背景;4/5 以上的员工证实了他们在工作中拥有足够的授权使工作得以有效进行。瑞典人尤其注重他们所参与工作的价值,80% 以上的受访者认为他们的工作能够带来个人成就感。

澳大利亚员工：辅导是必需的

澳大利亚员工更注重公司内部人际关系的质量。有人说他们的经理在员工辅导中不能发挥积极和经常性的作用,60% 的员工考虑离开自己所在的公司。事实上,同样比例的受访者正在考虑辞职,因为他们认为公司在保留人才方面做得不让人满意。

印度员工：敬业更关注当下

在印度,工作类型及晋升机会是员工敬业的首要激励因素。大部分公司都能满足员工这方面的需求。员工对认同感发出良好的反馈:4/5 的受访者表示会推荐其公司为"工作的好去处"。印度管理者应继续就员工关心的问题采取主动——包括帮助职工了解奖励体系和公司的培训计划。

日本员工：绩效报酬虽好,基本工资怎么办？

在日本,基本工资和绩效报酬对员工来说尤为重要。相对来说,日本人对他们的基本工资普遍不满意,但他们认为绩效报酬能够激发工作积极性。这给管理人员的启示是:基本工资问题必须得到解决,但不应该在绩效报酬项目中支出。

资料来源：孟岩峰. 员工敬业驱动因素在世界各地的差异[J]数字商业时代,2009(7).

问题:

(1) 什么是员工敬业度？从本案例中,你认为造成各国员工敬业度差异的原因是什么？

(2) 价值观对员工敬业度有影响吗？为什么？请谈一谈你的看法。

案例 3-2

计算机联合公司的王嘉廉

对王嘉廉(Charles B. Wang)的描述可没有太多的恭维之词,他经常被称为唯利是图、冷酷无情、独断专行、目中无人、直言不讳、缺乏圆通、离群索居。那么,王嘉廉是何许人呢？他的这种强硬固执和富有攻击性又是如何形成的呢？

1952 年,王嘉廉 8 岁时,他们一家从上海移民来到纽约。而后,他进入纽约皇后学院学习并获得数学学位。1976 年,他创办了计算机联合公司(Computer Associates)。今天,该公司已成为美国第三大软件生产商,仅次于微软公司和甲骨文公司(Oracle)。王嘉廉目前是公司总裁,企业成功使他成了亿万富翁。如果你想深入了解王嘉廉的人格和行为,需要先了解他的个人经历。

与微软公司创始人之一,同是亿万富翁的比尔·盖茨不同,王嘉廉并非成长于富裕之家。他对于这个世界冷酷和无情的看法,形成于早年移民经历中的艰难环境。"我知道饥饿的滋味是什么样的,而他(比尔·盖茨)却不懂。"王嘉唯经常对他的纽约华人移民身份特别敏感。20世纪50年代初,当他、哥哥和父母定居皇后区时,这个区还不像今天这样是个多民族的聚集地。王家兄弟是学校和棒球队里唯一的中国孩子,那时,公然的种族主义事件很少见,但是他的家庭还是放弃了把无电梯的公寓换成独立住房的第一次尝试,因为即将成为他家邻居的那些人散发了反华请愿书。成长在如此不同的环境中,使王嘉廉对于细节问题十分敏感。事实上,计算机联合公司成立之初,任何人只要对他的公司不够重视,王嘉廉就会暴跳如雷。即使在今天,报复也是王嘉廉的一个最明显特点,离职的管理者被视为叛徒。只要你不是王嘉廉和他公司的朋友,那么你就是他们的敌人。

今天,王嘉廉和他的妻子及3个孩子隐居在长岛奥伊斯特贝附近的一所大房子里。很多软件权贵们(如微软公司的比尔·盖茨和甲骨文的劳伦斯·艾利森)都性格外向,并且在媒体面前积极表现。王嘉廉则恰恰相反,他回归于成长阶段在纽约的那种离群索居的体验中(只不过以一种更为奢华的方式表现出来),这些经历已经过去近50年了,但他依然难以忘怀。他的很多个性特征,在很大程度上源于早年生活经历。

资料来源:https://www.sohu.com/a/271055471_212351。

问题:

(1) 王嘉廉的个性对计算机联合公司令人惊异的辉煌成就起到了什么作用?根据王嘉廉的个人经历,你认为什么样的个性因素是重要的?

(2) 根据有关个性的理论,对比分析计算机联合公司的王嘉廉、微软公司的比尔·盖茨和甲骨文的劳伦斯·艾利森各自的个性类型及所具备的个性特质,并用事例说明。

(3) 王嘉廉、比尔·盖茨和劳伦斯·艾利森的经历给你什么样的启示。你认为成功的CEO应具备什么样的个性,为什么?

案例 3-3

乔布斯——有缺口的完美人生

完美,是乔布斯喜欢的词汇,是他毕生的追求、成功的秘诀。在产品设计上,乔布斯精确到每一个细节,甚至要求工程师把没人会折开看的机箱电路板设计得漂亮、能吸引人;研发 iPhone 时,设计团队尝试过数百种不同的手机外壳;而等到"侵略了整个地球"的 iPhone4,乔布斯更是规定,主要零件间距不能大于 0.1 毫米,这是为了避免打电话时夹到头发。心理学家说,每个锱铢必较的完美主义者都有一颗充满控制欲的心,每个控制狂都有一个自恋的灵魂。

一、一切从被收养开始

乔布斯从没说过,他具体在哪年哪月哪天,以怎样一种方式知道了自己的身世。乔布斯的亲生父母在即将读研时生下了他,却无力抚养。一对蓝领夫妻收养了这个男婴,并给他取名为史蒂夫·乔布斯。

在乔布斯还不知道自己是个养子时,收养的心理印记就早已烙在他的身上。童年时,他是个爱哭、孤僻的孩子,被同学欺负了,就躲在角落里悄悄地流眼泪。直到乔布斯成了叱咤风云的苹果帮主,他的不少工作伙伴仍然用"少言寡语、孤僻"来评价他。但成年的乔布斯不再相信眼泪,他选择了一条更为坎坷的逃避之路。

1977年,乔布斯22岁,苹果公司正式成立。就在这一年,乔布斯的女友布里南怀孕了。乔布斯不怎么喜欢这个"惊喜",建议布里南堕胎,但布里南不同意。1978年,乔布斯的第一个女儿丽莎诞生,但他拒绝承认。即使亲子鉴定显示他的确是丽莎的亲生父亲,乔布斯仍然奋力否认,甚至不惜牺牲自己的名誉和尊严,在法庭上说:"我没有生育能力,不可能生出这个孩子。"直到1980年,乔布斯才承认了丽莎的身份。那两年,没人明白乔布斯究竟在想什么。他不承认丽莎,却又把新研发的电脑命名为"丽莎"。或许,曾被亲生父母遗弃的乔布斯在用这种方式拒绝长大,他拒绝的不是丽莎,而是成为父亲的事实。

接下来的10年里,乔布斯继续保持着混乱的男女关系,直到1991年,36岁的他才算真正拥有了家庭。

二、"我最重要"的感觉

乔布斯永远也不会忘记,自己是个养子。终其一生,这个一出生就被抛弃的男人都像个孩子一样,追求着"我最重要"的感觉。

苹果公司成立的那天,斯蒂夫·沃兹被推选为1号员工,乔布斯是2号。沃兹是乔布斯多年的合作伙伴,更是苹果计算机的设计者。即使如此,"2"的感觉仍让乔布斯不爽,于是他抗议了一番,然后给了自己一个让人无奈又好笑的称呼:0号员工。

乔布斯喜欢车,但从不上牌照。他"拉风"地对警察强调:"我是名人,每天都会被人偷掉车牌,还不如不装。"一度,乔布斯爱上一款保时捷表,一旦有人夸他的表好看,他就当场送给对方,过一会儿又"变"出一块戴在手上。原来,这块价值2000美元的手表他买了一箱。他视金钱如粪土,只要能引人关注。所有老板都热衷于经营形象,乔布斯却说:"让善见鬼去。"乔布斯的熟人这样评价他:"乔布斯把主要的精力都放在提高自己的生活质量上,以便自己潜心研究、发明创新,然后直接(通过雇佣员工)或间接(用产品改善大众的生活质量)地影响更多人。"这就是乔布斯的慈善逻辑:我不给你钱,我用我的重要性来改变你。

三、改变与控制

乔布斯说,活着就是为了改变世界。

1978年,在苹果公司首次举办的化装晚会上,23岁的乔布斯扮演了基督耶稣,或许这就像个人生预言:我是最重要的上帝,我可以改变世界,也可以控制世界。他做到了。他改变了全世界对科技的认知与审美,没人能跟得上他超前的眼光和步伐。但前提是:一切尽在掌握之中。

乔布斯严格地控制着他创造的世界。他是个只吃鱼肉和素食的人,于是苹果公司的食堂里就弥漫着豆腐的味道。保密,是苹果公司"最苛刻,甚至带有些侮辱性"的政策,员工一旦泄密必遭解雇,哪怕是无心说漏嘴;公司内有无数摄像头监控员工的工作情况;新产品必须蒙上黑布,揭开黑布的时候必须打开红色警示灯;甚至,高管会故意在公司内散布错误信息,测试泄密可能。

控制,在苹果公司的产品上展露无遗。苹果公司的产品缺少开放性和兼容性,永远是完美而封闭的：不开放的系统，没有兼容性的蓝牙设备，用户甚至不能更换电池。乔布斯用他的产品告诉你：我可以给你最好的世界，但你必须放弃其他的一切。

乔布斯对自己的舆论形象也严加控制。他曾亲自打电话给坚持发稿的记者："夜里别自己骑自行车出门，小心被撞死。"对于报道了自己诸多私生活的八卦记者，他禁止苹果公司员工与其说话；未经他"官方授权"的乔布斯传记作者被他大加封杀。2008年起，乔布斯的癌症恶化，他终于"授权"了"官方"自传的采访和出版，这或许是他对死后舆论的最后一次有效控制。

四、粗暴与善解人意

乔布斯是全世界最善解人意的产品设计者。数十年来，"用户体验"一直是苹果公司最重要的追求目标。但乔布斯的这份善解人意，却很少能惠及身边人。生活中，他经常漠视他人感受，是个粗暴的自恋者。

乔布斯亲生父母所生、27岁时相认的胞妹莫娜在第三部小说《一个凡人》中，描写了一个抛弃女儿的自恋狂企业家，主人公对他人的愿望和想法都丝毫不予考虑，人生目标是"这个星球因为他的诞生而从此改变"。大家都知道这位主人公的原型是谁。

乔布斯是个爱用"咆哮体"的老板。在公司里，他动辄怒吼："你们这群笨蛋！""废物""饭桶"都是他经常用的词汇。曾有一次商务会谈，乔布斯对其中一个人不满，就脱掉鞋，把没穿袜子的脚伸上桌面，当然，正对着那人的脸。

乔布斯的合作伙伴曾这样评价他："在他的世界里，只有黑与白。"终其一生，乔布斯都像个孩子，二元地分化着世界。

资料来源：李小昼.乔布斯——有缺口的人生[J].婚姻与家庭.2011(12).

问题：

(1) 乔布斯的性格特征如何？
(2) 乔布斯的性格特征对他的管理风格有何影响？
(3) 为什么乔布斯能够让苹果手机风靡全球？

第四章 动机与工作激励

【学习目标】
1. 掌握动机的定义,理解动机的基础;
2. 掌握激励的定义和过程;
3. 理解内容型激励理论,重点掌握需要层次论、双因素理论;
4. 理解过程型激励理论,重点掌握期望理论、公平理论;
5. 掌握强化激励理论;
6. 理解综合激励理论。

【篇首案例】

远程办公?不行　延长产假?可以

自从雅虎CEO玛丽莎·梅耶尔开始执掌这一日渐没落的科技巨头以来,雅虎受到了很多媒体关注。但最让她受关注的,还是废除雅虎远程办公政策的举动,她引证的理由是:生产力的提高要面对面的交流。梅耶尔的举动违背了近来家庭办公越发流行的趋势——尤其是在科技公司。例如,2005—2009年,硅谷的劳动力人口——包括谷歌、英特尔、苹果、甲骨文等公司的员工增长了不到10%,而远程办公的人数却增加了130%。

评论家批评了梅耶尔的这一决策,称这一举动是反女权主义的行为,并且会伤害那些希望在工作和家庭生活之间找到平衡的人。他们还指出,梅耶尔在接管雅虎不久后便生下了第一个孩子,仅仅两周之后她就回到工作岗位。她还在自己的办公室旁设立了一间育婴室,这为她引来了更多的指责。

梅耶尔的举动并非都与理想中的工作—家庭的平衡相矛盾。在她的孩子出生9个月后,梅耶尔宣布,刚有孩子的员工,无论男女,都可以享有8周带薪假,女员工还可以额外多休8周。此外,公司会给她们提供500美元的婴儿保育费。公司这一决定是为了"雅虎员工及其家庭的幸福和福祉"。梅耶尔的前东家谷歌也有不亚于雅虎的员工福利:刚生完孩子的女员工可以有18~22周的带薪假期,刚有孩子的男员工则可以有7周带薪假。但这些都没法跟脸书的员工福利相提并论,因为后者会给员工(无论男女)提供4个月带薪假,以及4 000美元

"奶粉钱"。尽管媒体都很关注雅虎在工作与家庭平衡问题上的政策,但梅耶尔关心的似乎只是如何才能扭转公司的局面。只有时间才能证明她的决策是否真的能实现更高的员工生产力,或者说更高的营业额。

对员工来说,薪酬并不是唯一的激励因素。薪酬虽然是一种激励方式,但工作条件和福利也很重要。激励员工的过程是复杂的,正如篇首案例所表达的,人们对于外在或内在福利的变化有着强烈的切身体会。

作为组织的管理者,必须懂得如何采取有效的方法让员工能够积极地、有创造性地、全心全意地为组织工作。要做到这一点,管理者就必须了解员工工作的动机是什么,以及相关的激励理论、方法和技巧。

第一节 动机和激励

激励就是激发员工的工作动机,调动其工作积极性的行为,以促使个体有效地完成组织目标。

一、动机的定义和模型

绝大多数人每天早晨起床,然后去上课或者工作,以各自的方式行动,并对所处的环境和周围的人们做出反应,然而所有的这些行为都需要某种动机。

所谓动机(motive),就是激发、引导和保持一个人行为的内部或外部力量。个人动机能够影响工作热情,引导生产能力,并维持即使不能立刻得到回报或在现实工作环境下难以实现的行为。既然员工动机影响生产效率,那么管理者的部分职能就是围绕组织目标来引导员工的动机。动机研究帮助我们发现什么会促使人们行动,什么影响他们的选择,以及他们为什么长期坚持某种行为。

图 4-1 分析了一个简单的人类动机模型。人们有一些基本的需要,例如食物、成就或挣钱等,这些需要会转化为内部的紧张。这种紧张会促使人们采取某些具体的行为来满足需要,这些行为可能符合也可能背离组织目标,符合组织目标的行为包括高质量的工作或良好的顾客服务,组织希望加强这些行为;而偷懒行为和盗窃行为是背离组织目标的。必须意识到的是,偷懒和盗窃虽然被组织视为有害行为,但对个人来说却有助于满足他们的某种需要。举个例子来说,一个人可能会盗窃,因为他可以到当铺卖掉偷来的东西,然

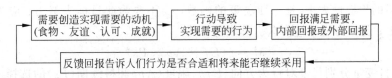

图 4-1 动机模型

资料来源:理查德·L.达夫特.组织行为学[M].杨宇,等译.北京:机械工业出版社,2004.

后用换来的钱购买杂货或毒品,人们选择盗窃也可能认为它能够满足重要和刺激性的需要;一般来说,就是这种行为成功后带来的回报能够满足特定的需要,同时也告诉他们那样做是恰当的并且将来也可以采取同样的行为。

二、动机的基础

动机假设和采用激发动机的回报方式,取决于人们对于动机的认识。关于员工动机,目前主要有传统学派、人际关系学派、人力资源学派和现代学派四种不同的观点。

1. 传统学派

科学管理是传统动机理论的代表,它强调通过对好的工作业绩支付较高的经济报酬来激发员工动机,以提高工作效率。该理论导致了严格按照产出数量和质量付酬体系的发展。传统学派强调与生产率相关的经济报酬和其他的外部激励因素。

2. 人际关系学派

管理理念中的经济人假设逐渐被社会人假设所代替,这部分源于霍桑试验的影响。人际关系学派强调非经济报酬——诸如和谐的工作团队能够满足员工的社会需要,而这种社会需要似乎在激发工作动机时比金钱更重要,这是第一次把工人作为人来进行研究,社会人的概念由此产生。

3. 人力资源学派

把人作为完整的人来研究,而不再是仅局限于经济人假设和社会人假设。人力资源理论认为,人是由许多因素共同驱动的复杂的人。举例来说,麦格雷戈关于 X 理论和 Y 理论的研究表明人们希望做好工作,并且希望工作就像娱乐一样自然而健康。从激励的角度来讲,假定员工有能力并且能够对组织作出主要贡献就意味着应当对工作和工作环境给予更多的关注,从而刺激更高层次的动机水平。

4. 现代学派

对员工动机的研究是在三种理论的共同指导下进行的,包括激励内容理论、激励过程理论和强化激励理论。

三、激励的定义和过程

英语中的 motivation(激励)由 motive(动机)演化而来,基本含义为激发动机。

1. 激励的定义

激励代表了行为方向、幅度与持续期这三种因素间的关系。也就是说,激励水平即实现某一目标的积极性大小,是三项决策的函数:要不要为此目标去努力;应为此目标花费多大努力;此努力应维持多久。其表达式为

$$M = f(Ef \times Ap \times Ps)$$

式中,三个自变量分别代表对行为方向(Ef)、幅度(Ap)和持续期(Ps)的选择。

西方组织行为学将激励概念界定为激发动机,而该概念仅限于个体层次,较为局限。由于人的存在形式可分为个体、群体和组织,因此本书支持黄培伦教授的观点,对激励概

念应作广义解释,即通常所说的调动人们的积极性,这有三层含义:对应于个体,即激发动机(motive);对应于群体,即鼓舞士气(morale);对应于组织,即塑造文化(culture)。

2. 激励的过程

激励的一般过程都是从人的需要开始,到实现目标和满足需要告终。其基本模式如图 4-2 所示。

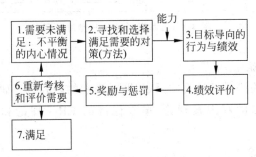

图 4-2　激励过程模式

资料来源:孙彤.组织行为学[M].北京:中国物资出版社,1986.

需要特别注意的是,在现实生活中,激励过程一般不是那样清晰的,而是比较复杂的和多变的,原因包括如下几个方面。

(1) 动机只能推断,不能直接观察到。比如,两个车工文化程度、工作年限、工种、任务、年龄、工作能力和他们所处的班组、车间、工厂、家庭等外部社会条件都基本相同,但是两个人每天的工作效率(包括质量)却相差很大。人们可根据他们两个所表现出的行为,来推断每个人做工作的动机(需要、期望)的强弱,即工作积极性的高低,但是不能直接观察到他们各自的内在动机(需要、期望)。

(2) 激励过程的复杂性集中表现在动机的变化上。在任何时候,每个人都会有各种不同的动机(需要、期望),但是这些动机不是固定不变的,而是会随着主客观条件的变化而变化,彼此之间有可能发生冲突。比如,一个经理把绝大部分时间用于工作,以满足他要取得成就的需要,这与他和家人团聚的需要有可能发生冲突。

(3) 人有许多动机,而他们究竟选择哪种动机往往不尽相同。有的人努力工作就是为了得到更多的钱,而有的人努力工作是为了建立良好的人际关系;有的人努力工作是为了使工作更有意义,而有的人努力工作是在上述多种动机推动下进行的。企业应采取多种方法来激励员工,如分配给他们感兴趣的工作,让他们参与管理,实行带刺激性的工资制度,对他们严格监督等。

总之,在客观上并不存在对任何人都适用的激励办法,何时激励、如何激励才能发挥更好的效果,应视具体情况具体分析,激励应具有很强的针对性。

四、激励理论

与激励过程相对应,激励理论的相关研究成果大致可以归纳为内容型激励理论、过程型激励理论、强化型激励理论三大类,如图 4-3 所示。

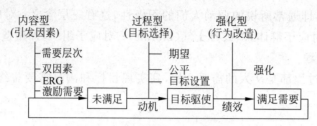

图 4-3　三类激励理论与激励过程

1. 内容型激励理论

内容型激励理论关注引发动机的因素,即对激励的内容进行研究,主要包括马斯洛的需要层次论、赫茨伯格的双因素理论、奥尔德佛的 ERG 理论和麦克利兰的激励需要理论。

2. 过程型激励理论

过程型激励理论关注行为目标的选择,即对动机的形成过程进行研究,主要包括佛隆的期望理论、亚当斯的公平理论、洛克的目标设置理论等。

3. 强化型激励理论

强化型激励理论也称行为改造理论,关注达到激励的目的,即对调整和转化人的行为进行研究,主要包括强化理论。

第二节　内容型激励理论

内容型激励理论关注的基本问题是:要懂得如何激励人,首先必须了解人的需要内容是什么,因为需要是人们行为的动因,只有那些人们内心深处真正的需要(最好是还没有被满足)才会激发人们去行动。内容型激励理论主要包括马斯洛的需要层次论、赫茨伯格的双因素理论、奥尔德佛的 ERG 理论和麦克利兰的激励需要理论。

一、马斯洛的需要层次论

心理学家马斯洛于 1943 年在其《人类动机理论》(*A Theory of Human Motivation*)一文中首先提出了这一影响深远、为当今世人所熟悉的理论。

马斯洛认为,人生来就渴望满足一系列的需要,其特点为:①人类有五种基本的需要(生理、安全、归属、尊重、自我实现),不管是属于哪个国家、地区、文化和种族,人的这些基本需要是一样的;②这些需要是有层次区别的,是由低级向高级发展的,最低级的需要是生理需要,最高级的需要是自我实现需要,如图 4-4 所示。

因此,人类的需要是不断随着低层次需要的满足而逐步向高层次需要发展的。只有在先满足低层次需要的前提下,高层次需要才会变得重要,而低层次需要在得到满足后就不再有激励作用。需要总是逐层得到满足,直到最后自我实现需要变成主要的激励因素。

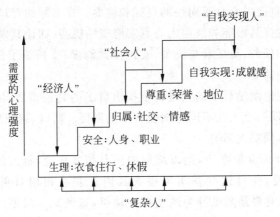

图 4-4　需要层次与人性假设

1. 生理需要

生理需要是人类维护自身生存最基本的、各种非习得的原始需要，包括衣、食、住、行等方面的需要。在实际的管理工作中，维持基本生活所需的工资待遇，维持生命健康的工作环境（如适当的温度、良好的通风设备、无毒车间等）、适当的休息时间保障、正常的家庭和个人生活等，都是用来满足这一最基本需要的方法。

2. 安全需要

安全需要是人类要求保障自身安全、避免失业和丧失财产等威胁的需要。在管理工作中，安全需要可以通过工作合同书、长期雇佣、足够的医疗和意外保险，以及良好的退休福利制度等来满足。

3. 归属需要

归属需要是人类对从属于某个群体或组织、与人交往、被人接纳、获得情感（如关心、友爱、爱情）等方面的需要。人是社会性的生物，当生理需要和安全需要得到满足后，归属需要就会变得重要。归属需要比生理需要、安全需要更加细致，更加难以捉摸，它和一个人的性格、经历、教育、国籍以及宗教信仰等都有关系。管理者满足员工归属需要的措施有：建立组织和员工之间的共同利益机制（如给员工股权、期权）；鼓励和保障员工在组织之外的家庭和个人生活；鼓励在组织中建立各种非正式群体；开展各种非正式的社交活动，以加强员工之间的相互交往；让员工加入各种团队，以培养其对团队和组织的意识和认同感（group identity）；组织开展各种有意义的活动，以增进员工之间的感情和对组织的感情等。

4. 尊重需要

尊重需要是指受人尊重以及自尊的需要。人们不仅需要加入一个群体，还需要受到群体成员的尊重和承认，并在其中享有较高的地位。这类心理需要可以通过设置各种工作头衔和职位、鼓励员工参与、听取员工意见、给有贡献的员工物质和精神奖励，以及其他尊重员工个人特点来满足。

5. 自我实现需要

自我实现需要是马斯洛理论中最高层次的需要，它是指人总是希望能最大限度地发挥自身的潜能,达到自己内心真正向往的目标和境界。在实际的管理工作中,要想尽各种办法使员工有充分发挥其潜能和满足内心真实愿望的机会(如让其做自己感兴趣的工作、承担挑战性的目标和任务、员工参与决策、实行提案制度、支持员工任何好的设想),以尽量满足他们这方面的需要。

管理中运用此理论激励员工的关键在于找出员工的真正需要,因为不同的人在同一时期有不同需要,而同一个人在不同时期也有不同需要。所以,组织应该注意满足不同员工的需要和员工的不同层次需要。

马斯洛的主要理论贡献在于,他以结构的观点和方法论,将人的千差万别的需要归结为若干种基本需要,并且这些基本需要有其内在联系和相对重要性。其主要论点有:①人的最迫切的需要是激励行为的主导性动机,这种某一时期内最迫切的需要的强烈程度取决于这种需要的相对重要性;②激励是动态的,它处在一步一步的、连续的发展变化之中,行为是受不断变化的最迫切的需要所支配的,当低层次需要得到相对满足之后,就会上升到较高层次的需要;③上述基本需要的心理强度是由低到高逐级上升的,但这种次序不是完全固定的,可有变化和例外;④人都潜藏有各种基本需要,只不过在不同的时期,所表现出来的强烈程度不同而已。

链接材料 4-1:罗森塔尔效应

1960年,美国著名心理学家罗森塔尔在一所学校做了一个著名试验。新学年开始时,他让校长把三位教师叫进办公室,对他们说:"根据你们过去的教学表现,你们是本校最优秀的老师。因此,我们特意挑选了100名全校最聪明的学生组成三个班让你教,这些学生的智商比其他孩子都高,希望你们能让他们取得更好的成绩。"

三位老师都高兴地表示一定尽力,并答应校长会像平常一样对待这些孩子,不会让孩子或孩子的家长知道他们是被学校特意挑选出来的。事实上,这些老师和学生都是被随机抽取出来的最普通的人。一年之后,这三个班的学生成绩果然排在前列。因为教师们都认为自己的教学水平确实高,而且学生又都是高智商,所以对教学工作充满了信心,工作起来自然非常卖力。

后来,人们把这种由于他人(特别是像老师和家长这样的"权威他人")的期望和热爱,而使人们的行为发生与期望趋于一致的变化的现象,称为"罗森塔尔效应",这也是著名的信任激励效应。

二、赫茨伯格的双因素理论

赫茨伯格(F. Herzberg)在1959年出版的专著《工作的激励因素》中,提出了"激励因素/保健因素理论",简称"双因素理论"。

与需要层次论是由规范研究导出的不同,双因素理论是实证研究的结果,是由赫茨伯格和他的同事在匹兹堡地区从对会计师群体和工程师群体的研究开始的。赫茨伯格采用关键事件法,对美国匹兹堡地区的11个工商业机构的200多名工程师和会计师进行了调查,主要是问他们在什么时候、什么情况下对工作特别满意或特别不满意,以及产生的原因。调查结果如图 4-5 所示。

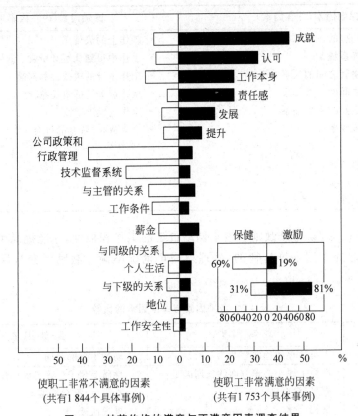

图 4-5　赫茨伯格的满意与不满意因素调查结果

资料来源：孙耀君.西方管理学名著提要[M].南昌：江西人民出版社,1995.

根据调查结果,他发现这些被访者对工作不满意的因素,大多与外部的工作环境有关,如公司政策和行政管理、技术监督系统、与主管的关系、工作条件等；而使他们感到满意的因素,一般是由工作本身产生的,如工作本身的兴趣和挑战性、工作上的成就感等。

由此,赫茨伯格提出,存在着两种不同类型的激励因素：一类是能促使人们产生工作满意感的因素,称为激励因素(motivating factor)；另一类是促使人们产生不满的因素,称为保健因素(hygiene factor)。

激励因素是指和工作内容紧紧联系在一起的因素,这类因素的改善,往往能给员工以很大程度的激励,产生工作的满意感,有助于充分、有效、持久地调动员工的积极性。激励因素若得不到满足,会带来员工的不满；若得到满足,除了会消除员工的不满,还会带来员工的满意。

保健因数是指和工作环境或条件相关的因素,这些因素处理不当,或者说这类需要得不到基本的满足,会导致员工的不满,甚至严重挫伤其积极性；反之,满足这些需要则只能防止员工产生不满情绪,而不会产生满意。因而,工作中真正起激励作用的是激励因素,而不是保健因素；但如果保健因素处理不当,也会产生一定的消极作用。

这两类不同因素的具体内容如表 4-1 所示。

表 4-1 激励因素和保健因素的具体内容

保健因素(外在因素)	激励因素(内在因素)
• 公司(企业)的政策和行政管理 • 技术监督系统 • 与上级主管之间的人事关系 • 与同级之间的人事关系 • 与下级之间的人事关系 • 工作环境或条件 • 薪金 • 个人生活 • 职务、地位 • 工作安全性	• 工作上的成就感 • 工作中得到认可和赞赏 • 工作本身的挑战性和兴趣 • 工作职务上的责任感 • 工作的发展前途 • 个人成长、晋升的机会

赫茨伯格认为,只有靠激励因素来调动员工的工作积极性,才能提高生产率。至于保健因素,所起的作用是维持性的,处理得当可消除不满。激励因素与保健因素的比较如表 4-2 所示。

表 4-2 激励因素与保健因素的比较

项 目	激 励 因 素	保 健 因 素
起源	人类生存的趋向	动物生存的趋向
特征	性质上属于心理方面的长期满足: 满足/没有满足 重视目标	性质上属于生理方面的短暂满足: 不满足/没有不满足 重视任务
满足与不满足的来源	工作性质(对个人主要是内部的): 工作性质 个人标准	工作条件(对个人主要是外部的): 工作环境 非个人标准
相应的需要	自我实现 尊重	生理 安全 感情

资料来源:黄培伦.组织行为学[M].广州:华南理工大学出版社,2001.

由此可以得到如下启示。

(1) 不应忽视保健因素,但又不能过分地注重于改善保健因素。赫茨伯格通过研究发现,保健因素的作用是一条递减曲线。当员工的工资、奖金等报酬达到某种满意程度后,其作用就会下降,过了饱和点,还会适得其反。

(2) 要善于把保健因素转化为激励因素。保健因素和激励因素是可以转化的。例如员工的工资、奖金,如果同其个人的工作绩效挂钩,就会产生激励作用,变为激励因素。如果两者没有联系,奖金发得再多,也构不成激励;一旦减少或停发,还会造成员工的不满。因此,有效的管理者既要注意保健因素,以消除员工的不满,又要努力使保健因素转变为激励因素。

(3) 要区别内在激励和外在激励。内在激励是从工作本身得到的某种满足,如对工作的爱好、兴趣、责任感、成长感等，这种满足能促使员工努力工作、积极进取。外在激励是指外部的奖酬或在工作以外获得的间接满足，如劳保、工资等。这种满足有一定的局限性，它只能产生少量的激励作用。

管理者若想持久而高效地激励员工，必须注重工作本身对员工的激励，可采取如下措施：第一，改进员工的工作内容，进行工作任务再设计，实行工作丰富化；第二，对高层次的管理者来说，应简政放权，实施目标管理，减少过程控制，扩大干部、员工的自主权和工作范围，使他们的聪明才智得到充分发挥；第三，对员工的成就及时给予肯定、表扬，使他们感到自己受重视和信任。

三、奥尔德佛的 ERG 理论

ERG 理论是奥尔德佛（P. Alderfer）在 20 世纪 70 年代提出的，该理论认为人有三种基本需要。

1. 生存需要

生存（existence）需要是指人全部的生理需要和物质需要，如衣、食、住、行等方面的需要，组织中的报酬、工作环境和工作条件等，都和这种需要有关。这一类需要大体和马斯洛需要层次中的全部生理需要和部分安全需要相对应。

2. 关系需要

关系（relatedness）需要是指在工作环境中对人与人之间的相互关系和交往的需要。这一类需要与马斯洛需要层次中的部分安全需要、全部归属需要和部分尊重需要相对应。

3. 成长需要

成长（growth）需要是指人要求得到提高和发展的更高层次的需要。成长需要的满足要求充分发挥个人的潜能，有所作为和成就，并不断地创新和向前发展。这一类需要与马斯洛需要层次中的部分尊重需要和全部自我实现需要相对应。

ERG 理论有以下几个重要的观点：①在同一层次上，少量需要满足后，会产生更强烈的需要，譬如，不少人赚了一些钱后会想赚更多的钱，刚当了基层领导后会希望今后能提升到更高的位置；②较低层次需要满足得越充分，对较高层次的需要越强，这一点和马斯洛的观点一致，譬如，人们解决了生存条件（基本温饱）后，就会考虑发展问题（学习深造）；③较高层次需要满足得越少，低层次需要会更加强烈，譬如，一个人如果在未来发展方面感到没有希望，也许会退而求其次——好好把握现在，先满足生存和关系上的需要再说。

ERG 理论模式如图 4-6 所示。

ERG 理论揭示了以下规律：①"愿望加强"律，需要得到的满足越少，则满足这种需要的渴望就越大；②"满足前进"律，较低层次的需要得到越多的满足，则该需要的重要性就越

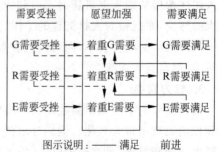

图 4-6 ERG 理论模式

资料来源：杨锡山，等.西方组织行为学[M].北京：中国展望出版社,1986.

差,满足高层次需要的渴望就越大;③"受挫回归"律,当较高层次的需要遭受挫折,得不到满足时,人们就会退而求其次,对较低层次的需要的渴求就越大。

ERG理论是对马斯洛需要层次论的有力补充,主要表现在:①马斯洛的需要层次论是基于满足—前进的逻辑,认为人较低层次需要相对满足后,会向更高层次需要前进。而ERG理论不仅是满足—前进,还包括受挫—倒退,即较高层次需要得不到满足时,会转向追求低层次需要。②ERG理论不认为激发高层次需要一定要先满足低层次需要,人由于其个性、生活经历以及所受教育的影响,可能会对高层次需要有特别的欲望。③ERG理论不认为剥夺是激发需要的唯一手段。个人成长需要相对满足后,可能会更增强其强烈的程度。④按照马斯洛的需要层次论,在某一时期,人的五种需要中会有一种需要表现出主导优势。而ERG理论则认为,一个人可同时拥有几种需要,而且不一定表现出强度上的多大差别。

一般认为,ERG理论很好地补充了马斯洛需要层次论的不足,更全面地反映了社会现实,是需要理论上的一大进步。

四、麦克利兰的激励需要理论

激励需要理论是由心理学家麦克利兰(David McClelland)提出的。他认为人在较高层次上有三种需要:成就需要(need for achievement)、情感需要(need for affiliation)、权力需要(need for power)。

1. 成就需要

成就需要是指人渴望卓有成效地做成某件事情、任务或达成某种目标。有成就需要的人的特点是:喜欢问题和面对挑战;希望干出一番事业,往往给自己确定有一定难度和挑战性的目标;热爱本职工作,很有敬业精神;乐于接受挑战、喜欢冒风险;愿意承担责任;希望很快得到工作的反馈结果;孜孜不倦,不怕挫折;喜欢表现自己;对事情的成功和胜利有强烈的要求。

2. 情感需要

情感需要是一种希望与人为伴、归属于某些群体、获得情感的需要。有强烈情感需要的人往往希望从别人那里获得安慰和肯定,享受亲密无间的氛围;他们通常由衷地关心别人的感受,愿意做与人打交道的工作,喜欢安慰和帮助有困难的伙伴;他们喜欢建立和保持一种融洽的社会关系,而对被人和群体拒绝感到痛苦;他们珍惜人与人之间的友爱和情谊,很富有人情味。

3. 权力需要

权力需要的本质是渴望控制其环境中的各种资源。具有较高权力需要的人对施加影响和控制表现出很大兴趣。他们寻求领导位置,喜欢与人争辩、健谈、直率、头脑冷静,善于提出问题和要求,喜欢教训别人,乐于演讲。

以上三种不同的需要反映了人不同的偏好。对一个组织来说,各方面需要的人都是有价值的,应该合理搭配,在运用需要理论的过程中要注意以下几点。

第一,高成就需要者更喜欢具有个人责任感、可以获得工作反馈和中等冒险程度的工作环境。如果在环境中具备这些特征,高成就需要者的工作积极性就会极高。例如,不少证据表明,高成就需要者在以下创业活动中更有建树:经营自己的公司,或在大企业中管理一个独立的工作单元。

第二,高成就需要者未必是一位优秀的管理者,尤其是对规模较大的组织而言。他们感兴趣的是自己如何做得更好,而不是如何影响其他人做好工作,比如高成就需要的销售人员未必是一名优秀的销售经理,大企业中工作出色的总经理也并不一定就是高成就需要者。

第三,归属需要和权力需要与管理的成功密切相关。最优秀的管理者拥有高权力需要和低归属需要,实际上,高权力动机可能是管理效果的一个必要条件,当然,至于哪个因素是因,哪个因素是果,还有待进一步确定。有人提出,高权力需要可能仅仅是一个人在组织层级中所处地位的产物,这种观点认为,一个人在组织中的位置越高,权力动机就越强,其结果是,权力地位会成为激发权力动机的因素。

第四,通过培训可以激发员工的成就需要。培训教师可以指导个体从成就、胜利和成功角度来思考问题,然后指导他们在具有个人责任、清晰反馈和适度冒险性的环境中,采用高成就需要者的方式行动。所以,如果工作需要高成就需要者,管理者可以通过招聘来挑选高成就需要者,也可以通过成就需要培训的方式来开发已有人员。

因此,对于具有高成就需要的管理者,组织可以分配给他们具有挑战性和一定风险的工作任务,以满足他们的成就需要,激发他们的工作积极性;对于低成就需要的管理者,组织可以分配给他们一些例行的工作任务。应当认识到,高成就需要并不是与生俱来的,而是在人们的实践活动中培养起来的,所以组织应尽量创造有利条件,将他们培养和训练为具有高成就需要的人。

链接材料 4-2:雷尼尔效应

雷尼尔效应源于美国西雅图华盛顿大学的一次风波,校方曾经选择了一处地点,准备在那里修建一座体育馆,消息一传出,立即引起了教授们的强烈反对。教授们之所以抵制校方的计划,是因为这个拟建的体育馆选定的位置在校园内的华盛顿湖畔,一旦场馆建成,就会挡住从教职工餐厅可以欣赏到的窗外美丽的湖光山色。

原来,与当时美国的平均工资水平相比,华盛顿大学教授们的工资要低20%左右,为何华盛顿大学的教授们在没有流动障碍的前提下自愿接受较低的工资呢?很多教授之所以接受华盛顿大学较低的工资,完全是出于留恋西雅图的湖光山色。西雅图位于北太平洋东岸,华盛顿湖等大大小小的水域星罗棋布,天气晴朗时可以看到美洲最高的雪山之一——雷尼尔山峰,开车出去还可以看到一息尚存的圣海伦火山。因为在华盛顿大学教书可以享受到这些湖光山色,所以很多教授们愿意牺牲获取更高收入的机会。他们的这种偏好,被华盛顿大学的经济学教授们戏称为"雷尼尔效应"。

运用到企业管理当中,企业也可以用"美丽的风光"来吸引和留住人才。当然,这里的"美丽的风光"是指一个良好的工作环境和企业文化氛围,它作为一种重要的无形财富,可以起到吸引和留住人才的作用。

第三节 过程型激励理论

过程型激励理论着重研究人从动机产生到采取行动的心理过程,主要包括佛隆的期望理论、亚当斯的公平理论、洛克的目标设置理论等。

一、佛隆的期望理论

期望理论(expectancy theory)由佛隆(Victor H. Vroom)于1964年首次提出。该理论认为,个体努力的程度取决于个体行为可能带来的工作绩效的期望程度,以及因绩效而获得组织的奖赏对个体的吸引力。

在任何组织中,员工都会关注三个问题:①如果我努力,能不能达到组织要求的工作绩效水平;②如果我尽力达到了这一绩效水平,组织会给我什么样的报酬或奖赏;③我对这种报酬或奖赏有何感想,是不是我所迫切希望得到的。这三个问题分别形成了期望值(expectancy)、工具性(instrumentality)和效价(valence)三个因素。也就是说,人们只有在预期其行为有可能达到某种目标的情况下,才会被充分激励起来,产生内在的动力,从而真正产生行动。这种动力的大小等于期望值、工具性和效价的乘积,用公式表示为

$$F = \sum E \times I \times V$$

1. 期望值

期望值用于判断是否是其"能做之事",指个人对其某一特定行动将会导致预期成果(或目标)的概率估计,即个人根据其经验对自己所采取的行动将会导致某种预期成果之可能性的主观估计。

2. 工具性

工具性用于判断是否有"回报",指个体对一定水平的绩效会带来何种的回报和其他潜在的结果的认识。

3. 效价

效价用于判断是否是其"愿做之事",指个人对自己所要采取的行动将会达到某一成果或目标的偏爱程度,是个体对这一成果或目标之价值的主观估计。

当个人对达到某种成果或目标漠不关心时,效价为零;当个人宁可不要出现这种结果时,效价为负值;当个人希望达到该预期结果时,效价为正值;当个人强烈期待出现预期结果时,效价就很高。总之,只有在效价大于零时,个体才会有一定的动力。效价越高,动力越大。

根据期望理论,管理者要将员工积极性充分调动起来,可采取以下几项措施。

(1) 根据员工的需要设置报酬和奖励措施。要使员工产生很大的动力,必须提高各种报酬和奖励措施在员工心中的价值。为此,必须要调查、了解不同员工的需要偏好,根据不同的需要给不同员工设定报酬和奖励方案,让员工可以选择。譬如,对年轻员工来

说,可能更喜欢得到进一步培训、深造的机会以及外出旅游;中年员工承受着更大的经济压力,可能更喜欢得到经济上的报酬;老年员工可能更喜欢各种送温暖和关心活动。另外,效价也会随着个人所处的时间和场合的不同而变化,管理者应该动态地了解和把握这些变化。

(2) 给员工创造良好的工作条件,增强其达到目标的信心。要使员工产生动力,必须提高他们对达到目标的信心,为此,要根据员工的能力和外部条件,合理地给员工设定有一定难度但又是可以经过努力达到的目标。另外,要给员工创造工作条件,投入所需要的人、财、物资源。这样员工才会信心百倍、干劲儿十足地去工作。

(3) 建立有功必赏、奖罚分明的制度,提高员工的工作热情。除了要提高员工对达到组织目标的期望值外,还要提高他们对其完成组织目标后达到个人目标的期望值。只有这样,他们的积极性才会被真正调动起来,才会增强工作热情,感到有奔头。

二、亚当斯的公平理论

公平理论是美国行为学家亚当斯(Stancy J. Adams)于 1967 年在他的著作《奖酬不公平时对工作质量的影响》中提出来的。这一理论也称社会比较理论,认为人与人之间存在社会比较,且有就近比较的倾向。

亚当斯通过大量的研究发现,员工们对自己是否受到公平合理的对待十分敏感。他们的工作动机,不仅受其所得报酬的绝对值的影响,更受其相对值的影响,也就是说每个人不仅关心自己收入的绝对值,更关心自己收入的相对值。这里的相对值,是指个人对某工作的付出与所得与他人的付出与所得进行比较,或者把自己当前的付出与所得与过去进行比较时的比值。通过比较,便会产生公平或不公平感。

1. 公平理论的模式

公平理论的模式可以用公式表示为

$$\frac{Q_p}{I_p} = \frac{Q_r}{I_r}$$ 报酬相当,p 感到公平(满意)

$$\frac{Q_p}{I_p} < \frac{Q_r}{I_r}$$ 报酬不足,p 感到不公平(吃亏)

$$\frac{Q_p}{I_p} > \frac{Q_r}{I_r}$$ 报酬过高,p 感到不公平(负疚)

式中,I 代表投入,是指所作的贡献,包括个人对自己或他人的努力、资历、知识、能力、经验、过去成绩、当前贡献的主观估计;O 代表产出,是指所得的奖酬,如地位、工资、奖金、福利待遇、晋升、表扬、赞赏、进修机会、有趣的挑战性工作等;p 代表当事者;r 代表参照者,即所选择的比较对象。

公式中具体显示了 p 与 r 相比较后所出现的三种基本心理状态。

(1) p、r 两者比例相等,即报酬相当,个人感到公平。此时员工受激励的状态不变。

(2) p 与 r 比较后发现报酬过多,尽管会感到"不公平",但一般都会产生满意、受到激励。

(3) p 与 r 比较后发现报酬过少,感到不公平。这时员工可能出现的情况是:心理挫折和失衡;改变投入;要求改变产出;改变对自身的看法;改变对他人的看法;改变比较对象,与一个更差的人比较;自我安慰,与自己不如现在的过去进行比较;离开现在的环境,进入新的组织工作。

员工产生不公平感的原因是多方面的:①组织在客观上确实存在不合理分配的现象;②不同员工在投入和所得上存在不可比性,人总是过多地估计自己的投入和别人的所得;③不同员工对投入和产出的认知不同,他们总是挑选对自己有利的方面与人进行比较;④组织中的一些绩效考评和奖励制度不透明,总是暗箱操作,增大了员工的猜测和不公平感。

2. 公平理论的维度

人们进一步将组织中的公平分为三个维度:分配公平、程序公平和互动公平。

(1) 分配公平(distribution justice),指对结果公平的感知。如我得到了该得的工资提升。

(2) 程序公平(procedural justice),指对结果的判定过程公平性的感知。如我参与了加薪的过程,并且获得了对于我为什么能获得所要求加薪的良好解释。

(3) 互动公平(interactional justice),指个体对尊严及尊敬的感知程度。如当告知我获得加薪的时候,我的主管很友善而且还夸奖了我。

公平的三个维度中,分配公平与结果的满意度(如对薪酬满意)和组织忠诚度强相关;程序公平与工作满意度、组织信任、离职、工作绩效及公民行为强相关;互动公平方面的研究较少。

3. 公平理论的运用

运用公平理论激励员工给我们带来的启示如下。

(1) 要重视了解员工的公平感。无论在西方国家还是在中国,公平比较都是客观存在的现象。我国由于多年的计划经济和"大锅饭"的影响,人们的公平比较心理较重。尤其是在改革开放、社会转型、各种经济形式并存的今天,社会不公平感和由此带来的"红眼病"现象较为普遍。因此,作为管理者,首先要注意了解员工的公平感,从而对症下药。

(2) 建立赏罚分明的制度。员工的不公平感有时确实是因为组织没有合情合理地奖励员工,存在着有功者不奖、无功者领赏的不良现象。当组织中不良的政治现象和行为(如照顾个人情面、拉帮结派、徇私舞弊等)较多时,就会这样。组织只有消除这些不合理的现象,建立赏罚分明的制度,才能让广大员工真正感到公平。

(3) 实行量化管理,增加透明度。公平感的产生很大程度上是员工主观猜测的结果,人们总是倾向于认为自己得到的比别人少,而付出的比别人多。因此,如果能在绩效考评和奖励制度上实行一定程度的量化管理,做到一切都可以打分计算,并提高整个工作的透明度,那么员工就会心服口服。但是,实行量化管理和增加透明度会给一些领导的权力造成冲击,因为领导的有些权力往往来源于一些人为和主观的操作手法。因此,要在企业中实行这种制度阻力还是很大的。

(4) 战略为主,平衡为辅,加强对员工的教育。在一个组织中,由于操作中的因素以及人们认知的差别,做到绝对公平是不可能的。组织一方面要从自身最重要的战略需要出发来建立制度,另一方面要适当地采取平衡和补偿的策略。另外,还要加强对员工的思想教育,加强沟通,以将员工由不公平感造成的负面影响降到最低程度。

三、洛克的目标设置理论

我们常常会听到:"尽最大努力去做。这是每个人都可以做到的。"但是,"尽最大努力去做"意味着什么?我们是否知道自己已实现了那个含糊不清的目标?

美国心理学家洛克在 1967 年提出目标设置理论,他认为人的任何行为都是受某种目标的驱使。因此,通过给员工合理地设定目标,可以激励员工。明确的目标能提高绩效;一旦我们接受了困难的目标,会比容易的目标带来更高的绩效;反馈比无反馈带来更高的绩效。

目标设置理论如图 4-7 所示,其中的几个基本概念如下。

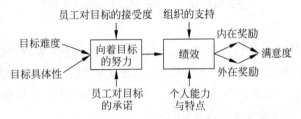

图 4-7　目标设置理论示意图

(1) 目标难度(goal difficulty)。这是指目标的挑战性和达到目标所需的努力程度。洛克认为,有难度但又可实现的目标是最有效的。

(2) 目标具体性(goal specificity)。这是指目标的清晰度和明确度,具体的目标是最有效的。

(3) 员工对目标的接受度(goal acceptance)。这是指员工接受目标(认为是自己的)的程度。

(4) 员工对目标的承诺(goal commitment)。这是指员工对达到目标的兴趣和责任感。

从图 4-7 可以看出,目标难度、目标具体性、员工对目标的接受度、员工对目标的承诺这四个因素共同决定了员工向着目标的努力程度。而员工向着目标的努力,加上组织的支持以及其个人能力与特点则会共同影响员工的绩效。组织根据绩效给员工相应的内在和外在奖励,从而最终决定了员工的满意度。

目标设置理论总的要点是:①有目标比没有目标好;②具体、可操作、分阶段的目标比空泛的、号召性的目标好;③有一定难度的目标比随手可得的目标好;④能被人接受的目标比不能被接受的好。

目标设置理论的意义如下。

第一,目标是一种外在的可以观察并且可以测量的标准。管理者可以直接设置、调整和控制目标,作为激励员工的重要手段和技术。

第二,管理者在为员工设置目标的过程中,首先,应该尽量使员工参与目标设置,了解并且认同组织目标;其次,帮助员工设立具体的并且有一定难度的目标;最后,对目标的实现应该采取各种形式的激励和肯定,以强化和调动员工完成目标的积极性。

第三,促进目标管理的实现。目标设置理论为管理中采用的目标管理技术提供了心理学的理论依据,促进了目标管理的实现。

第四,加强和做好目标进程的反馈工作。通过设置、核查目标,使组织中各级人员经常看到组织目标和个人目标,并随目标的实现进程不断予以反馈,实施反馈控制。

第五,促进目标管理。制订组织整体目标和其他层次、部门、团体、地位和个人的目标,各层次必须了解组织目标要求、工作范围与组织的关系,做到彼此支持、协调、上下左右兼顾,以达成预定目标。

第四节 强化激励理论

强化理论也称操作性条件反射论,是美国当代著名心理学家、哈佛大学心理学教授斯金纳(B. F. Skinner)在巴甫洛夫的条件反射论、华生的行为主义论和桑代克的尝试学习论的基础上,提出的一种新行为主义理论。该理论认为,可通过改变外部操作条件(强化),使行为方式发生稳定的相应改变(学习)。

一、强化的定义

强化理论(reinforcement theory)着重研究人的行为的结果对其行为的反作用,斯金纳发现,当行为的结果有利于个体时,这种行为就可能重复出现,行为的频率就会增加,这种状况在心理学中被称为强化(reinforce)。凡能影响行为频率的刺激物,即称为强化物(reinforcement)。因此,人们可以通过控制强化物来控制行为,求得员工行为的改造(behavioral modification),这一理论就被称为强化理论。

二、强化的类型

在管理中,应用强化理论改造行为一般包括正强化、负强化、惩罚和消退四种类型,如图4-8和图4-9所示。

	令人愉快或所希望的事件	令人不愉快或所不希望的事件
事件的出现	正强化 (行为变得更加可能发生)	惩罚 (行为变得更加不可能发生)
事件的取消	消退 (行为变得更加不可能发生)	负强化 (行为变得更加可能发生)

图 4-8 强化的类型

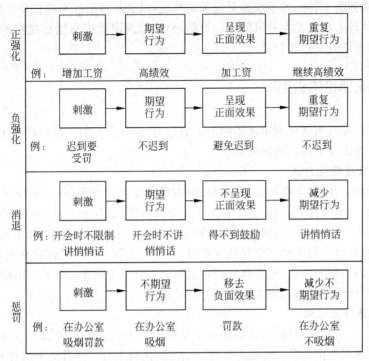

图 4-9 四种强化类型示例

1. 正强化

正强化(positive reinforcement)是指用某种好的结果,使得员工好的行为重复出现。强化物包括组织中的各种正面刺激,如增加工资、发放奖金、荣誉表彰、认可、鼓励、赞赏、提升,以及创造令人满意的工作环境等。

2. 负强化

负强化(negative reinforcement)又称回避(avoidance),是指预先告诉某种不符合要求的行为或不良绩效可能引起的不良后果,从而让员工通过按组织所要求的行为方式行事,或避免不符合要求的行为来回避这些令人不愉快的后果。譬如,制造企业对新来工作的一线新员工进行安全教育,授课者会给新员工介绍正确的操作行为,还会告诉新员工不按照这种操作行为可能引起的各种不良后果的案例和照片(如发生人身伤亡的惨状),这种教育就会促进新员工今后要遵守正确的操作方式,以避免不良后果的发生。再如,银行对新员工进行入司教育的方式之一,就是让新员工去监狱参观,让他们了解各种金融领域犯罪案例,从中受到教育,引以为戒。

3. 消退

消退(extinction)是指对员工的某种行为不给予回应,以表示对该行为的轻视或某种程度的否定,从而使该员工的这种行为减少。譬如,领导发现某个员工出于某种个人目的对自己进行不恰当的吹捧奉承,他不希望员工再这样做,但也不想让这个员工难堪,所以就采取不对该员工的行为给予任何回应(即自然消退)的方式。

4. 惩罚

惩罚(punishment)是指以某种带有强制性和威胁性的结果(如批评、降薪、降职、罚款、开除等)来创造一种令人不快甚至痛苦的环境,以表示对某些不符合要求行为的否定,从而消除这种行为重复发生的可能性。譬如,公司对泄漏机密和违法乱纪的员工采取开除、追究法律责任等方式进行处理。

三、强化理论的应用

在管理上,可以用强化理论来影响员工的行为,使其朝有利于组织目标实现的方向发展,但还需要考虑以下几方面的问题。

1. 正确选择强化方式

员工的年龄、性别、个性特点、地位、心理需要和承受能力不同,组织应该根据不同的情境选择合适的强化方式。按员工心理可接受的程度,这几种方式的排列顺序依次为:正强化、负强化、自然消退、惩罚。员工最愿接受的方式当然是正强化,最不愿接受的则是惩罚。当企业有时不得不使用惩罚的方式时,一定要告诉事情的原因和真相,让其心服口服,并告诉他们正确的方式,还要将惩罚和正强化二者结合起来;当员工出现有所改正的表现时,应及时给予正强化,使之得到肯定和巩固。

2. 正确选择强化物

要根据员工的需要和特点,正确选择正反两方面的强化物。譬如,在正强化时,根据需要,可采取的奖励措施有:绩效工资、公开表扬、让员工对工作有更多选择权、给予员工更大的发挥潜在能力的机会、给予员工更大的权力或发言权等。在惩罚时,可以有降低工资、公开批评、降低职位等措施。

3. 正确选择强化时间

(1) 要考虑不同时间的强化效果。譬如,很多教育培训项目往往选择在组织中刚来新人时(如公司进来新雇员、学校新生刚入学)或组织的转变时期进行。这时进行强化和行为改造,员工心理容易接受,行为容易改变,组织所花时间和费用最少,效果最佳。

(2) 要注意时间频率。一方面,要及时对员工的行为进行反馈,使员工看到其所受的奖励或惩罚与其行为的直接联系,这样才能达到强化的效果;另一方面,强化又不能太频繁,因为行为改造一般是在一段时间内起作用,随着新奇感的消失,正强化的作用会减弱,员工可能会把它看做是报酬系统中的常规部分。

4. 强调员工的社会学习(间接行为改造)

在行为改造的方式上,还要强调员工的社会学习(social learning),即人们通过观察他人的行为并识别其结果,然后改变自身行为。譬如,组织对以往发生的一些重大安全事故或不良现象,反复地以各种方式告诉员工,让员工从这些人的事情和教训中学习。如果让员工从自身的行为中来认识某种安全操作道理,代价显然是很高的。

第五节 综合激励理论

前面所介绍的内容型激励理论、过程型激励理论、强化型激励理论都是从某个方面论述激励的原理与方法。对于现实中复杂的激励问题,应该从各个方面综合地加以考虑。

波特和劳勒激励模式就是一种有代表性的综合激励理论。

一、波特和劳勒激励模式的内容

波特和劳勒激励模式如图 4-10 所示，该模式包含努力程度、工作绩效、内外奖酬、满足感四个主要变量。它所体现的关系主线是：员工的努力程度导致其工作绩效，而工作绩效将使员工获得组织给予的内在性和外在性奖酬，各种奖酬将影响员工的满足感。

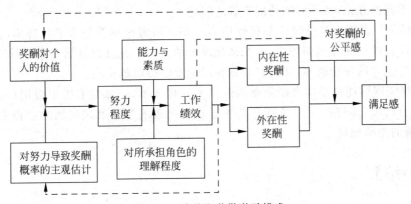

图 4-10　波特和劳勒激励模式

具体来说，决定这四个主要变量的各种关系如下。

（1）努力程度是指个人所受到的激励强度和所发挥出来的能力。它的大小综合取决于个人对某项奖酬（如增加工资、分发奖金、提升职位等）价值的主观看法，以及个人对努力将导致这一奖酬可能性（概率）的主观估计。其中，奖酬对个人的价值因人而异，取决于它对个人的吸引力。而个人每次行为最终得到的满足感，又会反过来影响个人对这种奖酬价值的估计。同时，个人对努力可能导致奖酬概率的主观估计又受上一次工作绩效的影响。

（2）工作绩效是员工的工作表现和实际成果。工作绩效取决于个人所作出的努力程度、个人的能力与素质，以及对自己所承担角色的理解程度（包括对组织目标、所要求的活动、与任务有关的各种因素的认识程度等）。

（3）奖酬是完成绩效所导致的各种奖励和报酬，包括内在性奖酬和外在性奖酬两种。内在性奖酬、外在性奖酬以及主观上所感受到的奖酬的公平感，共同影响着个人最后的满足感。内在性奖酬更能给员工带来真正的满足。另外，个人对工作绩效和所得奖酬的评价、比较会形成员工的公平感。

（4）满足感是个人实现某种预期目标时所体验到的满意感觉。它是一种态度，一种内在的认知状态，是各种内在因素（如潜在的责任感、胜任感、成就感等）的总和。

从上面的分析可以看出，波特和劳勒的综合激励理论实际上是佛隆的期望理论、劳勒的期望模式、亚当斯的公平理论、赫茨伯格的双因素理论及斯金纳的强化理论等方面的综合。

二、波特和劳勒激励模式的启示

（1）波特和劳勒激励模式使我们认识到，对员工的激励是一个十分复杂的问题。管理者既要学会系统思考，又要抓主要矛盾。在企业的实际管理工作中，针对员工的积极性方面出现的问题，我们要善于从不同的角度来考虑激励的方式，查出造成问题的原因。这些问题可能主要是由某个方面的因素造成的，也可能是由几个不同方面的因素同时作用造成的；可能是几种因素平等地起作用，也可能是某个因素起主要作用。因此管理者要学会利用不同的理论，从不同的角度来解决问题。

（2）任何一种综合激励理论都很难包容一切。该理论尽管包含了几种不同的理论，实际上主要反映的还是期望理论，而在强化理论的内容上并没有容纳太多。另外，一种综合激励理论包含的理论越多，那么它对每种理论反映得就越粗略。

（3）现实问题往往是越来越复杂的。作为管理人员，一方面要善于应用目前的四种励理论来分析现实问题；另一方面还要善于在解决现实复杂管理问题的过程中，不断创新，发展新的激励理论。

【本章小结】

1. 动机是指激发、引导和保持一个人行为的内部或外部力量。
2. 激励是指调动人们的积极性，包括三个层面的含义：对应于个体，即激发动机；对应于群体，即鼓舞士气；对应于组织，即塑造文化。
3. 激励理论包括内容型激励理论、过程型激励理论、强化型激励理论三类。

内容型激励理论关注引发动机的因素，即对激励的内容进行研究，主要包括马斯洛的需要层次论、赫茨伯格的双因素理论、奥尔德佛的ERG理论和麦克利兰的激励需要理论。

过程型激励理论关注行为目标的选择，即对动机的形成过程进行研究，主要包括佛隆的期望理论、亚当斯的公平理论、洛克的目标设置理论等。

强化型激励理论也称行为改造理论，关注达到激励的目的，即对调整和转化人的行为进行研究，主要包括强化理论（即学习与强化）。

4. 马斯洛的需要层次论提出，人从低到高有五种基本的需要：生理、安全、归属、尊重和自我实现，只有低层次需要得到满足，才会产生高层次的需要。
5. 赫茨伯格的双因素理论提出，存在着两种不同类型的激励因素：与工作内容相关的激励因素和与工作环境相关的保健因素，真正起到激励作用的是激励因素。
6. 奥尔德佛的ERG理论提出了三种需要：生存需要、关系需要、成长需要。
7. 麦克利兰的激励需要理论提出，人在较高层次上有三种需要：成就需要、权力需要、情感需要。
8. 佛隆的期望理论提出，激励效果取决于三个因素：期望值、工具性和效价。
9. 亚当斯的公平理论认为，人与人之间存在社会比较，且有就近比较的倾向，并会根据比较结果调整自己的行为。
10. 强化理论提出了四种强化类型：正强化、负强化、消退和惩罚。

【关键术语】

动机(motive)　　　　　　　　　　激励(motivation)
激励因素(motivating factor)　　　保健因素(hygiene factor)
生存需要(existence need)　　　　关系需要(relatedness need)
成长需要(growth need)　　　　　 期望值(expectancy)
工具性(instrumentality)　　　　　效价(valence)
分配公平(distribution justice)　　 程序公平(procedural justice)
互动公平(interactional justice)　　正强化(positive reinforcement)
负强化(negative reinforcement)　 消退(extinction)
惩罚(punishment)

【课后练习】

1. 下列属于内容型激励理论的是(　　)。
   A. 奥尔德佛的 ERG 理论　　　　B. 佛隆的期望理论
   C. 亚当斯的公平理论　　　　　 D. 斯金纳的强化理论
2. 下列属于过程型激励理论的是(　　)。
   A. 赫茨伯格的双因素理论　　　 B. 马斯洛的需要层次论
   C. 归因理论　　　　　　　　　 D. 亚当斯的公平理论
3. 下列不属于保健因素的是(　　)。
   A. 工作条件　　　　　　　　　 B. 人际关系
   C. 工作安全感　　　　　　　　 D. 工作职务的责任感
4. 下列属于激励因素的是(　　)。
   A. 监督　　　　　　　　　　　 B. 薪金
   C. 工作本身的兴趣和挑战性　　 D. 工作氛围
5. 马斯洛的需要层次论提出,人从低到高有五个层次的需要。以下不属于五个层次的需要的是(　　)。
   A. 生理需要　　B. 激励需要　　C. 安全需要　　D. 尊重需要
6. 下列不属于高成就需要的人的特征的是(　　)。
   A. 追求的是成功的报酬
   B. 热衷于接受挑战,往往为自己树立有一定难度却不至于高不可攀的目标
   C. 敢于冒险,且能以现实的态度面对冒险
   D. 愿意承担所做工作的个人责任,但对所从事的工作希望得到明确而又迅速的反馈
7. 员工小李以前很喜欢小王找他闲聊,可后来小李想利用业余时间学计算机,几次推托了小王的邀请,以后小王就不去找小李闲聊了。这种行为属于(　　)。
   A. 正强化　　　B. 负强化　　　C. 消退　　　　D. 惩罚

8. 期望理论提出，个体的努力程度取决于三个因素。以下不属于三个因素的是（　　）。
   A. 期望值　　　　B. 薪酬　　　　C. 工具性　　　　D. 效价
9. 以下关于内容型激励理论的说法中，错误的是（　　）。
   A. 内容型激励理论关注的基本问题是：要懂得如何激励人，首先必须了解人需要的内容是什么
   B. 马斯洛提出人的需要有五种：生理、安全、归属、尊重和自我实现
   C. 公平理论也属于内容型激励理论
   D. 双因素理论提出人的需要有两种因素：保健因素和激励因素
10. 银行的新员工入职培训方式之一，就是让新员工去监狱参观，了解各种金融领域犯罪案例，从中受到教育，引以为戒。这种行为属于（　　）。
    A. 正强化　　　　B. 负强化　　　　C. 消退　　　　D. 惩罚

【案例分析】

案例4-1

阿里巴巴如何激励员工

阿里巴巴（以下简称阿里）是在互联网时代下成长起来的企业，如今已发展为中国最大的电子商务公司，旗下的淘宝、天猫、聚划算开创了中国的电商时代。众所周知，阿里所展示的价值创造能力堪称中国企业的典范，这些价值的创造离不开"阿里人"的支持和奋斗，那么阿里是如何解决员工激励问题的呢？

阿里主张用企业文化拴住人，马云曾经表示，"有一样东西不能讨价还价，那就是企业文化、使命感和价值观"。阿里的永恒原则是"顾客第一、员工第二、股东第三"，其人才观是"人才是最好的财富，平凡的人做不平凡的事，让员工快乐地工作"。阿里在这样的原则和人才观下开展的激励实践赢得了员工的认可和信任。阿里具有独特的Fun文化，"Work with fun（让员工快乐地工作）"是阿里工作的口号，快乐工作包含了成长感、成就感和归属感三个维度。阿里通过营造放松的工作环境、愉快的工作氛围、融洽的团队关系使员工在工作中感受快乐，希望员工"每天下班能够笑眯眯回家"，阿里十派、不加班文化、武侠文化等都是Fun文化的一系列体现。价值观作为企业文化的核心也一直是阿里关注的重点，阿里是第一个将价值观纳入招聘、培训、考核和激励的公司。阿里的这种文化和价值观提供了让员工快乐工作、不断成长的环境支持，为融入其中的阿里人提供了驱动内在激励的组织环境，这也是阿里人心甘情愿为阿里奋斗的深层次心理动因。

阿里以理想激励和股权激励这种柔性机制为触点，激发阿里人的自我管理，为自己而工作，为阿里而工作。阿里自成立之初起一直有一个伟大的理想——"我们要创造一个中国人自己的、最伟大的公司，我们要进入世界500强，要做一个102年的企业"。阿里人认为，阿里是一家有崇高的理想、使命和价值观的企业，这不仅是马云的理想、阿里的理想，更是所有阿里人的理想和事业，并且这种理想激励在阿里"平凡的人做不平凡的事"的企业文化渲染下不断强化。此外，2007年阿里上市之后将RSU计划（受限制股份单位计划）视为主要的股权激励措施。相对于股票期权而言，RSU的行权价格更低（仅0.01港元），并且RSU奖励反映的是员工的未来价值，分4年逐步到位，具体数量则因职位、贡献

的不同而存在差异。阿里2014年第四季度的财报显示,当季阿里对员工的股权奖励支出达到43.13亿元,与2013年同期相比大幅上涨了554%,相当于当季收入的16%。此外,2013年阿里小微金融服务集团的股权架构调整,100%的阿里员工持股阿里小微,占股权比例32.7%。阿里大规模的股权激励也形成了一种财富共享的激励文化,这一点大大激发了员工的自我管理。

为了满足互联网时代下员工(尤其是知识型员工)对于个人成长和价值创造的需求,企业对员工的培训发展投资将是激发员工价值创造的最合适触点。马云坚信"人才是最好的财富",并指出"与其把钱存在银行里不如用在员工身上,我们坚信员工不成长,企业就不会成长"。阿里形成了一套系统化的培训体系,主要包括新人培训、专业培训、管理者培训以及在线学习平台四大板块,全方位地覆盖阿里各类型的员工,充分考虑了新员工入职时对阿里的认可和归属需求,员工在专业技能和管理技能上的成长需求,以及员工自身渴望创造价值的需求。除了以完善的培训体系为触点外,阿里还提供了内部接班人制度,对员工的价值创造予以肯定。这些积极创造价值的员工成为阿里庞大的内部人才储备,主管级以上的员工可以从这一人才库中培养自己的接班人。阿里创造了这样一种环境,员工所渴求的培训应有尽有,并且拥有充分的价值创造能力及满足阿里价值观的员工拥有明确的上升空间,这充分激发了拥有自我成长需求的新生代员工进行价值创造的潜能和行动。

"让员工快乐地工作"既是阿里的一种企业文化,也是阿里对员工的情感关怀。在互联网时代下,组织与员工之间的黏性下降,对员工实施情感关怀有助于激发员工的归属承诺。智联招聘2015年度中国最佳雇主白皮书显示,"员工尊重度"首次超越"薪酬福利"跃居榜首,成为最佳雇主的重要特征,这体现了情感关怀日益重要的未来趋势。

阿里对员工的情感关怀体现在四个方面。第一,阿里不给任何人承诺,成长空间和薪酬福利是员工为理想奋斗而获得的劳动成果,不是公司的承诺。第二,尊重员工,阿里尊重员工的选择,尊重员工的创造,尊重员工的劳动,切实维护员工的自尊。第三,关心员工,包括工作上和生活上的关心,甚至六一儿童节时在公司搭建充气游乐园,鼓励员工带孩子来公司玩。第四,保障员工归属感,这种保障可以从经济危机中阿里的人力资源政策看出。大多数企业在经济危机时会选择大规模地裁员以降低成本,这一时的收益却付出了员工归属感大幅下降的代价。阿里清楚地认识到这一点,2008年的经济危机,阿里将其视为吸纳储备人才的契机,不仅不裁员,甚至还实施提薪计划和员工互助基金计划,增加培训预算,在恰当时机下的保障极大地提高了员工的归属感。阿里在员工管理上点点滴滴的情感关怀在员工心中树立了高大的形象,激发了员工的归属承诺,多次荣获"最佳雇主"称号。

资料来源:蒙梭.互联网时代的员工激励研究:一种依托文化维系的内在激励模式——以阿里巴巴集团为例[J].中国人力资源开发,2016(16).

问题:
(1) 你认为阿里巴巴公司运用了何种激励理论来调动员工的积极性?
(2) 为什么阿里巴巴公司的方法能够有效地激励员工?

案例4-2
沃尔玛在激励员工方面遇到的问题

世界上最大的零售商沃尔玛公司,目前正面临着如何激励员工的问题。历年来,这家公司都使用一种相对宽松和直接的方式来激励员工,以保持他们的忠诚度。公司主要是通过给员工股权来激励他们,而员工的正常薪水并不高。为了说明沃尔玛公司历史上股权激励制度曾经起过的作用,我们来举个例子。比如,一名员工在1970年公司股票上升时,用1650美元买了100股,到1993年时,他拥有的股票价值就是350万美元。

20世纪70年代后期到80年代这段时间里,沃尔玛的股票每年都上涨不少。公司通过利润分享计划建立了养老基金,基金中大部分的钱都投资于购买公司的股票。这样,养老基金也会随着公司股票价格上涨而增加。除此之外,沃尔玛还以八五折的优惠给本公司员工出售股票,以鼓励他们直接购买。员工购买股票的钱甚至可以直接从工资单上支付。

员工一直相信,他们对公司所作的贡献对公司和自己都是有利的,因为养老基金和他们个人的股票价值都在不断上涨。员工都受到了很大的激励,对公司非常忠诚。山姆·沃尔顿是公司的创立者,他本人也促使了这种忠诚度和工作动机的形成。他平易近人的处事方式和公司的良好运作,使公司拥有了零售业界最忠诚、最积极献身的员工。公司一直被员工和业界认为具有非常优越的工作环境。

然而到了20世纪90年代,情形开始发生变化。首先,虽然公司仍然利润相当高,但公司的发展减缓,收入和利润已经没有太大的增长,从而导致了沃尔玛股票价格的下跌。1993年,公司股票每股的价格是30多美元,到1995年年底,就只有20美元左右了。股票的下跌大幅削减了养老金和员工的个人股票价值。结果,公司长期拥有的员工忠诚度开始下降,工作动机开始减弱。

1992年山姆·沃尔顿去世以后,公司文化也开始发生了一些微妙的变化,这使问题更加严重。公司新的管理层试图保持原有的经营方式以及与员工之间的关系,但不少主管人员缺乏领导魅力,也不能坚持山姆·沃尔顿过去倡导的与员工个人接触的管理方式。另外,新来的员工当然不可能有机会见到公司的创立者山姆·沃尔顿本人,因而也无法从老一辈公司领导那里受到教育与感染。

除了忠诚度和工作动机方面的问题以外,沃尔玛还面临因经济危机引发的其他问题。比如说,在避免工会组织不利于公司的集会方面,以前沃尔玛做得很好。但现在由于对养老金和其他激励措施的不满,工会组织各种集会并取得胜利的机会越来越多。自1991年到1993年,整个公司只出现过三次工作集会,而1994年一年就出现过四次。

等待着沃尔玛的将是什么呢?每个人都在猜测。虽然沃尔玛作为一个雇主的形象受到了负面的影响,但大多数专家从一个雇员的角度来看,仍然认为它是该行业最好的公司之一。而且,公司现在还是在盈利,管理层也坚信股票价格会再次上升。因此,他们相信员工还是会对公司满意,也会为公司继续作贡献。但也有人认为,出现的问题对公司的损害已经造成,沃尔玛将不会再度拥有它曾代表过的优越工作环境的形象。

资料来源:MOORHEAD G, GRIFFIN R W. *Managing People and Organizations:Organizational Behavior* [M].5th. Houghton Mifflin Company,1998.

问题:

(1) 用什么激励理论能最恰当地解释沃尔玛发生的问题?

(2) 如果在当前的困难情况下由你来管理沃尔玛,你将如何来激励员工?

(3) 对一个组织来说,提供太多的奖励和正强化可能吗?如果可能的话,它会对组织产生什么样的影响?

案例 4-3

华为公司的人才激励机制

华为公司成立于 1987 年，最初以代理一家香港公司的用户交换机（PBX）为主业。两年后，华为转向自主研发，致力于通信网络技术与产品的研究、开发、生产与销售。华为在其初期的发展过程中，逐步建立了一套独特的激励机制与企业文化，并将一大批国内最优秀的年轻人才收于旗下。他们倾尽青春和热情创造了中国民营科技企业令人叹服的发展神话，使华为成为中国最优秀的企业之一。

华为一贯重视员工福利保障，为员工创建健康、安全的工作环境，并推行物质激励与非物质激励并行的员工激励政策，使奋斗者得到及时、合理的回报。华为官方发布的 2017 年可持续发展报告显示，公司通过工会实行员工持股计划，员工持股计划参与人数为 80 818 人（截至 2017 年 12 月 31 日），参与人均为公司员工。员工持股计划将公司的长远发展和员工的个人贡献有机地结合在一起，形成了长远的共同奋斗、分享机制。为了对员工进行保障，华为同年投入超过 18.7 亿美元。

华为高速发展的一个根本原因是它不但吸引了大批中国最优秀的高校毕业生，而且使这些青年满怀激情地为企业工作，将个人的潜能充分发挥出来。华为能够做到这一点，应该归因于建立了一套科学合理的激励机制，这套激励机制包括以员工持股为核心的薪酬激励机制和以华为基本法（简称"基本法"）为核心的精神激励机制。

华为员工持股激励机制分析

在华为，公司根据员工的才能、责任、贡献、工作态度和风险承诺等方面的情况，由公司的各级人力资源委员会评定后给定配股额度，以虚拟受限股、期权、MBO（管理层收购）等方式，让员工可以拥有公司股份。在员工收入中，除工资和奖金之外，股票分红的收入占了相当大的比重。华为员工持股的演进过程大体分为以下三个阶段。

第一阶段（1990—1996 年）以解决资金困难为主要目的，实行内部集资。1990 年，华为开始尝试员工持股制度。当时华为刚刚成立三年，由贸易公司转为自主研发型企业，为解决研发投入大、资金紧张、融资困难造成的企业发展受限的问题，华为开始尝试实行员工持股制。在当时的股权管理规定中，华为将这种方式明确为员工集资行为。参股的价格为每股 10 元，以税后利润的 15% 作为股权分红，向技术、管理骨干配股。这种方式为企业赢得了宝贵的发展资金。

第二阶段（1997—2001 年）以激励为主要目标。1997 年，深圳市颁布了《深圳市国有企业内部员工持股试点暂行规定》，华为参照这个规定进行员工持股制度改制，完成第一次增资。华为当时在册的 2 432 名员工的股份全部转到华为公司工会的名下，占股份的 61.86%。此时，随着公司效益的提升和从资金困境中逐步解脱出来，员工持股制度在担负内部融资任务的同时，演变成一种重要的激励制度，与工资、年终奖金、安全退休金等一起，共同构成了华为的薪酬体系。这次改革后，华为员工股的股价改为 1 元/股。这时，华为已进入到高速增长期，开始从高校及社会大规模招聘人才，为提高对人才的吸引力，华为在提高薪酬的同时加大了员工配股力度。1994—1997 年，与华为每年的销售额翻番的增长速度同步，华为员工得到了大额的配股和分红。随着每年的销售额和利润增长，员工股的回报率常常能达到 70% 以上，最高时曾达到 100%。在这几年期间加入华为的员工，如果工作成绩出色，工作满两年时奖金与分红就能达到 20 万元，这样的收益水平怎能不让这些刚迈出校门不久的学子感到意外和惊喜？华为的员工还可以通过向公司设立的内部员工银行贷款来购买股票，以解决新员工没有足够的购股资金的问题。后来由于国家明令禁止企业设立内部银行，华为内部员工银行于2000年撤销。在这段时期内，华为的高薪及员工持股激励政策形成了强大的人才磁场，使华为聚集了大批行业中的优秀青年人才。

第三阶段(2001年至今)以员工持股激励规范化为目标。2001年，深圳市出台了《深圳市公司内部员工持股规定》，这一政策将民营企业一起纳入规范范围内。华为也意识到以前那种不规范的股权安排形式可能带来的潜在风险，以及造成的上市障碍。因此，2001年，华为聘请国际著名咨询公司，开始对其股权制度进行调整变革。将内部员工股更名为"虚拟受限股"。改制后，员工不再配发1元/股的原始股票，而是配以公司年末净资产折算价值的期权。老员工的股票按2001年年末公司净资产折算，每股价格增值到2.64元/股。员工离开公司时需按上年股价将股权转让给公司。此外，随着公司规模的扩大，华为在新期权的配发上放慢了脚步，股权倾斜向少数核心员工及优秀新员工，对于大多数普通员工的中长期激励，采用以原有股票的分红权为主，减少新增配股的方式。这种转变标志着华为随着企业规模的扩大和员工人数的增多，已经从普惠激励原则转变为重点激励原则。

这种全员持股的薪酬激励机制将保障性薪酬的利益激励机制与风险性薪酬的风险控制机制有机结合起来，以风险薪酬为主，做到短期激励与长期激励相结合，将激励效果最大化。同时，为了更好地实施员工持股计划，公司建立了一套以绩效目标为导向的考核机制，将业绩考核纳入日常管理工作中，以支撑相关的薪酬激励机制。具体包括：把考核作为一个管理过程，循环不断的"PDCA"过程使得业务工作与考核工作紧密结合起来；工作绩效的考评侧重在绩效的改进上；工作态度和工作能力的考评侧重在长期表现上；公司的战略目标和顾客满意度为绩效改进考核指标体系的两个基本出发点；在对战略目标层层分解的基础上，确定公司各部门的目标；在对顾客满意度节节展开的基础上，确定流程各环节和岗位的目标；绩效改进考核目标必须是可度量且重点突出的，指标水平应当是递进且具有挑战性的。有了这套考核机制，奖金的分配自然有了公平的依据。

以华为"基本法"为核心的精神激励分析

华为基本法的总设计师任正非希望建立一支庞大的高素质、高境界和高度团结的队伍，以及创造一种自我激励、自我约束和人才脱颖而出的机制，这也是"基本法"人才激励的最终目的。"基本法"所呈现出来的激励机制，将员工的利益放到了一个真实的位置上，极大地增强了员工对企业的认同感。这种以企业的具体管理制度和政策为基础所形成的一种人文环境或心理体验，发挥出了其精神激励的作用。例如，在"基本法"中体现的人才评价标准是"以贡献来评价，而不是以知识来评价员工，这是企业价值评价体系和价值分配体系公正性和公平性的客观基础"。将此人才评价标准作用于华为股权分配体系的结果是：老员工如果跟不上公司的发展步伐，即使过去贡献很大，其持股的比例也会降低；新员工如果具备公司需要的知识和技能，对公司的持续发展具有重大贡献，他在公司的持股比例则会增长很快。

又如，"基本法"体现的干部选拔标准是"尊重有功劳的员工，给他们更多一些培训的机会，但管理人员一定要依据能力与责任心来选拔。进入公司以后，学历、资历自动消失，一切根据实际能力、承担的责任来考核、识别干部"。

再如,"基本法"体现的绩效考核标准是"工作绩效的考评侧重在绩效的改进上,宜细不宜粗;工作态度和工作能力的考评侧重在长期表现上,宜粗不宜细"。考评结果要建立记录,考评要根据公司不同时期的成长要求有所侧重。在各层上下级主管之间要建立定期的述职制度。各级主管与下属之间都必须实现良好的沟通,以加强相互的理解和信任。沟通将列入对各级主管的考评,并以此作为华为公司的基本考核方式。

通过这种激励机制想要达到三个目的:一是要每个人努力做好工作,为公司创造更多的价值;二是要开发人力资源,挖掘每个人的潜能,不断促进人力资本增值;三是要对员工的价值创造过程和价值创造结果进行评价和排序。

资料来源:HR案例网.http://www.hrsee.com/? id=511.

问题:
(1) 总结华为的激励机制,并谈谈它带给我们哪些启示。
(2) 华为的员工激励措施都用到了哪些激励理论,具体是如何运用的?
(3) 华为的激励模式能否复制到其他企业中?为什么?

Part Three
第 Ⅲ 篇

群体心理与行为

第五章　群体心理与行为的基础——群体的结构与行为
第六章　沟通与冲突管理
第七章　领导行为

第五章 群体心理与行为的基础
——群体的结构与行为

【学习目标】
1. 掌握群体的定义和特征,了解群体的特征和发展阶段;
2. 理解群体动力,掌握群体行为的具体类型;
3. 理解团队与群体的区别,了解不同类型的团队。

【篇首案例】

群体规范的形成

美国心理学家谢里夫(M. Sherif,1905)的试验说明了群体规范的形成过程。试验在一间暗室内进行,一个被试坐在暗室里,面前的一段距离内出现一个光点,光点出现几分钟后消失,然后让被试判断光点移动的距离。实际上,光点并没有移动,但在暗室中看光点,每个人都会觉得光点在移动,这是心理学中典型的视错觉试验。

这样的试验进行了几次,每个被试都建立了个人的反应模式:有的人觉得光点向右上方移动,有的人觉得向左下方移动,有的人认为是向下移动,每个人的反应模式都各不相同。随后,让这些被试一起在暗室内看出现的光点,大家可以互相讨论,说出自己的判断。试验反复进行,过了一段时间之后,大家对光点移动方向的判断逐渐趋于一致。这就是说,群体规范代替了个人的反应模式,这种规范的形成显然是受了模仿、暗示等心理机制的影响。

试验继续进行,出现了一个有趣的现象。当把这些被试重新分开单独作判断时,每个人并没有恢复他原先建立的个人反应模式,也没有形成新的反应模式,而是一致保持群体形成的规范。这表明群体的规范会形成一种无形的压力,约束着人们的行为,甚至这种约束并没有被人们意识到。

Organizational Behavior

群体介于组织与个体之间,个体组成群体,群体形成组织。我们发现,当个体处于群体中的时候,由于受到压力或气氛等因素的影响,会表现出与他作为单独的个体不一样的心理和行为。

第一节 群体及其发展

作为一种高度社会化的生物,人总是需要工作和生活在各种各样的群体之中。这个群体可能是一个家庭,可能是企业的一个生产班组或新产品开发小组,可能是某个医疗小组,可能是某个球队,也可能是某航班飞机上的一群机组人员……群体是十分普遍而重要的社会现象。

一、群体的定义和类型

杨锡山和徐联仓等认为,从心理学的角度来说,群体是指由两个或两个以上成员组成的、具有共同关注的目标、任务、活动,在行为上相互作用,在心理上相互影响的人群集合体。

1. 群体的特征

群体具有以下三个重要特征。

(1) 成员在心理上能互相意识到群体中其他个体的存在,成员之间相互依存。

(2) 成员在行为上相互作用,相互影响。在当今信息网络时代,行为上的相互作用和影响并不一定需要直接面对面接触,远程通信和办公等现代手段使人与人之间相互作用的时空变得更大了。

(3) 成员有共同关注的目标和利益。在多数情况下,该目标和利益是一致的,群体中各成员承担各自的角色(可能相同也可能不同),具有群体意识和归属感,具有我们同属于一个群体的感受,意识到我是这个群体中的一员;但在有些特殊情况下,如下棋比赛的两个人也可以认为是一个群体,但他们之间的目标则是负向相关的,一方获胜则另一方失败,但他们对这一目标却是共同关注的。

根据这一定义,企业中的新产品开发小组、质量活动小组、火电站的中央控制组、参加辩论赛的大学代表队等,都是群体的例子。但也并不是我们见到的所有人群都可以称为组织行为学意义上的群体,譬如,马路上围观看热闹的人群就不是群体,因为他们尽管能感受到对方的存在,但相互之间没有依存关系,行为上也不相互作用和影响,也没有共同关注的目标和利益。另外,上述群体的定义实际上也对群体的人数进行了限制,也就是说,当某个人群中人数多到不能使人与人之间都有机会进行相互作用时,它也就不能被称为群体。

2. 群体的类型

(1) 根据构成群体的原则和方式,可以将群体划分为正式群体和非正式群体。

正式群体(formal group)是组织精心设计与规划的有明确的目的和规章,成员的地位和角色、权利和义务都很清楚并有稳定、正式结构的群体。这种正式性可以由组织图反映出来,是相对稳定的。正式群体有明确的编制和组织形式,每个成员有明确的分工、责任、权利和义务。为了保证工作目标的实现,还有统一的规章制度和组织纪律,并具有明文规定的规范标准,正式群体的成员必须从事由组织目标所规定的活动,受到正规的奖惩制度的激励和约束。

非正式群体(informal group)与正式群体相反,它不是由组织正式规定建立的,而是组织中的人们在工作生活中以相同的观点、兴趣爱好相似等为基础、以彼此感情为纽带自然形成的、没有固定组织形式的群体,且成员之间的关系松散。

非正式群体具有如下特征。

① 自发性。非正式群体是自发形成的,员工到非正式群体去寻找归属、认同、理解和表现自己、完善自己,自发组成不同类型的非正式群体。

② 成员的交叉性。有许多员工的爱好、兴趣比较广泛,体验感受比较丰富,因此他们可能参加几个非正式群体,从而使非正式群体成员具有交叉性。

③ 有自然形成的核心人物。非正式群体和正式群体一样有核心人物,但他们不是由上级正式任命或员工选举产生的,而是在长期的工作、学习、生活和娱乐中自然形成的。他们大多善于协调成员间的关系,有较强的组织管理能力和影响力。

④ 排他性和不稳定性。非正式群体内部成员之间交往较多,关系亲密,互相帮助,但对本群体以外的员工则比较淡漠、疏远,甚至排斥,具有明显的排他性。同时,非正式群体又有相对不稳定性,当群体成员的看法、意见发生矛盾和分歧时,一旦调解无效,就会导致群体的分化、瓦解,以至于重新组合,产生新的非正式群体。

正式群体与非正式群体的区别如表 5-1 所示。

表 5-1　正式群体与非正式群体的区别

类　型	组 成 因 素	特　　性
正式群体	依据正式程序组成	结构单一性 具有一定的结构形式
	以正式结构为本,而产生心理认同	领导者常具有主管身份 主要目标为达成工作任务
非正式群体	因人员自然交往而形成	结构具有重叠性 不具有一定的结构形式
	以心灵组合为本,而产生无形结构	领导者不一定是主管 主要目标为满足成员需求

根据形成的动机,非正式群体可以分为亲缘型、时空型、情感型、爱好型、信仰型、利益型六种类型,如表 5-2 所示。

表 5-2　非正式群体的分类

类　型	特　　征
亲缘型	以亲属关系建立起来的群体
时空型	以时间和空间的接近而自然形成的群体,如同省、同地区、同学历等或工作中经常接触的人,如校友群体、同乡群体
情感型	以相互了解、相互信任、有共同语言为基础建立起来的群体
爱好型	以各种个性心理特征和兴趣爱好相近为基础建立起来的群体,如足球爱好者群体
信仰型	以共同的宗教信仰或某种抱负为基础建立起来的群体
利益型	由于某种利益或观点上的一致而形成的群体,如汽车共乘群体(有车的某个同事驾车接送其他几个同事一起上下班,其他同事一起分摊交通费用)

（2）按群体成员间的关系，可以将群体划分为命令型群体、任务型群体、利益型群体和友谊型群体。

① 命令型群体(command group)，是由组织结构规定的命令关系所组成的群体。
② 任务型群体(task group)，是指为完成某项工作任务而在一起工作的群体。
③ 利益型群体(interest group)，是为了某个共同关心的特定目标而在一起的群体。
④ 友谊型群体(friendship group)，是基于成员共同特点而形成的群体。

二、群体的发展阶段

1. 四阶段模型

群体发展四阶段模型认为，不管什么类型的群体（小组），自它刚建立到最后走向成熟的过程中，都会经历以下四个发展阶段：①相互接纳(mutual acceptance)；②沟通和决策(communication and decision making)；③激励和生产率(motivation and productivity)；④控制和组织(control and organization)。

图 5-1 表示了这四个阶段及其特征。实际上，各阶段活动之间总会有重叠，所以也不能绝对地将它们分开。

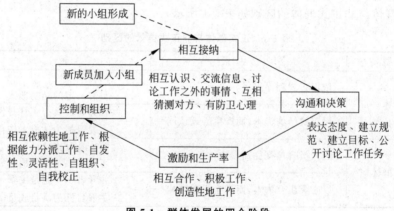

图 5-1　群体发展的四个阶段

说明：该图显示了一个新建立的小组发展成为成熟小组的过程。
注意：当新的成员加入小组或小组有了新的任务时，小组又会整个地将各阶段经历一遍。

（1）相互接纳。小组刚刚建立的一段时期处于相互接纳阶段，各成员通过交流各自的信息而相互认识，他们还可以经常通过讨论与工作无关的一些问题（如天气、体育活动或组织内最近发生的一些事情）来试图了解对方。他们也可能会讨论小组工作（如目标）方面的事情，但是由于彼此之间还不是很熟悉，所以不会谈论得很深入。但如果成员们在以前就很熟悉，这个阶段则会比较短。

当成员们相互认识后，他们就会讨论更敏感的一些事情，如组织政治或最近有争议的决策。在这一阶段，成员会相互交流各自对一些问题的看法以及了解各自的反应、知识和能力，但很少发生争论。通过讨论，成员们了解他们在价值观和对问题看法上的异同，并建立某种程度的相互信任。小组成员还有可能根据他们以前在小组中工作的经历来交流彼此对小组活动的期望。然后,小组进入下一阶段。

(2) 沟通和决策。一旦小组成员相互接纳对方后,就会转入讨论本小组的工作,小组进入沟通和决策阶段。这时,小组成员们更加开放地讲述各自的感受和观点。在相处中,他们对相反的意见会更有耐心和宽容,并努力从不同的角度探讨合理的解决办法。在这一阶段,成员们会慢慢发展出一套小组的行为规范。譬如,建立小组的组织机构、规章制度和信息交流网络;明确群体成员之间的相互依赖关系;确定小组领导人,明确权限和责任;制订目标和实现方法;成员们会相互讨论,并建立大家都认同的小组目标。然后他们给各成员分派任务和角色,以共同完成小组目标。

(3) 激励和生产率。在激励和生产率阶段,小组的工作重点从成员之间的个人观点转向小组具体的工作活动。各成员开始进行各自被分派的工作,相互合作、相互帮助共同完成目标,成员们受激励的程度日益增加,创造性地开展工作。这一阶段,小组完成其工作任务,开始走向最后一个阶段。

(4) 控制和组织。在控制和组织阶段,小组为完成目标有效地开展工作。工作任务是在相互认同和根据员工能力的基础上分派给每一个员工。在一个成熟的小组中,各成员的工作活动都是自主的,工作有灵活性而不是受限于严格的规定。在必要的时候,小组会对其活动和潜在的产出进行评估和控制。小组表现出的灵活性、自发性、组织性和自我校正,对它在长时间内保持高的生产效率是非常重要的。

并不是所有的小组都会经历所有这四个阶段。有些小组在到达最后一个阶段前就解散了,还有一些小组会解散得更早。管理人员必须了解小组发展的规律,因为行为是由各自阶段来决定的。只有这样,才能更好地管理一个小组。

2. 五阶段模型

罗宾斯(2005)在其著作中引用了前人做的研究(Tuckman,1965;Tuckman 和 Jensen,1977;Maples,1988),介绍了群体发展的五阶段模型,如图 5-2 所示。他们认为,群体的发展过程会经过如图 5-2 所示的五个明显的阶段:①形成阶段(forming);②震荡阶段(storming);③规范阶段(norming);④执行阶段(performing);⑤解体阶段(adjourning)。

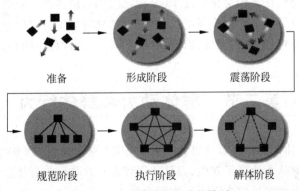

图 5-2 群体发展的五阶段模型

(1) 形成阶段。这个阶段的特点是：群体的目的、结构、领导都不确定,群体成员各自摸索群体可以接受的行为规范。他们需要被告知该做什么,这种互动是很表面的而且是集中于正式的领导人。当群体成员开始把自己看做是群体的一员时,这个阶段就结束了。

(2) 震荡阶段。这是群体内部冲突阶段,群体成员接受了群体的存在,但对群体加给他们的约束,仍然予以抵制,而且,对于谁可以控制这个群体,还存在争执,群体成员表现出关怀与挫折感,自由地交换看法和意见。这时群体开始学习如何处理分歧,以便顺利完成工作任务,如果无法成功度过这一阶段,群体就会变得分崩离析,而且缺乏创意,这个阶段结束时,群体的领导层次就相对明确了。

(3) 规范阶段。在这个阶段中,群体内部成员之间开始形成亲密的关系,群体表现出一定的凝聚力,成员接受了群体,并且发展出解决冲突、制定决策及完成任务的常规办法。在这一开放与信任的阶段,成员喜欢开会,并且自由地交换信息,但也有可能使群体停滞于集体想法的风险,这时会产生强烈的群体身份感和友谊关系。当群体结构稳定下来,群体对于什么是正确的成员行为达成共识时,这个阶段就结束了。

(4) 执行阶段。在这个阶段中,群体结构已经开始充分地发挥作用,并已被群体成员完全接受,群体成员的注意力已经从试图相互认识和理解转移到完成手头的任务,群体已有了结构、目的、角色,并且已经对完成任务做好了准备。成员具有自动自发的特点,在解决问题与制订决策的过程时注重结果。随着群体完成重要的阶段性任务,它也逐渐获得组织中其他部门和群体的认同。

(5) 解体阶段。对于长期性的工作群体而言,执行任务阶段是最后一个发展阶段,而对暂时性的委员会、团队、任务小组等工作群体而言,因为这类群体要完成的任务是有限的,因此,还有一个结束阶段。在这个阶段中,群体开始准备解散,高绩效不再是压倒一切的首要任务,注意力放到了群体的收尾工作。在这个阶段,群体成员的反应差异很大,有的很乐观,沉浸于群体的成就中,有的则很悲观,惋惜在共同的工作群体中建立起的友谊关系不能再像以前那样继续下去。

以上五阶段模型只是反映了大多数群体的发展阶段,但某些群体也会发展很快。譬如,罗宾斯(2005)指出,一项关于飞行员的研究发现,当指定三名互不认识的飞行员同舱驾驶一架飞机时,他们在开始合作后的10分钟之内就会成为高绩效群体。这种群体能快速发展,是因为飞行员的工作处于强组织情境中,这种情境本身就提供了飞行员事先熟悉的规章制度、任务界定、信息和资源,而这些都是群体发展过程中的必要内容。

第二节 群体动力和群体行为

为什么有些群体比另一些群体更容易成功?在《皇帝的新衣》中,为什么皇帝明明什么都没穿,人们却都认为他穿了衣服,而且还很好看?这是因为群体是在一定的动力影响下发展的,群体动力的差异性决定了群体行为的不一致,另外,又由于受到群体动力的影响,处于群体中的个体会表现得"不再像单独的个体"。

一、群体动力

"群体动力"这一概念最早由德国心理学家勒温(Kurt Lewin,1890—1947)提出,他提出的群体动力公式为

$$B = f(P, E)$$

式中,B指个人行为;P指个人,包括人的遗传素质、情绪、能力、人格等内在因素;E指现实的社会环境,包括人际影响、群体中的社会心理气氛、群体压力、领导作风等。

群体动力是指左右和影响群体发展演变的主要力量,主要内容包括群体角色(group role)、群体规范(group norm)、群体压力(group press)、群体凝聚力(group cohesiveness)和群体士气(group morale)等。

1. 群体角色

莎士比亚说,世界是一个大舞台,所有男人和女人都是舞台上的演员。运用同样的比喻方法,可以说,所有的群体成员都是演员,每人都扮演一种角色。

这里的角色是指人们对在某个社会性单位中占有一个职位的人所期望的一系列行为模式,如果我们每个人都只选择一种角色,并可以长期一致地扮演这种角色,对角色行为的理解就简单多了。但是很不幸,不管上班时,还是下班时,我们都要被迫扮演多种不同角色。正如我们所看到的,要理解一个人的行为,关键是弄清他现在扮演什么角色。

(1) 群体角色的类型。几乎在任何一个群体中,都可以看到成员有三种典型的角色表现:自我中心类角色、任务中心类角色和维护类角色。如图5-3所示,这些不同的角色对群体绩效会产生不同的影响。

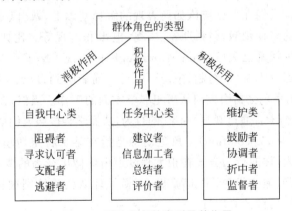

图5-3 群体角色的类型及其作用

① 自我中心类角色。这类角色处处为自己着想,只关心自己,包括:
- 阻碍者,指那些总是在群体通往目标的道路上设置障碍的人;
- 寻求认可者,指那些努力表现个人的成绩,以引起群体注意的人;
- 支配者,这类人试图驾驭别人,操纵所有事务,不顾对群体有什么影响;
- 逃避者,这类人对群体漠不关心,似乎自己与群体毫无关系,不作贡献等。

研究表明,自我中心类角色的表现会给群体绩效带来消极作用,造成绩效下降。

② 任务中心类角色。这类角色包括：
- 建议者,指那些给群体提建议、出谋划策的人；
- 信息加工者,指为群体搜集有用信息的人；
- 总结者,指为群体整理、综合有关信息,为群体目标服务的人；
- 评价者,指帮助群体检验有关方案、筛选最佳决策的人。

③ 维护类角色。这类角色包括：
- 鼓励者,热心赞赏他人对群体的贡献；
- 协调者,解决群体内冲突；
- 折中者,协调不同意见,帮助群体成员制定大家都能接受的中庸决策；
- 监督者,保证每人都有发表意见的机会,鼓动寡言的人,压制支配者。

每一个群体不仅要完成任务,而且要始终维持自己的整体,任务中心类角色和维护类角色在其中都能起到积极作用。

(2) 群体角色的心理效应。在一个群体中,各个角色要发挥作用,会产生以下心理效应。

① 角色认同(role identity)。角色认同是指在一种角色当中,人们的态度与实际行为保持一致。如果人们发现环境条件明显要求他们做出重大改变时,他们能够迅速调整自己的角色行为。例如,当一名工会干事晋升为基层主管时,人们会发现他的态度在随后几个月中发生了变化,从亲工会转向亲公司的管理层。如果形势发生变化,他又回到原来的位置,那么他的态度也会变回亲工会。

② 角色知觉(role perception)。角色知觉是指个体对于自己在特定情境中应该如何表现的认识和了解。人们在自己应该如何表现的解释基础上,做出某种行为反应。

角色认知周围的多种刺激,包括朋友、书籍、电影和电视等。比如许多当代的执法人员通过阅读约瑟夫·沃姆巴夫(Joseph Wambaugh)的小说了解了不少他们的角色；即将成为律师的人也会因为观看《法与制》中律师的行为而影响到自己；《犯罪现场鉴证》中描述的犯罪行为调查的角色会指引人们从事犯罪学方面的工作。当然,在不少专业领域设立了学徒制,目的是让初学者通过观察"专家"的行为,从而学会按照人们期望的方式行动。

③ 角色期待(role expectation)。角色期待是指在某个特定情境中别人认为你应该表现出什么样的行为,你的行为方式在很大程度上由你做出行为的背景所决定。比如,法官的角色被视为威严、地位优越、举止高贵；而橄榄球队的教练则被视为富有进取精神、灵活机动以及善于激励自己的球员。

在工作场合,心理契约这个概念有助于更好地考察角色期待这个主题。在雇主和雇员之间,存在一种不成文的约定,这种心理契约规定了双方的期待,也就是雇主对雇员,以及雇员对雇主的期待。事实上,正是这种心理契约规定了每个角色的行为期待。一般来说,雇员期待雇主公正地对待每个雇员,给他们提供可以接受的工作条件,清楚地表达一天的工作任务,对员工的工作好坏给予反馈；而雇主期待雇员工作态度认真、听从指挥、忠于组织。

④ 角色冲突(role conflict)。当个体面临多种角色期待时,就可能会产生角色冲突。

如果个体服从一种角色的要求，那么就很难服从另一种角色的要求，这就产生了角色冲突。在极端情况下，可能包含这样的情境：个体所面临的两个或更多的角色期待是相互矛盾的。

2. 群体规范

所谓规范，就是群体成员共同接受的一些行为标准。群体规范是指群体对其成员适当行为的共同期望或标准，这些标准为群体每个成员所公认，而且是每个成员必须遵守的。从个体的角度看，群体规范意味着，在某种情境下群体对一个人的行为方式的期望，群体规范被群体成员认可并接受之后，它们就成为以最少的外部控制影响群体成员行为的手段。不同的群体、社区，群体规范也不同，但不管怎样，所有的群体都有自己的规范。

（1）群体规范的形成。一般来说，群体规范是在群体成员掌握使群体有效运作所必需的行为的过程中逐步形成起来的。当然，群体中的一些关键事件可能会缩短这个过程，并能迅速强化新规范。大多数群体规范是通过以下方式中的一种或几种形成的。

① 群体成员所做的明确的陈述，这名群体成员通常是群体的主管或某个有影响力的人物。

② 群体历史上的关键事件，此事件通常是群体制定某种重要规范的起因。

③ 私人交谊。群体内部出现的第一个行为模式，常常就为群体成员的期望定下了基调。

④ 过去经历中的保留行为。来自其他群体的成员在进入一个新群体时，会带来在原群体中的某些行为期望，这就可以解释，为什么工作群体在添加新成员时，喜欢吸收那些原来的背景和经验与现在群体相近的成员，因为这种新成员所带来的行为期望，与现在群体中业已存在的行为期望可能比较一致。

（2）群体规范的主要类型。工作群体的规范如同一个人的指纹，每一个都是独一无二的，但对大多数工作群体而言，群体规范包括绩效规范、形象规范、社交约定规范和资源分配规范。

① 绩效规范。工作群体通常会明确告诉其成员应该多努力地工作，应该怎样完成自己的工作任务，应该达到什么样的产出水平，应该怎样与别人沟通等。这类规范对员工个体的绩效影响极大，它们在很大程度上能够校正仅根据员工的能力和动机水平所作出的绩效预测。

② 形象规范。包括：恰当的着装；对群体或组织的忠诚感；什么时候应该表现得忙碌、什么时候可以磨洋工。有些组织制定了正规的着装制度，有些则没有，但即使在没有这类制度的组织中，组织成员对于工作时应该如何着装，也有一些心照不宣的标准。同样，个体表现出对群体或组织的忠诚感十分重要，尤其对专业技术人员和高层管理者而言，公开寻找另一份工作常被认为是不合适的。

③ 社交约定规范。这类规范来自非正式群体，主要用于规定非正式群体中成员的相互作用。比如，群体成员应该与谁共进午餐、工作内外的交友情况、社交活动等，都受到这些规范的制约。

④ 资源分配规范。这类规范来自组织或群体内部，主要涉及员工报酬分配、困难任务的安排以及新型工具和设备的分发等。

（3）群体规范的功能。一般来说，群体规范具有以下四方面的功能。

① 群体支柱的功能。群体规范是一切社会群体得以维持、巩固和发展的支柱。群体规范越能被群体成员所一致接受，则群体成员之间的关系越密切，群体也越团结。

② 评价准则的功能。群体规范是群体成员的行动准则，因此，群体成员要以群体规范来评价自己和其他成员的行为。

③ 对群体成员的约束功能。群体规范的约束作用主要表现在群体舆论中。这种群体舆论是大多数成员对某种行为的共同评论意见。当某些成员的行为举止与群体规范相矛盾时，多数成员会根据群体规范对这种行为作出一致的判断或批评。这种带有情绪色彩的共同意见，对个人行为具有约束作用，使其不至于违反群体规范。

④ 行为矫正的功能。群体成员如果违反了规范，就会受到群体舆论的压力，迫使他改变行为，与群体成员保持一致，因而群体规范具有行为矫正的功能。

3. 群体压力

由群体规范的功能可以看出，每个群体都对其成员有一定的约束力量，也就是说，群体都要求其成员共同遵守一定的行为准则，而对于群体行为准则的共同遵守，往往也是群体内大多数成员的意向或愿望。有经验的管理者早就知道，当90%的人已经说出"是"之后，让另外的人说"不"绝非一件容易做到的事。群体大多数成员的意见会产生一种无形的力量，它使群体内每一个成员自觉不自觉地保持着与大多数人的一致性，这个力量就是群体压力。

群体压力与权威命令不同，它既不是由上而下明文规定的，也不是强制个体改变自己的行为，而是通过多数人的意见，形成压力去影响个人的行为。群体压力尽管不具有强制的性质，但它对个体来说，却是一种难以违抗的力量。有时，当这种群体压力非常大的时候，甚至会迫使其成员违背自己的想法而产生完全相反的行为，这是因为当一个人的意见与群体内大多数人的意见和行为不一致时，就会感到紧张，这种紧张来自对偏离群体的恐惧。每个人都有归属一定的群体的需要，而偏离大多数人的意见，则意味着对这种归属感的威胁。所以，如果一个人不愿意处于孤立的境地，他就会在群体压力面前顺应大多数人的意见。

群体规范对其成员的影响，其实就是通过群体规范所形成的群体压力来实现的。群体压力致使其成员采取共同的行动，这种一致性的做法至少体现了以下两方面的意义。

（1）群体一致的行为，有助于组织目标的达成和群体的存在与发展。成员间没有分歧意见的行为可促使相互间的交互更为顺利，彼此间更能够相互理解，努力协作，保证群体活动的良好秩序和工作效率。倘若群体内部意见不一，便无法得出结论、达成一致协议，到时一哄而散，不利于维护群体的存在与发展。

（2）群体一致的行为，可以增加个人的安全感。个人安全感是通过验证自身对情境的判断正确无误来获得的。可是，许多时候并没有可供核对的事实来验证，通常只能参照别人的意见和行为来确定自己的意见和行为。当看到别人赞成自己的意见和想法时，内心才会有安全感。而且，大多数人只有在属于某个团体，有明确的地位与安全感的情况下，才能自由地表现自己的个性。

对于管理者而言，要充分利用群体压力对个体所产生的影响来发展群体的亲善性。

当群体采取某种特定的行动时,个别成员就会受群体所迫,努力满足群体的需要。这样,便可去除不一致的声音,贯彻决策,达成群体目标。

4. 群体凝聚力

群体凝聚力又称群体凝聚性或内聚力,它是使群体成员保持在群体内的合力,是群体对成员的吸引力,是一种使其成员对某些人比对另一些人感到更亲近的情感。它可以被认为是群体的确定性特征。它既包括群体对其成员的吸引力,又包括成员对群体的向心力,同时还包括成员与成员之间的相互好感。群体成员间相互吸引力越强,群体成员对其群体就越忠诚,坚守群体规范的可能性就越大,因此,成员们会为群体目标做出更大的努力,个体目标与群体目标更易趋于一致,群体凝聚力自然就越大。

心理学家多伊奇(Deutsch)曾提出一个计算群体凝聚力的公式

$$群体凝聚力 = \frac{成员之间相互选择的数目}{群体中可能相互选择的数目}$$

(1)影响群体凝聚力的因素。群体凝聚力的大小受许多因素的制约,有效地控制和利用这些因素,就是增强群体凝聚力的有效方法,具体如下。

① 群体规模。群体规模的大小与凝聚力成反比,即群体规模大,凝聚力小;群体规模小,凝聚力大。因为群体人数多,相互接触的机会就少,但产生意见分歧的概率却增大,凝聚力自然会降低。不过,如果群体规模太小,又会影响任务的完成。所以,既要保证群体的工作机能,又要增强群体的凝聚力。一般来说,群体规模在7人左右为佳。

② 群体内部的一致性。内部一致性是指群体成员的共同性和相似性,主要指成员间要有共同的利益和目标。在承包的企业群体内部,成员间的一致性较之未承包的群体要高,而且彼此间利害关系更为明显,因此凝聚力也更高。

③ 外部压力。外部压力会使群体间成员更加紧密地黏附在一起,以抵抗外来的威胁,从而增加群体成员相互合作的需要。在企业活动中,引进竞争机制,让竞争对手给群体制造外部压力,能使群体内部成员更加团结,提高凝聚力。

④ 群体的领导方式。民主型的领导方式比专制、放任型的领导方式能够使成员更友爱,思想更活跃,情感更积极,群体凝聚力更强。

⑤ 群体内部的奖励。在那些人们期望彼此喜欢或为了较高的报酬而工作的条件下,他们相互间的影响更大,个人和群体相结合的奖励方式有利于增强群体的凝聚力。

(2)凝聚力与生产效率的关系。关于群体凝聚力和生产率之间关系的研究得出了矛盾的结果,有些研究发现凝聚力高,生产率也高;而另一些研究则发现凝聚力高的群体生产率还不如凝聚力低的群体;还有些研究报告表明生产率和群体凝聚力之间没有关系。

最具典型的研究是社会心理学家沙赫特(Schackter)的试验。沙赫特等人在严格控制的试验条件下检验了群体凝聚力和对群体成员的诱导(宣传)对于生产率的影响。试验的自变量是凝聚力和诱导,因变量是生产率,除了设立对照组进行对比外,沙赫特等人把试验组分成四种条件,即高凝聚力、低凝聚力、积极诱导和消极诱导。

试验结果说明,两种诱导产生明显不同的效应,极大影响了凝聚力与生产率的关系。无论凝聚力高低,积极诱导都提高了生产率,而且高凝聚力组生产率相对更高。而消极诱导则明显降低了生产率,高凝聚力组的生产率更低。这说明高凝聚力条件比低凝聚力条件更易受诱导因素的影响。

决定凝聚力对生产率影响的主要因素是群体的目标与组织目标是否一致。如果二者相一致,则高凝聚力群体会产生高绩效;如果二者相违背,则高凝聚力群体会产生低绩效。总的来说,高凝聚力群体比低凝聚力群体更倾向于维护他们的目标,凝聚力与生产效率的关系有以下四种情况,如图 5-4 所示。

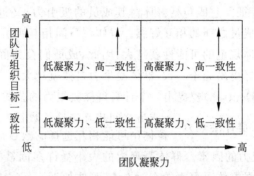

图 5-4　凝聚力与生产率的关系

资料来源:陈国海.组织行为学[M].第三版.北京:清华大学出版社,2010.

① 高凝聚力、高一致性,即团体的态度与组织目标保持高度一致性。这时,团体的凝聚力越高,生产率越高。

② 高凝聚力、低一致性,即团体的态度与组织目标不一致。此时,团体的凝聚力越高,生产率越低。

③ 低凝聚力、低一致性,即团体的态度不支持组织目标。此时,团体的凝聚力低,且凝聚力与生产率的关系不明显。

④ 低凝聚力、高一致性,即团体的态度对组织目标是支持的。此时,即使凝聚力低,生产率也能提高。

所以,并不是任何凝聚力都是有利于提高生产率的,只有在团体的目标与组织目标相一致的基础上,增强凝聚力才有利于提高生产率。反之,如果团体的目标与组织目标背道而驰,则高凝聚力反而会使生产率下降。

一个凝聚力强的团体总是要求它的成员表现出高度的一致性。在这种团体里,个人服从团体的倾向较强,如果领导者善于诱导,使团体目标与组织目标相结合,生产效率就会大幅度提高,这时凝聚力与工作绩效成正比。反之,如果领导者不善于将团体目标与组织目标相结合,那么,团体的凝聚力越强,反而会增加团体的本位主义和小团体思想,使生产率下降,在这种情况下,凝聚力和工作绩效成反比。所以,要提高一个团体的绩效必须从两方面着手,一是使团体的目标与组织的目标相一致,二是增强团体的内部凝聚力。

5. 群体士气

群体士气是指群体中存在的一种齐心协力、高效率地进行活动的精神状态。群体士气对于群体绩效有着非常重要的影响。

影响群体士气的因素很多,主要包括以下几点。

(1) 对组织目标的赞同。士气是群体中成员的群体意识,它代表一种个人成败与群体成就休戚相关的心理,这种心理必须是在个人的目标与群体的目标协调一致时才可能产生。这时,个体对组织有强烈的认同感,愿意为达成组织的目标而努力。

(2) 合理的经济报酬。金钱不是人们追求的唯一目标,但金钱可以满足个人的许多需求,有时它还代表一个人在组织中的成就和贡献。同工同酬,以工计酬,公平合理,就能提高员工的工作积极性;反之,不合理的薪资制度会引起不满而降低士气。

(3) 对工作的满足感。对工作的满足感增长有利于提高士气。例如个人对所从事的工作感到合乎他的兴趣、适合他的能力、对他具有挑战性、能施展他的抱负,在这种满足感的情况下,士气必然会提高。因此,安排工作时要尽可能考虑职工的智力、兴趣、教育程度和特殊专长,这样做就能展其长处、鼓舞士气。

(4) 有优秀的管理人员。一个领导的管理作风对下级的工作精神影响极大。研究表明,凡是士气高的群体,其领导者都比较民主,乐于接受别人意见,善于体谅职工。

(5) 同事间的关系和睦。一个士气高的群体,其成员间的凝聚力很强,很少出现彼此冲突、埋怨、敌对的现象。

(6) 良好的意见沟通。领导与下级,或下级与上级之间,如果沟通受阻,则可能引起职工的不满而影响士气。单向沟通只是上级命令下级,而没有给职工反映意见的机会,容易产生抗拒心理、降低士气。多让职工有参与决策或群体讨论的机会,这种双向沟通的方式有利于提高职工的积极性。

(7) 奖励方式得当。采取个体奖励制度,容易造成竞争式群体,从而影响群体;如果采取群体奖励制度,以群体成绩计酬分享,那么有利于提高全体成员的士气。

(8) 良好的工作心理环境。在工作中心理挫折少,焦虑少,在充满自信、自尊的关系中工作,有利于提高职工的士气。

二、群体行为

有别于个体行为,群体行为有着自己鲜明的特征。这主要表现在从众、顺从、社会助长、社会抑制、社会惰化、模仿与感染等典型的群体行为上。

1. 从众行为和顺从行为

当一个人在群体中与多数人的意见有分歧时,会感受到群体压力。有时这种压力非常大,会迫使群体的成员违背自己的意愿产生完全相反的行为,社会心理学中把这种行为叫作"从众"或"顺从"。

(1) 从众行为。个体受群体压力的影响,在知觉、判断、信仰和行为上表现出来的与群体大多数成员相一致的现象,称为从众行为。

从众行为在所罗门·阿希(Solomon Asch)的经典试验中得到了充分证明。阿希把7~8个被试组成一个小组,并让他们围坐在一张桌子边,要求他们比较试验者手中的两张卡片:第一张卡片上有1条线段,第二张卡片上有3条线段,这3条线段的长度不同。如图5-5所示,第二张卡片上3条线段中的一条

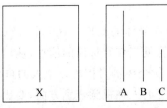

图 5-5 阿希试验中使用的卡片

和第一张卡片上的线段一样长。从图中可以看到,第二张卡片上线段的长度差异十分明显,一般情况下,被试作出错误判断的概率低于1%。

研究者要求被试大声报告第一张卡片上的线段与第二张卡片上3条线段中的哪一条等长,但如果一开始群体成员的回答就是错误的,会发生什么情况?群体的从众压力是否会导致不知情的被试改变自己的答案,以求与群体其他成员保持一致?阿希想知道的正是这一点。为此,他"预先安排"了试验过程:让群体其他成员都作出错误回答,而这一点只有"不知情的被试"不知道。而且,阿希在安排座位时,有意让"不知情的被试"坐在最后回答问题的位置上。

试验刚开始时,先进行几轮匹配练习,此时所有被试都作出了正确回答。但是,到第三轮练习时,第一位被试作出了明显错误的回答,比如,他说图中的C线段与X线段一样长,第二位被试作出了同样错误的回答,接下来的人也都如此,一直轮到不知情的被试,不知情的被试知道B线段与X线段长度相同,但别人都说是C线段。他面临的选择是,自己是公开说出与群体其他成员不同的答案,还是为了与群体其他成员保持一致而说出一个自己认定是错误的答案?

阿希得到的结果表明:在多次试验中,大约37%的被试选择了与群体其他成员保持一致的回答。也就是说,他们明知自己的答案是错的,但这个错误答案与群体其他成员的回答是一致的。这个试验结果对我们有什么意义呢?它表明群体规范能够对成员构成压力,迫使他们的反应趋向一致,也就是说,我们都渴望成为群体的一员,而不愿意与众不同。

有证据表明,随着时间的变化,人们的从众水平也会发生变化,而且,阿希的研究是受到文化限定的。阿希的研究于20世纪50年代初进行,自此之后,人们的从众水平呈稳定的下降趋势。另外,与个体主义文化相比,在集体主义文化下人们对社会规范的遵从水平更高,然而,即使在个体主义国家中,你还是可以看到,群体对于成员遵从规范的影响十分有力。

产生从众行为的心理因素主要有以下几个。

① 对群体的信任度。个体对群体越信任,越觉得群体是一个可靠的信息来源,就越会遵从群体的意见。

② 对偏离的恐惧。几乎在任何群体中都有强大的压力要求一致性,不从众的人就会有相当大的危险性,受到惩罚。个体害怕若与群体意见不一致,群体会讨厌、虐待或驱逐他,他要群体喜欢、接受、优待他,就会选择遵从。

③ 群体的规模。遵从性的强弱随多数人一致性的规模的增长而增长,因为根据他人意见的诚实和可信度,多个人比一个人更值得信赖,不相信一个群体比不相信一个人更困难。

④ 群体的专长。对于个人来说,一个群体越有专长,他对群体就越信任,也就越把群体的意见当作有价值的信息,从而越易遵从。

⑤ 个体的自信心。个人的自信心越缺乏,他遵从他人判断的可能性就越大,一个视力较好的人在视觉辨别方面,要比近视眼的人有信心,不易遵从。问题难度影响自信心,问题越困难,个人的自信心会减弱,对群体遵从的可能性就越大。

⑥ 责任感。责任感降低遵从,一个人如果对某个问题产生了责任感,他就更不愿意屈服于群体的压力,遵从性也随之减小。

⑦ 性别差异。男女的性别差异导致对问题的从众行为不同。在女性项目(如家务、服装等)中男性遵从较多,在男性项目(如政治活动、体育运动等)中女性遵从较多,而在其他的中性项目里两性的遵从量几乎相等。

从众行为的作用有两重性,既有积极的一面,也有消极的一面。

从众行为的积极作用表现在以下三个方面。

第一,有利于集中全力达成共同目标,至少使成员不拖后腿。

第二,有利于增强集体意识,在群众中大家同心协力,交流互补,产生新的思维方法,形成新的力量,后进赶先进,先进再先进,即便群体内有个别不太自觉的后进者,也能在从众行为的影响下,促使其改变观念与行为,使之符合群体的目标。

第三,有利于良好作风、习惯的养成。管理者要善于运用从众行为的积极作用,培养良好作风、习惯。在一个企业内部如果树立几个典型,那么就可以带动身边一部分人,如果这群人都这么干,那就会使另一部分人产生从众心理,从而带动全部人去积极工作。

从众行为的消极作用主要表现在从众心理倾向一致的压力,容易窒息成员的独创精神。有些群体对持不同看法的人不能容忍,致使有的成员明知不对,也少说为佳,明哲保身,但求无过,沉默寡言,不参与讨论,不发表看法建议,对团队的事情漠然视之,直接影响了群体的内聚力与战斗力。许多人因为不得志而走向了一个负面的极端,一下子由热情关心转向漠不关心。这种人抱着一种混日子的态度去干工作,如果处理不当,反而会扩大其负面影响,引起团队内其他人的不满。对这种情况,领导者应当疏而导之,化解其不得志的抑郁心理,对其多加鼓励、任用,提高其积极性,这样反而会使其走向好的极端,成为典范。

链接材料 5-1:从众小故事

一位石油大亨到天堂参加会议,一进会议室发现座无虚席,于是灵机一动,喊了一声:"地狱里发现石油了!"这一喊不要紧,天堂里的石油大亨们纷纷向地狱跑去,很快,天堂里就只剩下那位石油大亨了。这时,这位大亨心想,大家都跑了过去,莫非地狱里真的发现石油了?于是,他也急匆匆地向地狱跑去。

(2) 顺从行为。顺从又称依从,是个体为了符合群体或他人的期望和赞许而表现出的符合外部要求的行为。

顺从行为与从众行为十分相似,即二者都是由于外在的群体压力而产生的,但是也有区别,区别就在于行为者的内心是否出于自愿。在群体压力的作用下,放弃自己原先的想法去附和大家的意见,这是从众;而在群体压力的作用下,依然保留自己的看法,但是为了符合群体的期望而改变自己的行为,这是顺从。

看到很多同事工作很努力并因此获得很好的回报,觉着他们这样做很值得,然后自己努力工作,这是从众;自己平时疏懒,并不想努力工作,可同事们都认为自己干得不错,为了获得别人的称赞,就经常努力工作,这就是顺从。可见,与从众行为相比,顺从行为是非内在的,是外在的。这是因为虽然个体的外部行为发生了改变,可内心的态度和看法并没有改变。

顺从行为产生的原因主要有以下三个。

① 为了获得别人的赞许。个体总是希望自己能够被别人所肯定和接受,若站在群体的对立面,便难免招致嘲讽、排挤甚至驱逐。只有满足群体的期望,逐渐被群体同化,才能得到群体的认同。即使内心有所保留,也会赞成群体的意见,并且采取与群体一致的行为。

② 为了实现群体的目标。群体目标的实现有赖于群体成员的齐心协力,如果群体成员意见不统一,行动也必将受到影响,就很难实现群体目标。当自己意见与群体意见相左的时候,发扬谦让的风格,选择与群体统一的行为,会更有助于群体目标的实现。

③ 为了保持原有的良好人际关系。由于日后还有长时间的人际往来,人们往往不愿意破坏原有的人际关系,想避免使他人感到难堪或者希望维护原来的人际关系,即便有不同的想法,但还是会尽量表现出符合他人期望的行为。

权力服从是顺从的一种典型表现形式,权力是在个人或集团的双方或多方之间发生利益冲突或价值冲突的形势下为某方拥有的强制性执行手段。权力服从是在权力影响下的一种特殊依从。权力服从可在两种条件具备时确保发生:一是掌权者可以实施制裁或进行制裁威胁;二是他们拥有合法性的符号(即一种被团体内成员接受的制度规范)。

2. 社会助长、社会抑制和社会惰化效应

1897年,社会心理学家特瑞普里特做了一个非常著名的试验。特瑞普里特发现,个体在独自骑单车的情况下时速是每小时24英里,在旁边有人跑步的情况下时速是每小时31英里,而在与他人骑单车竞赛的情况下时速是每小时32.5英里。因此,特瑞普里特认为,个体在进行作业操作时,如果有他人在场,或是与他人一起从事一项操作,那么个体的行为效率就会提高,他把这一现象称作"社会助长"。

(1) 社会助长和社会抑制。20世纪初,社会心理学家阿尔波特发现,个人单独完成任务与别人在场时完成任务相比,如果是完成同样的任务,单独完成赶不上在别人面前完成的效果,他将这种现象称为"社会助长"。

社会助长(social facilitation)是指在群体活动中,个体的活动效率因为群体中其他成员的影响而出现提高的现象;而社会抑制(social suppression)则与此相反,个体活动的效率因为群体中其他成员的影响而受到减弱。

现实工作生活中,社会助长作用方面的例子有很多。譬如,对跑步运动员来说,在参加比赛时的成绩往往高于其一个人锻炼时的成绩,在煤矿深处采煤的工人以团队形式工作的效率就比独自一个人工作时要高,马戏团演员、歌唱演员在观众面前的表演效果一般比一个人独自表演要好。

产生社会助长作用的原因有以下几个。

① 个体希望从群体中得到尊重、赞许以及某种程度的自我实现。因此,在群体环境下,个体会拿出更多的能量和资源来取得更好的绩效,以赢得心理上的满足。各种形式的体育竞赛、企业的劳动竞赛、军队的大比武等活动,都是利用社会助长作用来挖掘个体潜力的好形式。

② 个体从群体中可以得到其他成员工作上或心理情绪上的帮助。譬如,产品设计人员独自开发新产品的成效就不如其与其他相关部门(如工艺、生产和市场销售部)人员组织团队一起开发来得好,因为在团队环境下,设计人员可以从产品生产的各方面了解到更多的有用信息和技术要领。

③ 个体可以从群体的反馈中了解到自己的工作状况,从而不断改进,以调整到最佳状态。马戏团演员、歌唱演员在观众面前的表演效果之所以会比一个人独自表演要好,原因之一就是这些演员能从观众的反应中不断调整自己的状态,迎合观众的需要,尽情发挥。

当然在现实工作生活中,我们也可以看到社会抑制作用的例子。譬如,一个新上讲台的教师可能会怯场;学生参加毕业求职面试时会紧张;当工人刚做一个自己还不熟悉的工种时,如有人在一旁观看,其工作绩效反而下降。产生社会抑制作用的原因,主要来自个体非良性的心理紧张对完成工作造成的不良影响。这种心理紧张主要是由于个体想从群体中得到尊重和赞许的愿望与自身对工作的信心(对工作的熟悉和自身能力)之间的差距造成的。

一般来说,决定社会助长作用或社会抑制作用大小的因素主要有以下三个。

① 工作的复杂度和难度。对于简单的工作,工作任务可以分配到具体的人,一群人共做时一般会提高个体的绩效;反之,如果工作复杂度和难度都大,工作难以分配到具体的人,协调的工作量很大,一群人共做时会使得一部分人的绩效下降。

② 个体对工作的熟练程度。如果个体对工作很熟悉,那么一群人共做时个体绩效会提高;相反,对不熟悉的工作,一起工作的情况下个体的绩效反而会下降。

③ 个体的性格特征和心理成熟度。一个性格开朗、乐于表现、心理成熟的人在群体环境下工作绩效会提高;反之,一个性格内向、喜欢独处、心理不成熟的人在群体环境下的工作绩效则会受负面影响。

因此,在实际的管理工作中,管理者要根据工作的复杂度和难度、个体对工作的熟练程度、个体的性格特征和心理成熟度,以及工作场地的可能条件,妥善地安排群体或个体工作,以充分地利用社会助长作用而减少社会抑制作用。

(2) 社会惰化效应。他人在场或与别人一起工作,并不总会带来社会助长作用,随着工作难度的增加,社会助长作用会逐渐下降,及至最终变为社会惰化(social loafing)。

林格尔曼(Ringelmann)做了社会惰化对小组绩效影响的研究,他发现在拔河比赛中,3个人一起拉的力量只能达到一个人平均力量的1.5~2倍,8个人一起拉时的力量则不到一个人的4倍。

在实际的管理工作中,我们常会发现在一些集体工作的环境下,群体中会有一些不履行应尽职责而搭便车的人,用中国的一句俗语来说就是:"一个和尚挑水吃,两个和尚抬水吃,三个和尚没水吃。"

社会惰化的发生有下面一些原因。

① 个人对群体没有责任心。如果个人对整个群体没有足够的责任心和承诺,那么他就不会尽心尽责地去努力,尤其是在群体中没有严格的分工、工作没有人看见和监督的情况下,这时他可以做到"行到但心不到",这是社会惰化的首要原因。

② 分配上的平均主义。如果在一个群体中,每个成员所得到的都是同样报酬,对个人的突出表现也不会有更多的激励和认可,那么人们就会出现偷懒行为。

③ 公平思想。在公平思想下,人们总不愿意多付出而少得到。因此,在得到上总是朝上看,而在工作上则眼光朝下看,谁也不愿意多出一点力,因此容易造成偷懒行为。

④ 职责不清。在工作分工和责任很不明确的群体中,成员的行动缺乏方向感,群体出了问题也不好追究,因此谁都不愿负责。

心理学家提出了下面一些实际建议,以减少群体中的社会懒惰行为:①增加工作的趣味性和有意义的方面,提高成员的参与程度;②让群体成员确信他们个人的贡献是可鉴别和有意义的;③教育成员不应该容忍工作中不充分努力的行为;④考核制度中要对个人的工作表现进行评价;⑤奖励制度中要让成员获得的奖励中有一部分是根据其个人的表现给予的。

3. 暗示、模仿和感染

(1) 暗示。暗示是指在无对抗条件下,人们对某种信息迅速无批判地加以接受,并依此而做出行为反应的过程。它具有如下特点。

① 暗示是一种刺激,那些能够引起被暗示者反应的刺激才是暗示,不能引起被暗示者反应的刺激便不能称为暗示。经过路边的广告牌时熟视无睹,那么广告就没有产生暗示作用,广告牌便不是暗示,可如果自觉不自觉地接受了广告的建议,特别注意或者购买了它所宣传的产品,那么广告就起到了暗示作用。

② 暗示不是说服,无须讲道理,而是一种直接或间接的提示。暗示主要有直接暗示和间接暗示两种。直接暗示是由暗示者把某一事物的意义直接提供给被暗示者,如管理层想推行一种新的企业制度,就大力宣传此种制度的优越性;间接暗示是暗示者借助其他事物或行为进行暗示,被暗示者并未意识到自己的观念是由暗示形成的,所以间接暗示一般不会使被暗示者产生心理抗拒或逆反心理。

权威与群体是影响被暗示者心理的两个重要因素,它们也是直接地或间接地影响人们心理健康的重要因素。对于同一种情境,群体与权威都具有显著的暗示作用,而且权威的暗示作用较群体的暗示作用更大。

(2) 模仿。模仿是有意无意地对某种刺激做出类似反应的行为方式,如模仿他人的行为举止、思维方式、态度等。模仿分为自发模仿和自觉模仿两种类型。自发模仿是无意识地模仿他人,自觉模仿则是有意识地模仿他人。模仿对象具有榜样作用,管理者可充分利用影视、小说和实际生活中的典型人物,把他们树立为榜样,对员工进行教育,使员工选择模仿先进行为,不模仿落后行为。

(3) 感染。感染是通过某种方式引起他人相同的情绪和行动,或者说是个体对某种心理状态的无意识的、不自主的屈服。感染实质上是情绪的传递交流,相似性是其基本条件。

感染通常可分为三种类型:①个体间的感染,即发生在两人或能够直接接触的小群体成员之间的感染;②间接感染,如企业简报;③大型开放人群中的感染,这种感染常在运动会会场和集会游行中见到,以及在庆功会、节日气氛中出现,它的显著特点是"循环反应",一个人的情绪会引起他人相对应的情绪的发生,而他人的情绪又反过来加剧此人原有的情绪,反复振荡,激起强烈的情绪爆发。

感染在社会互动中起着很大的作用。首先,感染可以改变人的情绪。面对危险,与勇敢者为伍,会凭空生出许多勇气和力量,若是换了个胆小的人在身边,自己则心虚胆战;其次,感染可以使人自然地生发出与环境一致的情绪,采取与环境一致的反应,如受喜庆氛围的感染,会暂时忘掉心中的烦恼,而悲伤的环境则难免让人心生伤悲;最后,感染可以整合一群人,使他们成为一个临时群体,获得紧急规范,采取一致的行动。

三、社群及其分类

1. 社群的概念与特征

广义的社群是指在某些边界线、地区或领域内发生作用的一切社会关系。它可以指实际的地理区域或是在某区域内发生的社会关系,或指存在于较抽象的、思想上的关系。

通俗地说,社会群体是有共同要求的社会个体与其他个体,按照一定的组织形式进行社会互动的集体。社会群体的共同要求不同,如在共同接受教育及个性发展的基础上,形成学校的学生群体;为了共同应对环境及相互之间展开良性竞争的需求,某个行业的业主建立行业协会等。

在数字化时代,社群被定义为一种具有共同价值观的精神联合体和利益共同体。还有学者提出了社群思维的概念,认为社群思维是一种重视人的精神需求、关注人的价值观、打造精神联合体和利益共同体的思维方式及能力。

社群的特征主要体现在以下三点:①有稳定的群体结构和较一致的群体意识;②成员有一致的行为规范、持续的互动关系;③成员间分工协作,具有一致行动的能力。

美国数字营销专家雷夫(Lave)和温格(Wenger)将社群成员划分成五大类。

- 外围者:遵守规则但意识较弱的外围用户。
- 入门者:对社群不太了解,自主性与能动性较高的人。
- 熟悉内情者:坚定的社群从业者。
- 成长者:引领、支持用户参与,与用户交流互动,管理社群的人。
- 出走者:由于社群无法为其创造更大的价值或新的社群对其更有吸引力,而逐渐离开社群的人。

2. 社群的分类

有学者对互联网时代的社群进行了分类,将社群划分成以下六种类型。

(1)产品型社群。产品型社群是一般企业建立社群常采用的方式。企业在产品上市之前可以建立一个社群,与社群成员分享待上市产品的信息,培养产品的忠实用户。企业可以把这部分群体发展成企业的粉丝,形成用户黏性和忠诚度。其本质是为企业和消费者之间的沟通、互动提供一个平台。

(2)兴趣型社群。兴趣型社群中的成员有着共同的兴趣爱好,主要有体育型社群、艺术型社群、读书型社群、专业型社群等。加入社群的成员对于同一件事情有着强烈的好奇心,在行动力上也容易保持一致,社群活跃度较高。

(3)目的型社群。该种社群的目的可以让所有人在加入社群之前就对社群有一个大致的了解,以帮助人们正确地加入社群。目的型社群种类繁多,可以出于个体的目的,也可以出于集体的目的而建立。有着明确目的的社群可以提高成员的办事效率,实现成员的共同目标。

(4) 内部型社群。内部型社群即企业内部员工组成的社群。组建内部型社群可以对员工进行人性化管理,增强员工对企业文化的认同感和归属感。同时,员工可以参与企业发展运作,从而增强主人翁意识,提高工作效率。例如,"罗辑思维"公司就采用了这种方式,发挥内部员工的最大价值,创造一个个相互连接的小圈子,实现企业的发展。

(5) 平台型社群。各个行业为了相互交流或一些自媒体平台通常会组建平台型社群。通过建立平台型社群,企业可以迅速增加粉丝量,获得发展。平台型社群是一种共享信息的社群,在社群中,成员可以获得知识,同时将自己的经验与他人分享,实现共赢。其中,能为社群带来价值的成员最受社群的欢迎。

(6) 综合类社群。综合类社群是包含一种或多种社群形式的社群,例如,天涯就是集兴趣、产品、目的等社群类型于一体的综合类社群。

第三节 团队及团队合作

在南美洲的草原上,有一种动物演绎出发人深省的故事:酷热的天气,山坡上的草丛突然起火,无数蚂蚁被熊熊大火逼得节节后退,火的包围圈越来越小,渐渐地,蚂蚁似乎无路可走。然而,就在这时出人意料的事发生了:蚂蚁们迅速聚拢起来,紧紧地抱成一团,很快就滚成一个黑乎乎的大蚁球,蚁球滚动着冲向火海,尽管蚁球很快就被烧成了火球,在噼噼啪啪的响声中一些居于火球外围的蚂蚁被烧死了,但更多的蚂蚁却绝处逢生。

一、工作群体与工作团队的区别

当沃尔沃、丰田、通用食品等公司把团队引入它们的生产过程中时,曾轰动一时,成为新闻热点,因为当时没有几家公司这样做。现在情况截然相反了,不采用团队方式的企业可以成为新闻热点了。

团队(team)是一群为数不多的、具有互补技能的人组成的群体,他们相互承诺,具有明确的团队目标,团队的显著特点是相互依赖性。

团队不同于群体。群体中的成员进行相互作用主要是为了共享信息,进行决策,帮助每个成员更好地承担起自己的责任。另外,群体中的成员不一定完成的是需要共同努力的集体工作,他们也不一定有机会这样做,因此,群体中的绩效水平主要是每个群体成员的个人贡献之和,在群体中,不存在一种积极的协同作用,从而使群体的总体绩效大于个体绩效之和。

团队则不同,它通过成员的共同努力能够产生积极的协同作用,团队队员努力的结果会导致团队绩效远远大于个体绩效之和。群体与团队的区别如表5-3所示。

表 5-3　群体与团队的区别

项　　目	工 作 群 体	工 作 团 队
领导	强烈地、清楚地被关注的领导	分享领导角色
目标结构	共享型	依存型
协同配合	中性(有时消极)	积极
责任	个人的责任	个人的或共同的责任
技能	随机的或不同的	相互补充的

团队如此盛行,原因何在?

事实表明,如果某种工作任务的完成需要多种技能、经验,那么由团队来做通常效果比个人好。团队是组织提高运行效率的可行方式,它有助于组织更好地利用雇员的才能。管理人员发现,在多变的环境中,团队比传统的部门结构或其他形式的稳定性群体更灵活,反应更迅速。

团队的优点是:团队能够获得更多、更有效的信息,以提高决策的速度和准确性;团队管理使管理层有时间进行战略性的思考;团队能把互补的技能和经验带到一起,这些技能和经验超过了团队中任何一个人的技能和经验,使得团队能够在更大范围内应对多方面的挑战;团队所形成的相互信任的协作精神对组织来说有重要的意义。

二、团队类型

1. 根据团队存在目的分类

根据存在目的的不同,团队可分为问题解决型团队(problem-solving team)、自我管理型团队(self-managed team)和多功能型团队(multi-functional team)。

(1) 问题解决型团队。这类团队是为了解决组织中的某些专门问题而设立的,通常每周利用几个小时讨论改进工作程序和工作方法的问题并提出建议。20 世纪 80 年代,企业中非常流行的质量圈就是典型的问题解决型团队,这种团队由职责范围部分重叠的员工及主管人员组成,一般 8~10 人,他们定期讨论,主要是质量问题,调查问题的原因、提出建议,并采取有效的行动。

(2) 自我管理型团队。问题解决型团队的做法行之有效,但在调动员工参与决策过程的积极性方面,尚嫌不足。这种欠缺导致企业努力建立新型团队,这种新型团队是真正独立自主的团队,它们不仅关注问题的解决,而且执行解决问题的方案,并对工作结果承担全部责任。

自我管理型团队通常由 10~15 人组成,他们承担着以前自己的上司所承担的一些责任。一般来说,他们的责任范围包括控制工作节奏、决定工作任务的分配、安排工间休息。自我管理型团队甚至可以挑选自己的成员,并让成员相互进行绩效评估,这样,主管人员的重要性就下降了,甚至可以被取消。

施乐公司、通用汽车公司、高斯・布莱温公司、百事可乐公司、惠普公司、恒奈威尔公司、马氏公司、爱纳人寿保险公司是我们比较熟悉的推行自我管理型团队的几个代表。

也有些组织采用了自我管理型团队,但结果令人失望。例如,道格拉斯航空公司的员工在面临大规模的解雇形势时,就集合起来反对公司采用自我管理型团队。他们把赞同实行这种团队的人看做是支持管理者的。对自我管理型团队效果的总体研究表明,实行这种团队并不一定会带来积极效果。比如,在这种团队中,员工的满意度的确有所提高,但是与传统的工作组织形式相比,自我管理型团队成员的缺勤率和流动率偏高。

(3) 多功能型团队。由来自组织内部同一层次、不同部门或工作领域的员工组成一个团队,合作完成包含多样化任务的一个大型项目,这样的团队就是多功能型团队或跨职能团队。这种团队由来自同一等级、不同工作领域的员工组成,他们来到一起的目的是完成一项任务。

许多组织采用跨越横向部门界线的团队已有多年。例如,在20世纪60年代,IBM公司为了开发卓有成效的360系统,组织了一个大型的任务攻坚队,攻坚队成员来自公司的多个部门,这个任务攻坚队其实就是一个临时性的多功能型团队。同样,由来自多个部门的员工组成的委员会,也是多功能型团队。

多功能型团队的兴盛是在20世纪80年代末。当时所有主要的汽车制造公司——包括丰田、尼桑、本田、宝马、通用汽车、福特、克里斯勒——都采用了多功能型团队来协调完成复杂的项目。

总之,多功能型团队是一种有效的方式,它能使组织内(甚至组织之间)不同领域员工之间交换信息,激发出新的观点,解决面临的问题,协调复杂项目。当然,多功能型团队的管理不是管理野餐会,在其形成的早期阶段往往要消耗大量的时间,因为团队成员需要学会处理复杂多样的工作任务。在成员之间,尤其是在那些背景不同、经历和观点不同的成员之间,建立起信任并能真正地合作也需要一定时间。

2. 根据团队成员的工作流程分类

团队绩效取决于成员们共同工作的组织方式,而这种方式无疑又由工作任务及完成它的技术所决定。这些不同的方式形成不同的内部结构、对成员行为有不同要求,呈现出各自的优势、弱点、限制条件以及团队应有和可能的作为。据此,德鲁克(Druck)根据团队成员工作中的流程关系,将团队分为棒球队、足球队和网球双打队。

(1) 棒球队。负责心脏外科手术的医疗小组和福特的流水生产线均属于此类。在这种团队里,每个队员都固定的位置,执行特定功能,而非执行整个团队的功能,二垒手只能留在二垒守备的位置,绝不能离开去帮投手投球。麻醉师不能擅离自己岗位,去帮外科医生动手术。在底特律传统的设计新车的团队模式中,销售人员几乎见不到设计人员,也从不征询设计小组的意见。设计人员完成分内工作后,把成果交给开发工程师;开发工程师完成工作后,又把成果丢给制造部门;制造部门生产出汽车成品后,随即交给销售人员去推广销售。

(2) 足球队。交响乐团、凌晨抢救休克患者的紧急医疗小组,以及日本汽车制造商的设计小组均属于此类。这类团队同前一类团队一样,有固定位置,吹双簧管的绝不会拉小提琴,不论小提琴手拉得多糟。但这类团队表现的是一种整体表现。在日本汽车制造商的设计团队里,设计师、工程师、制造人员及销售人员是"平行"运作的。传统的底特律团队则是"连续"运作的。

(3) 网球双打队。小型爵士乐团、大企业资深主管组成"总裁小组",以及最可能开发出真正创新成果的团队均属于此类。在双打比赛中,队员有一责任区,而不只是照顾一固定位置。任何一个队员,都应根据比赛当时的情况,针对队友的优缺点,随时调整位置,并适时做"掩护"。

3. 根据团队的功能分类

按团队在组织中发挥的功能,可分为生产/服务团队、行动/磋商团队、计划/发展团队和建议/参与团队。

(1) 生产/服务团队。包括生产线上、装配线上的工作小组、维修小组、客机上的机组人员等。通常由专职的一线人员组成,他们的工作是按部就班的,以保证组织生产或服务任务的稳定性。

(2) 行动/磋商团队。如医疗小组、抢险小组、运动团队等。它由较高技能的个体组成,所执行的任务十分复杂,甚至是不可预测的。成员共同参与专门活动,每个人都需为整个团队作出贡献。

(3) 计划/发展团队。如科研小组、专项产品开发小组或其他某项专门任务团队。执行团队为了完成任务组建起来,一旦任务完成,团队的使命也就结束,团队成员就会转而从事各自不同的工作。执行团队一般都由技术十分娴熟的专业人员组成,与其他部门相比,这种团队往往有相当程度的自主权。

(4) 建议/参与团队。这是一种为组织提供建议和决策的团队,如董事会、委员会、理事会,以及各类专家顾问团队、质量控制小组等。它们的作用是提出构想、建议,通过一些提案和决议等。多数"建议/参与团队"不占用成员大量的时间,因而其成员通常还有其他任务。

> **链接材料 5-2:大不等于慢**
>
> 在计算机行业,新产品的开发周期越来越短。要在这个行业中立足,计算机公司必须不断地进行新产品的开发,并加快开发的速度。一个已经知道如何成功地做到这一点的公司是惠普公司。
>
> 惠普公司近来取得的一个大胜利是 Kittyhawk 个人存储模块的开发,这个模块重量为 28.3 克,大约有火柴盒那么大。但这张小磁盘的容量非常大,可以存储 20 本长篇小说。
>
> 惠普公司仅用 10 个月就成功地把 Kittyhawk 搬上了市场,如果用传统方式,其开发周期会达两年之久。惠普实现快速开发的秘密是什么呢?答案是团队。
>
> 10 名惠普工程师与市场营销人员组成紧密小组,把他们自己封闭在一所活动居室里,这所居室与惠普软盘部不在一起。他们认识到,如果自己单独做,在规定的完成任务的时间内很难有所突破,为此,他们与别的公司建立了特殊的合作关系。Kittyhawk 的电路是美国电话电报公司的微电子小组设计的,文件读、写磁头是里德·莱特公司生产的,而产品制造程序是由日本的西铁城手表公司帮忙设计的,现在西铁城手表公司又为惠普生产 Kittyhawk。运用一个团队来协调整个项目,使之顺利完成,就避免了传统管理方式中红头文件给大公司的开发工作带来的障碍,使他们能够进行多种投入,做出快速决策。

三、高效团队的塑造

1. 工作团队的规模

最好的工作团队规模一般比较小,如果团队成员多于12人,他们就很难顺利开展工作,他们在相互交流时会遇到许多障碍,也很难在讨论问题时达成一致。一般来说,如果团队成员很多,就难以形成凝聚力、忠诚感和相互信赖感,而这些却是高绩效团队所不可缺少的。所以,管理人员要塑造富有成效的团队,就应该把团队成员控制在12人之内,如果一个自然工作单位本身较大,那么可以考虑把工作群体分化成几个小的工作团队。

2. 成员的能力

要想有效地运作,一个团队需要三种不同技能类型的人:①具有技术专长的成员;②具有解决问题的决策技能,能够发现问题,提出解决问题的建议,并权衡这些建议,然后作出有效选择的成员;③需要若干善于聆听、反馈、解决冲突及其他人际关系技能的成员。

如果一个团队不具备以上三类成员,就不可能充分发挥出绩效潜能。对具备不同技能的人进行合理搭配是极其重要的。一种类型的人过多,另两种类型的人自然就少,团队绩效就会降低。但在团队形成之初,并不需要以上三个方面的成员全部具备。在必要时,一个或多个成员去学习团队所缺乏的某种技能,从而使团队充分发挥其潜能的事情并不少见。

3. 分配角色以及增强多样性

高绩效团队能够给员工适当地分配不同的角色。例如,长期使球队保持赢势的篮球教练知道如何挑选富有前途的队员,识别他们的优势与劣势,并把他们安排到最适合的位置上,使他们能为球队作出最大贡献。这种教练能够认识到,一支取胜的球队需要具有多种技能的成员,如控球手、强力得分手、3分球投手、投篮阻挡手等。成功的球队具有能够胜任关键位置的球员,并能在了解球员技能和爱好的基础上,把他们配置到各个位置上。

4. 对于共同目的的承诺

是否每个团队都具有其成员渴望实现的有意义的目的?这种目的是一种远见,比具体目标要宽泛。有效的团队具有一个大家共同追求的、有意义的目标,它能够为团队成员指引方向、提供推动力,让团队成员愿意为它贡献力量。

成功团队的成员通常会用大量的时间和精力来讨论、修改和完善一个在集体层次上和个人层次上都被大家接受的目的。这种共同目的一旦为团队所接受,就像航海学知识对船长一样——在任何情况下,都能起到指引方向的作用。

5. 建立具体目标

成功的团队会把他们的共同目的转变成为具体的、可以衡量的、现实可行的绩效目标。目标会使个体提高绩效水平。目标也能使群体充满能力,具体的目标可以促进明确的沟通,它们还有助于团队把自己的精力放在达成有效的结果上。

6. 领导与结构

目标决定了团队最终要达成的结果,但高绩效团队还需要领导与结构来提供方向和焦点。例如,确定一种大家认同的方式,就能保证团队在达到目标的手段方面团结一致。

在团队中,对于谁做什么和保证所有的成员承担相同的工作负荷问题,团队成员必须取得一致意见。另外,团队需要决定的问题还有:如何安排工作日程,需要开发什么技能,如何解决冲突,如何做出和修改决策。决定成员具体的工作任务内容,并使工作任务适应团队成员个人的技能水平,所有这些,都需要团队的领导和团队结构发挥作用。有时,这些事情可以由管理人员直接来做,也可以由团队成员通过扮演探索者—倡导者、推动者—组织者、总结者—生产者、支持者—维护者、联络者等角色来自己做。

7. 社会惰化和责任心

个人可能会隐身于群体中,他们在集体努力的基础上,可以成为社会惰化的一员,因为他们的个人贡献无法直接衡量。高绩效团队通过使其成员在集体层次和个人层次上都承担责任,来消除这种倾向。

成功的团队能够使其成员各自和共同为团队的目的、目标和行动方式承担责任。团队成员很清楚哪些是个人的责任,哪些是大家共同的责任。

8. 适当的绩效评估与奖酬体系

怎样才能使团队成员在集体和个人两个层次上都具有责任心呢?传统的以个人导向为基础的评估与奖酬体系必须有所变革,才能充分地衡量团队绩效。

个人绩效评估、固定的小时工资、个人激励等与高绩效团队的开发是不一致的。因此,除了根据个体的贡献进行评估和奖励之外,管理人员还应该考虑以群体为基础进行绩效评估、利润分享、小群体激励及其他方面的变革,来强化团队的奋进精神和承诺。

9. 培养相互信任精神

高绩效团队的一个特点是,团队成员之间相互高度信任。也就是说,团队成员彼此相信各自的正直、个性特点、工作能力。但是,从个人关系中不难知道,信任是脆弱的,它需要很长时间才能建立起来,却又很容易被破坏,破坏之后要恢复又很困难。另外,因为信任会带来信任,不信任会带来不信任,要维持一种信任关系就需要管理人员处处留意。

📖 链接材料 5-3:9 种团队角色

一系列研究已经证明,在团队中人们喜欢扮演 9 种潜在的团队角色。

(1) 创造者—革新者:产生创新思想。一般来说,这种人富有想象力,善于提出新观点或新概念,他们独立性较强,喜欢自己安排工作时间,按照自己的方式、节奏进行工作。

(2) 探索者—倡导者:倡导和拥护所产生的新思想。他们乐意接受、支持新观念。在创造者—革新者提出新创意之后,他们擅长利用这些新创意,并找到资源支持新创意。他们的主要弱点是不一定总有耐心和控制才能来使别人追随新创意。

(3) 评价者—开发者:分析决策方案。他们有很高的分析技能。在决策前,如果让他们去评估、分析几种不同方案的优劣,是再合适不过的。

(4) 推动者—组织者:提供结构。他们喜欢制定操作程序,以使新创意成为现实。他们会设定目标,制定计划,组织人力,建立种种制度,以保证按时完成任务。

(5) 总结者—生产者:提供指导并坚持到底。与推动者—组织者相似,他们也关心活动成果。但他们的着眼点主要在于:坚持必须按时完成任务,保证所有的承诺都能兑现。他们引以为荣的事情是：自己生产的产品合乎标准。

（6）控制者—核查者：检查具体细节。这种人最关心的事情是规章制度的建立和贯彻执行。他们善于核查细节，并保证避免出现任何差错。

（7）支持者—维护者：处理外部冲突和矛盾。这种人对做事的方式有强烈的信念。他们在支持团队内部成员的同时会积极地保护团队不受外来者的侵害。他们对团队而言非常重要，因为他们能够增强团队的稳定性。

（8）汇报者—建议者：寻求全面的信息。他们是很好的听众，而且不愿把自己的观点强加于人。他们愿意在做出决策之前得到更多的信息。因此，他们鼓励团队在做决策之前充分搜集信息，而不是匆忙决策。

（9）联络者：合作与综合。最后一种角色与其他角色有重叠，上述8种角色中的任何一种都可以扮演这种角色。联络者倾向于了解所有人的看法，他们是协调者，是调查研究者。他们不喜欢走极端，而是尽力在所有团队成员之间建立起合作关系。他们认识到，其他团队成员可以为提高团队绩效作出各种不同的贡献，尽管可能存在差异，他们会努力把人和活动整合在一起。

如果强迫人们去承担以上各种角色，大多数人能够承担得起任何一种角色，但人们非常愿意承担的通常只有两三种。管理人员有必要了解个体能够给团队带来贡献的个人优势，根据这一原则来选择团队成员，并使工作任务分配与团队成员偏好的风格相一致。通过把个人的偏好与团队的角色要求适当匹配，团队成员就可能和睦共处。开发这种框架的研究者认为，团队不成功的原因在于具有不同才能的人搭配不当，导致在某些领域投入过多，而在另一些领域投入不够。

【本章小结】

1. 群体是指由两个或两个以上成员组成的、具有共同关注的目标、任务、活动，在行为上相互作用，在心理上相互影响的人群集合体。

2. 根据构成群体的原则和方式，可以将群体划分为正式群体和非正式群体。

3. 根据形成的动机，可将非正式群体分为亲缘型、时空型、情感型、爱好型、信仰型、利益型六种类型。

4. 按群体成员间的关系，可以将群体划分为命令型群体、任务型群体、利益型群体和友谊型群体。

5. 群体动力是指左右和影响群体发展演变的主要力量，主要内容包括群体角色、群体规范、群体压力、群体凝聚力和群体士气等。

6. 有别于个体行为，群体行为有着自己鲜明的特征。这主要表现在从众、顺从、社会助长、社会抑制、社会惰化、模仿与感染等典型的群体行为上。

7. 团队是一群为数不多的、具有互补技能的人组成的群体，他们相互承诺，具有明确的团队目标，团队的显著特点是相互依赖性。

8. 根据存在目的的不同，团队可分为问题解决型团队、自我管理型团队和多功能型团队。

9. 根据团队成员工作中的流程关系,团队可分为棒球队、足球队和网球双打队。

10. 根据团队在组织中发挥的功能,团队可分为生产/服务团队、行动/磋商团队、计划/发展团队和建议/参与团队。

【关键术语】

正式群体(formal group)　　　　　　非正式群体(informal group)
命令型群体(command group)　　　　任务型群体(task group)
利益型群体(interest group)　　　　　友谊型群体(friendship group)
群体角色(group role)　　　　　　　角色认同(role identity)
角色知觉(role perception)　　　　　角色期待(role expectation)
角色冲突(role conflict)　　　　　　群体规范(group norm)
群体压力(group press)　　　　　　　群体凝聚力(group cohesiveness)
群体士气(group morale)　　　　　　社会助长(social facilitation)
社会抑制(social suppression)　　　　社会惰化(social loafing)
团队(team)

【课后练习】

1. 所罗门·阿希试验是经典的(　　)试验。
　　A. 心理暗示　　　　B. 行为模仿　　　　C. 从众行为　　　　D. 晕轮效应
2. 以下关于群体行为的说法错误的是(　　)。
　　A. 从众行为也称顺从行为,指个体受其他人的影响表现出顺从众人的现象
　　B. "男女搭配,干活不累"指的是社会助长现象
　　C. 从众与顺从的根本区别在于行为者的内心是否出于自愿
　　D. 有意无意地对某种刺激做出类似反应的行为方式指的是模仿行为
3. 下列哪一项是群体动力的构成?(　　)
　　A. 群体角色　　　　B. 群体规模　　　　C. 群体结构　　　　D. 群体目标
4. 罗宾斯关于群体形成的五阶段模型不包括以下(　　)阶段。
　　A. 形成　　　　　　B. 震荡　　　　　　C. 规范　　　　　　D. 控制和组织
5. 下列按群体成员间关系划分的群体是(　　)。
　　A. 命令型群体　　　B. 正式群体　　　　C. 自组织群体　　　D. 离散型群体
6. 在群体形成的(　　)阶段,冲突逐渐出现,主要矛盾是竞争领导角色和目标冲突,如目标的相对优先次序、责任分配、领导关于任务的引导和指示等方面。
　　A. 形成　　　　　　B. 震荡　　　　　　C. 规范　　　　　　D. 运行
7. 非正式群体有时会发挥消极影响,其主要的消极影响不包括(　　)。
　　A. 干扰正式群体的活动　　　　　　　　B. 制造员工之间的矛盾
　　C. 引起员工不健康的心理活动和行为　　D. 提高群体的凝聚力

8. 在一般条件下,当群体受到外部威胁时,其内聚力(即凝聚力)会( )。
   A. 不变　　　　　B. 增强　　　　　C. 减弱　　　　　D. 没关系
9. "一个和尚挑水喝,两个和尚抬水喝,三个和尚没水喝"属于( )。
   A. 社会惰化　　　B. 社会助长　　　C. 社会抑制　　　D. 顺从
10. ( )不是非正式群体的特征。
    A. 稳定性　　　　　　　　　　　　B. 自发性
    C. 交叉性　　　　　　　　　　　　D. 有自然形成的核心人物

【案例分析】

案例 5-1
联想电脑公司不许叫"总"

杨元庆,联想电脑公司总经理,以前大家见面时称他为"杨总",如今你如果去联想就不会听到有人再叫"杨总"了,员工对他都是直呼其名。

联想电脑公司有三级总经理,称得上"总"的人有 200 多个,以前大家见面时,你会听到一片叫"总"的声音,这一现象引起了总经理室(联想电脑公司最高决策机构)的注意。大家习惯叫"总",这跟中国对领导、长辈尊重的传统有关,员工也反映说不叫"总"就会给人一种不尊重的感觉。如果从存在的现实看,叫"总"正面看来是表示一种尊重。但西方国家并没有这种习惯,这只是中国对领导的尊称,而中国公司在同事同级之间往往又不这么叫。这里面其实体现着不平等,只有下级对上级的尊重,而没有上级对下级的尊重。

总经理室还发现,有些领导很在乎这么叫,把其作为个人权威的体现。长期以来,员工就把这种称谓变成一种约束。称谓带"总",还不利于干部的能上能下。一个人如果习惯被大家喊作"总",一旦撤换就会感到很难过,就可能有抵触情绪。大家见面也会感到不好称呼了,从这一点看,以前叫"总"大家感到很正常,不叫"总"就不正常了,这正说明叫"总"是不平等的。

联想作为一个年轻的企业,提倡的是对所有的人都尊重,尊重是没有差异的,既要员工尊重领导,也要领导尊重员工。如果这个也叫"总",那个也叫"总",给人一种充满权力等级的味道,会造成一种僵化的企业氛围,影响员工发挥创造力,影响企业的创新与发展。

这么看,员工称呼领导就没有必要带"总"。

说起来容易,做起来难。这件事在推进过程中也经过了反复。

此事先从最高层推开,总经理室互相不能叫"总"了,后来在全公司明确规定不能称"总"。负责企业文化的部门策划了一系列办法,第一步先出了一个规定,比如杨元庆自己推荐了三种叫法:杨元庆、杨先生和元庆。公司还制定了违反规定进行罚款的办法。第二步,在联想电脑公司月销售量超过历史纪录的当月底就召开简单的庆功会,专门设计了现场请员工上台来对杨元庆直呼其名的环节。这些做法可谓又详细又具操作性,但过了一周,总经理室发现有的员工直呼其名就是开不了口,他们从心里感到很不习惯,叫"总"的现象又有"复辟"的倾向。经过分析原因,总经理室发现大家对直呼其名并没有从根本上理解,没有提出一种办法使大家感到不叫就舒服,这说明方法不够。最关键的是总经理室没把这件事看透,到底彼此直呼其名是干什么。这件事本来是给员工谋利,给员工创造一个人人平等的环境。但在某种程度上,员工叫错就要被罚款,感到有种被罚的感觉。这么做就是种倒错的做法,如果变成了领导要求员工做什么,"要求"就会使员工感到痛苦,人只有把做某件事当作追求快乐才能把它做好。

通过这件事,联想电脑公司总经理室认识到,光靠下发一个文件规定怎么怎么做本身就体现着不平等。

认识到位后,重新来第二轮,每天上班前总经理室所有成员站在大门前,员工来时他们主动上前问好,胸前挂着"请叫我某某"的牌子,同时大办公地点的醒目处写着"称谓无'总',走进文明"的标语,公司内部网上开设讨论区,每一名员工都可以对此发表议论,网上还随时发布活动消息。通过不断重复来改变大家叫"总"的习惯,这一轮是总经理室真正参与进来,实现平等行动,这个过程领导和员工都有了新的感受,大家感到真正受到了尊重。

结果这一轮见效很快,叫"总"的现象基本不见了。虽然有人有时直呼其名还张不开口,但大家明白再叫"总"是不行了。

联想电脑公司的称谓问题也是走过了一个过程,一开始大家互称"老师",这跟联想是个学术味很浓的企业有关;第二阶段由于企业要大发展,必须强调组织性和纪律性,强化对权力的认可,这一阶段叫"总"又成为必然;取消叫"总"又是一种回归,是种上升式的回归,这也是社会竞争和企业发展的结果。

资料来源:改编自 https://www.lieyunwang.com/archives/51883。

问题:

(1) 结合案例分析地位与地位符号在群体中有怎样的影响?
(2) 联想电脑公司不许叫"总"这个群体规范是怎样形成的?对群体有怎样的影响?
(3) 联想电脑公司的称谓变化过程给你什么启示?

案例 5-2

自由人的自由联合

十年前,如果你是一个央视爱好者,看过《对话》《经济与法》之类的栏目,那么你或许看到过"制片人罗振宇"的名字;十年后,如果你已是一个"微信控",正在关注一个有 100 多万粉丝的微信公众号"罗辑思维",那么你或许应该知道它的创办者就是罗振宇。

美国未来学家凯文·凯利有个理论,叫作"1 000 个铁杆粉丝"。不管你是"鸟叔"还是"旭日阳刚",只要你能创造高质量的内容,借助社会化传播的通路,拥有 1 000 个愿意为你一年付出 100 美元的粉丝,你就能过上体面的生活。

罗振宇和申音很想实践一把,但他们的野心更大——"我们需要 10 万粉丝"。于是,2012 年 12 月 21 日,传说中的世界末日那天,一个叫"罗辑思维"的脱口秀问世了。"罗辑思维"在短短两年内,由一款互联网视频产品,逐渐延伸为最先锋的中国互联网社群第一品牌。

如今,越来越多的"罗辑思维"粉丝社群成员在每天清晨,聆听罗振宇 7 点钟通过"罗辑思维"微信公众号推送的一段 60 秒语音,听听他对身边、对历史和对时代的个人观点。每周五,"罗粉"会在网上收看罗振宇的脱口秀视频,听他说说"互联网到底是怎样改变我们的时代"之类的话题。

从罗振宇的初衷上来讲,他也是希望组成这样的一个自组织社群,在这样的群体里,利用"罗辑思维"平台进行各种活动。由于大家的价值观比较像,所以可能会产生很多共鸣。在组织内部完全可能自动生成目标,然后进行群体协作。这种分工高度模糊化、目标自动生成化的组织,跟传统组织有很大的不同。最明显的特征就是组织内部的人员,自我认同或者说组织忠诚度是非常高的,相互之间也不存在谁管理谁、谁压制谁的问题。大家一律平等,组织任务是自我认领,而不是进行组织分配。这种组织的战斗力,可想而知。

"罗辑思维"进行的就是这样的试验。罗振宇把这样的粉丝群体称为"自由人的自由联合",是在互联网情境下怀有共同价值观理念的人被罗振宇个人魅力凝聚成的新兴社群。

赛斯·高汀认为,社会是由人组成的,人依附于各种组织。一群人要形成社群,只需要两个条件:共同兴趣和沟通方式。人们期待着关联、发展和新事物,他们期待着变化,人之本性就是要有归属感。人群聚集成社群,而且有了领袖。领袖向社群注入信仰,这种信仰又被社群高度接受。这时,社群就有了巨大力量,这种力量将无坚不摧!而"罗粉"社群正是这样一群人。

为了验证和发挥社群的威力,罗振宇进行了一系列"疯狂"的会员召集活动。2013年8月9日,罗振宇做了一件很轰动的事,发起了一项"史上最无理"的会员募集活动:募集5 000名发起会员及500名铁杆会员,前者的会费是200元,后者是1 200元,期限均是两年。在一般人看来,"罗辑思维"所谓的会员权益"非常扯",什么专属会员号码、神秘礼物、推荐好书或者电影分享之类的,似乎都无实际好处。然而,价值160万元的5 500个会员名额,却在6个小时宣告售罄。12月27日,罗振宇又进行了第二波会员招募活动,在一天之内,招募两万名会员,"揽"得800万元。

"爱,就供养;不爱,就观望。我相信爱的愿力。"自创的脱口秀吸引了大量"死忠"粉丝会员,这让罗振宇说起话来颇有底气。罗振宇说:"愿意花钱成为会员的,自然是被我的魅力人格吸引的;我以200元的价格招募会员,也是通过它来识别属于我的社群,寻找志趣相投者。"在会员招募进行的时候,有人嘲笑"罗辑思维"的会员都是罗振宇的"脑残粉"。罗振宇对此绝不赞同:"社群是理性的,大家把这件事当成事业来供养。"但这个知识社群接下来怎么走,能为大家提供什么样的服务,罗振宇仍在摸索中,罗振宇开始探索利用和带领会员群体发展社群经济。

"我们现在不在发'罗利'吗?'罗辑思维'的福利。比如说乐视给了我们10台60英寸电视,我们给规划发掉;京东1 000块钱的购物卡,也会发掉。"罗振宇幽默地比喻:"社群内的钱不挣,我们要一起挣社群外的钱。"在一次演讲里,罗振宇信心满满地表示,"罗辑思维"社群一定会有自己的产业,比如说未来可能会推出月饼,组建社群内的人一起来做,在社群内销售也在社群外销售,这是一件很欢乐的事情。未来,"罗辑思维"也会向其他产业链伸展,形成更大的声势和共振。

后来罗振宇又推出震动媒体的互联出版试验——"不剧透物品清单,不提前预热,不打折销售,仅以推荐人的魅力人格背书为核心的图书报限量闪购活动",8 000套单价499元的图书礼包在90分钟内被抢光。时下传统出版社举步维艰,传统书店哀鸿遍野,打折是常态,"罗辑思维"的出版试验却大获成功。

"罗辑思维"也会给会员组织相亲,女会员把照片和个人情况发上去,在社群中征集意中人,社群内互动是第一步。第二步是做服务,比如说有会员从单位辞职了,想找个下家,可以很快通过社群内发散到外部找到。第三步是行动召集,比如许多会员想去哪儿旅游,谁家企业愿意给社群出钱,社群给谁出名,分分钟就筹集起来了。

后来,"罗辑思维"又推出了"霸王餐"活动。"罗辑思维"通过结合当前节目主题将商家推广出去,同时商家为"罗辑思维"会员社群提供免费或者实惠的商品和服务。结果,商家通过这种形式获得广告效应,向店内导流,然后再形成线上线下一连串的口碑效应,遍布全国各地的"罗粉"可以尝到免费的大餐,而"罗辑思维"则付出了极少成本。

"罗辑思维"还提供了一个叫作"会来事"的文流平台,不少心怀梦想的创业者聚集于此,"罗辑思维"也因此从魅力的"点"升为"线"连接的平台。

然而,也有人对罗振宇的社群运营模式产生了质疑和忧虑,主要有以下几点:

第一,回顾"罗辑思维"一年来的试验,或许最大的一个问题在于,社群本身的价值并没有被激活。"罗辑思维"走到今天,会员品质良莠不齐,很多试验及活动的组织发动更像一群乌合之众所为,有一种乱哄哄的"打土豪分田地"的感觉。"罗辑思维"内不乏心怀梦想、有独立思考的会员,但会员的发展只用钱来衡量这一评判标准却会影响会员社群的整体质量。

第二,凯文·凯利曾经阐述过"1 000铁杆粉丝"的理论,之所以是1 000个粉丝,而不是1万或10万,是因为社群规模过大,其自身的组织和运作系统就比较难以建立,聚力可能会下降。"罗胖"构想的10万粉丝社群,依托他个人的人格魅力能支撑起来,但社群经济系统建立不起来。一个社群体系单纯靠"罗胖"的个人偶像魅力释放的情感连接是不具备持续的生命力的,要维持态势必须通过一定的利益联结机制,尽可能让每个粉丝在这个社群中都找到价值点。在基本的社群组建后,"罗胖"更应该像旁观者、一个导师布道者,将舞台让出来,通过对话、连接,挖掘出更有价值的社群成员,实现社群价值的倍增,而不是单打独斗。

第三,既然是试验,就要有数据、分析、跟进、反馈,这才是对这次试验负责任的态度,而不只是每次活动大家一起倍儿爽,事后一哄而散,缺乏持续性,缺乏优化改进。这样的活动,再来10次,大家都会疲惫不堪,如何才能让这种会员社群10年之后依然保持生命力和活力呢?

"罗辑思维"的发展创造了一个自媒体奇迹,"罗粉"自由联合而成的社群也正在进行一场场自组织和社群经济的试验,面对质疑与忧虑,套用一句罗振宇演讲时说的话:"现在还是在茫茫的黑夜之中,我们进行的只是盲人摸象,但是没关系,未来的黎明已经开始慢慢显现,我们今天摸出一个鼻子,明天摸出一条尾巴,总有一天,我们会理解互联网社会到底是怎么样的。"

资料来源:罗振宇.罗辑思维[M].湖北:长江文艺出版社,2013.

问题:

(1)根据案例资料,结合互联网时代的特征,请你分析"罗粉"会员社群具有哪些社群特点。

(2)除文中所说的三点质疑和忧虑外,你认为罗振宇的社群运营模式还存在哪些问题?

(3)假设你是罗振宇,请就"罗粉"社群的未来发展和社群经济发展谈谈你的想法及建议。

第六章 沟通与冲突管理

【学习目标】
1. 掌握沟通的定义和类型;
2. 掌握群体的正式沟通网络,理解非正式沟通网络;
3. 了解有效沟通的障碍和技巧;
4. 理解群体决策的优缺点,了解群体决策技术;
5. 掌握冲突的定义和特性,理解冲突的管理模式。

【篇首案例】

韦尔奇的非正式沟通

通用电气公司前总裁韦尔奇最成功的地方,是他在公司建立起非正式沟通的企业文化。公司上下,包括韦尔奇的司机和秘书,以及工厂的工人都叫他"杰克"。韦尔奇最擅长的就是提起笔来写便条和亲自打电话。他每周都会突然视察工厂和办公室,安排与比他低好几级的经理共进午餐。

他还通过传真向上自高级经理、下至钟点工人的公司员工发出他那独具个人魅力的"手谕"——手写便条。两天后,原件就会寄到他们手中。在这些便条里,他有时说些鼓励和鞭策的话,有时则是要求员工做些事情。

曾经有一个基层的经理,因为不愿女儿换学校而拒绝韦尔奇对其升职。韦尔奇知道后写了一张便条给他:"比尔,你有很多原因被我看中,其中一点就是你的与众不同。你今天的决定更表明了这一点……祝你阖家安康,并能继续保持生涯规划的优先次序。"可以想象,当比尔收到公司大老板的亲笔信时,有什么感想?韦尔奇对员工的关怀,已从主管和下属的关系升华为朋友的关系。这种非正式的沟通,实在是最好的沟通。

韦尔奇经常"微服出游",和总部外的员工见面。他最常引用的例子,就是要大家拿出开"杂货店"的心态来经营公司,杂货店的特色是顾客第一,要的货都有,价钱公道,店员没架子,随到随见,没有那么多繁文缛节,这些就是韦尔奇奉行的非正式沟通的精髓所在。

Organizational Behavior

美国管理学家斯通纳(James A. F. Stoner)认为,沟通对于管理人员非常重要。因为在贯穿管理的全过程中,这一活动是不可缺少的,计划、组织、领导、决策、监督、协调、考核的完成,都必须以有效的沟通为前提。

第一节 沟通及其改善

沟通是信息在传送者和接收者之间进行交换的过程,在组织行为学中,沟通是指通过信息交换,达到人们相互了解、相互认知、相互影响目的的过程。

一、沟通的内涵

研究显示,人在清醒状态下,有 70% 的时间是在进行各种沟通(听、说、读、写等),对每一个群体而言,为了完成群体的工作任务,满足成员的需要,成员们之间也需要不断地交换信息,这就需要沟通。

沟通(communication)是信息的发送者通过某种通道把信息(包括观点、情感、技能等)传送到接收者的过程,即可理解的信息或思想在两个或两个以上人群中传递并理解的过程。

1. 沟通的过程

申农和韦弗(Shannon and Weaver)早在 1949 年就提出了信息沟通模型,后来的学者在其基础上进行了修改,如图 6-1 所示。

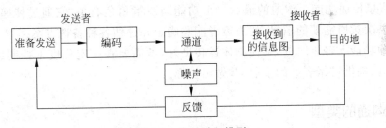

图 6-1 沟通过程模型

资料来源:斯蒂芬·P. 罗宾斯. 组织行为学[M]. 12 版. 孙健敏,译. 北京:中国人民大学出版社,2008.

发送者把头脑中的想法进行编码,从而生成信息,这种信息实际上是一个从编码器中输出的物理产品。当我们说的时候,说出的话是信息;当我们写的时候,写出的内容是信息;当我们做手势的时候,胳膊的动作、面部的表情是信息。

通道是指传送信息的媒介物,由发送者进行选择,以确定是使用正式的通道还是非正式的通道。正式通道由组织建立,传递那些与员工的专业活动有关的信息,并通常遵循组织中的权力网络;另一些信息类型,如个人或社会的信息,在组织中通过非正式通道传递,这些非正式通道是自发形成的,是个体选择的结果。

接收者是信息指向的客体,在信息被接收之前,接收者必须先将其中加载的符号翻译成他能理解的形式,这就是对信息进行解码。

噪声代表那些能使信息扭曲的沟通障碍,例如知觉问题、信息超载、语义问题或文化差异等。

沟通过程的最后一环是反馈回路,反馈对信息的传送是否成功以及传送的信息是否符合原本意图进行核实,它用来确定信息是否被理解。

信息沟通总是不断地在人与人之间、群体与群体之间、组织与组织之间进行。信息沟通系统对于组织来说,就像神经系统对人体一样不可缺少。信息流控制着组织的物流和资金流,对组织的发展至关重要。

2. 沟通的功能

(1) 控制功能。沟通可以通过正式或非正式的方式控制员工的行为。一方面,员工们必须遵守组织中的权力等级和正式指导原则。例如,他们要与直接主管沟通工作中的问题与不满;要按照工作说明书工作;要遵守公司的政策法规。另一方面,非正式沟通也控制着行为。例如,当群体中的某个人工作十分努力并使其他成员相形见绌时,周围人就会通过排挤等方式控制该成员的行为。

(2) 激励功能。沟通通过以下途径来激励组织成员:明确告诉组织成员应该做什么、如何做、没有达到标准时应如何改进工作。具体目标的设置、对实现目标过程的反馈、对理想行为的强化,这些过程都激发了组织成员的工作积极性,而这些过程又都需要沟通。

(3) 情绪表达功能。对很多组织成员来说,工作群体是主要的社交场所,员工通过群体内的沟通来表达自己的失落感和满足感。因此,沟通提供一种释放情感的情绪表达机制,并满足了组织成员的社会需要。

(4) 信息传递功能。沟通的最后一个功能与决策角色有关,它通过传递资料为个体和群体提供决策所需要的信息,使决策者能够确定并评估各种备选方案。

这四种功能无轻重之分,要使群体运转良好,就需要在一定程度上控制组织成员、激励组织成员、提供情绪表达的手段,并做出抉择。

二、沟通的类型

沟通有很多种渠道和方法,可分为以下类型。

1. 正式沟通与非正式沟通

按沟通方式的组织化程度,沟通可分为正式沟通(formal communication)和非正式沟通(informal communication)。

(1) 正式沟通。正式沟通是指通过组织明文规定的渠道进行的与工作相关的信息传递和交流,它与组织的结构息息相关。如组织中上级的命令、指示逐级向下传达,下级的情况逐级向上报告,以及组织内部规定的会议、汇报、请示、报告制度等。

正式沟通的优点是效果较好,比较严肃,有较强的约束力,易于保密,可以使信息沟通保持权威性,重要和权威的信息都应当采用这种沟通方式;其缺点是由于依靠组织系统层层传递,因而速度较慢,比较刻板,不够灵活。因此,组织为顺利进行工作,必须要依赖非正式沟通，以补充正式沟通的不足。企业中的许多沟通属于混合式沟通，如员工会议、换班前的总结、电子信件、绩效评估。

按照信息的流向，正式沟通可分为上行沟通（upward communication）、下行沟通（downward communication）和平行沟通（horizontal communication）三种形式。

① 上行沟通是指在组织中信息从较低的层次流向较高的层次的一种沟通，主要是下属依照规定向上级提出正式书面文件或口头报告，员工利用它向上级（管理层）提供信息反馈，汇报工作进度，并告知当前存在的问题。自下而上的沟通使得管理者能经常了解到员工对工作、同事和组织的总体感觉，管理者可通过这种沟通来了解那些需要改进的工作。许多组织采取某些措施，鼓励上行沟通，如开门政策、建议系统、问卷表、特别会议、委屈申诉程序等。上行沟通有助于管理者了解下属的需要，获取对自己下达的指示或命令是否正确以及是否得到如实贯彻的反馈信息。

联邦快递公司对其自下而上沟通的信息化程序十分自豪。所有员工每年都对管理层进行评定，并填写工作气氛调查问卷。这一程序被美国马尔科姆·鲍德里奇国家质量奖（Malcolm Baldrige National Quality Award）的评定者们称为关键的人力资源力量，联邦快递也因此获得了该奖项。

② 下行沟通是指在组织中信息从较高的层次流向较低层次的一种沟通。下行沟通是传统组织中最主要的沟通流向。当群体的领导者和管理者向下属分配目标、介绍工作、告知规章制度、指出需要注意的问题，以及提供工作绩效的反馈时，使用的都是自上而下的沟通。

不过，自上而下的沟通未必非要通过口头沟通或面对面的接触，当管理层给员工的家里寄去信件告知他们新的病假政策时，也是在使用自上而下的沟通。下行沟通通常以命令、指示方式传达上级组织或其上司所决定的政策、计划、规划之类的信息，如命令链、海报和布告栏、公司简讯/报纸、信件和工资袋中的附件、员工手册、年终报告表、广播系统。

③ 平行沟通是指在组织中同一工作群体的成员之间、不同工作群体但同一层级的成员之间、同一层级的管理者之间，或任何等级相同的人员之间的沟通。此外，还有在不同层次之间的不同部门之间流动时的信息沟通，被称为斜向沟通，如备忘录、传真、会议。

平行沟通在节省时间和促进合作方面十分必要，在某些情况下，这种水平关系由上级正式规定，但大多数情况下，它是为了缩短垂直层级、加快工作速度而产生的非正式沟通。因此，从管理的角度来看，平行沟通具有有利的一面，也有不利的一面。如果所有沟通都严格遵循正式的垂直结构，则会阻碍信息传递的有效性和精确性，在这一点上平行沟通更为有利，此时，它带来了更多的理解和支持。但在下列情况中，平行沟通会导致功能失调的人际冲突：当正式的垂直通道受到破坏时；当成员绕过或避开自己的直接领导做事时；当管理者发现对所开展的活动或做出的决策不知情时。

（2）非正式沟通。非正式沟通是在正式沟通渠道之外的信息交流和传递，它以社会关系为基础，是与组织内部明确的规章制度无关的沟通方式。它不受组织的监督，可由成员自由选择沟通渠道，如朋友聚会、团体成员私下交换看法、传播的谣言和小道消息等。

非正式沟通的优点是沟通方便、内容广泛、方式灵活、速度快,而且由于在这种沟通中比较容易表露思想、情绪和动机,因而能够提供一些正式沟通中难以获得的信息。它的重要作用表现在以下几个方面。

第一,可以满足职工情感方面的需要。

第二,可以弥补正式通道的不足。组织中的管理者为了某些特殊的目的,往往不便于通过正式通道传播信息,此时非正式通道便能发挥作用。

第三,可以了解职工真正的心理倾向与需要。通过正式通道,员工心中存在戒备,不便于透露真实的想法,而通过非正式通道,便可以在很大程度上克服这个问题。

第四,可以减轻管理者的沟通压力。

第五,可以防止管理者滥用正式通道,有效防止正式沟通中的信息过滤现象。

非正式沟通的缺点主要是欠缺信息的真实性和可靠性,有时甚至会歪曲事实,出现以讹传讹的现象,由此可能导致小集体、小圈子的形成,影响组织的凝聚力和人心稳定。非正式沟通往往起源于人类爱好闲聊的特性,闲聊时的信息被称为传闻或小道消息(并非谣言)。

小道消息具有如下的一些特点:小道消息不一定都是不确切的消息;小道消息传递的速度非常快,同时也容易消散;很难追查到信息的来源;具有新闻性和现实性。当组织的正式沟通通道出现某种阻碍时,传闻或小道消息可能盛行。传闻或小道消息有时会对组织产生严重危害,管理者必须及时察觉并予以澄清,特别是要发挥正式沟通的作用。

2. 语言沟通与非语言沟通

按沟通所借用的媒介的不同,沟通可分为语言沟通(verbal communication)与非语言沟通(nonverbal communication)。

心理学家对语言沟通和非语言沟通在沟通中的使用比率进行了研究,总结出如下公式:

$$信息的传递(100\%)=语言(7\%)+语音(38\%)+态势(55\%)$$

(1) 语言沟通。使用正式语言符号进行的沟通称为语言沟通,语言沟通又分为口头沟通(oral communication)和书面沟通(written communication)。

① 口头沟通是指用语言直接或通过第三人口头转达信息的沟通方式,是最常用的信息传递方式,受语气的重音、停顿和语调等因素的影响。常见的口头沟通包括演说、正式的一对一讨论、小组讨论和非正式的小道消息传播。

口头沟通的优点在于快速传递和快速反馈。在这种方式下,信息可以在最短时间内被传送,并在最短时间内得到对方的回复。如果接收者对信息不确定,迅速的反馈可以使发送者及时核查其中不够明确的地方,具有双向沟通的好处,比较灵活,可随机应变。另外,它还具有亲切感,比较生动,可以用表情、语调等非语言沟通增强沟通的效果。

但是,当信息经过多人传送时,口头沟通的主要缺点便会暴露出来,在此过程中,卷入的人越多,信息失真的可能性就越大。"传话"游戏就表明了其问题所在:每个人都以自己的方式解释信息,当信息到达终点时,它的内容常常与最初情况大相径庭,如果组织中的重要决策通过口头方式在权力金字塔中上下传送,则信息失真的可能性就相当大。另外,如果传达者口头沟通能力差,则无法使接收者了解真意,若接收者不专心或不注意,则口头信息一过即逝,不利于记忆和保存。

② 书面沟通采用图、表和文字符号等形式进行,包括备忘录、信件、传真、E-mail、即时通信、组织内部发行的期刊、布告栏,以及其他任何传递书面文字或符号的手段。

书面沟通的优点是所传递的信息具有权威性、正确性,不容易在传达过程中被歪曲,可以永久保留,接收者可以按照自己的速度详细阅读了解,可使沟通更为严谨、逻辑性更强、条理更清楚。其缺点是反馈速度较慢,甚至不反馈,接收者对信息的接收意愿不够主动。

书面沟通与口头沟通的对比见表 6-1。

表 6-1　书面沟通与口头沟通的对比

对比项目	书面沟通	口头沟通
权威性	较高	较低
信息正确性	高	低
信息保存时间	长	短
信息内容	较详尽	较简单
对沟通双方关系的促进	较不利	较有利
对双向沟通的促进	不利	有利
弹性	较差	较强
效率	较低	较高
应用	较复杂	较简单
受各方面的制约	较多	较少
借助其他渠道	较难	较易

(2) 非语言沟通。借助非正式语言符号进行的沟通称为非语言沟通,包括身体语言沟通(如身体姿势、手势、衣着打扮),面部表情,副语言沟通(如声调、哭笑、重音)和物体的操纵等方面。

在组织中,大部分沟通,包括书面沟通和口头沟通,都与非语言沟通有关,有时非语言沟通传达的信息比其他沟通更多。

如面部表情主要可以分为八类:感兴趣—兴奋;高兴—喜欢;惊奇—惊讶;伤心—痛苦;害怕—恐惧;害羞—羞辱;轻蔑—厌恶;生气—愤怒。一般认为,眼睛是面部表情中最善于传递信息的部分,也有人认为口腔附近的肌肉群表现出来的含义不少。

而身体语言是由个体的四肢运动引起的,也可以传递许多信息。身体语言包括在沟通时四肢的活动和身体的位置。握手是身体语言中最常见的一种。其他的身体语言包括目光接触,表示愿意进行沟通;小心地坐在椅子边上,表示有点焦虑和紧张;紧靠座椅、双臂交叉,表示不愿意再继续讨论下去等。

大楼、办公室、家具等环境因素也能够传递信息。一间特殊的办公室、一幅名人字画、一套名牌服装、一块精美的地毯、一枚昂贵的钻戒、一块劳力士手表、一辆奔驰汽车、一套红木家具可能提醒来访者：本公司总裁是一位成功人士，与他这样的人打交道是很可靠的。

3. 单向沟通与双向沟通

按沟通的方向划分，沟通可分为单向沟通和双向沟通。

（1）单向沟通。单向沟通是指信息的发送者和接收者的位置保持不变的沟通方式，如做报告、演讲、上课，一方只发送信息，另一方只接收信息。其优点是：信息传递速度快，易保持信息传递的权威性。其缺点是：信息传递的准确性较差，较难把握沟通的实际效果，有时会使接收者产生抗拒心理。当完成工作的期限较短、工作性质简单以及从事例行的工作时，多采用这种沟通方式。

（2）双向沟通。双向沟通是指信息的发送者和接收者的位置不断变化的沟通方式，如讨论、协商、会谈等。信息发送者发出信息后，还要及时听取反馈意见，直到双方对信息有共同的了解。其优点是：信息传递有反馈，准确性较高；接收者有反馈意见的机会，有参与感，易保持良好的气氛和人际关系，有助于沟通意见和建立双方的感情。其缺点是：信息发送者随时可能遭到接收者的质询、批评或挑剔，因而对发送者有一定的心理压力；同时这种沟通方式还比较费时间，信息传递速度较慢。

双向沟通与单向沟通的对比如表 6-2 所示。

表 6-2　双向沟通与单向沟通的对比

对 比 项 目	双向沟通	单向沟通
沟通速度	慢	快
沟通内容的正确性	高	低
工作秩序	差	好
沟通者的心理压力	大	小
沟通前的准备工作	较不充分	较充分
沟通时需要的应变能力	较强	较弱
沟通对促进人际关系的影响	较有利	较不利
沟通时的群体规模	较小	较大
接收者接受信息的把握	大	小

单向沟通和双向沟通有各自的优缺点：①单向沟通的速度比双向沟通快；②双向沟通比单向沟通准确；③双向沟通中，接收信息的人对自己的判断比较有信心，知道自己对在哪里，错在哪里；④双向沟通中，传达信息的人感到心理压力较大，因为随时会受到信息接收者的批评或挑剔；⑤双向沟通容易受到干扰，缺乏条理性。

三、群体沟通网络

在信息交流过程中，发送者直接将信息传给接收者，或经过第三者的转传才到达接收者，这就产生了沟通的途径问题。在组织沟通中，由各种沟通途径所组成的结构称为沟通网络，信息沟通的有效性与它的网络类型有一定的关系。沟通网络可分为正式沟通网络与非正式沟通网络。

1. 正式沟通网络

正式沟通网络是根据组织机构、规章制度来设计的,用以交流和传递与组织活动直接相关的信息的沟通途径。

关于不同的正式沟通网络如何影响个体与群体的行为,以及各种形态的网络结构的优缺点,巴维拉斯(A. Bavelos)对不同的沟通网络如何影响个体和群体行为,以及各种网络结构的优缺点作过比较研究,提出五种途径:链式沟通、轮式沟通、环式沟通、Y式沟通和全通道式沟通,如图6-2所示。巴维拉斯等根据研究结果还发现不同形态的沟通网络有不同的影响效果。各种正式沟通网络的比较如表6-3所示。

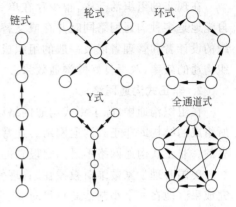

图 6-2　正式沟通网络

表 6-3　各种正式沟通网络的比较

沟通网络类型	沟通的效率	精确度	组织化	领导者的权力	士气	对工作变化弹性
链式	较快	较高	慢、稳定	较显著	低	小
轮式	快	高	迅速、稳定	显著	很低	较小
环式	慢	低	不易	不发生	高	大
Y式	较快	较低	不一定	会易位	不一定	较大
全通道式	最慢	最高	最慢、最稳定	不发生	最高	最大

(1) 链式沟通。代表一个多级层次逐级传递,信息可以向上传递或向下传送,也可以表示主管与下级部属间有中间管理者的组织系统。链式沟通传递信息速度快,解决简单问题速度高,但对提高组织成员的积极性有不利的影响。

(2) 轮式沟通。表示主管人员居中分别与多个下级沟通,而多个下级之间没有相互沟通,所有的沟通都通过主管人员。轮式沟通传递信息迅速、准确,对活动的组织化、领导的产生有利,但对成员的积极性和工作变化的弹性会产生不良后果。

(3) 环式沟通。表示多人之间依次联系沟通。这种结构可能发生于多个层次的组织结构。第一级主管与两个第二级建立联系沟通;第二级再与底层联系;底层的工作人员之间建立横向联系。环式沟通能提高成员的积极性,解决复杂问题有效,但效率不高。

(4) Y式沟通。表示多个层次之间逐级传递,第一级有两个上级与他发生联系沟通。Y式沟通解决问题速度快,但成员满意程度低。

如果把图6-2中的Y式沟通倒过来,并稍作修改,则表示一个主管通过第二级(例如秘书)与三个下级发生联系。处于这种地位的秘书可以获得最多信息,因而往往容易掌握真正的权力,控制组织,而第一级的主管则变成傀儡人物。研究表明,掌握信息越多者,越容易成为领导人物。

(5) 全通道式沟通。表示组织内每个人都可与其他人直接地自由沟通,并无中心人物,所有成员都处于平等地位。全通道式沟通成员平等,没有限制,适用于委员会之类的组织机构的沟通和复杂问题的讨论与解决。

在现实的组织活动中，很少存在单一的沟通模式，在许多情况下，组织沟通自觉或不自觉地是多种沟通网络同时并存或交替进行的。在实践中，这种复杂性和可变性要求组织的设计者和管理者以及一般的组织成员，灵活掌握并综合运用各种沟通网络，以提高组织沟通的效率，取得良好的沟通效果。

2. 非正式沟通网络

在组织沟通中，除了正式沟通网络以外，还存在大量的非正式的沟通途径，这些途径所组成的结构即非正式沟通网络。通常所说的"小道消息"便是经由这种沟通网络传播开去的。非正式沟通网络不是固定设置的，而是在成员进行非正式沟通中自然形成的。

美国心理学家戴维斯教授在《管理传达和小道新闻》中发表了他对小道新闻传播的研究成果。他在一个小制造商行里对 67 个管理人员做了调查，采取顺藤摸瓜的方法，跟踪小道新闻的来源，结果发现只有 10% 的人是小道新闻的传播者。其传播的模式有四种：单线式、集束式、流言式和偶然式，如图 6-3 所示。

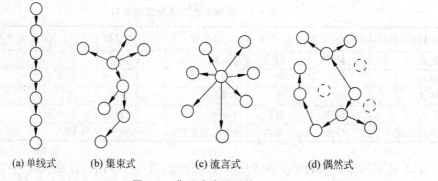

(a) 单线式　　(b) 集束式　　(c) 流言式　　(d) 偶然式

图 6-3　非正式沟通网络

(1) 单线式。以"一人传一人"为特征，通过一连串的人把信息传给最终的接收者。

(2) 集束式。也称"葡萄藤式"，以"一人成串传"为特征，把小道消息有选择性地告诉自己的亲戚朋友或者有关的人，是传播小道消息最普通的形式。这是非正式沟通典型的沟通网络，所谓"一传十，十传百"。

(3) 流言式。以"一人传多人"为特征，消息由一个人主动地传播给其他人。

(4) 偶然式。也称概率型，以"一人偶然传"为特征，指按照偶然的机会传播小道消息，由一个人将消息传给某一部分人，这些人再将消息传播给别人，实际传给哪些人，带有相当的偶然性。

由于非正式沟通网络传送消息都是口头的传播，故传播速度极快，也易于迅速消散，一般没有永久性结构和成员。戴维斯还总结出，非正式沟通网络中人们谈论最多的是最近的消息、对他们工作有影响的事以及他们所关心的人。

另外，非正式沟通网络的存在有时可能产生不利影响，但也可以加以利用以补充正式沟通网络的不足。因为这种沟通网络不受正式机构的监督和限制，可以自行选择沟通渠道，有时可以提供正式沟通中难以获得的某些信息，加上人们的真实思想和意见往往通过非正式沟通网络表露出来,所以管理者应对非正式沟通网络加以正确地引导和利用,以补充正式沟通网络的不足。

3. 网络化

所谓网络化(net working),是指个体在一个网络中变得活跃的过程。例如,小许是公司业余桥牌队队员,最近公司组织了几次桥牌比赛,小许的牌技高人一筹,这样他不但与本公司的员工熟悉了,而且认识了一些兄弟公司的高层管理者。我们说,小许网络化了。

网络化对于员工的心理和行为有许多重要的作用,管理者应该了解网络化的作用,发挥网络化的积极作用,消除网络化的消极影响。

(1) 满足员工交往的心理需求。因为网络化可以发生在组织内,也可以发生在组织外,所以,完成网络化后员工的交往面会更广泛,可以促进员工提高交往水平。

(2) 缩短沟通距离。网络化可以发生在正式沟通中,但更多地发生在非正式沟通中。一旦完成网络化,许多原来在正式沟通中要花很长时间流动的信息会很快地流动。例如,甲厂是乙厂的客户,甲厂采购员小庄对乙厂销售员小苏的服务不满意,如果通过正式沟通通道要走以下途径:小庄→甲厂采购经理→甲厂总经理→乙厂总经理→乙厂销售部经理→小苏。如果通过网络化,小庄和乙厂的销售经理是同一围棋协会会员,在一次围棋比赛后,小庄与乙厂销售经理谈了这件事,第二天就完成了全部沟通,小苏改善了服务。

(3) 会产生一些消极影响。网络化使员工的网络不断扩大,同时也有一些消极影响,如不良的小道消息会传递、有更多的跳槽机会、相互比较待遇而降低士气、泄漏公司的商业机密等。

四、有效沟通的障碍和技巧

沟通的有效性是指沟通的准确性、实时性和效率,准确性是指信息从发送者传到接收者时保持原意(即不失真、不产生歪曲、不遗漏)的程度;实时性是指信息从发送者传到接收者的及时程度;沟通的效率则是指单位时间内传递信息量的多少。准确性、实时性和效率越高,沟通的有效性就越高。

1. 有效沟通的特征

(1) 及时。及时沟通是指沟通双方要在尽可能短的时间里进行沟通,并使信息发生效用,为此就要做到以下几点。

① 传送及时。在信息传递过程中,尽量减少中间环节,避免信息的过滤,使信息最快到达接收者手中。

② 反馈及时。接收者接收到信息后,应及时反馈,这有利于发送者修正信息。

③ 利用及时。信息具有较强的时效性,因而要求双方及时利用信息,避免信息过期无效。

(2) 充分。信息充分要求发送者在发出信息时要全面、适量,既不能以偏概全,也不能过量,而应该适量充分。

(3) 不失真。只有不失真的信息,才能充分反映发送者的意愿,接收者才能正确理解信息。按照不失真的信息采取行动,则能取得预期效果。失真的信息,往往会对接收者产生误导。

2. 有效沟通的障碍

在沟通的过程中,可能会受到某些因素的影响而降低沟通的有效性,形成某种障碍。从沟通过程(主要指编码和解码的过程)和影响因素(主要针对信息的发送者和接收者)两方面进行分析,沟通的障碍可分为语言障碍、心理障碍和文化障碍三大类。

(1) 语言障碍。语言是以语言为物质外壳,以词汇为建筑材料,以语法为结构条理而构成的符号体系。语言是人类思维和表达思想的手段,也是人类社会最基本的信息载体,因而,语言是沟通过程中最重要的沟通工具。但语言又是极为复杂的,由于语言方面的原因引起的沟通障碍到处可见,常见的语言障碍有以下三种。

① 语系。由于不同的历史渊源、地域分布、种族传统等复杂因素,地球上的语言首先划分为语系,同一语系内部按各语言之间的亲属关系的远近又可分为若干语族。由于不同语系、语族的语言存在不同程度的差异,因而不同国度、不同民族之间的交流就往往因语系或语族的不同而存在沟通困难,这时往往需要通过翻译才能顺利进行沟通。而即使是同一语族也会由于地方的不同而演变成不同的地方变体,即地方方言,如我国又分为北方话、闽南语、粤语等几大方言区。属于不同方言地区的人们由于方言的差异,常常造成沟通困难。

② 语义。语义即词语的意义,词语是最小的语言单位,是句子的细胞,语义不明,就不能正确表达思想,不能有效地进行沟通。

克服语义障碍,首先要求发送者做到不使用含混不清的词语或双关语来表达信息,否则往往让信息接收者感到迷惑不解,不知应该理解成哪种含义;其次是发送者不应使用方言或俚语,因为接收者难以理解其中的语义,从而造成沟通的困难;最后是信息接收者必须正确理解信息中的语义,避免从自己的主观臆断来理解别人的话。

③ 语境。语境即语言环境,是指说话的现实情况,即运用语言进行交际的具体场合。语境一般包括社会环境、自然环境、时间、地点、作者心理、上下文等各项因素,是人们进行修辞活动的依据。

语境支持沟通的信息时,可以提高沟通的质量;反之,则会使沟通双方对所交流和传递的信息表示怀疑,从而降低沟通的有效性。比如,北美人与拉丁美洲人在交谈时有不同的空间要求。在北美洲,如果谈话对象是成年男子,谈话内容又是业务联系,那么双方之间的合适距离为2英尺,如果近到8～10英寸,就会使北美人感到不舒服。而对拉丁美洲人来说,2英尺的距离好像显得太冷淡、太不友好了,于是他会主动接近对方,甚至无视北美人设置的"禁区",这样将会引起双方的紧张而阻碍沟通的有效进行。解决的办法就是要广泛了解各民族不同的传统习俗。

(2) 心理障碍。人的行为是受其动机、心理状态影响的,现实的沟通活动常为人的态度、个性、情绪等心理因素所影响,有时这些心理因素会成为沟通中的障碍。

① 态度。态度是人们对某一事情的看法和相对稳定的心理倾向,是人们行为的指向。以恰当的认知、健康的情感支配行为的心理倾向,就是科学的态度;反之则是非科学

的、不端正的态度。态度不正确,就不能正确地指导人的行为,也不能达到理想的沟通效果。如个人对待合作与竞争的态度,持竞争性态度的人,往往把人际或群际关系看成是一方胜而另一方必败的矛盾,只追求己方的目标,过分强调己方的需要和利益,把己方与对方的界线划得过分清楚,使双方成为对立的两极,这当然会给双方间的沟通造成障碍。

② 个性。个性由个性倾向性和个性心理特征组成。个性倾向性包括人的需要动机、兴趣和信念,它决定人对现实的态度、趋向和选择。个性心理特征包括人的能力、气质和性格,决定人的行为方式和个性特征。个性不同,个人的基本观念、信仰也就不同,对待同一事物的知觉、看法也就不同。所以当进行沟通的双方的个性差异较大,同时又不了解对方的知觉和看法时,就难以进行有效的沟通。正如一个健谈的人与一个内向的人是难以有效地进行沟通的。

③ 情绪。人总是带着某种情绪状态参加沟通活动,在某些情绪状态下,人们容易接收外界信息,而在另一些情绪状态下,外界信息就难以接收。所以如果进行沟通的主体不能有效地驾驭情绪,就会阻碍正常的沟通。

> **链接材料 6-1:学会换位思考**
>
> 一头猪、一只绵羊和一头奶牛被牧人关在同一个畜栏里。有一天,牧人将猪从畜栏里捉了出去,只听猪大声嚎叫,强烈反抗。绵羊和奶牛讨厌它的嚎叫,于是抱怨道:"我们经常被牧人捉去,都没像你这样大呼小叫的。"猪听了回应道:"捉你们和捉我完全是两回事,他捉你们,只是要你们的毛和乳汁,但是捉我,却是要我的命啊!"
>
> 立场不同、所处环境不同的人,是很难了解对方的感受的。因此,对他人的失意、挫折和伤痛,我们应进行换位思考,以一颗宽容的心去了解、关心他人。

(3) 文化障碍。正如爱德华·T.霍尔所说,"文化是人的生存环境。人类生活的任何一方面无不受着文化的影响,并随着文化的变化而变化。也就是说,文化决定了人的存在、表达自我的方式(包括感情的流露)、思维方式、行为方式",可见文化因素也深刻地影响着人们的沟通行为,其中阻碍人们进行有效沟通的文化因素主要体现在以下几个方面。

① 跨文化。很多跨文化因素会增加沟通困难的潜在可能性,具体因素如下。

- 语义。不同人所理解的语义往往有所不同,尤其对于来自不同民族文化的人来说,这种差异就显得更大,这将阻碍沟通的有效进行。
- 词汇内在含义。在不同的语言中,词汇的内在含义也有所不同,如美国人认为"Hai"是"我同意"的意思,而在日语中"Hai"表示"我正在认真听",因而造成了两国人在沟通中的困难。
- 非语言性沟通手段的不同。受不同文化的影响,非语言性沟通手段(如表情、姿势、空间与时间的控制等)也存在着微妙的不同。不了解这点,也会阻碍了沟通的有效进行。
- 认知差异。不同文化下的人看待世界的方式是不同的,这包括基本价值观、信仰、传统、习俗等。这些认知差异都会造成沟通中的困难。

② 代沟。代沟是指年龄差距悬殊的人们之间的沟通困难。在现实生活中,代沟是不

容否认的,不同年龄阶段的人生活在不同的社会背景之下,有不同的社会经历,因而对同一事物会有不同的认识。例如,老一代认为"新三年、旧三年、缝缝补补又三年",而新一代则认为"旧的不去,新的不来"。因而,若不能正确地处理代与代之间的差异,就会造成沟通困难。

③ 性别。男女沟通风格的差异往往会导致两性之间出现沟通障碍。一般来说,男性是通过交谈来强调地位的,因而谈话的主要内容是如何在一个有等级的社会中生存,并努力去争取或保持其所期望的社会地位。他们往往通过提供解决办法来维持自己的控制力。女性则通过交谈来发生联系,所以谈话内容重在建立联系和加强亲密感。因而她们提出问题是为了获得支持和联系,而不是为了获得男性的建议,这导致男性与女性在沟通中存在很大的差异,从而造成他们之间的沟通困难。

3. 有效沟通的技巧:倾听

沟通的起点是倾听,有人做过统计调查,发现人在沟通的过程中,有35%的时间花在交谈上,16%的时间花在阅读上,9%的时间花在书写上,而剩余的40%的时间则花在倾听上,可见人们花费在倾听上的时间要超过其他的沟通行为。

倾听是接收口头和非语言信息、确定其含义和对此做出反应的过程。

西方谚语说:"用十秒钟时间讲,用十分钟时间听。"中国也有句老话叫:"说三分,听七分。"可见在语言沟通中,"会听"甚至比"会说"还重要。在对财富排行榜500强企业的一项调查中,59%的被调查者回答他们对员工提供倾听方面的培训。研究者还发现,在良好的倾听技巧和工作效率之间存在着直接的联系,接受了倾听能力训练的员工比没有经过这项训练的员工工作效率高得多。

倾听是企业管理沟通中的关键环节,善于倾听的管理者可以给员工留下良好的印象,激励他们畅所欲言,这样不仅可以让管理者获得重要的信息,更有助于管理者做出正确的决策。同时,对于缺乏经验的管理者来说,倾听还可以增长知识和经验,减少或避免因为不了解情况而出现失误。

链接材料 6-2:最有价值的小金人

传说古代曾经有个小国的使者到中国来,进贡了三个一模一样的小金人,个个光彩夺目,这让皇帝非常高兴。可是这小国的人不厚道,同时出一道题目说:"这三个小金人哪个最有价值?"

大臣们左看右看,看了很长时间,也没有看出个所以然来。于是,皇帝和大臣们又想出许多办法,他们请珠宝工匠来检查,结果是称重量、看做工,都是一模一样的。

怎么办?使者还等着回去汇报呢。泱泱大国,不会连这点小事都不懂吧?最后,有一位退休的老大臣说他有办法。皇帝将使者请到大殿,老臣胸有成竹地拿来三根稻草,插入第一个金人的耳朵里,这稻草从另一边耳朵出来了;插入第二个金人的耳朵,稻草从嘴巴里出来了;而把稻草插入第三个金人的耳朵,稻草进去后掉进了肚子,什么响动也没有。

老臣对皇帝说:"第三个金人最有价值!"皇帝赞许地点了点头,使者也默默无语,答案正确。为什么会这样呢?

第一个小金人,把稻草插入它的耳朵里,稻草立刻从另一边耳朵出来了,说明忽视信息,让信息左耳进、右耳出,根本不去关注别人的话。这样的人,在组织中经常表现出心不在焉的样子,沉迷于自我的世界,不关注外界的事情。

第二个小金人,把稻草插入它的耳朵里,稻草从它的嘴巴里直接掉了出来,说明它是那种对信息不加判断的人,长了个大嘴巴,把听来的事情不加判断就进行传播,不知道什么事该传播,什么事不该传播。任何组织中,都会有这样的人员,而且还可能比第二个小金人更加麻烦,在传播过程中添油加醋、四处散布。对于企业来说,这种成员有时候会引来很多是非。

第三个小金人,稻草从耳朵进去后掉进了肚子,什么响动也没有,说明它那种能够做到"善于倾听,分辨是非,消化在心"的人。因此,第三个小金人最有价值。

可见,最有价值的人不一定是最能说的人。经理人在沟通中要学会像第三个小金人那样,能沉住气,重视倾听,三思而后说。

(1) 有效倾听的障碍。要想真正做到有效倾听,就要先了解哪些障碍会干扰到倾听,进而找出解决的办法。研究表明,信息的失真主要是在理解和传播阶段,造成沟通效率低下的最大原因在于倾听者本身。

① 以自我为中心。人们习惯于关注自我,总认为自己才是对的。在倾听过程中,过于注意自己的观点,喜欢听与自己观点一致的意见,对不同的意见往往置若罔闻,这样便会错过聆听他人观点的机会。

② 先入为主的偏见。先入为主具有巨大的影响力。如果你臆断某人愚蠢或无能,你就不会对他说的话给予关注。

③ 急于表达自己的观点。许多人认为只有说话才是表白自己、说服对方的唯一有效的方式,若要掌握主动,便只有说。在这种思维习惯下,人们容易在他人还未说完的时候,就迫不及待地打断对方。

④ 心不在焉,转移话题。如果注意力不集中,那么你只会把一部分注意力放在倾听上;如果你觉得对方的话无聊或让你感到不自在,可能会改变话题或者讲笑话,终止对方谈话的思路。

(2) 克服倾听障碍的措施。认识到倾听过程中的障碍后,要主动采取以下措施予以克服。

① 创造有利的倾听环境,尽量选择安静、平和的环境,使发送者处于身心放松的状态。

② 摆出有兴趣的样子,端详对方的脸、嘴和眼睛,尤其要注视眼睛,将注意力集中在发送者的外表。这样能帮助你聆听,同时,这是让对方相信你在注意聆听的最好方式。

③ 尽量把讲话时间缩到最短。当讲话时,你便不能聆听别人的良言,可惜许多人都忽略了这一点。

④ 平和的心态,倾听中只针对信息而不是传递信息的人。诚实面对、承认自己的偏见,并能够容忍对方的偏见。

⑤ 保持耐性,抑制争论的念头,不要打断对方的谈话。注意你们只是在交流信息,而非辩论赛,争论对沟通没有好处,只会引起不必要的冲突。学习控制自己,抑制自己争论的冲动,放松心情。

⑥ 不要过早作出结论或判断。当你心中对某事已作判断时,就不会再倾听他人的意见,沟通也就被迫停止。

⑦ 不要以自我为中心。在沟通中,只有把注意力集中在对方身上,才能够进行倾听。但很多人习惯把注意力集中在自己身上,不太注意别人,这容易造成倾听过程中的混乱和矛盾。

⑧ 随时做笔记。做笔记不但有助于聆听,而且能集中注意力,并使对方觉得受到重视。

链接材料 6-3:相互作用分析

贝尼尔(E. Berne)在《大众的游戏》一书提出"相互作用分析",它是对个人及其所接触对象的行为的分析方法,可以提高人际交往能力和促进信息沟通。

"相互作用分析"的理论基础是心理上人的三种"自我状态"(ego state):父母自我状态(parents ego state)、成人自我状态(adult ego state)和儿童自我状态(child ego state),分别用 P、A、C 表示。这三种状态是一个人在其成长过程中逐步形成并成为心理结构的组成部分(见表 6-4)。人际交往实质上就是这些状态进行相互作用。

表 6-4　管理人员的 P、A、C 结构和行为特征

P	A	C	行 为 特 征
高	低	高	喜怒无常,难以共事,个人支配欲强,有决断,喜欢被人歌颂、捧场和照顾
高	低	低	墨守成规,照章办事,家长作风,养成下属的依赖性,是早期工业革命时代的经理人物,现在不合潮流
低	低	高	有稚气,对人有吸引力,喜欢寻求友谊,用幼稚的幻想进行决策,讨人喜爱,但不是称职的经理
低	高	低	客观,重视现实,工作刻板,待人比较冷淡,难以共事,只谈公事,从不谈私事,别人不愿与他谈心
高	高	低	容易把"父母"的心理状态过渡到"成人"状态,若经过一定的学习和经验积累,可成为成功的企业家
低	高	高	理想的管理人员,"成人"和"儿童"的良好性格结合在一起,对人对事都能处理好

如果一个人所表现的行为是从他的父母、权威人物吸收来的,就说此人此时是处在一种"父母自我状态"中。这种状态以权威与优越感为标志,通常表现为统治、责骂和其他专制作风(例如说"你必须这样去做,没有什么可争论的")。如果一个人能站在客观的立场面对实际,能冷静地、实事求是地、合乎逻辑地分析情况,他就是处于"成人自我状态"。其特征是注意事实根据和理智的分析。而"儿童自我状态"是泛指一切从婴儿地位而言的冲动心态。其表现为一时惹人喜爱,一时乱发脾气;也表现为服从与任人摆布。

根据相互作用分析理论,"父母"状态和"儿童"状态对客观世界的感受和反应往往并不一贯,而"成人"状态的思考与反应则具有统一性和一贯性。上述三种心理状态,汇合为人的性格。在每一个人身上,三种心理状态的比重并不相同。表 6-4 表示不同 P、A、C 结构的管理人员的行为特征。

人们进行信息沟通时往往处在某一种自我状态之中,而且常可由某一种自我状态转

变为另一种自我状态。作为管理人员,必须了解下属在沟通时处于何种自我状态,以便做出适当的反应和引导,从而达到良好的沟通效果。

第二节 群体决策

群体决策(group decision)是由群体中多数人共同进行的决策,它一般是由群体中的个人先提出方案,而后从若干方案中进行优选。参与群体决策的成员可能包括组织的领导者、有关专家和职工代表。

一、群体决策的优缺点

大量的研究结果表明:通常情况下,群体决策比个体决策更能做出创造性的决定,并且能够得到更好的贯彻。在当前社会活动日益频繁、复杂的情况下,决策活动越来越群体化,以往那种主要靠个人拍脑袋决策的方式越来越为群体决策所代替。

1. 群体决策的优点

(1) 提供更完备的信息。群体将带来个人单独行动所不具备的多种经验和决策观点。

(2) 产生更多的方案。差异的、多样化的"世界"更有独创性,能产生更多的方案。当群体成员来自不同专业领域时,这一点就更为明显。例如,一个由工程、会计、生产、营销和人事代表组成的群体,将制定出反映他们不同背景的方案。

(3) 增加对某个解决方案的接受性。人们往往不愿违背自己参与制定的决策。许多决策在做出最终选择后却以失败告终,这是因为人们没有接受解决方案。但是如果让受到决策的影响或实施决策的人们参与决策,他们更可能接受决策,并鼓励他人也接受它。

(4) 提高合法性。群体决策制定过程是与民主思想相一致的,因此人们觉得群体制定的决策比个人制定的决策更合法。拥有全权的个体决策者不与他们磋商,这会使人感到决策是出自独裁和武断。

2. 群体决策的缺点

(1) 成本高。组成一个群体显然要花时间,以反复交换意见为特点的群体决策过程,也是耗费时间的过程。群体成员之间的相互影响也会导致低效,所以群体决策要比个人决策花更多的时间。

(2) 责任不清。群体成员分担责任,但实际上谁也无法对最后的结果负责。在个人决策中,谁负责任是明确、具体的。而在群体决策中,任何一个成员的责任都被冲淡了。

(3) 屈从压力。在群体中要屈从社会压力,从而导致所谓的群体思维。抑制不同观点、少数派和标新立异以取得表面的一致,削弱了群体中的批判精神,损害了最后决策的质量。

(4) 少数人统治。一个群体中的成员永远不会是完全平等的。他们可能会因组织职位、经验、有关问题的知识、易受他人影响的程度、语言技巧、自信心等因素而不同。这就为单个或少数成员创造了发挥其优势、驾驭群体中其他人的机会。支配群体的少数人,经常对最终的决策有过分的影响。

一般而言，群体能比个人做出更好的决策，这不是说所有的群体决策都优于每一个个人决策，而是群体决策优于群体中平均的个人所做的决策，但它们并不比杰出的个人所做的决策好。个体决策与群体决策的对比如表 6-5 所示。

表 6-5 个体决策与群体决策的对比

对比项目	个 体 决 策	群 体 决 策
速度	快	慢
正确性	一般	较好
创造性	较大，适用于工作结构不明确、需要创新的工作	较小，适用于任务结构明确、有固定执行程序的工作
风险性	视个人气质、经历而异	若群体成员特别是领导喜欢冒险，则决策更趋于冒险；若群体成员特别是领导较保守，则决策更趋于保守

二、群体决策中的特殊行为

群体决策的过程中，容易产生一些特殊行为，包括群体盲思、阿背伦悖论、群体偏移和群体极化。

1. 群体盲思

在集体讨论过程中可能会产生一些失误，影响决策的质量。有时会看到这样的现象：由一些经验丰富、知识渊博的专家组成的群体，却做出一般人凭常识也不会做出的荒谬决策。

美国心理学家贾尼斯对美国历史上造成重大影响的决策案例研究后发现，很多后来被证明是错误的决策都存在群体盲思现象。譬如，罗斯福执政时发生的珍珠港被偷袭事件(杨锡山，1986)，1960 年杜鲁门内阁决定放任麦克阿瑟越过"三八线"进攻朝鲜，1960 年肯尼迪的决策班子决定派 1 400 名雇佣军在古巴猪湾登陆，20 世纪 60 年代约翰逊总统决定对南越的军事干预逐步升级等(徐联仓，1994)，以及美国宇航局在 1986 年决定发射的"挑战者"号最后发生大爆炸(纳尔逊等，2004)。

反过来，贾尼斯也发现，凡是正确的决策都避免了群体盲思。譬如，第二次世界大战后，杜鲁门内阁制订并实行援助西欧战后经济复兴的"马歇尔计划"，1962 年肯尼迪总统成功处理古巴导弹危机。

2. 阿背伦悖论

阿背伦悖论(Abilene Paradox)是指在群体决策过程中由于各成员没能公开发表自己的真实意见，结果导致群体采取的决策行动与他们真正意图完全相悖的现象。

哈维(Jerry B. Harvey)在 1974 年的一篇文章中初次提出这一概念(Harvey，1974)，后来又在其出版的著作中对相关问题作了更深入的阐释(Harvey，1988)。

阿背伦悖论的命名源自于哈维讲的一个小故事：某年 7 月的一个下午，得克萨斯州的科莱曼城(Coleman)气温高达 104 华氏度。一对夫妇与妻子的父母共四人坐在门廊，风扇慢慢转着，他们尽可能地减少活动量，喝柠檬水，偶尔玩玩多米诺骨牌。妻子的父亲忽然提议四人开车去阿背伦（Abilene）的自助餐馆吃饭，阿背伦距离科莱曼城53英里，他们需要冒着沙尘暴和炎热天气才能到达那里，女儿和母亲表示附和，女婿对此建议虽有些许怀疑，但仍表示了赞同。于是他们开着一辆没有空调的别克车，经过长途跋涉赶到那里并吃了顿颇为乏味的午餐。四小时后，他们终于返回科莱曼城，酷热难耐而又精疲力竭。在一段时间的沉默后，他们开始评论这番经历。结果发现，四个人原本没有一个人真正愿意去阿背伦，只是因为猜测其他三人愿意去而没有表示反对意见。他们所做的事情竟然是他们都反对的事情！哈维于是将这种现象称为阿背伦悖论。

每个人只要回顾自己在组织和群体中工作的经历都可以发现，这种现象在群体决策中并不罕见，尤其当决策过程追求一致性而掩盖不同的意见和问题时更容易发生。这种现象的出现无论对群体和个人都是非常不利的，因此群体在决策的过程中，片面追求一致性是很危险的，群体中的每个人应该说出自己的真实想法，以避免这种现象的发生。

但是，在学术界和管理实践中，阿背伦悖论并没有受到应有的关注，而与其极为相似的前面提到的另一种现象——群体盲思——却颇受瞩目。群体盲思与阿背伦悖论所反映的都是群体在决策过程中追求高度一致的决策结果并导致不利后果的现象。但是，二者存在很大差异。大体而言，阿背伦悖论是一种缺乏活力的状态（如犹豫、漠不关心、消极、痛苦、冲突等），而群体盲思则是一种充满活力（high energy）的状态（如态度积极、群体兴奋、高凝聚力、团队精神等）。

3. 群体偏移和群体极化

决策行为本身是有风险的，作为个人决策，它对决策方案的风险性偏好很大程度上取决于个人的冒险性如何。然而在群体决策过程中，情况就要复杂得多，主要是群体动力在起作用，群体决策中的风险心理性的主要表现形式为"冒险转移"现象。

大量的研究表明，"冒险转移"现象是相当普遍的，在大学生群体以及领导群体中都观察到这种现象。此外，几十项心理学和社会学的研究也证明，法国人、美国人和波兰人在采取群体决策时都存在这种现象。

群体决策中可能会有"冒险转移"现象，但不能认为群体决策向冒险方向转移是必然的规律。实际上，如果群体成员有较高的水平，团结一致，掌握充分的信息等，一般会做出适当的决策。特别应当指出的是，近些年来组织行为学的研究发现，群体决策也有向保守方向转移的倾向，尽管这方面的研究资料尚不多见。因此，有人提出用"两极化倾向"的概念代替"冒险转移"，因为在某些情况下群体决策也倾向于保守。

三、改进群体决策的技术

群体活动具有复杂性，其中就表现在群体决策中的创造性，以及群体决策中创造性激发的两重性。在顺利的情况下，一群人在一起劳动比单干能产生更多的创新观念。但也有相反的描述，美国有组织行为学家认为群体的活动往往强求一致，扼杀了成员的个性和创造性，美国的一句谚语说："马如果经过委员会的安排就会变成骆驼。"

激发群体创新的办法很多。在进行群体决策之前，群体的组织与问题准备非常重要，组织者讨论问题应该清楚界定，参与人员应该是了解情况的专家或者利益相关者。具体的方法包括头脑风暴法、德尔菲法、列名群体法和提喻法。

1. 头脑风暴法

头脑风暴法(brainstorm)最早由奥斯本于 20 世纪 50 年代提出，基本思想是，如果要产生尽可能好、尽可能多的观点或想法，那么就要鼓励每一个成员将自己的观点贡献出来，而且在他们提出自己观点的过程中，不要作任何评价(纳尔逊等，2004)。

这种方法的主要特点是把有关的人员召集在一起，让他们就某一专门问题无拘束地发表意见。这种聚会有一些规定，不允许对别人提出的意见进行反驳，即使是提出极其荒谬的意见也不允许反驳。在这样的聚会上也不作结论，鼓励大胆自由地思考问题，思路越广越受欢迎，意见提得越多也越受欢迎。但允许人们经过协商，联合提出某种意见。

采用这种方法时，人数不可过多，以十几个人为宜；时间不可过长，以半小时至一小时为宜。这种方法据统计每小时可产生 60 至 150 项建议，比一般方法多 70%。尽管其中有若干方案可能毫无意义、不切实际，甚至荒唐可笑，但其中有若干方案可能很有价值、很有创见。

一般来说，采用这种方法应针对比较单一明确的问题。如果问题涉及面很广，因素很多，则应把复杂问题分解为单一性的小问题。这种方法的优点是使人解放思想，敢于大胆地想问题，而缺点是整理意见、分析意见要花很多时间，拖延决策。

从头脑风暴法中还派生出另外一种方法，叫作反向头脑风暴法，它的含义是让人们对某个方案只提批评意见，尽量挑毛病，甚至吹毛求疵，从而根据批评意见修改这个方案，使之达到完美程度。

2. 德尔菲法

德尔菲法(delphi technique)是在 20 世纪 40 年代由美国兰德公司研究人员提出的一种专家集体判断和预测的方法，其实施方法如下。

(1) 建立一个专门小组作为主持机构。

(2) 专门小组根据自己的专家库选定咨询意见的专家名单。

(3) 专门小组将要咨询意见的文字和表格以书面打印或电子方式发给每个专家。每个专家并不面对面一起工作，只是和专门小组进行通信联系，每个专家成员要匿名提出自己的意见。专家成员相互并不知道对方，也无从联系。

(4) 专门小组从专家那里收集到书面的意见反馈，在汇总所有意见的基础上，形成进一步要征询的问题。将这些问题和其他专家在前一阶段的匿名意见发给所有专家，让他们重新考虑自己的意见。任何时候，每个人都可以保持或修改自己的意见，修正时需要说明原因。

(5) 经过多次重复上面的第四个过程，逐步得出最后的决策结果。

上面是德尔菲法操作过程的几个主要步骤，在不同地方使用时可能会略有变化，但它们的共同点是：成员之间不见面、独立自由思考、作出判断。这种方法会避免群体压力、社会懒惰行为、群体盲思、阿背伦悖论、群体极化、群体偏移等不利于群体决策的现象发生，在实践中采用较多。

3. 列名群体法

列名群体法(nominal group technique)与德尔菲法的不同之处在于：列名群体法的

参加成员是可以面对面坐在一起的,但是相互的语言交流依然受到限制,主要依靠书面交流。具体操作方法如下(杨锡山,1986;鲁森斯,2003)。

(1) 建立一个专门小组作为主持机构。

(2) 专门小组选定参加专家的名单,7~10 人,依次围坐。

(3) 专门小组负责人给出需要决策的问题、介绍列名群体的工作方法后,群体成员将每个人的意见写在一沓纸条上。

(4) 专门小组记录员将每个人的意见都放到大记事板上公布,但不作任何讨论。

(5) 专门小组主持对每条意见的讨论,参加讨论的人员在澄清意见后,表明支持还是不支持。专门小组人员要记下所有的意见。

(6) 专门小组对记录下来的想法进行分类,让参加人员秘密写下对这些意见的排序投票。

(7) 专门小组对大家投票情况进行统计,选出排在第一位的为最后决策。

列名群体法实施过程中,每个人虽然可以发表自己对不同意见的看法,但这种看法不会直接针对提出这个意见的人,另外投票也是匿名的,所以同样也能避免被能说会道的人主宰,降低群体压力对个人决策的干扰,因而也是一种常用的群体决策方法。

4. 提喻法

提喻法是由哥顿提出的,故又称"哥顿法"。其做法是邀请 5~7 人参加会议进行讨论,但讨论的问题与即将进行的决策没有直接关系,而是运用类比的方式进行讨论。类比的方式是多种多样的,如拟人类比、象征类比、幻想类比等。如果决策的问题是研究某种夜视仪,则可邀请专家来讨论猫头鹰眼睛的夜视功能。如果决策的问题是某项人事任命,则可讨论担任某种职务的人员需要必备什么品质。采用这种类比的方式,把熟悉的事情变成陌生的事情,有助于人们摆脱条条框框的束缚,充分利用自己的想象力开拓新的思路。

第三节 冲突和冲突管理

冲突对于任何组织都是备受关注的问题。探讨产生冲突的根源,寻找处理冲突的方法,从而协调人际关系,提高组织效能和效率,成为组织行为学的一个重要研究领域。而许多冲突是通过谈判来协调解决的,因此,谈判过程是冲突管理的重要方面。

一、冲突的定义和特性

冲突(conflict)是一种普遍的人类社会现象,在社会生活中随处可见。

1. 冲突的定义

学者们对冲突的概念并没有明确一致的看法,不同的定义体现了不同研究者关注的重点和研究角度的差异。

托马斯(K. W. Thomas,1977)认为,冲突是起始于参与者觉察到他人侵害或准备侵害自身利益的一个过程。

M. A. Rahim(1983)认为,冲突是社会实体内部或社会实体之间出现不相容、不调和或不一致的一种互动历程。

俞文钊(1993)认为,冲突是由于工作群体或个人试图满足自身需要而使另一工作群体或个人受到挫折的社会心理现象。冲突表现为由于双方的观点、需要、欲望、利益或要求不兼容而引起的一种激烈争斗。

特纳(1997)认为,冲突是双方之间公开与直接的互动,在冲突的每一方的行动都是力图阻止对方达成目标。

罗宾斯(S. P. Robbins, 2000)认为,冲突是一个过程,在这个过程中,A借由某些阻挠性的行为,极力抵制B之企图,结果迫使B在获取其目标或增进其利益方面遭受挫折。本书支持此观点。

2. 冲突的特性

冲突具有客观性、二重性和程度性三大特性。

(1) 客观性。冲突是客观存在的、不可避免的社会现象,并且是组织的本质之一。冲突通常因组织系统的复杂性而产生,任何组织只有冲突程度和性质的区别,因而不可能不存在冲突。

冲突对任何组织而言都是不可避免的,人们对冲突是好是坏的认识经历了一个发展过程。传统观点认为,所有的冲突都是不良的、消极的,它常常作为暴乱、破坏、非理性的同义词,在这里冲突是有害的,是应该避免的。人际关系观点认为,对于所有团体和组织来说,冲突都是与生俱来、自然发生的现象。由于冲突无法避免,人际关系学派建议接纳冲突,使它的存在合理化,并认为冲突不可能被彻底消除,有时它还会对团体的工作绩效有益。

(2) 二重性。传统的观点认为,冲突只有破坏性,因而必须避免和减少冲突。现代观点则认为,冲突有建设性和破坏性之分,建设性冲突(constructive conflict)与破坏性冲突(destructive conflict)的区别如表6-6所示。

表6-6 建设性冲突与破坏性冲突的区别

建设性冲突	破坏性冲突
关心目标	关心胜负
对事不对人	针对人(人身攻讦)
促进沟通	阻碍沟通

(3) 程度性。冲突的程度具有高低差异,适度的冲突水平可提高组织绩效,而冲突水平过低或过高都会降低组织绩效。

伊万塞维奇(J. M. Ivansevich)和马特逊(M. T. Matteson)提出了三种典型的冲突程度的情景。情景Ⅰ:很少冲突;情景Ⅱ:适度冲突;情景Ⅲ:过多冲突。其中,情景Ⅰ和Ⅲ是冲突水平过低或过高,都会降低组织绩效;而情景Ⅱ是冲突水平适度,可以阻止迟滞、解除紧张、激发创造力,从而提高组织绩效,该模式如图6-4所示。

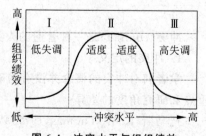

图6-4 冲突水平与组织绩效

二、冲突的类型和过程

1. 冲突的类型

从不同的角度出发,冲突可以划分为许多类型。

(1) 根据冲突主体分类。由于冲突的主体可以是个体、群体和组织,因此存在着个体与个体之间、个体与群体之间、个体与组织之间、群体与群体之间、群体与组织之间以及组织与组织之间不同类型的冲突,如图 6-5 所示。

	个体	群体	组织
组织	组织—个体	组织—群体	组织—组织
群体	群体—个体	群体—群体	
个体	个体—个体		

图 6-5 冲突的类型

(2) 杜布林的分类。按照冲突的互动观点,不是所有的冲突都是有益的。从冲突的结果来看,那些能够支持组织目标实现,并改善其绩效的冲突是建设性的冲突,或者称为有益的冲突。反之,那些阻碍组织目标实现,有损组织绩效的冲突就是破坏性的冲突,或者称为有害的冲突。

在有益和有害的基础上,杜布林又增加了两个维度,即实质的还是个人的。"实质的"冲突主要是由技术和行政上的因素引起的,而"个人的"冲突则是由个人之间的情感、态度、憎恨、嫉妒等引起。杜布林把这两个维度与前面的有益的冲突、有害的冲突结合起来,形成了两维空间的四种冲突类型,如图 6-6 所示。

	有益	有害
实质	类型Ⅰ (有益—实质)	类型Ⅱ (有害—实质)
个人	类型Ⅲ (有益—个人)	类型Ⅳ (有害—个人)

图 6-6 冲突的类型

类型Ⅰ:两个部门争夺开发同一产品,最后尽管重复生产,但产品都成功地投放到市场。两个部门关系不好,暗中竞争,但生产上去了,企业受益。

类型Ⅱ:两个部门为购买一部价值昂贵的机器发生了冲突,最后以购买一部比较便宜的机器而取得妥协。但是这部机器是不合适的,花了钱,生产效率并没有提高。两个部门关系不好,互相拆台,企业受损。

类型Ⅲ:财务部门和采购部门之间长期关系不好。财务部门长期指责采购部门忽视公司的财务制度,最后从账目中查出了采购员有不法行为,于是制止了这种行为的再次发生,企业受益。

类型Ⅳ:企业的生产经理对上级不满,故意拖延生产,延期交货,引起了顾客的不满,造成企业的损失,最后这个生产经理被解雇。

(3)按照冲突产生的直接原因来区分,冲突可以分成任务冲突、关系冲突、流程冲突。任务冲突是由工作的目标和内容的分歧造成的;关系冲突是由人际关系造成的;流程冲突则是由对工作完成的方式、方法的分歧造成的。

2. 冲突的过程

冲突是一个动态的过程,行为科学家庞地(L. R. Pondy)把冲突的全过程划分为下列五个阶段,如图6-7所示。

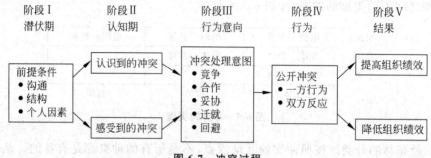

图6-7　冲突过程

资料来源:斯蒂芬·P.罗宾斯.组织行为学[M].12版.孙健敏,译.北京:中国人民大学出版社,2008.

阶段Ⅰ:潜伏期

产生冲突的条件具备时,冲突过程就开始了。这些条件也常被视为冲突源,涉及沟通、结构和个人因素。

阶段Ⅱ:认知期

一方或双方对冲突已经体验到紧张或焦虑,此时冲突问题已经明朗化了。在这一过程中,双方将决定冲突是什么性质,这一点很重要,因为定义冲突的方式极大地影响到冲突的可能解决办法。

阶段Ⅲ:行为意向

行为意向介于一个人的认知和外显行为之间,是指行为主体的态度。基本的行为意向可分为:竞争、合作、妥协、迁就、回避。

阶段Ⅳ:行为

冲突表面化,表现为行为以阻止对方实现目标为目的,此时,冲突已到非解决不可的地步。

阶段Ⅴ:结果

冲突的结果有建设性和破坏性之别。如果冲突能提高决策的质量,激发革新与创造,调动群体成员的兴趣与好奇心,提供公开问题、解除紧张的渠道,培养自我评估和变革的环境,那么其结果就具有建设性。如果冲突带来了沟通的迟滞,组织凝聚力的降低,组织成员之间的明争暗斗成为首位,而组织目标降到次位,则其结果就是破坏性的。

三、冲突管理的模式

具有代表性的冲突管理模式包括托马斯(K. Thomas,1979)二维模式和布莱克与莫顿(Robert. R. Blake and Sane S. Mounton)模式。

1. 托马斯二维模式

过去,社会心理学家用一维空间来表述人们冲突中的行为,这一维空间是从竞争到合作,认为有的人倾向于竞争,有的人倾向于合作,有的人介于两者中间。托马斯(K. Thomas,1979)提出二维模式,以沟通者潜在意向为基础,以试图使他人的关心点得到满足为横坐标,以试图使自己的关心点得到满足为纵坐标,定义冲突行为的二维空间,并组合成五种冲突处理策略,如图 6-8 所示。

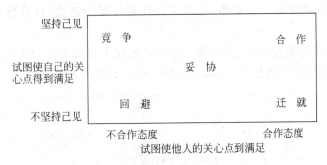

图 6-8　托马斯模式图

(1) 竞争策略(competing strategy),又称强制策略。为满足自身的利益而无视他人的利益,这是"我赢你输"的策略,双方都会坚持自己的观点,并试图通过施加压力迫使另一方放弃,所施加的压力可以是威吓、处罚。这种策略很难使对方心悦诚服,很少有解决冲突的好办法,但在应付危机或双方实力相差很大时往往有效。

(2) 回避策略(avoiding strategy),是指既不满足自身的利益也不满足对方的利益,试图置身于冲突之外,无视不一致的存在,或保持中立,以"退避三舍"或"难得糊涂"的方式来处理冲突。以人际冲突为例,当两个人有矛盾时,一个人跳槽到另一家企业,或离开原部门,到与另一人无关的部门工作,或是仍留在原职位,但不再与另一人发生工作或私人联系。当冲突双方依赖性很低时,回避可避免冲突,减少消极后果;但当双方相互依赖时,回避则会影响工作,降低绩效。

(3) 妥协策略(compromise strategy),实质上是一种交易,有人称为谈判策略,指的是一种适度满足自己的关心点和他人的关心点,通过一系列的谈判、让步、讨价还价来部分满足双方要求和利益的冲突管理策略。为避免僵局,双方可能会作出一定让步,但不会一开始就这么做,以免给人以实力不强的印象,在讨价还价中失去主动性。妥协策略在双方都达成一致的愿望时会很有效,但让步的前提是在满足对方的最小期望的同时,双方都必须持灵活应变的态度,相互信任。消极影响是双方可能因妥协满足了短期利益,但牺牲了长期利益。

(4) 迁就策略(accommodating strategy),又称克制策略或迎合策略,是指当事人主要考虑对方的利益或屈从于对方意愿,压制或牺牲自己的利益及意愿。实行迁就策略者,要么是从长远角度出发为了获取对方的合作,要么是不得已屈从于对方的势力和意愿。假如是情绪冲突,迁就能避免冲突升级,改善双方关系,如夫妻吵架;当冲突是实质的合作、资源共享、责任共担时,迁就并不能解决问题,反而会被视为软弱。

(5) 合作策略(cooperating strategy),是指尽可能地满足双方利益,基本观点如下:①冲突是双方共同的问题;②冲突双方是平等的,应有同等待遇;③每一方都应积极理解对方的需求,以找到双方满意的方案;④双方应充分沟通,了解冲突情境。合作策略是一种旨在满足冲突各方的需求,而采用合作、协商,寻求新的资源和机会,扩大选择范围,"把蛋糕做大"的解决冲突问题方式。合作策略能否成功,取决于冲突的具体情况及双方同样获利的可能。某些公司用该策略应付劳资谈判的做法是:资方增加工人的工资或福利,工会也要与资方合作,修改工作计划与程序逻辑,以降低成本,提高质量、生产率。

中国学者黄培伦教授认为,托马斯二维模式实质上是以冲突双方彼此之间的得失权衡为基础,故在托马斯二维模式的基础上进行改进,如图6-9所示。

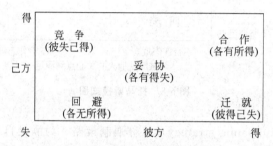

图 6-9 托马斯模式的改进图

资料来源:黄培伦.组织行为学[M].广州:华南理工大学,2001.

黄培伦提出了五种可供选择的冲突处理策略。
- 竞争:以彼失己得为特征的赢取对方的努力。
- 合作:以各有所得为特征的协调各方利益的努力。
- 妥协:以各有得失为特征的互惠交易的努力。
- 迁就:以彼得己失为特征的迎合对方的努力。
- 回避:以各无所得为特征的容忍分歧的努力。

2. 布莱克与莫顿模式

布莱克与莫顿依据管理方格(managerial grid)模式所设计的冲突方格(conflict grid)模式,可以用做分析管理者在处理冲突时的态度与风格的参考,如图6-10所示。

根据布莱克—穆顿冲突方格,管理者在处理冲突方面有五种策略可供选择。

(1) 回避(1,1)。采用此种策略,管理者需要保持中立态度。把逃避或回避冲突的可能性视为借以舒缓矛盾冲突的有效方法,但冲突的基本根源问题仍然未被解决或积极面对。

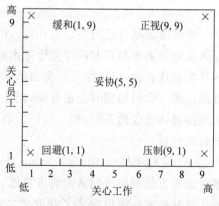

图 6-10 冲突方格模式

（2）缓和(1,9)。管理者采用此种策略，是认为冲突双方的分歧可通过缓和紧张气氛，或维持表面的和谐关系使矛盾双方和平共存。同样，冲突双方的根源问题仍未被彻底解决。

（3）压制(9,1)。大多数管理者在采用此种策略时，会认为冲突可通过权力迫使冲突双方服从。例如，高层判决谁胜谁负，全面压制冲突行动。

（4）妥协(5,5)。管理者若采用此种策略，冲突双方需作出妥协或谈判，结果是无人赢，也无人输。在大多数情况下，这种方式虽然不能算是最理想的解决方式，但仍可视为较为切实可行的方式。

（5）正视(9,9)。大多数管理者在采用此种策略时，认为可通过积极面对的方式来解决冲突问题。例如，经过客观的讨论与分析，各方面的意见与观念都经过深入分析考虑，从而提出与达成冲突双方都同意或接受的解决问题的方法。一般而言，这是一种较为积极的冲突管理方式，且能彻底解决冲突。

需要说明的是，托马斯二维模式是从冲突双方对待冲突的态度和行为的角度来划分冲突处理模式的，而布莱克与莫顿的冲突方格模式是站在管理者的角度，探讨管理者面对组织中的冲突可以采用哪些处理方法，管理者往往并不是冲突过程中的当事人。

上述模式的不同之处在于衡量维度不相同，因此适用范围也有所不同。在管理实践中，应依据冲突处理的原则灵活运用。

【本章小结】

1. 沟通是信息的发送者通过某种通道把信息（包括观点、情感、技能等）传送到接收者的过程。沟通有控制、激励、情绪表达和信息传递四种主要功能。

2. 按沟通方式的组织化程度，沟通可分为正式沟通和非正式沟通。其中，正式沟通可按照信息的流向分为上行沟通、下行沟通和平行沟通三种形式。按沟通所借用的媒介的不同，沟通可划分为语言沟通与非语言沟通。其中，语言沟通又分为口头语言与书面语言沟通。按沟通的方向划分，沟通可分为单向沟通和双向沟通。

3. 正式沟通网络包括链式沟通、轮式沟通、环式沟通、Y 式沟通和全通道式沟通。

4. 非正式沟通网络包括单线式、集束式、流言式和偶然式。

5. 沟通的障碍包括语言障碍、心理障碍和文化障碍三大类。

6. 群体决策是由群体中多数人共同进行决策，它一般是由群体中个人先提出方案，而后从若干方案中进行优选。参与群体决策的成员可能包括组织的领导者、有关专家和职工代表。

7. 群体决策中的特殊行为包括群体盲思、阿背伦悖论、群体偏移和群体极化。

8. 群体决策的方法包括头脑风暴法、德尔菲法、列名群体法和提喻法。

9. 冲突是一个过程，在这个过程中，A 借由某些阻挠性的行为，极力抵制 B 之企图，结果迫使 B 在获取其目标或增进其利益方面遭受挫折。冲突具有客观性、二重性和程度性三大特性。

10. 冲突处理策略包括竞争、合作、妥协、迁就和回避。

【关键术语】

沟通(communication)　　　　　　　正式沟通(formal communication)
非正式沟通(informal communication)　上行沟通(upward communication)
下行沟通(downward communication)　平行沟通(horizontal communication)
语言沟通(verbal communication)　　　口头沟通(oral communication)
书面沟通(written communication)　　非语言沟通(nonverbal communication)
群体决策(group decision)　　　　　头脑风暴法(brainstorm)
德尔菲法(delphi technique)　　　　列名群体法(nominal group technique)
冲突(conflict)　　　　　　　　　　建设性冲突(constructive conflict)
破坏性冲突(destructive conflict)

【课后练习】

1. 群体的正式沟通网络不包括(　　)。
   A. 全通道式　　　B. 集束式　　　C. 链式　　　D. 轮式
2. 处理冲突的两维模式中,牺牲自己的利益去满足别人的利益的方式是(　　)。
   A. 回避　　　　　B. 强制　　　　C. 迁就　　　D. 妥协
3. (　　)不属于非正式沟通网络的基本形式。
   A. 单线式　　　　B. 集束式　　　C. 偶然式　　D. 全通道式
4. 按沟通所借用的媒介的不同,沟通可划分为(　　)。
   A. 正式沟通与非正式沟通　　　　B. 语言沟通与非语言沟通
   C. 单向沟通与双向沟通　　　　　D. 上行沟通与下行沟通
5. 在正式沟通网络中,最能鼓舞士气、对工作变化的弹性最快的是(　　)。
   A. 全通道式　　　B. Y式　　　　C. 链式　　　D. 轮式
6. 在正式沟通网络中,解决问题的速度最快、领导者的地位显著、但士气很低的是(　　)。
   A. 全通道式　　　B. Y式　　　　C. 链式　　　D. 轮式
7. (　　)的优点是沟通的信息具有权威性、正确性,不容易在传达过程中被歪曲,可以永久保留。
   A. 口头沟通　　　B. 书面沟通　　C. 单向沟通　D. 正式沟通
8. (　　)不属于非语言沟通。
   A. 面部表情　　　B. 身体语言　　C. 文字　　　D. 物体的操纵
9. 与个体决策相比,群体决策的优点不包括(　　)。
   A. 产生更多的方案　　　　　　　B. 提高合法性
   C. 提供更完备的信息　　　　　　D. 成本高
10. 冲突的特性不包括(　　)。
    A. 客观性　　　　B. 二重性　　　C. 程度性　　D. 权威性

【案例分析】

案例 6-1

麦克尼利斯集团的"5—15 报告"法

如果一个企业的人员分散在不同的地区,而且经常是不同的时区,那么他们的工作时间就会迥然不同。如果在同一个地方工作,员工们总会在咖啡厅或饮水器前进行一些信息交流。然而,当同事之间不能经常见面时,这种交流机会也就荡然无存。在这种情况下,应该如何保持企业内部的沟通与联系呢?

麦克尼利斯集团(McNellis Group)行政总裁麦克尼利斯采用了一种叫作"5—15 报告"的工作程序。其方法是:每位职员每周须提交一份报告,报告必须在 15 分钟内完成,能够让读报告的人在 5 分钟内读完。报告共分三个部分:简要叙述本人一周以来的工作情况;坦率地叙述本人的精神面貌及周围同事的士气;一条针对本人工作、本部门或公司的改进建议。

使用这种工作程序一段时间之后,麦克尼利斯发现报告的第三部分中很少出现有益的建议,而往往充斥空洞无物的官样文章。因此,他删掉了这一部分,但却保留了这一基本程序作为企业内部沟通的主要手段。

"在一个像我们这样人员分散的企业中,这个工作方法大有裨益。"麦克尼利斯说,"从我得到的信息反馈看,实施'5—15 报告'程序后,我们的许多驻外人员都觉得和公司更加形同一体。对于全职人员,报告每周一份;而对于兼职人员和咨询顾问,则要求每月一份。报告一般在周一中午之前递交。因为我们的人员较少,所以每人都能得到所有报告的全套复印件。我们还把它们抄送给我们公司的主要业务单位、合资企业和重要客户,作为加强联系的一种办法。"

"5—15 报告"中主要汇报客户中出现的情况、正在起草中的提案、可圈可点的会议、出现的问题和新的计划等。这种工作程序为员工提供了一个论坛,人们可以在这里分享成果或经验,对同事表示慰问,寻求帮助,提出建议,发泄愤怒或传递一些大家感兴趣的信息。

麦克尼利斯集团的内部报告中还有一个非常重要的内容,就是员工的个人生活,诸如孩子出生、亲属去世、同仁结婚等。由于这种内容每周都有,而且人人均可读到。这种报告体系实际上是用来通报大家共同感兴趣的情况的,但麦克尼利斯却注意到:这种报告常常能够促使员工进行深层次的个人交流。他补充道:"我非常仔细地阅读这些报告,尤其是有关精神面貌的部分。我经常会对报告中的某些内容作出批示,然后发给报告提交人,这样就形成了一个快速高效的反馈循环。"

资料来源:http://blog.sina.com.cn/s/blog_416107a1010009yq.html

问题:

(1) 麦克尼利斯集团使用了什么样的沟通类型?
(2) 从案例中可以发现,麦克尼利斯集团形成了何种沟通网络?
(3) 结合相关理论,分析麦克尼利斯集团的"5—15 报告"法是怎样有效地消除沟通障碍、促进沟通的?

案例 6-2

管理冲突,要"听"对员工的"真话"

当员工对问题都闭口不提甚至刻意粉饰时,公司离危险也就不远了。而当员工说出真话时,又会产生冲突,影响组织绩效。"听"好组织内部刺耳的"真话",对管理冲突尤为重要。

"挑刺"的新员工

莎拉(Sala)是某名校毕业的一名"90后",在宝洁中国公司的面试中过关斩将,经过5个多月的努力,终于成为宝洁中国公司的一名管培生。在试用期间,莎拉被派到各个部门去轮岗。

第一个月,莎拉被分配的岗位是前台,另外一个管培生丽萨(Lisa)也被分配到前台和她一起工作。她们都在前台的岗位上兢兢业业地工作。一个月后,人力资源总监召开例行的周会,每个管培生都要提交一份自己的工作报告。其中丽萨提交的报告主要是对一个月的工作进行总结,并表示自己在这个过程中对公司、岗位都有了更进一步的了解,多方面的能力也得到了提升。丽萨的工作报告谦逊而友好,赢得了同事的掌声。与丽萨的谦逊友好方式不同,莎拉则在报告中表示:通过一个月的工作,认为前台工作的安排存在不足,包括沟通模式(接通投诉电话先说英文再说中文)不符合中国国情,以及存在人力资源的浪费(两个人在前台值岗)。听完莎拉的汇报,行政主管觉得自己的工作权威受到了挑战,给莎拉的测评分比较低,其他同事也觉得莎拉喜欢挑事,不给主管留颜面等,表现出排斥莎拉的行为。

一个月的前台轮岗结束后,莎拉被分配到仓库工作。在仓库工作完一个月后,莎拉提交的工作报告中又对自己认为仓库管理中存在的一些问题进行罗列:仓库的员工管理存在问题,工作流程有问题,并对仓库的改造提出了自己的意见。莎拉的这份工作报告被提交之后,库管部门的主管被总经理批评,而莎拉也因为直接点名揭发同事的"不良行为"而遭到同事的排挤,认为她太爱出风头,管得太宽了。

第三个月,几乎没有部门欢迎莎拉,她被硬性分配到培训部。和之前一样,莎拉在工作中嫌弃培训教材上的人脸图不够漂亮,便私下利用业余时间把教材上所有的图重新画一遍,更把她觉得不够好的讲义也都按照她的逻辑修改了一遍。培训部经理刘易斯(Lewis)知道后很生气,直接向公司投诉:莎拉自作主张,自行其是,不尊重团队和领导,无法管理,更是直接放话"这种人留在公司必伤团队,她不走我走"。莎拉知道被投诉后也不服气,当着领导的面指责刘易斯作为高级管理人员不检讨自己的不足,反而质疑她为部门作的积极贡献。

接着,莎拉又去了销售部工作,她的当月业绩做到了第一,且超过第二名业绩很多。然而尽管莎拉的工作业绩很突出,同事却始终对她充满争议。

"都是说真话"

《任正非正传》里记录了这样一个故事:一个名校毕业的新员工,刚到华为工作不久,就对公司的经营战略问题洋洋洒洒写了一封"万言书"给任正非,原本以为自己独到的见地能够打动领导,结果任正非却批复:"此人如果有精神病,建议送医院治疗,如果没病,建议辞退。"

2017年8月3日，华为南京研究所的一名员工在华为内部员工论坛心声社区上匿名举报流程与IT管理部的NUI业务数据造假，而后又在华为内部技术交流网站3ms上面实名留言举报。该举报员工的级别是14级，在华为属于基层员工。然而，举报业务部门的数据造假，会直接影响其主管甚至更高级别领导的绩效，也自然引起了一些人的不满。在该员工进行举报后，有人私底下威胁他："如果再这样下去，你小心人身安全。"

任正非知道这件事之后，签发了一份总裁办电子邮件，表示："我们要鼓励员工及各级干部讲真话，真话有正确的、不正确的，各级组织采纳或不采纳并没什么问题，而是风气要改变。真话有利于改进管理，假话只会使管理变得复杂、成本更高。同时，对举报的员工晋升两级到16A（在华为正常升一级需要两三年的时间），且不影响其正常考核与晋升。此外，让该举报员工自愿选择工作岗位及地点，并出于员工人身安全的考虑，指明由华为无线产品线总裁保护其不受打击报复"。

问题：
（1）如何看待宝洁中国公司新员工莎拉的"挑刺"行为及莎拉和同事之间的不和？公司应该如何管理强个体，促进员工之间的融合以减少冲突，进而提高组织绩效？
（2）为什么员工说的都是"真话"，任正非回应的态度却截然不同？
（3）结合案例，如果类似莎拉的"挑刺"行为出现在华为，会被用哪种方式管理？
（4）上述案例带给我们哪些启示？

案例6-3

迪特尼公司的沟通机制

迪特尼公司是一家拥有1.2万余名员工的大公司，它很早就认识到员工意见沟通的重要性，并不断地加以实践。现在，公司的"员工意见沟通"系统已经相当成熟和完善。特别是在20世纪80年代，面临全球性的经济不景气时，这一系统对提高公司劳动生产率发挥了巨大的作用。

公司的"员工意见沟通"系统是建立在一个基本原则之上的：凡是个人或机构一旦购买了迪特尼公司的股票，他就有权知道公司的完整财务资料，并得到有关资料的定期报告。凡是本公司的员工，也有权知道并得到这些财务资料，甚至一些更详细的管理资料。迪特尼公司的"员工意见沟通"系统主要分为两个部分：一是每月举行的员工协调会议；二是每年举办的领导汇报和员工大会。

员工协调会议

迪特尼公司很早就开始试行员工协调会议，员工协调会议是每月举行一次的公开讨论会。在会议中，管理人员和员工共聚一堂，商讨一些彼此关心的问题。无论是在公司总部，还是在各部门、各基层组织，都会举行协调会议。这看起来有些像法院结构，从地方到中央，逐层反映上去，以公司总部的首席代表协调会议为最高机构。员工协调会议是标准的双向意见沟通系统。在开会之前，员工可事先将建议或怨言反映给参与会议的员工代表，代表们将在协调会议上把意见转达给管理部门，管理部门也可以利用这个机会，将公司政策和计划讲解给代表们听，相互之间进行广泛的讨论。

要与迪特尼1.2万多名员工的意见充分沟通，就必须将协调会议分成若干层次。实际上,迪特尼公司内共有90多个这类组织。如果有问题在基层协调会议上不能解决,将逐级反映上去,直到有满意的答复为止。事关公司的总政策,则一定要在首席代表会议上才能决定。总部高级管理人员认为意见可行,就立即采取行动;认为意见不可行,也要向大家解释不可行的理由。员工协调会议的开会时间没有硬性规定,一般都是一周前在布告牌上通知。为保证员工意见能迅速逐级反映上去,应先开基层员工协调会议。同时,迪特尼公司也鼓励员工参与另一种形式的意见沟通:公司安装了许多意见箱,员工可以随时将自己的问题或意见投到意见箱里。为了配合这一计划的实行,公司还特别制定了一项奖励规定:凡是员工意见经采纳后,产生了显著效果的,公司将给予优厚的奖励。令人鼓舞的是,公司从这些意见箱里获得了许多宝贵的建议。

如果员工对这种间接性的意见沟通方式不满意,还可以用更直接的方式来面对面和管理人员交换意见。

领导汇报和员工大会

对员工来说,迪特尼公司领导汇报、员工大会的性质,和每年的股东财务报告、股东大会相类似。公司员工每人可以接到一份详细的公司年终报告。这份领导汇报有20多页,包括公司发展情况说明、财务报表分析、员工福利改善计划、公司面临的挑战以及对协调会议所提出的主要问题的解答等。公司各部门接到领导汇报后,就开始召开员工大会。

员工大会是利用上班时间召开的,每次人数不超过250人,时间约3小时,大多在规模比较大的部门里召开,由总公司委派代表主持会议,各部门负责人参加。会议先由主席报告公司的财务状况和员工的薪金、福利、分红等与员工有切身关系的问题,然后便开始问答式的讨论。这里有关个人问题是禁止提出的。员工大会不同于员工协调会议,提出来的问题一定要具有一般性、客观性,只要不是个人问题,总公司代表一律尽可能予以迅速解答。员工大会比较欢迎预先提出问题的方式,因为这样可以事先充分准备,不过大会也接受临时性的提议。

资料来源:罗盘.沉住气,成大器——领导者做人做事的五项修炼[M].上海:立信会计出版社,2012.

问题:

(1) 请你谈谈迪特尼公司沟通机制的创新表现在哪些方面?

(2) 请你谈谈迪特尼公司沟通机制中最使你受到启发的一点。

第七章 领导行为

【学习目标】
1. 掌握领导的定义和本质；
2. 理解领导特质理论的核心和内容；
3. 理解领导行为理论，重点掌握管理方格理论；
4. 理解领导权变理论，重点掌握菲德勒权变理论、领导生命周期理论；
5. 了解当代的各种领导理论。

【篇首案例】

用兵法治商——中国最神秘的企业家任正非

2005年《时代周刊》评价说，现年61岁的任正非展示出惊人的企业家才能。他在1988年创办了华为公司，这家公司正是重复了当年思科、爱立信等卓越的全球化大公司的历程。如今这些电信巨头已把华为视为"最危险"的竞争对手。

任正非很喜欢读古今兵法，一有空闲时间他就琢磨传统和现代兵法怎样成为华为公司的战略。而此前任正非在部队期间就是"学毛标兵"。华为的发展无不深深打上传统权谋智慧和军事哲学的烙印。其内部讲话和宣传资料字里行间跳动着战争术语，极富煽动性，以至于有人说进入华为的人都被"洗了脑"。

最典型的一个例子是华为初期"农村包围城市"战略的运用。1992年，华为自主研发出交换机及设备。当时，阿尔卡特、朗讯、北电等"洋巨头"把持着国内市场。任正非以"农村包围城市"的战略迅速占领市场，通信设备价格也直线下降。1996年，华为开始在全球依法炮制，蚕食欧美电信商的市场。

华为的员工说，任正非对管理的天才领悟来自于他对人情世故、人心人性的深刻洞察。他对直接领导的华为高层，态度往往显得暴躁和不留情面。人们对任正非总是能够摸准产业脉动的战略判断能力表示深深的佩服。任正非在华为的地位至今无人可以代替，而他本人对现代董事会的决策机制不以为然，这在《华为基本法》中显而易见："高层重大决策从贤不从众，真理往往掌握在少数人手里。"华为的整个机制散发出一种封闭的、极端推崇权威的气息，似乎与一家现代化的高科技公司有点不协调。

领导行为是组织行为学中很有吸引力的和重要的研究领域。任何一个群体、组织、国家和社会的有效运作，都离不开有效的领导。中国人常说"十年树木、百年树人"，可见对各行各业、各个层次卓越领导人的培养都是十分重要而又漫长的过程。

第一节 领导的定义和本质

领导是一种社会活动（职能），特指领导者的角色行为，即对他人施加影响力，使之致力于实现预期目标的活动过程。

一、领导的定义

关于领导的定义，国内外学者们众说纷纭，由于各国学者对领导职能的理解不同，因而对领导概念的界定也不同，大致分为以下几类。

1. 领导是一种行为过程

泰瑞认为，领导是影响人们自动地达成群体目标而努力的一种行为。

斯托格迪尔认为，领导是对一个组织起来的群体为确立目标和实现目标所进行的活动施加影响的过程。

赫姆菲尔认为，领导是指挥群体在相互作用的活动中解决共同问题的过程。

2. 领导是一种影响力

坦南鲍姆认为，领导就是在某种情况下，经过意见交流过程所体现出来的一种为了达成某个目标的影响力。

阿吉里斯认为，领导即有效的影响。为了施加有效的影响，领导者需要对自己的影响进行实地的了解。

达夫特认为，领导是在领导者与追随者之间有影响力的一种关系。

3. 领导是一种权力

杜平认为，领导即行使权威与决定。

科·杨认为，领导是一种统治形式，其下属或多或少地愿意接受另一个人的指挥和控制。

弗兰奇认为，领导是一个人所具有并施加于别人的控制力。

4. 领导是一门艺术

孔茨认为，领导是影响人们使之跟随去完成某一共同目标，是一门促使其部属充满信心，满怀热情地完成他们的任务的艺术。

综合以上观点，本书认为，领导是通过影响他人而达成某种目标的过程和行为，包括以下几层含义。

(1) 领导者是实施领导行为的人，领导行为是关键，正是领导行为造就了领导者。

(2) 领导行为是一个动态的过程，领导行为 = f(领导者，被领导者，管理情境)。

(3) 领导是有目的的活动。

二、领导的本质

领导的本质是影响力,即领导者对下属施加影响、完成目标的过程。正如松下幸之助所说,"当我的员工有 100 人时,我要站在员工最前面指挥部属;当员工增加到 1 000 人时,我必须站在员工的中间,恳求员工鼎力相助;当员工达到万人时,我只要站在员工后面,心存感激即可"。

领导者可以施加给下属的影响力包括职权性影响力(与领导者的正式职位所赋予的权力相联系)和非职权性影响力(与个人的才智、经验、领导能力和过去的业绩相联系)。

心理学家约翰·佛伦奇(John French)和柏崔姆·瑞文(Bertram Raven)将影响力分为五种:法定权(legitimate power)、强制权(coercive power)、奖赏权(reward power)、专家权(expert power)和参照权(referent power),俞克(Gary A. Yukl)在此基础上增加了信息权(information power)。这六种影响力的内容和影响方式如表 7-1 所示。

表 7-1 六种影响力

六种影响力	含义	影响力类型	内容和影响方式
法定权	领导掌握支配下属的职位和责任的权力,期望下属服从法规的要求	职权性影响力	任命、罢免等权力,具有明确的垂直隶属关系
强制权	领导随时可以为难下属,下属避免惹他生气		对不服从要求或命令的人进行惩罚,使之惧怕,如批评、训斥、降薪、降级、解雇,是一种负性强化的方式
奖赏权	领导能给下属以特殊的利益或奖赏,下属知道与他关系密切有好处		对合理期望者分配给有价值的资源,如鼓励、表扬、发奖金、晋级,是一种正性强化的方式
专家权	领导的知识和经验使下属尊重他,服从他的判断	非职权性影响力	专业知识在决策、运营等方面的影响,影响方向可能是平行的或自下而上的
参照权	下属喜欢、拥戴领导,并乐意为他做事		人格魅力和社交技能使人欣赏、喜欢、服从,示范和模仿是影响的主要方式
信息权	领导掌握和控制对下属而言非常有价值的信息,下属依赖领导的信息分享而行事	职权性影响力	以是否分享信息作为奖惩的手段,领导掌握分享信息的主动权

链接材料 7-1:"王老虎"的魅力

王石生于广西柳州,从部队转业后曾供职于事业单位,出于对缺乏激情的生活的不满,1984 年下海创业,1988 年创建深圳万科。如今,万科已经由一个十几人的贸易公司发展成年销售额几千亿的房地产明星。

王石管理下的万科有许多创新之举,例如率先提出"优质服务"的口号、收缩"战线"专攻房地产、聘用自己的设计师、率先引进物业管理、拒绝行业内的行贿行为、转动约束自己的利润、房子质量不过关就炸掉重建。

和王石接触过的人，大多数都会承认王石是一个有魅力的人。他的魅力来自他的个性：乐观、自信、坚韧、负责、思维敏捷、行动迅速、能言善辩、敢于冒险。在员工眼里，王石的脾气很大、雷厉风行，是一个"可敬而不可亲"的人，下属们给他起了个"王老虎"的外号。但"王老虎"不任人唯亲，万科的高层管理者中既没有王石的亲戚朋友，也没有他的同学战友，任人唯"贤"、任人唯"能"是王石的用人准则，因此在他身边凝聚了一批优秀的专业人员和管理者。

1997年，时任万科董事长兼总经理的王石突然感觉腰部不适，医生开出的诊断书上标明他的腰椎上长出一个血管瘤，保养不当可能导致瘫痪。生性倔强的王石没有选择休息，他的第一反应居然是要在还能行走的时候去一趟心目中的圣地——西藏，那次西藏之行不仅使王石神奇般地康复，而且还让他发现了一种全新的生活方式——登山。

1999年，年近50岁的王石毅然辞去了万科总经理的职务，将万科的管理权交给更加年轻的管理团队，他自己则开始了"登山生涯"。在随后几年里，王石陆续攀登了七大洲的最高峰，在经历过悬崖峭壁、雪山冰川的考验后，王石告诉人们："有人认为登山是征服高山的过程，其实，人怎么能征服大自然？这太幼稚了，登山的过程其实是人一次次征服和挑战自己的过程，对于一个男人来说，这是会上瘾的。"

作为万科的创始人、掌舵人，王石的个人魅力已经超越了企业和行业的界限，成为中国正在成长中的中产阶层和职业经理人的一个符号。王石的魅力用一句话总结，就是他为全球通做的广告词：每个人都是一座山，世上最难攀越的山，其实是自己。往上走，即便一小步，也有新高度。

三、领导与管理的区别

在日常生活中，人们容易将领导与管理混淆起来。近年来，学术界出现了将领导与管理看做独立体系分别加以研究的学术倾向。一般认为，领导的功能是推进变革，而管理的功能是维持秩序。但对现代组织来说，管理与领导都是不可或缺的，需要两者的有效合作。

管理是将事情做对（do the things right），而领导是做对的事情（do the right things），两者区别如下。

(1) 领导和管理的职能范围不同，管理的职能比领导宽泛。管理包括计划、组织、领导和控制等职能，领导是管理的主要职能之一。管理的对象可以是人，也可以是物（如生产管理、物流管理、信息管理等）；领导的对象通常是人，通过对他人施加影响从而实现组织的目标。

(2) 领导和管理在组织中的作用不同。领导的主要作用是做正确的事，确立组织正确的行动方向，领导者更关注企业的未来；管理强调的是正确地做事，方向一旦确定，如何用最好的途径和方法，如何高效地达到组织目标是管理的重点，管理者更关注企业的现在。

(3) 领导和管理在组织工作中的侧重点不同。领导重在影响和引导，在组织变革的时候制定新目标、探索新领域；管理重在协调和控制，维持既定秩序，配置资源，提高现有效率，把已经决定的事办好。

此外，人们经常将领导看成一门艺术，必须结合具体问题具体分析，因时因地，因人而异，没有什么万能的领导方法和理论。管理则更科学、正规，人们在不同的企业环境中，使用较为标准化的管理方法和工具。

领导与管理的区别如表7-2所示。

表7-2　领导与管理的区别

类型	产生方式	所处理的问题	主要行为	影响下属的方式	思维特点	目标
领导	正式任命，或从群众中自发产生	变化、变革问题	开发远景、说服、激励和鼓舞、制定目标和规范、用人	正式权威或非正式权威	直觉、移情、冒险、独处、创造	变革、建构结构、程序或目标，制定战略
管理	正式任命	复杂、日常问题	计划、监督、员工雇佣、评价、物资分配、制度实施	正式权威	理性、规范、合作、安全、程序	稳定组织秩序，维持组织高效运转

领导者的任务有两项：一是完成组织目标，即完成上级和组织交给的任务；二是尽可能满足组织成员的需要，这种需要既有物质的，也有精神的。

一个领导者为了完成组织目标，必须对他的下级有影响和支配能力，但是为了代表员工的利益、满足员工的需要，又必须允许他对上级也有一定影响力，使他能够影响和改变上级的政策、措施和规定。某些领导者只允许自己对下级有影响力，而不允许下级对他有影响力，势必使下级难以完成领导者的两项任务，处于为难的境地。

链接材料7-2：我们要活着回去！

故事发生在1972年，南美的橄榄球队赴智利比赛，飞机于途中撞毁于安第斯山，只有部分队员幸存，队长安东尼欧带领生还者一边挣扎着活下去，一边等候救难队的救援，但苦无反应，在大风雪下撑了九天，并尝试派人下山求援，但无功而返，后来又发生雪崩等灾难，历经五十多天后天气渐暖，只剩下十六个人逃出获救。

这是一个伟大的奇迹。不同领域的专家和学者从不同的角度研究他们取得成功的因素。组织心理学家发现，在这次逃生过程中，有一位名叫帕拉多的男孩发挥了关键作用。他看上去笨拙、羞涩，此前在体育和社交场上都是"候补队员"，这位似乎不可能成为英雄的人这次所表现出来的勇气、乐观、公正和情感支持使他在所有幸存者中成为最受爱戴和尊敬的人。混乱时他给人们分工，绝望时他给人们以鼓舞，冲突时他能妥善处理人们不同的需要与个性，关键时刻他做出了正确的决策与选择，许多幸存者说："没有他，我们的生还是不可能的。"

四、领导理论

国外的管理学家和心理学家对领导问题进行了广泛的研究，建立了许多理论，以期解决怎样有效领导的问题。

按提出时间的先后顺序，现有的领导理论大致可以分为以下三类。

第一类是产生于20世纪初至20世纪40年代的特质理论(trait theory)，主要研究有效领导者应有的个人特性；

第二类是产生于20世纪40年代至60年代的行为方式理论(behavioral pattern

theory),主要研究领导者的工作作风和领导行为对领导有效性的影响；

第三类是产生于20世纪60年代的权变（情境）理论（contingency situational theory），主要研究不同情况下采用何种工作作风和领导行为效果最佳。

这三种理论互有侧重、互为补充。

第二节　领导特质理论

特质理论按其对领导特性来源所作的不同的解释，可分为传统特性理论和现代特性理论。传统特性理论认为领导者所具有的特性是天生的，是由遗传决定的，现在已很少有人赞成这种观点；现代特性理论认为领导者的特性和品质是在实践中形成的，是可以通过教育训练培养的。

一、领导特质理论的核心

特质理论又称素质理论、伟人理论（great man theory）、英雄理论（hero theory），研究领导者的个人特性对领导成败的影响，关注有效领导者应具有何种个人特性和品质。

这种理论首先是由心理学家开始研究的，他们的出发点是根据领导效果的好坏，找出好的领导人与差的领导人在个人特性和品质方面有哪些差别，由此确定优秀领导人应具备哪些特性。

研究者认为，只要找出成功领导人应具备的特点，再考察某个组织中的领导者是否具备这些特点，就能断定他是不是一个优秀的领导人。该理论的核心是尝试通过归纳分析找出有效领导者应有的个人特性。

二、领导特质理论的内容

到底有效领导者应当具备哪些特性呢？不同的研究者说法不一。

（1）巴纳德（1938）提出，领导者的特质包括活力和忍耐力、当机立断、循循善诱、责任心和智力。

（2）吉普（1969）提出，领导者的特质包括善于言辞、外表英俊、智力高超、充满自信心、心理健康、支配趋向和外向敏感。

（3）斯托格迪尔等人（1974）发现了与领导才能有关的5种身体特征（如精力、外貌、身高等），4种智能特征，16种个性特征（如适应性、进取心、热心、自信等），6种与工作有关的特性（如成就欲和干劲、毅力、首创性等）以及9种社会特征（如愿意与人合作、人际关系的艺术以及管理能力等）。

（4）美国普林斯顿大学鲍莫尔提出了作为一个企业家应具备的10个条件。

① 合作精神。愿与他人一起工作，能赢得人们的合作，对人不是压服，而是感动和说服。

② 决策能力。依据事实而非想象进行决策,具有高瞻远瞩的能力。
③ 组织能力。能发掘部属的才能,善于组织人力、物力和财力。
④ 精于授权。能大权独揽、小权分散。
⑤ 善于应变。机动灵活,善于进取,而不是抱残守缺,墨守成规。
⑥ 敢于求新。对新事物、新环境和新观念有敏锐的感受能力。
⑦ 勇于负责。对上下级和产品用户及整个社会抱有高度的责任心。
⑧ 敢担风险。敢于承担企业发展不景气的风险,有创造新局面的信心。
⑨ 尊重他人。重视和采纳别人意见,不盛气凌人。
⑩ 品德高尚。品德上为社会所认同、为企业员工所敬仰。

> **链接材料7-3：日本企业"重整之神"高冢猛**

在日本企业界被称为企业"重整之神"的高冢猛,其经手的企业个个都能复活。人们对他的评价是：洞察力非常敏锐,对于人的喜乐、悲哀总是能有自己的深刻感受。

有人总结了高冢猛的4点领导特质：注重人性导向,从不制造敌人,而且能使敌人转化为朋友；建立强势人脉；善于激励；精于判断和利用数字。

专家指出,知识经济时代的企业领导者,最重要的就是感知力,也就是对人、对事物的关爱和信赖的能力。

三、领导特质理论的贡献

领导特质理论并未取得多大的成功,其原因如下。

(1) 各研究者所列的领导特性包罗万象,说法不一,有的互相矛盾。某一研究结果认为,某一性格与改进效率有积极联系,而在另一项成果中认为其联系是消极的或根本无联系。

(2) 这些研究大都是描述性的,并没有说明领导者应在多大程度上具有某种品质。

(3) 并非一切领导者都具有所有这些品质,而许多非领导者则可能具有大部分或全部这样的品质。

但是这些理论并非一无用处,一些研究表明,某些个人品质与领导者有效性之间确实存在着相互联系。例如,一些研究发现领导者确实具有高度的才智、广泛的社会兴趣、取得成功的强烈愿望以及对待职工的极端关心和尊重；另一些研究则发现个人的才智、管理能力、首创性、自信以及个性等与领导的有效性有重要联系。另外,领导特质理论系统地分析了领导者所应具有的能力、品德和为人处事的方式,向领导者提出了要求和希望,这对培养、选择和考核领导者是有帮助的。

第三节　领导行为理论

20世纪40年代以后,研究者们开始将注意力从领导者的内在素质转移到领导者的外在行为上,试图用领导者做什么来解释领导现象和领导技能,并主张评判领导者好坏的标准应是其领导行为,而不是其内在素质。这个时期比较有代表性的是卢因的领导作风理论、俄亥俄州立大学的四分图理论、布莱克和莫顿的管理方格理论以及中日学者的 PM 和 CPM 理论。

一、卢因的领导作风理论

组织行为学的奠基者之一的卢因(K. Lewin)提出了领导作风理论,这个理论研究领导者工作作风类型,以及工作作风对职工的影响,以期寻求最佳的领导作风。它是以权力定位为基本变量,把领导者在领导过程中表现出来的极端行为分为三种类型,如图 7-1 所示。

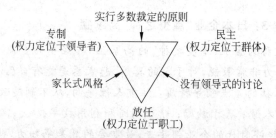

图 7-1 卢因的领导作风理论

资料来源:孙彤.组织行为学[M].北京:高等教育出版社,1990.

1. 专制式

专制式是一种独断专行的领导行为,这种领导者从工作和技术方面考虑管理,认为权力来源于他们所处的位置,认为人类的本性是天生懒惰、不可信赖的,必须加以鞭策。卢因认为,这种领导行为的权力定位于领导者个人。

这种领导行为的具体特点如下。

(1) 独断专行,自行决策。

(2) 信息独享,无下级参与。

(3) 主要依靠行政命令、纪律约束、训斥惩罚,而只有偶尔的奖励。有人通过统计得出结论,作风专制的领导人和别人谈话时,有 60% 左右的人会采取命令和指示的口气。

(4) 预先安排一切工作的程序和方法,下级只能服从。

(5) 很少参加群体的社会活动,与下级保持相当的心理距离。

2. 民主式

民主式是一种民主的领导行为,领导者从人际方面考虑管理,认为领导者的权力是由他所领导的群体赋予的,被领导者受到激励后会自我领导,并富有创造力,被领导者也应该参加适当的决策。卢因认为,这种领导行为的权力定位于群体。

这种领导行为的具体特点如下。

(1) 鼓励群体讨论,协作决策。

(2) 分配工作时尽量照顾下属的兴趣、爱好。

(3) 下属有较大的工作自由、较多的选择性与灵活性。

(4) 主要运用个人权力和威信,而不是靠职位权力和命令使人服从。谈话时多使用商量、建议的口气,下命令仅占5%左右。

(5) 积极参加团体活动,与下级无心理上的距离。

3. 放任式

放任式是一种俱乐部式的领导行为,这种领导只是从福利方面考虑管理,认为权力来自被领导者的信赖,实际上领导者并没有大胆管理。卢因认为,这种领导行为的权力定位于职工。

卢因进行了不同领导风格对群体绩效的影响的一系列试验,对象是10岁左右的儿童,让他们进行面具制作的有趣游戏,但分为三组,分别施以专制式、民主式、放任式三种领导。结果发现,从产量看,专制式领导最高,但领导者不在场时产量会立即显著下降;从质量看,民主式领导最高,且领导不在场时产量也无显著变化,同时专制式中发生的争吵是民主式中的30多倍,挑衅行为多8倍;绩效最差的是放任式领导。

卢因在试验中发现:在专制式领导的组织中,员工的攻击性言论很多,而在民主式的团体中则彼此比较友好;在专制式领导的组织中,员工对领导者服从,但表现自我或引人注目的行为多,在民主式的团体中,则彼此以工作为中心的接触多;专制式团体中的成员多以"我"为中心,而民主式的团体中"我"字使用频率较低且具有"我们"的感觉;当试验导入"挫折"时,专制式团体的员工彼此推卸责任或人身攻击,民主式的团体则团结一致,试图解决问题;当领导者不在场时,专制式团体中员工的工作动机大为降低,也无人出来组织作业,民主式团体则像领导在场一样继续照常工作;专制式团体的员工对工作没有满足感,民主式的团体成员则对团体活动有较高的满足感。

卢因根据试验认为,放任自流的领导作风效率最低,只达到社交目的,而完不成工作目标。专制作风的领导虽然通过严格管理达到了工作目标,但群体成员没有责任感,情绪消极,士气低落,争吵较多。民主式领导作风工作效率最高,不但完成工作目标,而且群体成员关系融洽,工作积极主动,有创造性。

二、俄亥俄州立大学的四分图理论

1945年,俄亥俄州立大学商业研究所进行了领导行为的研究,列出了1 000多种刻画领导行为的因素,逐步概括归类,最后将领导行为的内容归纳为两方面:结构维度和关怀维度,如图7-2所示。

结构维度(initiating structure)是指领导者更愿意界定和建构自己与下属的角色,以达成组织目标。它包括设立工作、工作关系和目标的行为。高结构特点的领导者向小组成员分派具体工作,要求员工保持一定的绩效标准,并强调工作的最后期限。

关怀维度(consideration structure)是指领导者尊重和关心下属的看法和情感,更愿意建立相互信任的工作关系。高关怀特点的领导者帮助下属解决个人问题,友善而平易近人,公平对待每一个下属,并对下属的生活、健康、地

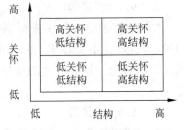

图7-2 四分图理论

资料来源:卢盛忠,余凯成,等.组织行为学——理论与实践[M].杭州:浙江教育出版社,1993.

位和满意度等问题十分关心。

大量以此为基础而进行的研究发现,高结构—高关怀的领导者常常比其他三种类型的领导者(即高结构—低关怀、低结构—高关怀、低结构—低关怀)更能使下属取得高工作绩效和高满意度,但并非总能产生效果。

三、布莱克和莫顿的管理方格理论

美国管理学家布莱克和莫顿从用二维图表描绘领导风格的角度出发,设计了一个巧妙的管理方格图,用以表示领导者对生产的关心程度和对人的关心程度。如图7-3所示,横坐标表示领导对生产的关心程度,纵坐标表示领导对人的关心程度。

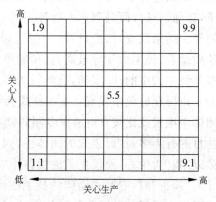

图7-3　管理方格理论

资料来源:R.R.布莱克,等.新管理方格[M].孔令济,等,译.北京:中国社会科学出版社,1986.

领导方格图以坐标的方式表现了上述两种因素的各种组合方式。两种因素各划分为9个刻度,因此可以有81种组合,形成81个方格,每个方格就表示"关心生产"和"关心人"这两个基本因素以不同程度结合的一种领导方式,这就是"领导方格"。其中有5种典型的组合,表示了5种典型的领导方式。

1. "1.1型"领导

"1.1型"领导又称贫乏型领导(impoverished leadership),表示对人和生产(工作)都极不关心,这种方式的领导者只尽最小的努力做一些维持自己职务的工作,也即抱着"只要不出差错,多一事不如少一事"的态度,来最低限度地完成组织工作和维系组织成员。当下属素质很高,全部为自我实现型的高成熟度的成员时,此种领导方式也是可行的,即所谓的"无为而治"。

2. "9.1型"领导

"9.1型"领导又称任务型领导(task leadership),表示对工作极为关心,但忽略对人的关心,也就是不关心职工的需求和动机,并尽可能地设计一种工作环境,使人员不致干扰工作的进行。这种方式的领导者拥有很大的权力,强调有效地控制下属,努力完成各项工作。

3. "1.9型"领导

"1.9型"领导又称乡村俱乐部型领导(country club leadership),表示领导者对人极为关心,也就是关心工作人员的需求是否获得满足,重视搞好关系和强调同事和下级与自己的感情,力图建立一种舒适、友好的组织氛围,但却忽视工作的进行和效果。

4. "5.5型"领导

"5.5型"领导又称中庸型领导(middle of the road leadership),表示既对工作关心,也对人关心,两者兼顾,程度适中,主张适可而止。这种方式的领导者既对工作的质量和数量有一定要求,又强调通过引导和激励使下属完成任务,通过将员工的士气维持在满意水平而使其在工作中找到平衡,但是这类领导往往缺乏进取心,乐于维持现状。

5. "9.9型"领导

"9.9型"领导又称团队型领导(team leadership),表示对工作和人都极为关心。这种方式的领导者能使组织的目标与个人的需求最有效地结合起来,既高度重视组织的各项工作,又能通过激励、沟通等手段,使群体在相互信任、相互尊重的基础上合作,下属人员共同参与管理,使工作成为组织成员自觉自愿的行动,从而获得高的工作效率。这种方式充分体现在管理过程中,领导者的作用表现为使组织更有效、更协调地实现既定的目标。也就是说,能够充分调动组织成员的积极性,把个人目标与组织目标结合起来,形成人人为组织目标的实现而努力的和谐局面。其实施的关键在于如何协调个人与组织的目标,建立共同的利益关系。

根据布莱克和莫顿的发现,"9.9型"领导所取得的管理效果最佳。需要指出的是,上述五种典型方式,也仅是一种理论上的描述,都是较极端的情况。在实际生活中,很难出现如此纯粹的典型领导方式。

> **链接材料 7-4:玫琳凯化妆品公司的领导方式**
>
> 20世纪60年代初,45岁的玫琳·凯·艾施用积攒的5 000美元创办了玫琳凯化妆品公司。30年后,玫琳凯公司的年销售额达到61亿美元,销售人员达30万人。现在,玫琳·凯·艾施被公认为是美国最伟大的工商界领袖之一。
>
> 公司的成功在很大程度上归功于玫琳·凯·艾施的领导方式,她通过为员工提供成功的机会并认可他们的成功,激励、鼓舞着每一位员工。例如,在一年一度的庆功会上,销售代表将得到各种形式的奖励,如粉红色卡迪拉克、豪华环球旅行、黄金钻石手镯等,而认可员工成功的最高形式是玫琳·凯·艾施本人的赞赏。庆功会上选拔出来的四个"销售王后"将会得到玫琳·凯·艾施的亲吻、玫瑰和轻抚。这种个人触摸方式如此重要,以致有一次玫琳·凯·艾施生病了,她不得不通过电视和大家见面。
>
> 玫琳·凯·艾施对员工的幸福表现出真诚的关心,一位普通员工说:"她会让你觉得你能做好任何事情,她无微不至地关心你的生活。例如,有一次我的女儿生病了,她打了好几次电话来询问病情,还亲自去医院探望。"这种关怀感染了每一位员工:许多销售代表用同样的方式对待顾客,如寄送生日贺卡、关注每一位顾客的喜怒哀乐等。
>
> 假如将来有一天玫琳·凯·艾施去世了,大家会怎么样呢?"肯定会泪流成河",一位销售顾问的丈夫说,"她的音容笑貌永远不会在员工的心中消失。"

四、PM和CPM理论

1. PM理论

日本大阪大学的三隅二不二教授在20世纪60年代初提出的PM理论认为,任何一个群体都具有两种基本机能:一种是指团体的目标达成机能,也指工作绩效,简称P(performance);另一种是指维持强化群体的机能,也指群体维系,简称M(maintenance)。

前一功能的行为特征要求领导者将成员的注意力引向目标,将问题明确化,制定工作程序,评定工作成果。后一功能的行为特征要求领导者调节人际关系,了解员工需要,对员工进行激励。据此,领导模式可以分为 PM 型、Pm 型、Mp 型、pm 型四类,如图 7-4 所示。

由于 P 机能所造成的压力,会使下级产生紧张感,甚至引起上下级的对抗。M 机能的作用就在于通过对下级的关怀体贴,消解人际关系中的不必要的紧张感,缓和工作中所产生的对立和抗争,对下级进行激励和支持,给下级以发言和表达意见的机会,刺激员工的自主性,增强成员之间的友好和相互依存性,满足下级的需求,以维护组织的正常运营,保证组织目标的实现。

2. CPM 理论

中国学者徐联仓和凌文铨(1983)在 PM 理论的基础上提出了 CPM 理论。该理论认为,领导行为应包括工作绩效 P(performance)、团体维系 M(maintenance)和个人品德 C(character and moral)。C 因素起着一种模范表率的作用,通过角色认同和内化作用,可以激发被领导者的内在工作动机,使其努力地去实现组织目标。榜样的力量是无穷的,领导者的模范表率行为对被领导者来说,是一种无声的命令,其影响力往往胜于命令、指挥、控制和监督。可以认为,C 机能对 P、M 机能起着一种增幅放大的作用。C、P、M 三者的机能如图 7-5 所示。

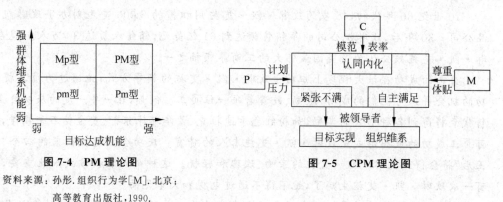

图 7-4　PM 理论图　　　　　　　　图 7-5　CPM 理论图

资料来源:孙彤.组织行为学[M].北京:高等教育出版社,1990.

第四节　领导权变理论

领导权变理论认为,很难有一个在任何情况下都有效的领导模式,一种领导方式是否有效,主要取决于领导者、被领导者以及环境三者的具体情况,领导应该根据不同情况采用不同的领导风格。

一、菲德勒权变理论

美国学者菲德勒(Fred Edward Fiedler)于 20 世纪 60 年代初提出了有效领导者的权变模式,简称菲德勒权变理论。

1. 领导风格

菲德勒认为,领导风格是影响领导效果的关键因素之一,由于每个领导者的领导风格由其人格特征所决定,因而他以一种被称为"你最不喜欢的同事"(least preferred coworker, LPC)的问卷调查来反映和测定领导者的领导风格。高 LPC 分数的领导者类型为关系导向型领导,低 LPC 分数的领导者类型为任务导向型领导。

如果一个领导者对其最不喜欢的同事仍能给予好的评价,即被认为对人宽容、体谅、提倡人与人之间的友好关系,是关心人的领导;如果对其最不喜欢的同事给予低评价,则被认为是惯于命令和控制,不是关心人而更多的是关心任务的领导。

链接材料 7-5:LPC 问卷

设想一个最难共事的人,此人是你现在的同事或过去的同事。这人不一定是你最不喜欢的人,而是你认为最难共事的人,请描述你对这个人的印象。

	8	7	6	5	4	3	2	1	
令人舒服	8	7	6	5	4	3	2	1	令人不舒服
友好	8	7	6	5	4	3	2	1	不友好
拒绝	8	7	6	5	4	3	2	1	接受
对人帮助	8	7	6	5	4	3	2	1	垂头丧气
不热心	8	7	6	5	4	3	2	1	热心
紧张	8	7	6	5	4	3	2	1	轻松
疏远	8	7	6	5	4	3	2	1	接近
冷漠	8	7	6	5	4	3	2	1	热情
合作	8	7	6	5	4	3	2	1	不合作
支持	8	7	6	5	4	3	2	1	敌对
讨厌	8	7	6	5	4	3	2	1	有趣味
喜欢争吵	8	7	6	5	4	3	2	1	幽默
自信	8	7	6	5	4	3	2	1	犹豫
有效率	8	7	6	5	4	3	2	1	无效率
低沉	8	7	6	5	4	3	2	1	愉快
开诚	8	7	6	5	4	3	2	1	设防

注:计分时,可总计各项得分除以 16 取得平均值。高分、低分的分界点为 4.5 分,高分指高 LPC,判断为关系型领导方式;低分指低 LPC,判断为任务型领导方式。

2. 情境类型

菲德勒还提出有效的领导行为依赖于情境对领导者是否有利,而情境的有利程度由下面 3 种因素所决定。

(1) 领导者与下属的关系好坏(上下级关系)。即领导者是否受到下级的喜爱、尊重和信任,是否能吸引并使下级愿意追随他。

(2) 工作任务结构的明确与否(任务结构)。指工作团体要完成的任务是否明确,有无含糊不清之处,其规划和程序化程度如何。工作结构以是否明确为指标,其内容包括:每位成员是否了解工作所需要的条件是什么?是否有实现目标的多种途径?是否有独特的处理问题的正确解决方案？是否清楚决策的正确性？

（3）领导者运用职权的强弱（职位权力）。职权主要是指领导者的职位有多少权力，有无雇佣、辞退、奖惩下属的权力，任职期限有多长，是否得到上级的支持等。

在上述3种情境因素中，领导者与下属的关系好坏最为重要。

3种情境因素相互组合构成8种情境类型，如表7-3所示。

表7-3　8种情境类型

情　境	1	2	3	4	5	6	7	8
上下级关系	好	好	好	好	差	差	差	差
任务结构	明确	明确	不明确	不明确	明确	明确	不明确	不明确
职位权力	强	弱	强	弱	强	弱	强	弱
有利程度	最为有利	比较有利	比较有利	中等有利	中等有利	不太有利	不太有利	最为不利

3．领导风格与情境的匹配

菲德勒根据前面3种情境因素相互组合构成的8种情境类型，对1 200个团体进行了观察，收集了将领导风格与对领导有利或不利条件的8种情况关联起来的数据，如图7-6所示。

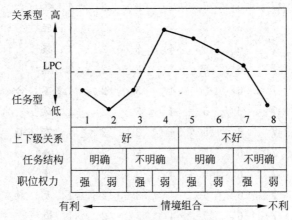

图7-6　菲德勒权变模式图

资料来源：迈克尔·T.麦特森，等.管理与组织行为经典文选[M].李国洁，等译.北京：机械工业出版社，2000.

菲德勒得出如下结论：任务取向的领导者在非常有利的情境和非常不利的情境下工作更有利。也就是说，当面对1、2、3、8类型的情境时，任务取向的领导者干得更好；而关系取向的领导者则在中等有利的情境，即4、5、6、7类型的情境中干得更好。许多情况证明菲德勒的模型是不错的。

菲德勒模型的意义如下。

（1）这个模型特别强调效果，强调为了领导有效需要采取什么样的领导行为，而不是从领导人的素质出发强调应当具有什么样的领导行为，这无疑为研究领导行为提供了新方向。

（2）这个模型的重点是将领导行为和情境的影响、将领导者和被领导者之间关系的影响联系起来。它表明并不存在着一种绝对的最好的领导方式，企业领导人必须具有适应力，自行适应变化的情况。

（3）这个模型还告诉管理阶层必须依照情况选用领导人。如果是最好或最坏的情况，应选用任务导向的领导，反之则选用关系导向的领导。

（4）菲得勒还主张有必要改善环境以符合领导者的风格。菲得勒提出了一些改善上下级关系、任务结构和职位权力的建议。领导与下属之间的关系可以通过改组下属组成加以改善，使下属的经历、文化水平和技术专长更为适合；任务结构可通过详细布置工作内容而使其更加定型化，也可以对工作只作一般性指示而使其非程序化；领导的职位权力可以通过变更职位充分授权，或明确宣布职权而增加其权威性。

二、领导生命周期理论

心理学家科曼（Karman,1966）将工作与关系两个领导行为维度与下属的成熟度相结合，于1966年提出了领导生命周期理论（life cycle theory of leadership），赫塞（Paul Hersey）和布兰查德（Kenneth H. Blanchard）于1976年发展了该理论，称为情境领导理论（situational leadership theory）。

领导生命周期理论首先提出，员工在组织中有个逐渐成熟的过程，并提出成熟度的概念，将其定义为：个体完成某一具体任务的能力和意愿的程度，一般是指责任心、成就感、工作经验、教育程度等。

赫塞和布兰查德将下属的成熟度从低到高划分为四个等级。

R1：不成熟，人们不能也不愿负责任去做任何事，他们既无能力也无自信。

R2：初步成熟，人们不能胜任但是愿意承担必要的工作任务。他们有能力，但暂时缺乏合适的技能。

R3：比较成熟，人们能够做但是不愿意听从领导的指示。

R4：完全成熟，人们既能胜任也愿意完成对他们要求的任务。

接着，赫塞和布兰查德提出从工作和关系两个维度描述领导行为，即关心工作还是关心员工。这两个维度两两组合，形成了4种领导方式，依次是：①命令型——高工作、低关系；②说服型——高工作、高关系；③参与型：低工作、高关系；④授权型——低工作、低关系。

领导生命周期理论强调，要把关心工作或关心人两个维度与下属成熟度结合起来考虑，认为只有领导者的风格与其下属的"成熟度"相适应，才能产生较好的领导效果，这三者是一个曲线关系，如图7-7所示。

由图7-7可看出，随着组织成员由不成熟趋于成熟，有效的领导行为应按以下4个步骤推移：高工作、低关系→高工作、高关系→低工作、高关系→

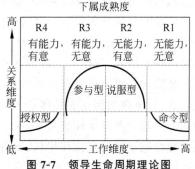

图7-7　领导生命周期理论图

低工作、低关系;即4种领导方式依次是:命令型→说服型→参与型→授权型。

在图7-7中,第一象限表示,当下属成熟度较低(在R1阶段)时,下属需要比较明确的指示,因而应采取"高工作""低关系",即命令型的领导方式,以单向下达工作任务的沟通方式为主。

第二象限表示,当下属成熟度逐渐提高(到达R2阶段),则既需要"高工作"也需要"高关系"行为,"高工作"行为用以补偿下属能力的不足,而"高关系"行为则能够尽量使下属愿意按照领导者的意图行事。在这种领导方式下,除了必要的命令之外,主要通过说服、感情沟通、相互支持来完成工作任务。

第三象限表示,当下属成熟度有较大提高(处于R3阶段)时,就会产生激励的问题,而这时最好用一种支持的、无指导的参与风格来解决。于是可采用"低工作""高关系"的领导方式,即参与式领导方式,让下属参加讨论,加强交流,注重双向的思想沟通,由领导者与下属共同做出决定。

第四象限表示,当下属相当成熟(在R4阶段)时,领导者几乎不需要做什么事,因为下属是既能胜任又愿意承担责任的人,于是可采用"低工作""低关系"型即授权的领导方式,赋予下属较多的权力,领导只需抓住主要的决策和监督工作。在"低工作"和"低关系"的情况下,也能提高领导行为的有效性。

根据领导生命周期理论,对不成熟的、未经训练的下属,则应给予更多的管理、控制和监督;而成熟、负责的员工,需要较松的控制、有弹性的组织和一般的监督,这样能发挥其潜力。领导者应敏锐地觉察到下属的能力、动机各不相同,具备改变自己行为和领导方式的能力,即随着下属成熟度的改变相应地调整其领导行为。当下属成熟度提高时,领导者不仅要能够不断降低对下属活动的控制,而且也要降低关系行为。

三、路径—目标理论

路径—目标理论(path-goal theory)是加拿大多伦多大学豪斯(R. Hose)教授于1971年提出的一种领导行为的权变模式,如图7-8所示。目标导向模式把美国心理学家佛隆激发动机的期望模式和俄亥俄州立大学的领导行为四分图结合起来,基本精神是提出领导工作的程序化问题。路径—目标理论有助于理解领导的内涵,以工作动机的期望理论为渊源,路径—目标理论认为领导的作用在于促进努力与绩效、绩效与报酬之间的联系,进而达到满足员工需求、激发员工动机、增加员工满意度、提高工作绩效的目的。该理论指出领导者的具体任务包括:识别每位下属的个人目标;建立报酬体系,使个人目标与有效绩效挂钩;通过帮助、支持、辅导、指导等方式扫清员工在通向高绩效的道路中遇到的各种障碍与困难,促使员工达到满意的绩效水平。

豪斯还提出了可供选择的领导行为:①指导型行为,即让下属明白领导者期望他们做什么,对下属如何完成具体任务给予具体指导,详细制定工作日程表;②支持型行为,指和下属建立友好信任的关系,关心员工的需求、福利、幸福和事业;③参与型行为,指遇到问题征询下属的意见和建议,允许下属参与决策;④成就导向行为,指为下属设置有挑战性的目标,期望并相信下属会尽力完成这些目标,从而大幅度提高绩效水平。

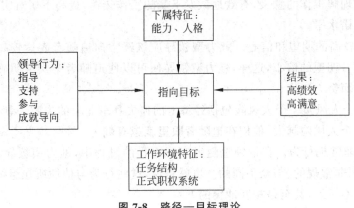

图 7-8　路径—目标理论

第五节　当代的领导理论

近年来关于领导理论又有了进一步的新发展,如魅力型领导、交易型领导、变革型领导、家长式领导、诚信领导和破坏性领导等。

一、魅力型领导

"魅力"一词在希腊语中的原意是"神赋的礼物"。20 世纪 20 年代,韦伯将该词引入社会学领域,用它来描述一种社会权威,即魅力型权威,而魅力型领导(charismatic leadership)是指领导者对下属的一种天然的吸引力、感染力和影响力。从此,"魅力"在社会学和政治学领域开始受到广泛关注。

从 20 世纪 70 年代后期开始,一些学者对这一概念作了重新解释和定义,进行了深入的研究,充实了新的内容。

豪斯于 1977 年指出,魅力型领导有三种个人特征,即高度自信、支配他人的倾向和对自己的信念坚定不移。

本尼斯在研究了 90 名美国最有成就的领导者之后,发现魅力型领导有 4 种共同的能力:有远大目标和理想;明确地对下级讲清这种目标和理想,并使之认同;对理想的贯彻始终和执着追求;知道自己的力量并善于利用这种力量。

魅力型领导有以下一些典型行为特征。

(1)角色模拟。魅力型领导通过自己的行为来表明一系列的价值观和信仰,这些价值观和信仰正是他们希望追随者遵从的。

(2)形象塑造。魅力型领导不仅要为追随者树立行为榜样,而且还应有意识地采取精心设计的行动,以便给追随者留下能干和成功的印象。

(3)愿景规划与传递。魅力型领导擅长为下属描绘具有吸引力的愿景。这种愿景尽管远离现状,但是又保持在追随者可接受的范围之内。凭借这样的愿景,魅力型领导能够使下属更好地理解工作的意义,有效地激发下属的工作热情,提高下属对实现组织目标的情感投入和承诺水平。

(4) 表达较高的期望和信心。魅力型领导应该经常向追随者表达较高的期望,以及对他们实现这一期望的信心,这样,魅力型领导便可以使追随者为实现明确的、富有挑战性的绩效目标而努力工作。

(5) 承担个人风险。个人风险包括经济上的损失和事业上的失败。领导者为共同的事业所承担的个人风险越大,他们在追随者眼里就越有魅力。

(6) 展示非常规行为。在带领追随者实现愿景的过程中,魅力型领导者展示的行为往往是新奇的、非常规的、与众不同的。也就是说,这些行为与他们所在组织、行业或社会的现有规范并不一致,甚至是相互冲突的。

(7) 对环境的敏感性。魅力型领导对组织的内外部环境的变化非常敏感,他们会实事求是地评估组织内外的各种环境资源和限制条件,这是他们制定愿景的前提和基础。

(8) 行为方式富有表现力。魅力型领导擅长通过语言或非语言的方式(如服装、肢体语言等形式)来表明自己的价值观、信念和态度。

魅力型领导采用授权,而不是控制的方式来实现对下属的影响。魅力型领导之所以能对下属产生影响力,从根本上来说是通过改变下属的态度、信仰和价值观来实现的。此外,追随者态度上的变化,是以对领导者的个人认同,以及对领导者的愿景和价值观的内化为基础的。

链接材料 7-6:魅力型领导鲁道夫·朱利安尼

鲁道夫·朱利安尼 1993 年基于强调法律与秩序的平台当选为纽约市长。并且,他成功地给这个城市带来了法律和秩序。例如,在他的监督下,到 2001 年他的第二任期结束时,纽约市的重罪率下降了 57%,凶杀案减少了 68%。朱利安尼改变了这个被很多人称为无政府城市的命运。他增加了财政收入,重新开发了曼哈顿的大部分地区,揽回了很多游客,并使这个城市的精神面貌焕然一新。但是,在这个过程中他也得罪了不少人。他的自负、攻击性、自我服务的风格惹恼了很多人。人们越来越把他视为一个难以控制自己脾气和好打击报复的人,而不是一个改善纽约生活状况的成功者。然而,所有对朱利安尼的负面看法,在 2001 年 9 月 11 日彻底消失了。

9 月 11 日,纽约市发生了侵犯美国国土的最大犯罪——恐怖分子劫持了两架客机撞向世贸大楼,将近 3 000 人付出了生命。正当举国上下先是震惊继而恐惧之时,朱利安尼站了出来并率领这个城市和这个国家走出危机时刻,距第一架飞机袭击仅仅几分钟,朱利安尼就出现在指挥工作的现场。他不顾个人安危搭建了一个临时指挥中心和临时太平间;他迅速调集了 100 万副手套、防毒面具和防护口罩;他组织修建保护设施以防再次袭击,他镇住了企图借机报复的暴徒。让公众印象最深刻的一件事是,事发当天,朱利安尼出现在纽约的大街小巷努力安抚公众的情绪,那时他的头发和衣服上仍然覆盖着建筑物倒塌时落下的灰尘。

在随后的几周里,朱利安尼领导着受惊的公众。连日来,他对于安全和恢复工作了如指掌,针对悲痛新闻作出的冷静解释,安抚着照顾心灵受到创伤的城市,使人们的情绪稳定了下来,并使危机局面得到了控制。人们发现,他在硬派的管理者和富有情感的领导人之间做到了恰如其分的平衡,他安慰幸存者和死难者的家属,参加了200场葬礼、守丧和纪念活动;他重回故地并与救援人员在一起;他呼吁市民外出吃饭;他努力争取让游客重回照顾城市。除了经常表现出来的那种果断和坦率之外,他还在公众面前表现了过去少见的很多品质:富有同情心、大无畏、沉着冷静和开诚布公。他每天工作20个小时,并始终思维清晰、条理清楚。可能最重要的是,朱利安尼总能找到恰当的词汇安抚人们的情感深处,帮助人们妥善应对这场悲剧。他传递着乐观,正如一位作家所说,他创造了一种"我们注定会赢的梦想"。例如,受到袭击后的第一天,他说:"纽约在明天还会矗立在这里。我们会重建它,我们会比以前更加坚强……我希望纽约人能成为全美乃至全球其他地区人民的典范,恐怖主义阻止不了我们。"那些天里,为了使纽约市恢复到正常,朱利安尼几乎一直是独自进行管理。

《时代》杂志在提名他作为2001年度风云人物时,这样概括了他的领导角色:"他比我们拥有更坚定的信念,在需要的时候他会非常勇敢,在适当的时候他会十分果断,他敏感而不陈腐,他为了减轻周围老百姓的疾苦而彻夜无眠。"

他是一位21世纪的领导人,他集丰富经验、领袖魅力和个人能力于一身,从悲剧中创造意义,并帮助城市和国家恢复生机。

二、交易型领导

在一些有关领导行为的研究中,领导行为常被理解为一种交易或成本收益交换的过程。交易型领导行为理论的基本假设是:领导与下属间的关系是以两者一系列的交换和隐含的契约为基础,当下属完成特定的任务后,便给予承诺的奖赏,整个过程就像一项交易。

交易型领导(transactional leadership)是1978年贺兰德(Hollander)所提出的。贺兰德认为,领导行为是发生在特定情境之下时,领导者和被领导者相互满足的交易过程,即领导者借由明确的任务及角色的需求来引导与激励部属完成组织目标。

交易型领导的特征是强调交换,在领导者与部下之间存在着一种契约式的交易:领导给部下提供报酬、实物奖励、晋升机会、荣誉等,以满足部下的需要与愿望;而部下则以服从领导的命令指挥,完成其所交给的任务作为回报。

这种领导的效果要视领导者与下属之间的心理契约的状况而定,交易型领导建立在一个人在组织中的与位置相关的官僚制权威和合法性基础上,它强调任务目标、工作标准和产出,往往关注任务的完成和员工的顺从,更多地依靠组织的奖励和惩罚手段来影响员工。

交易型领导的突出特点在于,它十分强调绩效,通过明确地规定角色分工和任务分配,交易型领导可以带领或动员下属实现既定目标。此种领导方式的关键词包括:控制、评估、调度、结果等。

在一个交易型领导主持的企业组织中,将会看到如下的特征。

(1) 明确的界限。在角色和功能、技术流程、控制幅度、决策权以及影响力范围等方面都有划分清晰的界限,所有的因素及其相互作用都被置于管理和控制之下,以期达到预想的商业结果。

(2) 井然的秩序。对交易型领导而言,任何事情都有时间上的要求、地点上的规定,以及流程上的实用意义。通过维系一个高度有序的体制,交易型领导得以长时间、系统性地获得比较一致的结果。

(3) 规则的信守。交易型领导十分注重规则,对业务经营的每一层面都设定了具体的操作标准与方式,任何背离程序、方法和流程的行为都被视为问题,要加以解决和清除。也就是说,工作结果必须是可预测的,不允许意外发生。

(4) 执着的控制。交易型领导厌恶混乱的和不可控的环境,他们力图使企业获得有序结构。所以,他们的领导方式往往是强力型的,企业内部通常缺乏"湿润感"。

在企业的管理实践中,大多数管理者都会不同程度上存在交易型的领导行为,因为这样能够有效地提高工作绩效。不过,就像谚语所说的,"如果你的工具箱里只有锤子,就会把每一个问题都看成钉子"。一个企业领导不应该主要依靠或是只依靠交易型领导来影响他人。

至少这会导致以下的一些弊端:交易型领导可能成为谋取个人私利的操纵工具;它可能过度强调"底线",因而成为一种"短期行为",只顾追求效率和利润的最大化而忽视了一些更为长远的东西;它还可能令下属在强大的压力和过分的奖惩之下,堕入不道德和非理性的误区。最为致命的是,交易型领导看重"一物换一物",欣赏"你为我干活,我为你办事"。他们只懂得用有形或无形的条件与下属交换而取得领导,不能够赋予员工工作上的意义,从而无法调动员工的积极性和开发员工的创造性。

三、变革型领导

变革型领导(transformational leadership)是由美国政治社会学家詹姆斯·麦格雷戈·伯恩斯于20世纪80年代在他的经典著作《领袖论》中提出的一种领导类型,它是一种领导向员工灌输思想和道德价值观,并激励员工的过程。在这过程中,领导除了引导下属完成各项工作外,常以领导者的个人魅力,通过对下属的激励、刺激下属的思想、对他们的关怀,变革员工的工作态度、信念和价值观,使他们为了组织的利益而超越自身利益,从而更加投入工作中。

该领导方式可以使下属产生更大的归属感,满足下属高层次的需求,获得高的生产率和低的离职率。变革型领导行为的前提是领导者必须明确组织的发展前景和目标,下属必须接受领导的可信性。

1. 变革型领导的主要特征

(1) 超越了交换的诱因。通过对员工的开发、智力激励,鼓励员工为群体的目标、任务以及发展前景超越自我的利益,实现预期的绩效目标。

(2) 集中关注较为长期的目标。强调以发展的眼光,鼓励员工发挥创新能力,并改变和调整整个组织系统,为实现预期目标创造良好的氛围。

(3) 引导员工不仅为了他人的发展,也为了自身的发展承担更多的责任。

变革型领导行为拓宽了领导行为的研究范围。

2. 变革型领导的行为方式

（1）领导魅力。领导者给追随者树立榜样，使追随者认同领导者，并愿意效仿领导者。领导者通常有较高的道德标准、价值观念和道德行为；领导者给追随者提供目标愿景，给追随者一种使命感。

（2）感召力。领导者对追随者寄予很高期望，通过动机激励使他们投身于实现组织愿景的事业中去。在实践中，领导者利用信条和情绪感染力来凝聚组织成员，以取得比个人利益更大的成就，因此这种因素增强了团队精神。

（3）智力激发。领导者激发追随者的创造和革新意识，对其自身和领导者的信念和价值观提出质疑，对组织的信念和价值观也提出质疑。领导者支持追随者尝试新理论、创造新方法来解决组织的问题，鼓励追随者独立思考和解决问题。

在变革型领导下，追随者感觉到可以自由鼓励领导者重新审视自己看问题的角度与假设。变革型领导愿意抛弃不再有用的系统与实践经验，即使这些是他们最先形成的。

（4）个人化关怀。领导者创造一种支持性氛围，仔细聆听追随者的个体需求，领导者在帮助个体自我实现时扮演着教练和建议者的角色，帮助追随者实现其自身的需求和发展。关注个体，不同员工不同对待，有针对性地给予指导和建议。变革型领导做事像是教练、导师、帮助者、知己和咨询者。

相当多的证据支持变革型领导显著优于交易型领导。如针对美国、加拿大和德国军人进行的大量研究发现，变革型领导在每个水平上得到的评价都高于交易型领导。在联邦快递公司中，那些被下属评价为更具变革型领导的管理者，也被直接上级主管认为是业绩更出色和更应该晋职的人。总体上，有证据表明，与交易型领导相比，变革型领导与低离职率、高生产率和高员工满意度的关系更强。

> **链接材料 7-7：变革型领导钟彬娴**
>
> 雅芳公司总裁兼首席执行官钟彬娴用自己的行动证明这是完全可以的。她1994年加入雅芳公司，此前曾在零售行业工作过。她在雅芳的第一项任务是创建一个全球品牌。她做到了。她整合并规范了公司的标识、包装和广告，把它们统一成为一个新形象，她大力推行现在的公司口号：为女性的公司。基于她在改善雅芳市场营销方面获得的成功，1999年公司董事会任命她为总裁兼首席执行官。
>
> 钟彬娴就任总裁时公司正陷入极大的困境中：销售代表越来越少，销售额不断下滑。然而上任4个星期后，她就推行了一个破天荒的计划：开发全新的产品线，发展重量级的产品，开始在零售店销售雅芳产品。为了使重量级产品尽快投放市场，她将公司的研究与开发预算增加了46%。这促成了再生素产品的启动，并且最终大获成功，同时另一些产品也获得了成功。她还把雅芳供应商从300家减少到75家，仅这一项就为公司节省了6 000万美元。可能最为重要的是，她为"雅芳小姐"的称号注入了新的生命。
>
> 两年后，在她领导下，雅芳的业绩有了巨大的改观。销售增长率从每年的1.5%上升为6%，营业利润从4%增长为7%，公司的股票也上涨了70%。

四、家长式领导

任何领导行为都是以文化传统为背景基础的,所谓家长式领导(paternalistic leadership),是指广泛存在于华人企业中的一种独特的领导行为。家长式领导的提出和研究都是以中华传统文化为基础的。

家长式领导的研究始于中国台湾,Silin(1976)总结了20世纪60年代台湾企业的领导行为,发现这些企业的老板和经理人的领导行为具有与西方迥然不同的且清晰可辨的特色,Silin将其总结为教诲式领导、德行领导、中央集权、上下保持距离、领导意图及控制。Silin的这一研究促使了家长式领导概念的萌芽,并为后来提出家长式领导概念奠定了基础。

Redding(1990)经过深入研究,认为华人社会的经济文化具有不同于西方的特质,他认为父权家族主义是华人企业的一个重要特征。

Redding指出,家长式领导具备以下特征:在心态上,下属必须依赖领导者;偏私性的忠诚使下属愿意服从;领导者会明察下属的观点,据以修正自己的专断;当权威被大家认定时,不能视而不见或置之不理;层级分明,社会权力距离大;没有清晰的权威或严格的制度,领导者的意图并不明确表达出来;领导者是楷模与良师。

樊景立与郑伯埙在回顾了自Silin以来的所有研究结论后,将家长式领导定义为:一种表现在人格中的、包含强烈的纪律性和权威、包含父亲般的仁慈和德行的领导行为方式。

根据这一定义,家长式领导包含三个重要维度:威权、仁慈和德行领导。

威权是指领导者的领导行为,要求对下属具有绝对的权威和控制,下属必须完全服从;仁慈是指领导者的领导行为对下属表现出个性化,关心下属个人或其家庭成员;德行领导则大致可以描述为领导者的行为表现出高度个人美德、自律和无私。

家长式领导表现出权威领导、仁慈领导、德行领导行为,相对应的是部属表现出的敬畏顺从、感恩图报以及认同效法。这种对应关系体现了一个基本的假设:家长式领导的绩效是建立在领导者、下属对自己角色的认同以及下属的追随之上的,否则将导致管理绩效降低、人际和谐关系被破坏,甚至公开的冲突。

五、诚信领导

诚信领导(authentic leadership)是组织行为学家卢桑斯等人在2003年以领导学、道德学、积极心理学及积极组织学等领域的相关研究为基础,提出的一种新的领导理论。

诚信(authenticity)是指个体拥有、了解和接受自己的价值观、信念、情感、需求以及偏好,并以一种与这些内在思想和情感相一致的方式行事。而诚信领导(组织中)则是指一种把领导者的积极心理能力与高度发展的组织情境结合起来发挥作用的过程。

卢桑斯等人(2003)认为,诚信领导过程对领导者和下属的自我意识及自我控制行为具有正面的影响,并将激励和促进积极的个人成长与自我发展。诚信领导对自己、对他人都是真诚的。他们自信、乐观、充满希望、富有韧性,具有高尚的品德并且是未来导向的;他们对自己的思想(包括信念、价值观和道德观等)、行为以及所处的工作情境具有深刻的意识。

沙米尔(Shamir)等人(2005)基于以往的相关理论及实证研究,认为诚信领导主要具有以下4个方面的特征。

(1)诚信领导不伪装自己。他们不会仅因为身处领导之位,而刻意发展出一种领导者的形象或面具。履行领导角色完全是诚信领导的自我表达行为,而不是在遵从他人或社会的期望。

(2)诚信领导承担领导的职责或从事领导活动不是为了地位、荣誉或其他形式的个人回报,而是出于一种信念。他们有一个基于价值观的理想或使命,担当领导就是为了实现这一理想或使命。

(3)诚信领导是原创者,而非拷贝者。这并不意味着他们在人格特质上必然是独特的。相反,他们的价值观、信念、理想或使命在内容方面可能与其他领导者或下属相似。然而,诚信领导之所以具有这些价值观和信念,并不是一种模仿的结果,而是因为自己的亲身经历证明它们是正确的。

(4)诚信领导的行为是以自己的价值观和信念为基础的。他们的所言与信念是一致的,他们的所行也与所言及信念一致,因此诚信领导具有高度坦率的特点;他们的行为不是为了取悦他人、博取声望或出于某些个人的或狭隘的政治兴趣,因而诚信领导也具有高度正直的特点。

六、破坏性领导

近年来,破坏性领导的研究已引起西方学界的高度重视,并成为探讨的热点话题。

传统的领导行为研究关注领导的有效性,这其中本身就暗含着假设:无效领导对应的是有效领导的缺失(Ashforth,1994)。破坏性领导研究一系列负面领导行为,而不仅限于有效领导行为的缺失,它更加包含了各种各样的破坏性行为,而处于领导位置的中高层管理者有动机而且有能力做出一些破坏性的行为。

关于破坏性领导行为,不同学者给出的命名有所差异,比如辱虐管理、毒性领导、坏的领导以及暴君领导等。因此从理论发展的角度来看,正向领导行为的研究已经相对成熟,从相反的角度来研究领导问题有可能取得突破性进展。

破坏性领导行为对员工和组织都存在负面影响。

例如,Tepper(2007)指出破坏性领导会对13.6%的美国工人及其组织产生十分消极的影响,例如造成下属的情绪耗竭和家庭关系恶化,增加下属的工作压力和离职意愿,甚至引起下属的报复行为,并由此导致每年的直接经济损失达238亿美元以上。

Zapf,Einarsen,Hoel和Cooper在2003年对工作场所的欺凌行为研究发现,5%~10%的雇员在任何时候都会受到上司的欺凌。在一项英国的研究中,40%的参与者在其职业生涯中遭遇上司的欺凌。

Lombardo和Mccall(1984)在一项对73位管理者的调查中发现74%的管理者曾经

遇到一位令人无法忍受的老板。

Schat(2005)等学者在美国的一项调查中发现：每7位员工中就有一位员工报告目前的管理者存在攻击性管理行为；约50%的员工在职业生涯中至少会遇到一位攻击性的直接上司。雇员对这种行为产生强烈的心理敌意并降低了自身的工作和生活质量。

以上国外的调查数据显示，破坏性领导行为在日常的管理工作中是非常常见的行为，该行为在我国的具体数据尚未有学者进行统计，但是 Lusthans(1998)指出：在强调不确定性规避、高度集体主义和权力距离大的国家更加容易出现破坏性领导，而我国恰恰是这样的国家。

破坏性领导行为在我国也是常见的现象，对它的研究十分重要，甚至比理解和提升领导行为的积极效应还要重要。

【本章小结】

1. 领导是通过影响他人而达成某种目标的过程和行为。
2. 领导的影响力包括法定权、强制权、奖赏权、专家权、参照权和信息权。
3. 领导理论包括三大类：特质理论关注有效领导者应有的个人特性；行为理论关注领导者的工作作风和领导行为对领导有效性的影响；权变(情境)理论关注不同情境下采用何种工作作风和领导行为效果最佳。这三种理论互有侧重、互为补充。
4. 领导作风理论提出了专制式、民主式和放任式三种领导作风。
5. 管理方格理论将领导分为贫乏型领导、任务型领导、乡村俱乐部型领导、中庸型领导和团队型领导五种类型。
6. 领导生命周期理论提出命令型、说服型、参与型和授权型四种领导方式。
7. 新的领导理论包括魅力型领导、交易型领导、变革型领导、家长式领导、诚信领导和破坏性领导等。

【关键术语】

领导(leadership)　　　　　　　　　　法定权(legitimate power)
强制权(coercive power)　　　　　　　奖赏权(reward power)
专家权(expert power)　　　　　　　　参照权(referent power)
信息权(information power)　　　　　　结构维度(initiating structure)
关怀维度(consideration structure)　　　贫乏型领导(impoverished leadership)
任务型领导(task leadership)　　　　　　团队型领导(team leadership)
乡村俱乐部型领导(country club leadership)　诚信领导(authentic leadership)
中庸型领导(middle of the road leadership)　魅力型领导(charismatic leadership)
交易型领导(transactional leadership)　　变革型领导(transformational leadership)
家长式领导(paternalistic leadership)　　破坏性领导(destructive leadership)

【课后练习】

1. 以下属于领导权变理论的是（　　）。
   A. CPM 理论　　　　　　　　　　B. 领导生命周期理论
   C. 卢因理论　　　　　　　　　　D. 布莱克和莫顿理论
2. 关于菲德勒理论，以下说法不正确的是（　　）。
   A. 该理论假设"个体的领导风格固定不变"并不符合实际情况，有效的领导者完全可以改变自己的领导风格以适应具体情境的需要
   B. 根据菲德勒权变理论，在情境有利和不利的情况下应该采取任务型领导
   C. 高 LPC 分数的领导者类型为任务导向型领导
   D. 菲德勒理论属于权变理论的一种
3. 日本大阪大学三隅二不二教授提出的理论是（　　）。
   A. CPM 理论　　　　　　　　　　B. 领导作风理论
   C. 生命周期理论　　　　　　　　D. PM 理论
4. 根据有关领导理论，在一些特定的情况下，如新建的组织、变革的组织、成员工作成熟度很低的组织中，往往是采用（　　）领导方式有效。
   A. 参与型　　　B. 授权型　　　C. 说服型　　　D. 命令型
5. "没有一种能适应任何情况的领导模式，只能提出在特定情况下相对来说最有效的领导模式。"这种观点是下述哪种理论的主要观点？（　　）
   A. 领导有效性理论　　　　　　　B. 领导权变理论
   C. 路径—目标理论　　　　　　　D. 领导生命周期理论
6. 领导者职权性的影响力不包括（　　）。
   A. 强制权　　　B. 奖赏权　　　C. 法制权　　　D. 参照权
7. 管理方格理论提出的五种领导方式不包括（　　）。
   A. 中庸型领导　　　　　　　　　B. 乡村俱乐部型领导
   C. 民主式领导　　　　　　　　　D. 贫乏型领导
8. 菲德勒权变理论的三个主要情境变量不包括（　　）。
   A. 组织的创新氛围　　　　　　　B. 上下级关系的好坏
   C. 工作任务结构的明确性　　　　D. 领导者运用职权的强弱
9. 通过让员工意识到所承担任务的重要意义和责任，激发下属的高层次需要或扩展下属的需要和愿望，使下属为团队、组织和更大的政治利益而超越个人利益的领导者，属于（　　）。
   A. 交易型领导　　B. 家长式领导　　C. 变革型领导　　D. 魅力型领导
10. 根据领导生命周期理论，当下属成熟度非常低（下属既没有能力，也没有较强的工作意愿）的时候，采取（　　）领导风格比较有效。
    A. 命令型　　　B. 说服型　　　C. 参与型　　　D. 授权型

【案例分析】

案例 7-1
华为总裁任正非的特质

《走出华为》折射出任正非特殊的领导方式,《华为的冬天》透露出任正非始终的危机意识,《我的父亲母亲》述说着任正非的至孝至忠。这就是任正非,一个典型的中国企业的领导者,一个变革型的领导者,一个以自己的人生准则感性地影响员工同时又异常重视科学管理的理性的领导者。

一、能力

1. 学习能力

任正非的学习能力相当出众,这突出表现在他求学期间自学了三门外语,从军期间做出了大量技术发明创造并两次填补了国家空白。创立华为之初,这种学习能力显得尤为重要。华为的定位是自主研发,作为创立者的任正非不可避免地需要学习一些 IT 业的最新技术,了解当时全球 IT 产业的发展状况,以此为基础才有可能深谋远虑,确定华为的战略方向。随着华为的发展壮大,任正非更需要不断学习先进的管理思想和技术,方能适应企业的发展并领导其健康稳步地前进。以今天华为的发展情况来看,任正非的学习能力毋庸置疑。

2. 战略眼光

华为应该继续专于一个领域还是将触角伸向其他领域?是继续做通信网络还是发展终端产品?企业的发展方向有赖于一个具有战略眼光的领导者。任正非在这一点上也是合格的,华为做通信网络设备的选择使它得以持续发展,乃至在国际市场上占得一席之地。华为一步步稳打稳扎应该说是任正非应对市场变化战略眼光的功劳。

3. 发现缺点的能力

这是有效领导者必备的能力之一。在一个看似运转良好的企业中,在飞速发展的光环下,能够发现企业的短板,这需要冷静的分析和自我批评的精神。任正非在这一点上做得很好,每年为员工敲警钟、提示缺点,也指出了改进的方向,让企业得到继续发展的动力。

4. 人际能力

领导者向下属传递自己的目标并能使下属愿意追随自己为目标奋斗,这种沟通反映出人际交往的能力。分析任正非,他通过"危机管理"和个人魅力,使下属认同自己的目标、跟随自己,通过严格的制度、严厉的批评和慈爱的关怀让员工坚定信念,当然,不自私的品质也让他的员工无怨无悔地为华为效力。

二、人格

1. 孝敬

《我的父亲母亲》中任正非的真情流露震撼人心。作为长子,在与父母同甘共苦的日子里,他继承了父母为人的原则,传承了父母的优秀品质,对父母的感恩之情更是在心中生根发芽。这本是人性中最原始、最自然的感情,是每个人理所应当具有的品质,但处在一个金钱至上、物欲横流的大背景下,孝也成为一种可贵。孝敬本身与领导并无多大关系,但这种品质却是增加领导者人格魅力的砝码,从其中流露出的浓浓的人情味让领导者变得可敬。

2. 低调

任正非的低调早已广为人知,这或许与他早年的生活经历有关。父母在"文化大革命"时期受打压,自己在部队时也因政治成分问题而得不到应得的奖励,久而久之养成低调的性格。任正非个人的低调随着他对华为的领导渗透下去,成为华为低调的文化。低调也不再仅是任正非的性格,而成为一种领导风格。有很多媒体记者抱怨说任正非总是不接受采访,有点不近人情。而任正非解释说:"我为什么不见媒体,因为我有自知之明。见媒体说什么?说好恐怕言过其实;说不好别人又不相信,甚至还认为虚伪,只好不见为好。因此,我才耐得住寂寞,甘于平淡。我知道自己的缺点并不比优点少,并不是所谓的刻意低调。"他还说:"媒体记者总喜欢将成绩扣到企业老总一个人头上,以虚拟的方法塑造一个虚化的人,不然不生动。我不认为自己像外界传说的那样有影响力,但是很敬业、无私、能团结人。这些年华为有一点成绩,是在全体员工的团结努力,以及在核心管理团队的集体领导下取得的。只是整个管理团队也很谦虚,于是就把一些荣誉虚拟地加到了我的头上。"

3. 危机感

任正非的危机意识同样根植于早年生活,三年自然灾害中艰难的生存和"文化大革命"时期承受的精神压力培养出了这种危机感。与低调的性格相同,危机意识也属于任正非的专利,他甚至是有意识地将危机意识应用于华为的管理,形成独特的"危机管理"的领导方式。

4. 坚定执着

任正非的坚定执着是贯穿始终的品质。大学时能把樊映川的高等数学从头到尾做一遍,这是执着;从军时能排除万难做出那么多科技创新,这是执着;创立华为时能翻越一个个高潮、低谷,始终如一,这是执着。对目标、对事业的执着当属有效领导者必备的品质之一,任正非不仅自己做到了,也带动他的下属坚定不移地追求华为的不断进步。

5. 责任感

任正非在《我的父亲母亲》中说道:华为不必公示于社会,但须"对政府负责,对企业的有效运行负责"。大而观之,任正非有一种以天下为己任的情怀,无论是效忠军队还是企业履行责任,都反映了他对这个国家的责任感。细而观之,日日呕心沥血为企业操劳,千方百计保障企业的生存发展,也体现了对企业、对员工、对自己事业的强烈责任感。

6. 不自私

这是任正非对自己的评价。不自私的品质源于三年自然灾害时期家中严格的分配制度,这种近乎残酷的制度保全了全家9口人的性命,也在任正非的生命中刻下烙印。也许在他心中,不自私就等于生存,只有不自私,只有利益共享,只有保证每个人都公平地有饭吃,整个集体才能在严酷的环境中生存,而不致因有人掉队而使集体不完整。任正非这些优秀品质保证了他对华为有效的领导和华为的发展,但华为管理中存在的问题似乎也映射了任正非的部分人格品质与领导的需要不协调的一面。

7. 过重的危机意识

激发员工的危机意识是任正非实施有效领导的一把利剑,但它同时是一把双刃剑。任正非自身过重的危机意识使得华为成为一个"寄居"的企业,员工感觉不到家的温馨,更多地处于一种恐慌状态,承受着巨大的心理压力,身心俱疲。同时,频繁的岗位甚至职位调动,长期旅居他乡,时时处于陌生的环境中,这不是每个人都能适应的生活方式。从这个角度来看,过重的危机意识似乎不是有效领导者所应有的。

8. 过于宽厚

21世纪初,华为就面临了人员过多的压力,甚至可称得上一次危机。任正非写的《华为的冬天》和一年一度的告员工书之类的文章中无数次提出裁员的必要性,宣传得人心惶惶,却始终未见实施(《走出华为》)。这其中是任正非的宽厚为怀起了极大作用。他的不自私和宁可同甘共苦也不丢一兵一卒的信念使得他勒紧裤腰带也不愿赶走员工。

资料来源:张玉清. 特质理论视角下的任正非[J]. 经营管理者,2009(9).

问题:

(1) 通过上述案例,你认为任正非具有哪些领导特质?
(2) 在任正非的领导特质中,你认为哪一点对他的成功最为重要?

案例 7-2

比尔·盖茨和史蒂夫·乔布斯——两个梦幻般的人物

两个为了实现梦想而付出他们所有一切的人,为个人计算机的世界带来了一场革命,但他们经历的过程和所走的路却是完全不同的。比尔·盖茨和史蒂夫·乔布斯改变了全世界企业的工作方式,但他们本人的领导方式,却要比微软公司和苹果公司所表现出的成功和创新更令世人瞩目。

比尔·盖茨是在西雅图的 Lakeside 学校与他儿时的伙伴保罗·艾伦开始开发程序的。在14岁时,两个人就共同组建了他们的第一家计算机公司,高中毕业后,艾伦和盖茨离开西雅图去了波士顿,盖茨被哈佛大学录取,而艾伦则在霍尼韦尔公司谋得了一份差事。只在哈佛待了两年,盖茨和艾伦就离开了波士顿,到了 Albuquerque 去为了一种 Altair 8080 的新型个人计算机开发了计算机语言,这种语言后来变成了 BASIC 语言,也成为1975年合资成立的微软(Microsoft)的奠基石。

五年后在新墨西哥,微软公司搬到了 Bellevue,同时带去的除了 BASIC 语言之外,还有随着公司发展而开发出的另外两种语言(COBOL 和 FORTRAN)。当年晚些时候,国际商用机器公司(IBM)开始开发它们的个人计算机,这种个人计算机需要一套操作系统。微软为 IBM 开发了名叫"微软磁盘操作系统:MS-DOS"的操作系统,同场竞技的还有其他两家公司带来的产品,盖茨表现出强大的自信心,并成功游说另外两家公司为 MS-DOS 开发程序,最终使得 MS-DOS 操作系统成为 IBM 个人计算机的标准平台。

随着微软越来越成功,盖茨意识到他需要帮助管理整个公司的运作,他的热情、远见和辛勤工作成为推动公司不断前进的动力,但他明显感觉到,公司需要专业的管理能力,盖茨从哈佛大学请来了他的另一个朋友,史蒂夫·鲍尔默。鲍尔默毕业后为宝洁公司工作,并正在斯坦福大学攻读 MBA 学位,盖茨说服了鲍尔默离开宝洁公司加入微软。几年后，鲍尔默成为盖茨和微软不可失去的支持力。1983年，盖茨继续显示他的用人才能，他请到了为微软带来订单的约翰·希勒，刚来的希勒就对公司的结构进行了改进，鲍尔默此时已成为盖茨的顾问和智囊团成员。20世纪90年代微软不断发展壮大，盖茨也成为世界首富，微软用其Windows操作系统和Office应用软件霸占了整个操作系统和办公软件的市场。

盖茨明白他的角色是为公司指明未来的方向，他需要专业的管理者帮助他运作整个微软公司，他坚定的意志和热情，以及组织良好的管理团队使微软成为今天的巨人。

另一个梦幻般的人物是史蒂夫·乔布斯，他和他的朋友史蒂夫·沃兹尼亚克于1976年在加利福尼亚的Los Altos，乔布斯家中的车库里共同创建了苹果公司。与盖茨不同，乔布斯和沃兹尼亚克是硬件方面的专家，他们从一开始即把自己的方向定位于制造价格实惠、使用方便的个人计算机上面，当微软向苹果推销BASIC语言时，乔布斯一口回绝，因为他认为他和沃兹尼亚克只要用一个周末就可以开发出自己版本的BASIC，这就是乔布斯，行事果断，甚至有些偏执。但到最后，为了自己创造更易用，拥有更好的用户界面的个人计算机，他还是授权给了微软的BASIC。

很多人认为乔布斯是盖茨的对头，他被视为先驱者和开创者，不断地和这个行业标准孵化器的盖茨针锋相对，乔布斯的理想是用他的计算机改变世界，他对员工的要求也非常苛刻，乔布斯和盖茨、艾伦和沃兹尼亚克不同，他不是编程的狂热者，他向人们推销个人计算机概念。乔布斯决定改变苹果公司的方向，开发使用图形界面的苹果计算机（Macintosh），从而将人们带入使用鼠标和屏幕图标连接的崭新世界，使人们在微软的IBM-DOS系统和他的图形化界面操作系统之间有了选择。乔布斯堪称神奇的人物，他改变了整个计算机世界，带领苹果公司与微软进行着抗衡。取得这些成功的同时，苹果公司内部也逐渐发酵着一个重大的问题——过于自信的乔布斯，并未将盖茨和微软视为对苹果的严重威胁。

苹果计算机发布不久，乔布斯找微软为他设计Mac操作系统，盖茨便要求公司成立项目组，模仿并改善了苹果的图形化界面，这次冒险的结果，就是微软的Windows操作系统。

骄傲的态度和不足的管理能力使乔布斯对苹果公司的成功构成了威胁，他因为对开发预算的漠不关心和与员工的糟糕关系而广受责难，沃兹尼亚克因为与乔布斯的分歧，在苹果计算机发布之后离开了公司。到1985年，百事集团首席执行官约翰·史考利取代了乔布斯在苹果的总裁兼首席执行官的职位。

20世纪90年代，微软和苹果向着两个不同的方向迈进，微软逐渐成为最赚钱的公司，这也使得比尔·盖茨成为世界首富，微软的Windows操作系统成为业界标准，而苹果公司却从不可一世变成了市场的配角。乔布斯投资了NEXT公司，一个小型的计算机生产公司，以及皮克斯（Pixar），一个以《玩具总动员》和《虫虫危机》闻名于世的动画制作公司。

随着Windows操作系统的成功，微软的Office应用软件和Internet Explorer网页浏览器使微软家喻户晓，盖茨被追捧为商业天才。事实上，无论是微软的对手、媒体还是美国司法部都把微软看做是在盖茨的决策下走向成功的业界垄断者，很多人怀疑微软能不能经受得起司法部的裁定，而对盖茨来说，他早已能够对变幻莫测的市场和技术处之泰然了。

苹果公司在20世纪90年代走了下坡路,过时的操作系统和不断丧失的市场份额使得苹果计算机的程序开发不断受到影响,是该行动的时候了。1998年,乔布斯重返苹果公司,作为"临时"的首席执行官,他的远见再一次带来了全新的iMac计算机,经典的乔布斯风格作品。80年代乔布斯凭借其操作方便的苹果冲击了IBM PC及其兼容性。今天,简单、个性、易于网上冲浪的新苹果计算机给市场带来了令人渴望已久的激动和振奋。乔布斯本人也成了为真正的管理者和领导者,他向专业的员工寻求意见和建议,变得更加成熟。作为苹果的"临时"首席执行官,乔布斯卖掉了手中所有的苹果股票,只留下一股。拉里·埃里森,甲骨文公司首席执行官兼苹果公司董事会成员,称颂乔布斯对苹果来说:"他只拥有苹果的一股,但他却拥有整个公司的产品和概念。IMac计算机是他创造力的体现,而整个苹果展现了乔布斯本人,这就是为什么即便他的头衔里存在着'临时'两个字,他仍会在苹果待很长一段时间的原因。"

资料来源:改编自 http://blog.sina.com.cn/s/blog_5cd12d3d0100cgn5.html。

问题:

(1) 比尔·盖茨和史蒂夫·乔布斯在领导风格上有何不同?

(2) 对比盖茨和乔布斯的管理。

案例7-3

巴拉克·奥巴马

政治分析家和媒体把伊利诺伊州的参议员巴拉克·奥巴马(Barack Obama)与历史人物如亚伯拉罕·林肯、马丁·路德·金和比尔·克林顿相提并论。2005年1月,43岁的民主党派人士奥巴马成为美国参议院唯一一名非裔参议员。民主党探讨了奥巴马成为总统的政治前景,他们不是在探讨他是否应该参与竞选,而是是否应该在2012年和2016年参加竞选。

奥巴马称自己是"拥有可笑名字的皮包骨头的小孩"。他是如何成为民主党最有名的政治候选人的呢?询问那些观察过他的人,他们会说,他拥有的某些人格特质和敏锐的头脑促使他迅速成为政客中的上层人物。

奥巴马在早年时期就努力奋斗,机会出现时他都能够抓住。他的母亲是堪萨斯州的白人,父亲是来自肯尼亚的黑人。虽然他的父亲对他机敏的文化意识有极大的影响,但奥巴马两岁的时候他的父亲就离开了家,在奥巴马的孩童时代他也很少去看他。在其21岁时,他的父亲在肯尼亚遭遇车祸身亡。在檀香山长大之后(6~10岁他和母亲在印度尼西亚居住),奥巴马进入了纽约的哥伦比亚大学。从哥伦比亚大学毕业后四年(这期间他在芝加哥参加社会工作),他进入了哈佛法学院。在那里,他被著名的律师劳伦斯选为研究助理。劳伦斯同时也教授宪法,他说:"我认识很多参议员和总统。我从没见过任何人拥有如此原始的政治天赋。他似乎可以用最有保证的方式穿过他人很难逾越的障碍,平静地前行。"

奥巴马还在政治之路上前行。1990年,由于他的成功,他被选为《哈佛法学评论》主编,他是第一个获此殊荣的非裔美国人。法学院学习之后,奥巴马加入了芝加哥的一家小型民权公司,但是那份工作并不能让奥巴马满足——政治才是他最渴望的,他离开了芝加哥的公司并于1996年竞选伊利诺伊州的参议员并最终获胜。在快速行进的过程中,奥巴马试图竞选美国国会议员。他的对手是博比·拉什(Bobby Rush),之前是最活跃的黑豹党群体的四届成员。奥巴马失败了,但他的毅力让他选择参加2004年的参议员竞选。在这场竞选中,他获胜了,远远超过了著名的非裔共和党人艾伦·凯斯(Alan Keyes)。

奥巴马在美国参议院刮起的旋风甚至让他自己都有点吃惊,他太有名望了。"怎么了? 我都无法完全确定,"他说,"我认为现在人们在政治上最渴望的是真实性。"

奥巴马有引起人们注意的诀窍,很多人说他特别有魅力,奥巴马在2004年民主党全国代表大会上的演讲很好地证明了这一点。7月27日,奥巴马登上了演讲台,开始发表他的演说,他想要创建一个没有种族歧视和恐惧的国家,一个没有贪图钱财的政治家的国家。讲到自身的背景——在很多方面这都可以作为多元化的例子,他说:"在地球上任何别的国家,我的这种经历都是不可能的。"很多政治分析人士认为奥巴马非常有自知之明,这可以从他把自己的经历贯穿到动人的政治演讲中看出来。在演讲中,他把自己描述为一名普通的公民,代表广大的民众进行发言。很难确切地指出是什么让奥巴马不同于其他的政治人物,很多人说他"就是有那种气质"。

迄今为止,奥巴马的名望还在增加。在为参议员拉斯·费高德(Russ Feingold)举行的一次集会期间,国会女议员格温·摩尔说:"这个年轻人燃烧了伊利诺伊州也燃烧了美国。他是民主党的未来!"前弗吉尼亚地方长官道格拉斯·威德(L. Douglas Wilder)说:"奥巴马会成为总统的。没有什么能够阻挡他。"

资料来源:戴维·雷姆尼克.桥:奥巴马的人生及其崛起[M].北京:中信出版社出版,2011。

问题:

(1) 巴拉克·奥巴马的哪些特质让他具有出色的领导能力? 这一案例支持领导的特质理论吗? 为什么?

(2) 从领导行为理论的观点来看,奥巴马的哪些行为加强了他作为一个领导者的成功?

(3) 奥巴马的名望和成功是"天生的"还是"培养的",抑或是这两者的作用? 你能找出哪些因素来支持自己的答案?

Part Four
第 Ⅳ 篇

组织心理与行为

第八章　组织心理与行为的基础——权力与政治
第九章　组织文化
第十章　组织变革与发展

第八章 组织心理与行为的基础
——权力与政治

【学习目标】
1. 掌握权力的定义和实质；
2. 理解权术的定义和策略；
3. 理解政治和政治行为的定义；
4. 了解几种典型的组织政治行为；
5. 理解引发政治行为的因素。

【篇首案例】

国美控制权之争

2010年，国美电器创始人兼大股东黄光裕和董事局主席陈晓的控制权之争，引起了广泛关注。2008年11月，黄光裕以操纵股价罪被调查，随后，陈晓接替黄光裕出任国美电器董事局主席，为国美控制权之争埋下伏笔。为应对债务危机，陈晓主导了美国贝恩资本进入国美，接受了贝恩的苛刻条款，黄光裕在狱中对此投出反对票，否决贝恩资本的三名代表进入董事局，陈晓却率董事会推翻股东大会结果，重新委任贝恩资本的三名董事加入国美电器董事局。至此，陈晓完全控制董事局，黄陈二人的矛盾也公开并激化。

2010年8月4日，黄光裕发表公开函，要求召开股东大会，罢免陈晓的公司执行董事职位；次日，国美董事局在香港起诉黄光裕，并要求索赔。在媒体推动下，国美的控制权之争迅速上升为全民关注的社会热点。黄陈战略分歧、贝恩债转股、董事局的股份增发权、大股东为防止股权稀释而增持……国美之争，可谓一波三折，跌宕起伏。9月28日，国美股东大会表决，黄光裕的提案除取消董事局增发授权获得支持外，罢免陈晓职务等四项提案均被否决。但是由于国美的商标和三百多家未上市门店由黄光裕持有，国美的未来仍然扑朔迷离。12月17日举行的国美特别股东大会上，通过了委任两名由国美控股股东Shinning Crown Holdings Inc.提名的董事和增加许可的董事最高人数（从11人增至13人）的决议案，任命邹晓春为执行董事、黄燕虹为非执行董事。至此，黄光裕终于在董事会内拥有了自己信任的两名代表。

2011年3月9日,在国美董事局主席位上打拼了三年多的陈晓黯然离开了国美总部所在地北京鹏润大厦,黄氏家族相中的代理人邹晓春和黄氏家族代言人黄燕虹如愿进驻国美董事会。外界认为,持续了7个月之久,轰轰烈烈的"国美内战"——黄陈之争以陈晓的出走终于画上了句号。

很长时间以来,谈起权力,人们便会将它与政治、政客甚至一些阴谋联系在一起,很少会认为它和企业组织之间有着密切的关联。而近十多年来,越来越多的学者认识到组织中的权力在组织运作、组织目标的实现以及提高组织绩效方面发挥着重要的作用。

第一节 权力与权术

有句俗语:"大丈夫不可一日无权,小丈夫不可一日无钱",不容置疑的语气表达了人们对于拥有权力的渴望和坚决。组织行为研究者在过去二十多年的研究中已经认识到,组织是高度政治化的,而权力就是这种游戏的名称。

一、权力的定义和来源

权力、位次历来是组织中的痒处。《水浒传》中,宋江初上梁山时,就与晁盖有一番关于位次的谦让和安排,后来晁盖第一位,宋江第二位,其余英雄"休分功劳高下,梁山泊一行旧头领去左边主位上坐,新到头领去右边客位上坐,待日后出力多寡,那时另行定夺"。

1. 权力的定义

权力(power)是指个人或群体影响或控制其他个人或群体行为的能力。假如A能够影响B的行为,使B做出在其他情况下不可能做的事情,我们就说A对B拥有权力。

权力有可能是外显的。例如,领导命令下属完成任务,而这个任务是平常下属极其不愿意做的工作。有时候权力又可能是潜在的,无须通过实际行为来证明其有效性。例如,尽管领导没有因为下属未能及时完成任务立即进行惩罚,但下属们都知道领导实际上拥有进行处罚的权力,这表明拥有权力的人并不一定马上使用权力。

权力关系中必须有权力主体和权力客体存在,不存在没有主体的权力,也没有缺少客体的权力。权力不是单向发出命令,也不是单向接受命令,而是双向的互动。

2. 权力的实质

权力的实质是权力客体对权力主体的依赖,B对A的依赖性越强,则A对B的权力就越大。以大学生与教师的关系为例,学生要取得学分,必须按照教师的教学计划进行学习,达到教师设定的课程要求,这时教师就对学生拥有一定的权力。假如这位教师恰好是学校里唯一开设这门课程的教师,这就意味着学生必须依赖该教师才能够取得学分,这时教师对学生所拥有的权力就更大了。

当你控制的资源是重要的、稀缺的和不可替代的时候,别人就对你产生了依赖性,因而依赖性的大小也取决于权力主体控制的资源的重要性、稀缺性和不可替代性。

(1) 重要性。如果没有人对你掌握的资源感兴趣,那就谈不上什么依赖,因而也就谈不上什么权力,因此要想产生依赖,就必须使人们感觉到你所掌握的资源很重要。如工程师在英特尔(Inter)比宝洁公司(P&G)更有权力(前者是高度技术导向的,后者市场就是一切),因为他们掌握的资源(创造性的专业技术知识)是整个公司最重要的资源。同样,对一所研究型大学来说,教授的研究成果、研究经验,以及由此带来的良好社会声誉是学校最宝贵的资源,因此教授群体理应在大学中拥有更大的权力。

(2) 稀缺性。如果你拥有的资源供给充足,那么你所拥有这种资源就不会增加你的权力。组织中很多技术人员都不愿意详尽地向他人传授技能和经验,就是害怕他人了解自己的工作诀窍,从而降低自己所掌握的资源的稀缺性。

(3) 不可替代性。一种资源越是没有替代品,那么由于实现对它的控制而带来的权力就越大。假如企业中某一部门的功能中可以由其他部门、个人或者企业外部某些部门来完成,程度越高,那么,该部门潜在的权力就越小。

3. 权力的来源

组织行为学家对权力的来源一直十分感兴趣,他们对此进行了大量的研究。约翰·佛伦奇(John French)和柏崔姆·瑞文(Bertram Raven)认为,权力有5种来源或类型:奖赏权、强制权、法定权、参照权和专家权,如表8-1所示。其中,奖赏权、强制权、法定权来源于职务;参照权和专家权来源于个人。

表 8-1 权力的 5 种类型

权力类型	举 例
奖赏权	在一个正式的绩效评定会上告诉某名下属,其工作效率有很大提高
强制权	警告某个下属,如果他继续利用内部信息牟利,就向公司高层反映
法定权	给员工安排岗位,将某个下属调到海外去工作
参照权	与公司的高层管理者建立很密切的个人关系
专家权	让一个有丰富设计工作经验的老工程师参加所有的新产品讨论会

(1) 奖赏权(reward power)。奖赏权是通过奖励积极的行为来施加影响的一种权力。管理人员有推荐员工涨薪、提升、调动及评定工作表现的特权,管理中的奖赏权也经常是通过授权、表扬、对工作给予肯定或做出反馈等方式来表现的。譬如,在一个正式的绩效评定会上管理人员告诉某名下属,其工作效率有很大提高。这些形式的奖励能满足员工高层次的需要。

(2) 强制权(coercive power)。强制权是通过使用处罚和威胁手段来施加影响的权力。管理人员具有解雇、调离重要岗位、惩罚或批评等一系列影响员工的方式。譬如,管理人员警告某个下属,如果他继续利用内部信息牟利,就向公司高层反映。强制权建立在惧怕的基础上,一个人如果不服从的话就可能产生消极的后果,出于对这种后果的惧怕,这个人就会对强制性权力做出反应。

(3) 法定权(legitimate power)。法定权是因为在组织中处在较高的位置而具有指导他人行为的权力。上级有权给下属发布命令,而下属有责任服从。这种权力的大小在不同的组织中往往不尽相同,例如,军事组织就有很多的条例和规章制度等来加强这种法定权力,企业根据完成任务的需要对不同的部门、岗位和人员也明确地规定了其相应具有的权力。譬如,管理者可以给员工安排岗位,将某个下属调到海外去工作。

(4) 参照权(referent power)。参照权是指由于与有权力的人建立了关系而相应具有的连带权力。譬如,一些人总是想方设法地与那些受人尊敬的成功企业家、政治家、演员以及企业内部的管理者建立关系,并时刻关注他们的言行,就是为了获得这种权力。组织中的任何人都能获得这种权力,而与他们的现有地位无关。因此,参照权在组织内部十分重要,它的获得和使用完全是基于人际关系,它比奖赏权和强制权更具有人际特点。

(5) 专家权(expert power)。专家权是指因为具有某种特殊能力而具有的权力,它来源于专长、技能和知识,经常表现为一个人控制了重要领域的信息和知识,拥有解决组织中关键问题的能力。专家权也是一种与人有关的权力,但不是靠职位高低来得到的,专家权可以使一个人或他所在的小组在组织中变得无法取代。譬如,企业里各产品开发小组总是让一个有丰富设计工作经验的老工程师参加新产品讨论会,就是因为老工程师拥有专家权。又比如,人们普遍认可医生具有专业技能,因而医生具有专家权——大多数人都听从医生的话。同时我们还要认识到,计算机专家、会计师、经济学家、工业心理学家以及其他各行各业的专家,都会因为他们的专业技能而获得一定的权力。

这几种权力之间实际上有一定的联系,譬如,当一个人具有法定权的时候,一般也就有了奖赏权和强制权;而当一个人与另一个具有法定权、奖赏权、强制权和专家权的人建立了密切联系时,他也就具有了参照权。

二、权术

权术(power tactics)是指如何将权力基础转换为具体的行动,也称为权力的战术。权力拥有者在试图行使权力,或对别人的行为施加影响时,几乎都会采取标准化的方式。有研究调查了一百多位经理人,询问其如何影响老板、同事或部属,研究结果发现主要有7种权术或影响策略。

(1) 合理化(reason)。使用事实和数据来证明自己的想法合乎逻辑,合情合理,是理性的意见。

(2) 友情(friendliness)。在提出要求之前,先称赞、奉承、讨好对方,表示亲善,并显露出谦卑的一面,以获得认可。

(3) 联盟(coalition)。获得组织中其他人的支持和帮助以拥护其要求。

(4) 谈判(bargaining)。通过讨价还价使双方的利益达成一致。

(5) 独断(assertiveness)。采取直接而强硬的方式,例如强调规章、命令,要求服从、重复提醒对方、命令他人做其所要求的事等强制的方式。

(6) 高层权威(higher authority)。获取组织高层人员的支持,强化要求,以利于达到要求和目标。

(7) 规范的约束力(sanctions)。运用组织的奖惩规定或绩效评估等形式来迫使对方就范,例如不准或答应加薪、威胁给予不佳的绩效评估,或暂停其升迁机会。

面对不同的情境和影响对象,不同的权术所使用的频率是不一样的。表 8-2 是当管理者面对上级和下属时,从最常用的权术到最少用的权术的排列。

表 8-2 按使用频率高低排列的权术

使用频率	当领导者欲影响上级时	当领导者欲影响下属时
最常用	合理化	合理化
↓	联盟	独断
	友情	友情
	谈判	联盟
	独断	谈判
		高层权威
最少用	高层权威	规范的约束力

权术的运用与四个情境变量有关:领导者的相对权力;领导者欲影响的目标;领导者预期对方会顺从的意愿;组织文化。那些权力较大,处于支配地位的领导者相对权力较小的领导者更多地使用权术,而且后者更频繁地使用独断权术。如果领导者预期对方有较大可能顺从的话,则会降低使用权术的概率;如果组织中形成了接受和支持运用权术的氛围,领导者使用权术的行为就越容易发生。

第二节 政治和政治行为

人类的生活无处不充盈着政治的影子,人类社会已步入一个政治化的时代,只要组织存在,就无法杜绝权力发挥作用,也无法完全消除由权力引起的政治活动。在这个意义上,现实证实了亚里士多德的名言:人是天生的政治生物。

一、组织中的政治和政治行为

最早用权力来界定政治(politics)的是 15—16 世纪意大利的政治家、哲学家马基雅维利,他认为"政治是夺取权力、掌握权力的必要方法的总和",政治的目的是获取和保持权力,政治的手段是玩弄权术。

马克斯·韦伯认为,政治就是对权力的获得和运用,"政治意指力求分享权力或力求影响权力的分配"。这个观点得到美国芝加哥学派创始人之一拉斯维尔的认同。拉斯维尔认为,"研究政治就是研究权力的形成和分配","政治行为就是人们为权力而进行的活动"。

罗宾斯(1997)从组织行为的角度考查了组织政治的定义,发现几乎所有的定义都将注意力集中于如何使用权力影响组织的决策,或者组织约束软化而由成员自我服务行为的方面。

因此，罗宾斯将组织中的政治行为定义为那些不是由组织正式角色所要求的，但又影响或试图影响组织中利害分配的活动。它包含两层含义：一是该政治行为是在工作要求范围之外的，因此可以推断，行为的主体具有使用权力的欲望；二是主体行为对组织的利害分配活动产生了影响或潜在的影响。

这一定义涵盖了大多数人在谈及组织政治行为时所包含的关键因素，它包括各种政治行为，如扣留决策者所需的信息；揭发、散布谣言；向新闻媒体泄漏组织机密；为了一己私利与组织中的其他成员交易好处；游说他人以使其支持或反对某人或某项决策等。这些和组织利害分配有关的行为排除在个人的具体工作要求范围之外，因此，它需要人们试图使用权力基础。

链接材料 8-1：人们眼中的政治行为

同样一种行为，一个人可能会认为是"政治行为"，另一个人则可能认为是"有效的管理活动"。事实上，虽然有时候两者是一致的，但有效的管理活动并不一定就是政治性的，一个人的出发点决定了他对组织中的政治行为的划分，表 8-3 罗列了一系列描述一种现象使用的不同标签。

表 8-3　政治行为标签与有效管理标签

政治行为标签	有效管理标签
责备他人	富有责任感
套近乎	建立工作关系
溜须拍马	表现忠诚
推卸责任	分派职权
不露马脚	为决策寻找充分证据
制造冲突	鼓励改革创新
拉帮结派	建立工作团队
泄漏机密	提高效率
早有预谋	办事有计划
出风头	有才干有魄力
有野心	事业心强
投机	精明敏锐
奸诈狡猾	老练稳健
妄自尊大	胸有成竹

二、几种典型的组织政治行为

在一个组织中，有良性的人际政治，也有破坏性的人际政治，对良性和破坏性的判断要看你是站在个人、群体、组织还是社会这四者中的哪一个层面上。显然，有时对个人有利的人际政治行为对群体、组织和社会都是不利的，而有时对整个组织有利的人际政治行为对个人和群体不一定有利，而对整个社会有利的人际政治行为对目前的组织却不一定有利。

1. 上告行为

上告行为也被称为打小报告,是指一个员工向其直接上级反映其同事的问题,或向其直接上级以上的上级反映其直接上级的问题。更严重的一种情况是,当员工认为组织违背了伦理道德或法律的时候(如组织向公众隐瞒造成的环境污染情况),向记者、新闻机构或其他有影响的人反映他认为不公正、不合理或违法的组织行为。当然,不管是哪种情况,当其同事、上司或组织得知这种上告行为时往往都会很愤怒。因为这种行为会影响到其同事、上司或组织的利益。

此时,各级接受上访的人或机构都要对有关情况进行认真的调查。当上告者反映的情况属实时,应该采取措施保护上告者。因为他们往往是那些正义感很强的员工,对他们要公正地对待,不能把他们哄走或当成来找麻烦的人。大多数情况下,他们是替组织着想,担心那些行为不被制止将会更大程度上地危害整个组织的利益。

当然,在经过调查之后,如发现上告的内容中有不切实际的成分,组织就应该慎重对待,对上告者加以惩处,严重的还要诉诸法律。

2. 散布流言

组织中有人为了达到个人目的,而故意在组织中散布对某个人或群体不利的信息。这些信息缺乏可靠的来源、无法考证,而有些人又对此具有好奇心,因而在组织中传播。在流言传播的过程中,由于经过很多人的"理解"和"加工",因而越来越偏离真实的轨道。最后的结果往往是对当事人造成很不良的影响。

在不同的文化环境中,流言传播的阻力是不同的。在一个重视道德和权益的社会,人们对各种流言的态度是谨慎的,因此流言不易传播。在组织中,应该采取严格的制度和处罚条例,制止这些不道德的行为。

3. 发展关系网

发展关系网是指个人为了自身的利益和权力,采用各种办法和手段与组织中有权力和掌管重要资源和信息的人建立网络,以了解组织中各种重要事件,获得进一步发展的机会。譬如,与以前的同事、战友、同学保持良好的关系,采用各种办法、手段取悦上级,与高层人员结交等,都有利于建立关系网络。因为个人私利而建立的这些复杂的关系网对整个组织的利益主体是有害的。

4. 拉帮结派

拉帮结派是指组织中的员工为了减少其所受威胁、壮大自身的影响而与组织中的"同类"拉帮结派、缔结同盟。如果他们结成的小群体处于领导层,他们往往就会在制定公司的政策(如奖金分配、员工晋升等关系到所有员工切身利益的制度)上,制定出有利于本群体的方案。这显然会造成对其他群体利益和积极性的巨大损害,严重时会造成组织运作不能正常进行,这是一种十分有害的政治行为。

5. 固有的权力相争

现在的组织设计一般采用直线制和职能制相结合的方式,这种管理模式会造成职能部门与直线部门之间的固有矛盾。职能部门专家有丰富的知识可以协助直线管理人员提高决策水平,而直线管理人员担心职能部门人员会影响他们在直线管理中的影响和权力。直线和职能部门人员都会通过控制信息、争取权力、建立好的印象、提高中心效应等来争取更大的影响力。管理者对直线和职能部门人员之间的这种冲突要尽量加以控制,否则会给组织造成巨大的损失。

6. 对抗行为

对抗行为是组织中最激烈的政治行为。它经常表现为员工按照自己坚信的道理办事,而不按照管理人员的意愿办事。对抗行为很难被纠正,由于它的发生所导致的组织文化迅速恶化会对管理造成很坏的影响。譬如,在我国,一些国有企业实施裁员和下岗的过程中,被裁员和下岗的员工往往与管理层有较大的冲突;出租车司机由于不满公司的收费政策而联合起来实施停运,严重影响了市内交通的畅通。为了减少这些对抗行为的发生,公司应该注意观察、了解员工的动向,及时缓解矛盾,做好思想工作,防微杜渐。

三、引发政治行为的因素

1. 政治行为产生的基本假定

组织政治行为是由团队和个体进行的有目的的影响行为组成的,其目的就是在冲突发生或可采取行动的时候来增加和保护自己的利益。组织参与者倾向于采取使自身利益最大化的机会主义行为。

诺德(Walter Nord)指出,政治行为的产生建立在对组织中权力的四个基本假定之上。

(1) 组织由相互竞争资源、能量和影响的联合体组成。
(2) 各种联合体寻求保护自己的利益和影响的地位。
(3) 权力不平等的分配本身就具有反人性化的效果。
(4) 组织中的权力运用是更大的社会系统中权力运用的一个非常重要的方面。

2. 引发政治行为的因素

(1) 米勒斯的观点。米勒斯(Robert H. Miles)将与组织的政治化程度相关的维度概括如下。

① 资源。政治化的程度与资源的重要性和稀缺性之间直接关联。而且,当有新的归属尚未明确的资源进入组织时,政治行为将受到鼓励。

② 决策。与例行的决策相比,模糊性的决策、缺乏一致同意基础上的决策、不确定的决策以及长期性的决策将导致更多的政治。

③ 目标。目标的模糊性与复杂性越高,政治行为越多。

④ 技术和外部环境。一般而言,组织的内部技术越复杂,政治行为越多。同样的,如果组织在一个混乱的外部环境中运作时,政治行为也会更多。

⑤ 变革。一次组织重组、一个计划内的组织发展的努力乃至因外部力量导致的一个非计划的变革,都会鼓励政治行为的发生。

(2) 罗宾斯的观点。有的组织政治行为公开并且盛行,有的组织政治行为非常有限;有的个体容易采取并感知到政治行为,有的个体则对政治行为不太敏感。罗宾斯总结了学者们的研究,将引发政治行为的因素概括为个体因素和组织因素两类,图8-1说明了个体和组织因素是如何影响政治行为以为其提供有益的结果的。

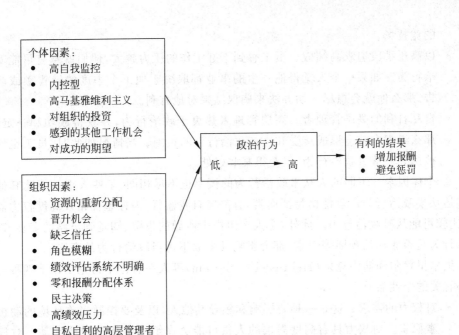

图 8-1　影响政治行为的因素

① 组织因素。有研究表明，当决策制定和执行过程具有高度的不确定性和复杂性，而个人和群体之间又为争夺稀缺资源展开十分激烈的竞争时，经理和雇员采取政治行为的可能性较高。反之，在比较稳定而不太复杂的环境里，决策过程很透明，竞争行为就很少，这时，极端的政治行为不太可能会发生。

罗宾斯（1997）认为，滋生政治行为的组织具有如下特征。

- 组织信任度低。组织中政治行为发生的频率和组织信任度成反比。组织信任度越低，政治行为就越容易发生，非法的政治行为相应就越多；而高信任度一般来说可以抑制政治行为，特别是非法的政治行为。
- 角色模糊。如果组织对员工行为范围、职权缺乏明确界定，那么，员工的政治行为的范围和功能几乎也不会受到什么限制。因为政治行为是指那些正式角色要求范围之外的行为，角色越模糊，越容易使人卷入政治行为而不易被察觉。
- 不明确的绩效评估系统。组织在绩效评估中所用的主观标准越多，且强调单一结果的衡量或者行为和评估之间的时间拖得过长，则员工参与政治行为且能蒙混过关的可能性就越大。
- 零和（非得即失）报酬分配体系。零和（非得即失）报酬分配体系是把分配量看成固定的数额，任何个人或群体的所得必须以另外一个人或群体的所失为代价，即我得你必失。这就使得人们总是力图使自己显得劳苦功高而贬低他人的作用，容易产生政治行为。
- 民主决策。民主决策可以降低组织的专制程度。管理者为了谋取权力往往绞尽脑汁，付出高昂代价，必然不愿意与他人分享权力，实现民主决策。这样就导致领导者有可能利用团队、委员会、讨论大会和小组会议作为他们施展手腕、玩弄权术的竞技场。
- 以高压手段追求高绩效。员工感到干好工作的压力越大，他们就越有可能卷入政治行为。如果一个人觉得他一生的事业都取决于他下个季度的销售额或产量报告，那么他就会想尽一切办法来确保结果对他有利。
- 自私自利的高层管理者。高层管理者热衷于政治行为，并获得成功和一定回报，那么组织中就会形成接受和支持政治行为的氛围。当情况如此时，员工也许就会被诱导去从事政治行为，以获得某些好处。

② 个体因素。不同的人从事政治行为的概率也不尽相同，某些人很可能比其他人会更多地从事政治行为。就性格特征而言，有高度自我监督、内控型性格及高度权力需求的人，比较可能从事政治行为。此外，个人在组织中所做的投资、知觉到出路的多寡，以及对政治行为是否成功的预期等因素，都会影响其采取不正当政治行为的意愿。

黑尔里格尔和斯洛克姆（Hellriegel & Slocum）等人在著作中讨论了以下四种与政治行为有关的个性品质。

- 对权力的需求。这是一种要影响和领导其他人，以及要控制当前环境的动机或基本愿望。对权力具有高度需求的人很可能会在组织中从事政治活动。对权力的需求有两种不同的体现形式：个人权力和制度权力。强调个人权力的领导者要求下属对自己忠诚，而不是对组织忠诚，一旦这种类型的领导离开，工作班子可能会崩溃；强调制度权力的领导者使其下属产生对组织的理解和忠诚，营造一种有效工作的良好风气和文化。有研究表明，与男性领导相比，女性领导在制度权力方面具有更大的需求，而在个人权力方面则需求较小。
- 马基雅维利主义。马基雅维利是15—16世纪意大利著名的政治思想家和哲学家，在西方政治思想史上占有很重要的地位，其主要理论是"政治无道德"的政治权术思想，在他的著作中包含了一系列对于获取和掌握政府权力的建议。许多世纪以来，人们把那些为达到自己目的，缺乏对常规道德的关心，而不惜在人际关系中使用欺诈和机会主义手段，审视和摆布别人的人称为"马基雅维利主义者"。曾有研究表明，在组织中，马基雅维利主义与政治行为高度相关，它是许多组织中具有政治行为的良好预报器。
- 控制点。由于具有较高内部控制地位的人认为，事情基本上都产生于他们自己的行为，他们往往乐于假定自己的努力会成功，因此他们比具有较高外部控制地位的人对于从事政治活动的偏好更为强烈，更可能试图去影响其他人。
- 冒险倾向。从事政治活动往往要冒风险，它可能会带来与当初目的相反的结果，因此避免冒险倾向的风险回避者比具有明显冒险倾向的风险爱好者更不愿意从事政治行为。

四、政治行为的后果和应对策略

1. 政治行为的后果

（1）政治行为带来的消极后果。政治行为对采取政治行为的个体而言可能是有利的,但是,对于大多数人而言,由于所拥有的政治技能不足或者不愿意卷入到政治行为中来,政治行为对他们的影响是消极的。研究表明,政治行为对个人可能导致以下负面结果。

① 工作满意度降低。当感觉到影响组织职能正常发挥的政治活动时,员工就会产生不满情绪。如果员工认为组织中存在着利益群体或者帮派,他们对工资和晋升的满意度就会降低;如果员工认为组织的奖励受政治行为影响,他们对上级的满意度就会下降;如果员工认为他们的同事有较多的政治行为,他们对同事关系的满意度会降低。

② 焦虑增加。员工感觉到的政治行为越多,他的焦虑感就会越强。这可能是出于如下的考虑:如果自己不采取政治行为,自己的利益可能会被那些积极的政治行为者侵吞,这种状况使他不得不对参加政治活动或者在政治领域中进行竞争感到有额外的压力。

③ 离职增加。过多的政治行为会让员工感觉到不公平、压力增大、焦虑感增加等,当员工感觉到组织中的政治行为多到自己无法应对的时候,就会选择离开组织。

④ 绩效降低。由感觉到的政治行为带来的工作满意度降低、焦虑增加、被迫参与政治行为、不公平感的增强等都会分散员工的工作精力、降低工作的动力,从而使个体绩效降低。

(2) 员工的防卫行为。当人们把政治行为视为一种威胁的时候,他们经常会采取自我防卫行为来回避参与活动、责备和可能的变化。表8-4列举了员工应对政治行为采取的一些防卫行为的例子。

表 8-4 组织中的自我防卫行为

回避活动
• 过度遵从——采用"规章制度明确标明"或"这是我们常用的办法"等方式,来严格解释和定义你的责任;
• 推脱责任——把任务或决策的执行责任转移给别人,以疏忽大意或缺乏能力为借口来回避那些自己不愿意做的工作;
• 耽搁时间——通过延长完成工作需要的时间,让人觉得你忙得脱不开身,例如把两周的任务拖成四周完成;
• 搪塞——在公开场合表现出或多或少的支持,而在私底下做得很少或根本不做
回避责备
• 减震缓冲——这是一种意指"不留后患"的委婉说法,描述的是为了形成一种有能力的和考虑周全的形象而积极从事的一种严谨记录的活动;
• 明哲保身——逃避那些可能反映出不利状况的情景,包括只承担那些成功可能性很高的项目,把冒风险的决策交给上级来决定,定性地表达判断结果,在冲突中保持中立立场;
• 合理化——为了减少不利结果的个人责任而作出的解释,或者在表达悔恨的同时进行的辩解;
• 替罪羊——将不利结果归因于外部因素,而外部因素经常不是主要原因
• 虚报信息——通过歪曲、润色、欺骗、选择性表达来操纵信息
回避变化
• 阻止变化——试图阻止具有威胁性的变化出现;
• 自我保护——在变革过程中通过控制信息或其他资源来保护自己的个人利益

自我防卫行为经常与员工对工作和工作环境的消极态度有关。在短期内,员工可能认为这种防卫行为保护了他们的自我利益,但是,长此以往,他们就会感到厌烦。过多使

用自我防卫行为还会让员工失去来自上司、同事、员工和客户的支持和信任。

2. 管理者应对政治行为负面影响的策略

为帮助组织克服政治行为对组织道德带来的负面影响,管理者可以从以下几个方面采取措施。

(1) 保持沟通渠道公开。公开的沟通渠道可以避免信息控制、角色模糊等带来的政治行为,并可以增加组织成员之间的信任,从而有效减少不道德的政治行为。

(2) 塑造道德化、非政治行为的角色模型。组织应该大力提倡、鼓励和宣传道德的行为,树立非政治行为的角色模型,为组织成员理解和遵从道德化的行为树立榜样。

(3) 当心只依照自己利益行动的游戏者。对于利用政治行为来为自己谋利益的员工,组织应该及时发现、公开惩罚这种行为,避免这种通过不道德行为来为自己谋利的现象给其他员工造成不良的暗示。

(4) 保护个人的私有利益。管理者在发现大量不道德的政治行为时首先要思考的问题是:这种行为产生的原因是什么?是个别人的道德问题,还是组织的规章制度不明确、不公平导致员工在自身利益受到侵害而又得不到合理保护时被迫采取行为?组织首先应该有明确的制度保障个人的私有利益公平、安全。

(5) 常问"这公平吗"。管理者应当经常问自己"这公平吗",以唤醒自己的道德意识。因为很多时候组织之所以形成政治行为泛滥的文化和局面,原因就在于管理者的行为被员工认为是不道德的政治行为,从而导致上行下效。

【本章小结】

1. 权力是指个人或群体影响或控制其他个人或群体行为的能力。
2. 权力的实质是权力客体对权力主体的依赖,依赖性的大小取决于权力主体控制的资源的重要性、稀缺性和不可替代性。
3. 权力有5种来源或类型:奖赏权、强制权、法定权、参照权和专家权。
4. 权术是指如何将权力基础转换为具体的行动,包括合理化、友情、联盟、谈判、独断、高层权威和规范的约束力。
5. 政治是指权力的形成和分配结果。
6. 政治行为是指人们为权力而进行的活动。
7. 引发政治行为的因素可以从组织情况和员工个体特征两个主要角度来进行考察。组织情况包括组织环境、组织文化、组织结构、政治管理等方面,而个体特征往往和个体差异、权力需求、控制地位、冒险倾向等因素相联系。

【关键术语】

权力(power)   奖赏权(reward power)

强制权(coercive power)   法定权(legitimate power)

参照权(referent power) 　　　　　专家权(expert power)
权术(power tactics) 　　　　　　　政治(politics)

【课后练习】

1. ( )是指个人或群体影响或控制其他个人或群体行为的能力。
   A. 权力　　　　B. 权术　　　　C. 政治　　　　D. 政治行为
2. 权力的实质来源于权力客体对权力主体的依赖,而这种依赖性的大小取决于权力主体控制资源的一些特征。以下( )不属于权力主体控制资源的特征。
   A. 重要性　　　B. 稀缺性　　　C. 法定性　　　D. 不可替代性
3. 以下( )不属于典型的组织政治行为。
   A. 拉帮结派　　B. 散布流言　　C. 发展关系网　D. 工作汇报行为
4. 这个人能给他人特殊的利益和奖酬,你知道和他关系密切是有益的,说明他具有( )。
   A. 强制权　　　B. 法定权　　　C. 奖赏权　　　D. 专家权
5. 工程师在英特尔比宝洁公司更有权力,这是因为工程师所掌握资源的( )在起作用。
   A. 稀缺性　　　B. 重要性　　　C. 不可替代性　D. 独特性
6. ( )是指如何将权力基础转换为具体的行动。
   A. 权力　　　　B. 权术　　　　C. 政治　　　　D. 政治行为
7. 权力可以来源于职务,也可以来源于个人。下列来源于个人的权力是( )。
   A. 专家权　　　B. 强制权　　　C. 法定权　　　D. 奖赏权
8. 下列权力中,与员工满意度和忠诚度负相关的是( )。
   A. 专家权　　　B. 参照权　　　C. 强制权　　　D. 奖赏权
9. 罗宾斯总结学者们的研究,将引发政治行为的因素概括为个体因素和组织因素两类,其中属于组织因素的是( )。
   A. 高度的绩效压力　　　　　　B. 对权力的需求
   C. 冒险倾向　　　　　　　　　D. 高马基雅维利主义
10. 当人们把政治行为视为一种威胁的时候,他们经常会采取自我防卫行为来回避参与活动、责备和可能的变革。下列选项中属于回避活动的是( )。
    A. 推诿责任　　B. 减震缓冲　　C. 阻止变化　　D. 明哲保身

【案例分析】

案例 8-1

新东方高层内斗

新东方曾经差点因为高层内斗而分崩离析。

新东方的"三驾马车"是俞敏洪、王强和徐小平。

2001年8月27日，俞敏洪正在跟人谈话，副校长王强的秘书推门进来，交给他一封信。信封上贴着条子，要求签写收信回执。信的抬头是"尊敬的俞敏洪董事长"。王强的信中，历数俞敏洪的过错、新东方的弊端，正式做出了辞职、退股、离开新东方的决定。28日晚，新东方紧急召开临时董事会。王强提出了一系列要求，并给出了时间表，必须提交董事会讨论、决议。与此同时，副校长徐小平向俞敏洪递交了辞去董事的辞呈，加码支持王强。

紧急董事会之后，监事会主席包凡一说："如果王强离开新东方，我也离开新东方。"紧急董事会开成了董事辞职会。

2001年11月21日，俞敏洪在召开股东大会时，提出一条"关于徐小平是否当董事重新投票"的提案，历数徐小平出尔反尔、意气用事、立场不端正等毛病，请股东讨论。表决结果以压倒性的多数通过了俞敏洪的提案，徐小平的董事职务被罢免了。民营企业进入鼎盛时期后，一般难以逾越"排座次、论荣辱、分银饷"的"水浒模式"。在这种模式下，几乎所有的企业都会沿着一个大家十分熟悉的道路向下滑行。但新东方经过这次巨震后，却如凤凰涅槃般地重生。

怎么在发展的前提下平衡利益，摆脱随时可能分崩离析的危险局面，成了俞敏洪和他的团队的头等大事。新东方面临严峻的考验，开始艰难而痛苦地向"现代企业"转型。俞敏洪提出辞去新东方董事长兼总经理的职务，由王强出任董事长。既是因为王强办事极讲原则性，做事有长远规划，对于公司战略、规划有利；也是为了新东方的权力平衡，俞敏洪是最大股东，既做董事长又做总裁，权力太集中。

事实证明，老俞变了，新东方更成熟了。

徐小平在一封信中分析和反思，俞敏洪不但要承担学校的社会责任，还必须承担保护和兑现小股东利益的责任。俞敏洪还没有足够的经验迅速应对，应付从未出现过的复杂局面。俞敏洪背负的责任远远超出了他的承载能力，俞敏洪要翻船了！但是徐小平从来没有动摇这个基本观点：假如新东方是一艘大船，掌舵人俞敏洪迷失方向，是这场改革艰难与痛苦的最主要根源。

新东方重新洗牌，救了俞敏洪，更救了新东方。

从一个个体户到现代公司，从一批文人到一批职业商人，新东方"教书一流""办学校一流""管理公司尤其是现代公司却不入流"的一批人完成了蜕变和升华。新东方股东的共同利益不能以兄弟情谊来维系，但可以用共同利益来维系兄弟情谊，这是新东方改革最宝贵的收获之一。

一场复杂的内斗，只是验证了一个简单的道理。

资料来源：巢莹莹.组织行为学[M].上海：同济大学出版社，2016.

问题：

(1) 列举和说明新东方高层内斗的原因。
(2) 分析新东方高层内斗对新东方发展的影响。
(3) 请为新东方实现转型、摆脱内斗的局面提出一些建议。

案例 8-2

三星的家族式管理

三星集团是韩国最大的企业集团之一,涉足行业有电子、建筑、纺织、食品、飞机制造、造纸、机电、服装、金融等,其中毛纺和人寿保险规模居韩国同行业第一。集团核心是电子公司,名列韩国三大家用电器商榜首。电子公司主要经营半导体、计算机、家用电器,三星产品远销世界各地,子公司分设在 57 个国家。1995 年,三星产品销售额为 623 473 亿韩元,出口 305 886 亿韩元,约占销售额的一半,纯利润 29 000 亿韩元,职工人数为 241 420 人。

韩国文化与朝鲜文化一脉相传,同时受日本影响,而母体则是中国文化,中国的儒家伦理思想构成了韩国文化的根基。这种传统思想对韩国家族式企业产生了巨大影响,其具体表现在以下三个方面。

第一,上下层之间的等级主次关系。在韩国,父母和子女之间、夫妻之间、兄弟姐妹之间有着严格的上下关系,基础就是儒家伦理中的三纲五常,这种秩序通过韩国全民义务兵役制而得到强化。企业中姻亲长幼有序,上下分明。

第二,在韩国,亲属之间、学友之间、同乡之间有着特别的血缘或地缘关系,这种关系以强烈的排他主义等形式表现出来,极大地影响着韩国企业的权力结构和决策。三星集团有名的口号"讲礼节的三星人""尊重上司的三星人"等都带有很浓的传统思想。另外,三星集团总裁是庆尚道人,三星职员最多的也是庆尚道人。

第三,继承家产,长子优先。李秉哲有三个儿子,大儿子李孟熙,先在三星集团领导层,后主管安国火灾保险公司;二儿子李昌熙一直经营着一家叫赛杭媒介的公司,1991 年病死。除李健熙董事长外,李健熙五姐李明熙的丈夫郑在思也曾进入董事会,后来分管新世界百货商店;二姐李淑熙的丈夫具滋学任乐喜·金星集团(现在的 LG)主管;大姐李仁熙的丈夫主管三星高丽医院;另一个姻亲洪锡炫担任三星科宁公司副董事长,其父主管韩国的中央日报社。1987 年,三星创始人李秉哲去世,第三子李健熙继任总裁。

这个由家庭、姻亲、同乡所组成的集团,是如何提高企业效益的呢?

首先,在继任董事长的选择上,创业者李秉哲既有传统的一面——儿子继任,又有创新的一面——废除长子优先,唯才是举。李健熙在 1965 年从日本早稻田大学商学部毕业后,又到美国华盛顿大学经济研究院进修学习,回国后在东洋电视台做一般职员。此后,又在三星集团系列公司第一线实践数年,积累了丰富的经验,他与李秉哲不仅是父子关系,而且在一起共事达 10 余年之久,显示出了不一般的领导才华,得到了李秉哲的赏识。

李家的姻亲也绝非等闲之辈,如三星科宁公司副董事长洪锡炫,早年毕业于麻省理工学院,后供职于世界银行。在三星,与其说他是一个家族的经营者,不如说他是一个发挥着专家领导才华的卓越企业家。

其次,为对付姻亲和同乡的关系、小团体主义,三星集团采取"以能力为主的开放人事"等策略。李健熙董事长明确宣布,将上一代传下来的决策比率由原来的董事长 80%、秘书室 10%、下属企业 10%,分别改为 20%、40%、40%。在实践中,为了专门经营好三星各个企业,李健熙董事长坚持本家及姻亲与经营保持一定距离的决策,其实质就是所有权与经营权分离。如李健熙的大哥李孟熙、五姐夫郑在思等都被陆续从董事会下放到基层,主管生产经营一线。

最后,也是最重要的方针,便是"技术第一主义"。重视技术开发,进而重视技术人才,姻亲群体便受到强有力的冲击。

1969年三星电子公司成立后,立即主动引进日本的高技术,招聘在美国的韩籍高级工程师。1992年公司成功开发了64兆存储器(Dynamic Random Access Memory, DRAM),在技术领域站到了世界最高峰,此后两年一直稳坐电子DRAM领域第一把交椅。三星综合技术院的技术研发人员从20世纪70年代末的580人上升至1995年的17 000人,开始10年即申请工业专利488项,获专利59项。研究开发工作在整个集团举足轻重,姻亲、同乡逐渐被"外来的和尚"所排挤,最终被淘汰。

资料来源:李湘德. 三星的家庭式管理[J]. 企业研究,2001(8).

问题:

(1) 在创始人李秉哲时代,三星集团的权力结构有何特点?这种权力结构对企业管理和经营产生了哪些正面和负面的影响?

(2) 在李健熙时代(第二代),三星集团的权力结构发生了哪些方面的变化?这些变化对三星集团的发展有何影响?

(3) 三星集团家长制的变迁对中国家族企业的发展有何启示?

第九章 组织文化

【学习目标】
1. 掌握组织文化的定义和特征；
2. 理解组织文化的构成；
3. 了解组织文化的类型；
4. 理解组织文化的功能；
5. 了解组织文化的塑造。

【篇首案例】

亚马逊的"冷血文化"：坚守最高标准

电商巨头亚马逊是继苹果之后，美国第二家市值破万亿美元的上市公司，且发展后劲依旧十足。有投资专家认为，在云计算和广告等高利润业务的推动下，未来5年，亚马逊的市值甚至可能达到2万亿美元。随着股价长期快速上涨，亚马逊创始人杰夫·贝佐斯的财富在2018年也一度高达1600亿美元。在其成功的背后是一支极具战斗力的团队与一群乐于突破自我的员工。

杰夫·贝佐斯说："长时间工作、勤奋工作或者用脑子工作都可以，在亚马逊却不能三选二。"

在亚马逊工作，员工首先面临的就是超高的工作强度。一个员工如果每周工作低于80小时，就会成为同事中的异类和众矢之的。即使周末，员工也要回公司开会，深夜与节假日都要随时候命，甚至是在复活节和感恩节这样的重要节日，也经常需要参加冗长的电话会议。亚马逊鼓励员工长时间地工作和加班，邮件经常过了午夜才发出，如果没及时回复，将很快收到追问短信。

此外，亚马逊鼓励员工"打小报告"。它有一套"实时反馈"工具，使员工可以向上司秘密批评或表扬他的同事。而这些反馈将出现在员工的绩效评估之中，最终绩效得分低的员工将被裁掉。亚马逊还鼓励"保持异见和表明立场"，要求员工勇于攻击同事的想法，提出无情的意见。在亚马逊的仓库中，工人们受到复杂的电子系统监控，手腕上戴着计步器，亚马逊因此能准确掌握员工分拣商品和包装商品的速度。这套系统对员工的休息时间和工作量作出严格限制，如果没有达成工作量和休息时间过长，员工就会收到警告。

在亚马逊看来,数据可以带来公平与效率,而这会让真正积极的员工得到更多回报和肯定。虽然亚马逊的冷血文化备受争议,但这种冷血文化颇具力量。在很多亚马逊的员工看来,他们的同事都极为敏锐和负责,彼此之间相互信赖,而且没有繁文缛节、办公室政治,他们也真心拥护这家公司。

组织文化主要表现为一个组织中所有成员所共享并传承给组织新成员的一整套价值观念、共同信念、共同目标和行为准则,它代表了组织中约定俗成的和可感知的部分。

第一节 组织文化及其构成

组织文化对组织的发展和兴衰起着关键的作用,正如《财富》杂志曾经总结世界500强成功经验时所说:"世界500强胜出其他公司的根本原因,就在于这些公司善于给他们的企业文化注入活力。"

一、组织文化的定义和特征

组织文化(organizational culture)是指组织成员的共同价值观体系,为组织所有的成员所接纳,成为组织的一种群体意识,表现为组织的共同信仰、共同追求和行为的统一准则。

每一个组织都有其与众不同的文化,例如松下的文化精髓认为"松下电器公司是制造人才的地方,兼而制造电器器具";索尼享有"索尼产品永远是最新的"的美誉;戴姆勒·奔驰公司则以其"品质管理和品质文化"制胜。

组织文化具有以下五个方面的特征。

1. 共同性

组织文化反映了组织中大多数成员的认知和行为的共同部分,也就是所有成员认知和行为的交集。具有某种认知和行为的人越多,表明组织在这种认知和行为方面的文化越强势。

2. 稳定性/惯性

组织文化一旦形成就具有相对稳定的特点,不容易被改变,这就是惯性。这种惯性反映在:当内外环境发生变化时,组织成员的认知和行为可能会在相当长的时期内不能同步发生变化。文化的改变需要时间。

3. 独特性/个性

没有任何两个人的个性和价值观会完全一致。同样,也没有任何两个组织的文化会完全一致。组织文化反映了组织的独特性/个性。

4. 隐藏性

组织文化一旦形成,对人的行为的影响是无形的、潜移默化的。员工会不自觉地受到组织文化的影响。人们很难在组织稳定运转的情况下感受到自己所在组织的文化是什么。只有当企业内外环境发生改变,或者员工离开原来的企业而去不同文化特点的企业工作时,才会感受和体会到自己原来组织的文化特点。这就像我们天天呼吸空气中的氧气,平时感觉不到它的存在,直到有一天缺氧时,才会体会到它的存在和影响。文化对人的影响是隐性的,只有在对比和变化中才能感受到文化的内涵。

5. 预测性

组织文化反映了组织成员共有的价值观和行为方式,因此我们可以分析当组织处于某种环境中时组织可能做出的反应。当不同组织处于同一环境时(或同样的事情发生时),我们可以从组织文化的特征来预测不同组织将会做出哪些不同的反应。

链接材料 9-1：组织文化的比较

组织 A

这是一家制造公司。管理者被期望忠实地执行所有决策;"优秀的管理者"是指那些能够提供详尽的数据和资料来支持其决策的人。该公司不鼓励容易引发显著变化或风险的创造性决策。由于管理者开展的项目一旦失败就会受到公开批评和处罚,因此他们尽量不采用那些明显背离现状的观点和办法。一位基层管理者引用了公司中流行的一句话:"只要不破不漏,就别动手去修。"

公司要求员工遵守大量的规章制度。管理者对员工严格监督以确保不出差错。管理层关心的是高生产率,而不在乎对员工士气或员工离职率的影响。工作活动围绕个体来设计。公司有清晰的部门划分和职权链,员工被期望尽量减少与本职能领域或职权链以外人员的正式联系。绩效评估和报酬体系强调个体努力,不过,在决定加薪和晋升时,资历往往是主要因素。

组织 B

这也是一家制造公司。但在这里,管理层鼓励并奖励冒险与变革。公司既重视理性思考基础上的决策,也重视凭直觉思维做出的决策。让管理层颇感自豪的是,公司具有尝试新技术的光荣传统,并在推出创新的产品方面一直做得很成功。无论是管理者还是一般员工,只要有好主意,公司就会鼓励他们去"实践"。失败被视为"学习经验"。让公司引以为傲的是,公司是市场驱动的,对顾客需求的变化能够迅速做出响应。

公司要求员工遵守的规章制度很少,对员工的监督也比较宽松,因为管理层相信自己的员工工作努力、值得信赖。管理层看重高生产率,但认为只有以正确的方式对待员工,才能实现高产出。公司对于自己"良好工作环境"的声誉感到十分自豪。

工作活动围绕团队进行设计,公司鼓励团队成员与其他职能领域、其他权力层级的成员交往。员工对团队之间的竞争持积极态度。员工个体和团队都有自己的目标,奖金的分配基于他们实现目标的程度。员工有充分的自主权来选择实现目标的手段和途径。

二、组织文化的构成

关于组织文化的构成,具有代表性的是霍夫斯特德的四层次模型和薛恩的三层次模型。

1. 霍夫斯特德的四层次模型

荷兰心理学家霍夫斯特德(Geert Hofstede)在组织文化的理论与全球比较研究方面作出了重要贡献,他提出了组织文化的四层次模型,认为由外向里,组织文化包括符号系统、英雄人物、礼仪活动、价值观,如图9-1所示。

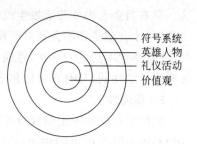

图9-1 霍夫斯特德的组织文化四层次模型

(1) 符号系统。一个组织的符号系统包括多种有形的实物,譬如:组织的标识(如名称、徽标);产品或服务的标识(如产品/服务名称、商标、广告);建筑物的式样、颜色、风格;装修装饰和办公家具的特点;员工的服装服饰、面部表情、精神风貌;组织用于对外宣传的、完整的书籍资料、宣传册、员工手册、录像带;各种挂在墙上的照片、图片、光荣榜;各种装饰物、植物花草;各种纪念品、信封、名片;张贴的口号、标语等。这些符号是组织文化的某种标志。

一个组织的符号系统设计对准确地表达和传播组织文化起着非常重要的作用,应该进行精心策划和设计。迪士尼公司的米老鼠和唐老鸭形象不但在美国家喻户晓,不少其他国家的人对它们也比较熟悉。因为,即使人们没有亲身去过迪士尼乐园,也能通过各种媒体(如电视节目)看到这些符号,感受到迪士尼产品要传递的快乐文化。

(2) 英雄人物。组织的英雄人物是组织树立起来的典范人物。这些典范人物可以是组织的领导人,也可以是一线的普通员工;可以是组织历史上的人物,也可以是现在的人物;可以是真人,也可以是虚构的人。英雄人物总是跟其传奇故事联系在一起,这些故事反映了其特殊的经历、取得的成就。总之,组织树立起来的英雄人物必须具有的一点就是,能够反映出组织所崇尚的个性、品质、能力、价值观和精神内涵,可以成为组织成员的学习榜样,是对组织文化的另一种表达和传播方式。

这些英雄人物往往会以符号系统的方式表现出来,譬如照片、光荣榜等,很多组织的英雄人物是其创始人或历代领导人,如微软公司的总裁比尔·盖茨、长江实业集团主席李嘉诚、海尔集团总裁张瑞敏等。优秀基层员工也可以成为英雄人物。

(3) 礼仪活动。组织中的礼仪活动包括:人与人之间的相互称呼和交往(如见面时互致问候、相互送礼、秘书给老总和客人端茶倒水);组织中的各种集体活动、习俗和仪式(如入司仪式、入司培训、郊游聚餐、各种庆典活动、颁奖晚会、节日联欢等)。譬如,在一些传统企业,人们之间的称呼是陈总、张经理、刘书记、徐院长,反映了一种等级文化。联想集团公司倡导人们之间称呼名字,如杨元庆总裁希望员工称呼他"元庆",代表一种平等亲切的家庭文化。

(4) 价值观。价值观位于组织文化的核心。组织的价值观反映了这个组织大多数人对于事物形态的偏好程度。根据罗克奇的定义,价值观代表着一系列基本的信念,即个人或群体认为,某种具体的行为类型或存在状态比与之相反的行为类型或存在状态更好。也就是说,组织中大多数人喜欢和习惯某种具体的行为类型或存在状态,而不喜欢和习惯相反的行为类型或存在状态,那么,这种具体的行为类型或存在状态就是这个组织的一种价值观。当然,一个组织会有多种价值观。组织的价值观不像符号系统、英雄人物和礼仪活动,它很难直接看到,只能通过观察外面的符号系统、英雄人物和礼仪活动,并通过与组织领导人和员工进行交流,才能进行分析、归纳和推理得出。

2. 薛恩的三层次模型

麻省理工学院斯隆管理学院教授薛恩(Edgar Schein)提出了组织文化的三层次模型,如图 9-2 所示,认为由外向里,组织文化包括可观察到的人造物、公开认同的价值观、潜在的基本假设。

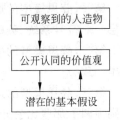

图 9-2 薛恩的组织文化三层次模型

(1) 可观察到的人造物。可观察到的人造物的英文是 observable artifacts。"artifacts"的意思是"人造出来的东西",实际上包括了反映组织文化的各种实物、陈设、着装、衣物、符号、气味、气氛、情感、人物、故事、传奇、交往、礼仪、活动等。薛恩将所有这些内容统称为"可观察到的人造物",因为所有这些都是人们根据需要制造或营造出来的。然而,薛恩认为,这些人造物虽然可以被人们看到、听到、闻到、触摸到,却难以一下子就真正被人们理解其中所包含的深层意义。

(2) 公开认同的价值观。公开认同的价值观的英文是 espoused values,是指这个组织所公开宣扬的价值观,譬如公司发展方向(如使命、愿景、目标、追求),以及朝这些方向前进过程中所需要崇尚的行为方式(如坚定不移、团结合作、集体主义、勇于创新等)。譬如,宝洁公司公开认同和宣传的五个价值观是:敢于争先(leadership)、正直诚信(integrity)、相互信任(trust)、努力进取(passion for winning)、主人翁精神(ownership)。摩托罗拉公司公开认同和宣传的价值观是:对人保持不变的尊严(individual dignity entitlement)、坚持高尚操守(unyielding integrity)。这些价值观是组织信奉崇尚和公开宣传的,可以为员工和外界所知。

(3) 潜在的基本假设。潜在的基本假设的英文是 basic underlying assumptions,是指这个组织的成员的深层信念、认知、思想、心理程序、心智模式等。这些信念、认知、思想、心理程序、心智模式等对人们的行为会产生很大影响,但是它们不容易被人们意识和发现到,需要通过仔细的观察和访谈才能了解到。

一个强调产品开发、将产品创新作为其公开认同的价值观的企业,可能是因为组织有一个潜在的基本假设:酒好不怕巷子深——只要产品好,就不愁卖不出去。

一个特别强调客户服务、将服务第一作为其公开认同的价值观的企业,可能是因为组织有一个潜在的基本假设:皇帝的女儿也愁嫁——再好的产品也需要宣传和包装,这样才能为用户和社会所知。

一个特别强调竞争、将在竞争中成长作为其公开认同的价值观的企业,可能是因为组织有一个潜在的基本假设:要成功就必须击败对方——企业之间是你死我活的关系。

一个特别强调合作、将通过合作取胜为其公开认同的价值观的企业,可能是因为组织有一个潜在的基本假设:合作是通向成功的另一种途径——企业之间有时通过合作能产生对双方都非常有益的结果。

一个特别强调捐赠、投资公益事业、将感恩和回馈社会作为其公开认同的价值观的企业,可能是因为组织有一个潜在的基本假设:好人有好报——人所做的善事善行,无论对自己还是对子孙后代都会带来福分。

从上面的描述中,我们能很清楚地看到上面这两个层次模型之间的联系和区别。

第一,薛恩模型的最外层——可观察到的人造物,实际上涵盖了霍夫斯特德模型的外三层——符号系统、英雄人物、礼仪活动。

第二,薛恩模型的中间层——公开认同的价值观,与霍夫斯特德模型的最里层价值观基本一致。

第三,薛恩模型的最里层——潜在的基本假设,是霍夫斯特德的模型中所没有的,它特别强调了那些比公开认同的价值观更为隐性的但影响更大的深层假设。

3. 现代观点

后来的学者在霍夫斯特德的四层次模型和薛恩的三层次模型的基础上对组织文化的构成进行改进,形成了现代的观点:把组织文化体系看成一个由内向外辐射的球形体,并将其逐级解剖。组织文化大致上可以划分为3个层次。

(1) 表层文化。表层文化又称实体文化,是指具体、直观、外在化、形式化的组织文化的结构,它由企业员工创造的产品和各种物资设施等构成。作为组织文化系统的重要组成部分,组织的表层文化通常包括厂容厂貌、产品样式和包装、设备特色、建筑风格、厂旗、厂服、厂标、厂歌、纪念品、纪念建筑、文化娱乐设施等。组织表层的物质文化是组织和员工的理想、价值观、精神面貌的具体反映,它集中体现了组织在社会上的外在形象。

(2) 中层文化。中层文化又称制度文化,是指组织内部的各种规章制度、行为习惯、经营风格、行为规范、员工修养以及组织内部的一些特殊典礼、仪式、风俗等,这些内容以固定或者不固定的方式为组织所有的员工在工作中所遵守。

(3) 深层文化。深层文化又称精神文化,是指组织在生产经营活动过程中形成的具有组织特征的文化观念和意识形态。深层文化是凌驾于组织文化主体(个体与群体)分散的自主意识之上的,可以脱离表层文化而独立发展的企业经营思想、意识、价值观念的总和。深层文化包括组织精神、组织哲学、价值观念、组织道德、组织风气、组织目标等,往往是一个组织长期积累和沉淀的结果。

三、组织文化的类型

根据不同的标准和不同的用途,理论界目前对组织文化有着不同的划分方法,其中最常见的划分方法有以下几种。

1. 按照组织文化的内在特征划分

美国艾默瑞(Emory)大学的桑南菲尔德(Jeffrey A. Sonnenfeld)通过对不同组织结构的研究,提出了一套标签理论,将组织文化分为学院型、俱乐部型、棒球队型和堡垒型4种类型,用于分析和认识组织文化之间的差异。

(1) 学院型(academy)。这是为那些想全面掌握每一种新工作的人准备的,拥有这种类型企业文化的公司喜欢雇佣年轻的大学毕业生,并对他们进行大量的专业培训,使他们不断成长、进步,然后指导他们在特定的职能部门领导或从事各种专业化的工作。桑那菲尔德认为,IBM公司、可口可乐公司、宝洁公司、通用汽车公司都属于这种类型。

(2) 俱乐部型(club)。这种公司非常重视适应、忠诚感和承诺，与学院型相反，这种公司把管理人员培养成专才，其中人员的资历、年龄、经验是最重要的，像贝尔公司、德尔塔航空公司、政府机关和军队都属于这种类型。

(3) 棒球队型(baseball team)。这种公司是冒险家和改革家的天堂，他们在各种年龄和有经验的人中寻找有才能的人，公司根据员工的生产能力付给他们报酬，由于它们对工作出色的员工予以巨额报酬和较大的工作自由度，员工一般都会拼命工作。这种类型在会计、法律、咨询、广告、投资银行、软件、生物研究等领域较为普遍。

(4) 堡垒型(fortress)。与棒球队型重视创造发明相反，堡垒型公司着眼于公司的生存，这类公司在以前可能是上述三种中的一种，由于各种原因衰落了，所以它要尽力保全现存的财产，这类公司工作安全保障不足，但对喜欢流动性和挑战性工作的人来说，则是令人兴奋的场所。宾馆、石油天然气勘探公司、中国传统的大型零售企业如成都华联、天津劝业、汉商集团、王府井、第一百货等，均属于这种类型。

当然，这种划分并不是绝对的。事实上，很难将某公司绝对地归入某一类型，只能看主要特征与哪一类型相同或相似。不同企业在不同的发展阶段，其企业文化类型是变化的，如苹果电脑公司从棒球队型起家，现已变成学院型。同时桑南菲尔德还发现，这4种不同的文化类型能够吸引不同个性的人，员工个性与组织文化的匹配影响着一个人在管理层级上升迁的高度和难易程度。

2. 按照权力的集中或分散程度划分

罗杰·哈里森(Harrison,1972)根据权力是集中的还是分散的，以及政治过程是以关键人物还是以要完成的职能或任务为中心，将组织文化分为权力文化、角色文化、任务文化和人本文化4种类型。

(1) 权力文化。权力文化也叫独裁文化，由一个人或一个很小的群体领导这个组织，组织往往以企业家为中心，不太看中正式的组织结构和工作程序，对领导者非常忠诚。随着组织规模逐渐扩大，权力文化会感到很难适应，开始分崩离析，当领导者开始被一群急于吸引他们的注意力并排斥对手的，善于讨好逢迎、指鹿为马的下属所包围时，权力的争斗已经开始，组织内部就开始出现大量的政治活动。

(2) 角色文化。角色文化也叫官僚文化，在这样的组织里，你是谁并不重要，重要的是你在什么位置上，以及你和什么位置比较接近。事情都是按照规矩处理的，人们喜欢的是稳重、长期和忠诚，有的甚至是效忠，个人的特殊表现和行为上的活力被看成是一种威胁。角色文化看起来能带来安全和稳定，但它并不能适应环境的变化，当组织不得不做出重大变化或者面临危机的时候，这种文化会遭受大范围的创伤。

(3) 任务文化。任务文化也叫特别委员会文化，是以临时小组为中心建立起来的组织，组织成员组成一个个团队，执行一项任务，任务完成后团队就解散，再为另一项新的任务组建一个新的团队。咨询公司、工程公司和广告公司等是这种文化的典型例子。有管理权威认为这是最理想的组织模型之一，但这种文化要求人们必须公平竞争，而且当不同群体争夺重要资源或特别有利的项目时，很容易转化成恶性的政治紊乱。

(4) 人本文化。人本文化也叫民主文化，通常为学术机构、小型工作室、律师事务所所采用。这种文化允许每个人都按照自己的兴趣工作，同时能保持相互有利的联系。在这样的组织里,组织实际上服从于个人的意愿,或者被个人所左右。

3. 按照组织文化对其成员影响力的大小划分

哈佛商学院的两位著名教授约翰·科特(John P. Kotter)和詹姆斯·赫斯科特(James L. Heskett)于1987年8月至1991年1月,先后进行了4个项目的研究,依据组织文化与组织长期经营之间的关系,将组织文化分为以下3类。

(1) 强力型组织文化。在具有强力型组织文化的公司中,员工们方向明确,步调一致。组织成员有共同的价值观念和行为方式,所以他们愿意为企业自愿工作或献身,而这种心态又使员工们更加努力。强力型组织文化提供了必要的企业组织机构和管理机制,从而避免了组织对那些常见的、窒息组织活力和改革思想的官僚们的依赖,因此,它促进了组织业绩的提升。

(2) 策略合理型组织文化。具有这种组织文化的企业,不存在抽象的、好的组织文化内涵,也不存在任何放之四海而皆准、适合所有企业的"克敌制胜"的组织文化。只有当组织文化"适应"于企业环境时,这种文化才是好的、有效的文化。不同的组织,需要不同的组织文化,只有文化适应于组织,才能发挥其最大的功能,改善经营状况。

(3) 灵活适应型组织文化。这种组织文化必须具有同时在公司员工个人生活中和公司企业生活中都提倡信心和信赖感、不畏风险、注重行为方式等特点,员工之间相互支持,勇于发现问题、解决问题。员工有高度的工作热情,愿意为组织牺牲一切。

4. 按照文化、战略与环境的配置划分

还有学者根据组织的战略聚焦和环境需要,将组织文化分为创业文化、使命文化、家族文化和官僚文化4种类型,如图9-3所示。

图9-3 按照文化、战略与环境的配置划分组织文化

(1) 创业文化(entrepreneurial culture)。注重创造、创新的冒险。

(2) 使命文化(mission culture)。强调共同愿景的开发。

(3) 家族文化(clan culture)。注重组织成员对工作的投入、对决策的参与,以增强员工对组织的归属感。

(4) 官僚文化(bureaucratic culture)。强调员工各负其责,服从指挥。

5. 按照组织文化所涵盖的范围划分

组织作为一个系统,是由各种子系统构成的,各个子系统又是由单个的具有文化创造力的个体组成。在一个组织中,除了整个组织作为一个整体外,各种正式的、有严格划分的子系统,或非正式群体,相对于组织来说也都能够作为一个小整体。从这个角度来说,组织文化又可以分为两类。

(1) 主文化(dominant culture)。主文化体现的是一种核心价值观,它为组织大多数成员所认可。当我们说组织文化时,一般就是指组织的主文化。正是这种宏观角度的文化,使组织具有独特的个性。

(2) 亚文化(subculture)。亚文化是某一社会主流文化中一个较小的组成部分。在组织中,主文化虽然为大多数成员所接受,但它不能包含组织中的所有文化。组织中有各种小整体,在认同组织主文化的前提下,它们也有自己的独特的亚文化。亚文化或者是对组织主文化更好的补充,或者是与主文化相悖的,或者虽然与主文化有区别,但对组织来说是无害的,在一定条件下又有可能替代组织的主文化。

> **链接材料 9-2:松下的企业文化**

松下公司的创始人松下幸之助先生是佛教徒,他把佛教思想贯穿于企业经营之中,使企业获得极大成功。松下公司倡导的企业精神是:当你受到伤害时,你要感激他,因为那是磨炼你的心志;你要感激欺骗过你的人,那是增加了你的见识;你要感激遗弃你的人,那是教导你应自立;你要感激绊倒你的人,那是在强化你的能力;你要感激斥责你的人,那是增长了你的智慧。由此理念,松下公司培养了一大批具有责任感的企业经营者。

在谈到如何管理、经营企业时,松下先生说:"当有员工 100 人时,我必须站在员工的最前面,身先士卒,发号施令;当员工增至 1 000 人时,我必须站在员工的中间,恳求员工鼎力相助;当员工达到 1 万人时,我只要站在员工的后面,心存感激即可;如果员工增至 5 万~10 万人,除了心存感激还不够,必须双手合十,以拜佛的虔诚之心来领导他们。"随着企业经营的扩大,必须靠一种精神力量来统治、管理一个企业,这就是企业文化。

第二节 组织文化的功能和理论

组织文化对于组织行为的影响是无形而持久的,组织文化往往能在很大程度上影响组织成员的行为,甚至超过正式的权责关系、管理制度等所发挥的作用。但组织文化也存在着与组织环境适应和匹配的问题,因而组织文化对组织行为与绩效可以产生积极影响也可能产生消极影响。

一、组织文化的功能

1. 积极功能

(1)导向功能。组织文化的导向功能是指它对组织行为方向所起的指示和诱导。组织文化的概括、精粹、富有哲理性的语言明示着组织发展的目标和方向,这些语言经过长期的教育、潜移默化,能够铭刻在广大员工心中。组织文化建立的价值目标能够使员工自觉地把行为统一到组织所期望的方向上去。汤姆·彼得斯(Tom Peters)和罗伯特·沃特曼(Robert Waterman)认为,在优秀的公司里,因为有鲜明的指导性价值观念,基层的人们在大多数情况下都知道自己该做些什么。

(2)凝聚功能。组织文化可以增强组织的凝聚力,这是因为组织文化有同化作用、规范作用和融合作用。这三种作用的综合效果就是组织文化的凝聚功能。这种功能通过以下两个方面得以体现:一是目标的凝聚,即通过组织目标以其突出、集中、明确和具体的形式向员工和社会公众表明组织群体行为的意义,使其成为组织全体员工努力奋斗的方向,从而形成强大的凝聚力和向心力;二是价值的凝聚,即通过共同的价值观,使组织内部存在着共同的目的和利益,使之成为员工的精神支柱,从而把员工牢牢联结起来,为实现共同理想而聚合在一起。

(3) 激励功能。组织文化是通过文化的塑造,使每个成员从内心深处自觉地产生献身精神、积极向上的思想观念及行为准则,形成强烈的使命感、持久的驱动力、成为员工自我激励的准绳,在组织成员的心理上持久地发挥作用,避免了传统激励方法的强制性与被动性及由此引起的各种短期行为和不良后果。

(4) 约束功能。文化作为一种意义形成和控制机制,能够约束和塑造员工的态度和行为、价值信念、伦理规范、道德观念、风俗习性、意识形态等,营造和谐的工作氛围。组织文化就像润滑剂,使组织内部关系和谐,不因利益关系及个人习惯爱好的不同而发生矛盾。由于组织文化倡导沟通,倡导员工参与管理,倡导团结互助,所以产生摩擦的可能性小。

(5) 辐射功能。这是指当一个企业形成较为固定的企业文化模式后,企业文化便不仅在企业内部发挥上述作用,它还会通过各种途径在社会上产生影响。这种影响体现在两个方面:首先是企业形象的辐射作用,具有优秀企业文化的企业,必将树立良好的企业形象,这种企业形象会对该企业的生产经营带来有形和无形的效益,也能使企业的知名度和信誉度得以大幅提高;其次是企业员工对外交往时所产生的辐射作用,企业员工在对外交往过程中,包括销售人员的四处奔走、公关人员的各种应酬、企业员工在外的日常行为,这些与企业外部接触的行为表现都反映了一个企业的文化特征,会在社会上留下各种印象,从而间接地影响企业获得竞争优势的能力。

组织文化的各种积极影响最终体现在组织的竞争力上,根据资源基础观的重要奠基人杰伊·巴尼(Jay Barney)对于文化与绩效关系的论述,当组织文化满足以下三个条件时才可以为企业带来持续的竞争力:第一,文化必须有价值,其必须能够使一个企业所做的事情带来高的销售收入、低成本,以及高边际收益,或者让企业以其他方式增加财务价值,因为财务绩效是一个经济概念,为了产生绩效,文化必须要有积极的经济效果;第二,文化必须是稀有的,必须有其他大多数组织所不具备的特点;第三,这种文化还必须是难以模仿的,没有这些文化的企业无法进行改变其"自身"文化成为该文化的活动,如果它们试图模仿这些文化,相对它们试图模仿的企业,它们将会有许多不利(声誉、经历等)。

2. 消极功能

文化的相对稳固性也是组织的一种束缚,尤其当某种文化已经不再适应环境而必须加以调整的时候。实际上,几乎每一种文化观念的另一面很可能就构成对组织的束缚和制约,特别是强文化对组织的效能存在着潜在的负面作用。

(1) 削弱个体的创造性。文化有助于增强员工行为的一致性并减少其模糊性,这对组织而言是有利的。但在既定的组织文化中,组织成员的个性可能会受到压抑,从而削弱个体创造性的发挥。在从事研究和开发等强调个人潜能发挥的领域中情况尤为如此。

(2) 阻碍组织变革。由于组织文化是组织在长期运营过程中形成的、具有历史继承性和稳定性的特点,所以组织文化一旦形成,在较短的时间内不易改变。而组织所面临的环境是动态的、不确定的,复杂多变的环境要求组织能够及时地做出调整和变革,此时组织文化就很可能成为组织变革的障碍。即使当组织面对相对稳定的环境时,由于组织文化强调组织行为的一贯性,因而有可能削弱组织应对环境变化的能力。

(3) 阻碍组织合并。在策划合并活动时,许多企业领导人往往把注意力集中在金融财务和法律方面,很少关注组织文化可能带来的问题。研究发现,在许多情况下,组织文化造成的问题可以使周密的合并计划流产。

> **链接材料 9-3:组织文化的力量**

关于组织文化的力量,可以从企业文化研究的起源中看到。

20 世纪六七十年代,美国的制造业遇到了来自日本的巨大挑战。石油危机以后,日本的汽车不断进入北美和欧洲的市场,让美国人很担忧,美国国会生产率促进委员会在 1985 年给麻省理工学院投资 500 万美元,让其在 5 年内完成一个研究项目——国际汽车研究计划(international motor vehicle program, IMVP),研究美国、日本、欧洲等地的汽车制造企业在竞争优势和表现上的差别及其原因。研究小组在 1990 年完成了该项目,发表了国际汽车计划研究报告。

报告指出,美国的汽车制造企业和日本的相比,在一些硬件(如生产制造技术、设备)方面要比日本先进,但日本企业在软件方面(如员工的终身雇佣制、部门之间的协作方法、团队精神、集体主义、向心力、归属感、忠诚度、总装厂与协作厂之间的合作方式和相互信任度等)比美国企业要强得多。

后来,美国学者将这些软的因素归结为组织文化,并认为造成美、日汽车制造业竞争优势差别的主要原因来自于日本企业当时的文化优势。由此可见,组织文化确实能产生重要的力量。

二、组织文化的理论

组织文化的概念最早在霍桑试验中就被间接提到过,那时称为工作小组文化。1970 年,美国波士顿大学组织行为学教授 S. M. 戴维斯在《比较管理:组织文化展望》一书中,率先提出组织文化这一概念。从此,组织文化成为组织领域研究的主流问题。

1. 迪尔和肯尼迪的组织文化因素理论

迪尔和肯尼迪于 1981 年出版了《企业文化:现代企业的精神支柱》一书,这是组织文化理论诞生的标志性著作。他们认为,企业文化是由企业环境、价值观、英雄人物、习俗和仪式、文化网络五个因素所组成的,而这五个因素所起的作用是不同的。

迪尔和肯尼迪所指的"企业环境"是指企业"经营所处的极为广阔的社会和业务环境",包括市场、顾客、竞争者、政府、技术等。企业价值观指的是企业在经营过程中推崇的基本信念和奉行的目标,是为企业绝大多数成员所共有的关于企业意义的终极判断,是企业文化的核心或基石。英雄人物是企业为了宣传和贯彻自己的价值系统而为企业员工树立的可以直接仿效和学习的榜样。习俗和仪式是在企业各种日常活动中反复出现、人人知晓而又没有明文规定的东西,它们是有形地表现出来而程式化的并显示内聚力程度的文化因素。文化网络是指企业内部以轶事、故事、机密、猜测等形式来传播消息的非正式渠道,是和正式组织机构相距甚远的隐蔽的分级联络体系。

迪尔和肯尼迪把西方组织文化分为四种类型,即强人文化、"拼命干/尽情玩"文化、攻坚文化、过程文化。四种类型取决于两种因素:一是企业经营活动的风险程度;二是企业及其雇员工作绩效的反馈程度。

2. 帕斯卡尔、阿索斯和麦肯锡的 7S 管理框架

理查德·帕斯卡尔(Richard Pascale)和安东尼·阿索斯(Anthony Athos)于 1981 年合作出版了《日本企业管理艺术》一书,把日本企业管理方式提高到一种艺术的高度来认识,并以此来深刻反思美国企业管理中的失误。麦肯锡(Mckinsey)管理咨询公司的丹尼尔将其誉为剖析美国企业管理错误的"里程碑"和企业管理思想研究的"指南针"。因所述七个变量英文名称的第一个字母都是"S",所以被称为"7S 管理框架"或"7S 模型",如图 9-4 所示。

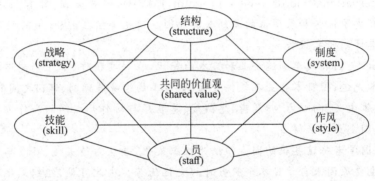

图 9-4　7S 管理框架

资料来源:理查德·帕斯卡尔,安东尼·阿索斯.日本企业管理艺术[M].陈今森,译.北京:中国科学技术翻译出版社,1984.

在 7S 管理框架中,共同的价值观(shared value)处于中心地位,其他 6 个要素黏合成一个整体,是决定企业命运的关键性要素。战略(strategy)、结构(structure)、制度(system)是硬管理要素,技能(skill)、人员(staff)、作风(style)和共同的价值观是软管理要素。帕斯卡尔和阿索斯认为,美国企业之所以在严酷的竞争面前显得疲软,是因为它们在管理过程中过分重视了 3 个硬性"S",即战略、结构和制度;而日本企业则在不忽视 3 个硬性"S"的前提下,较好地兼顾了其余 4 个软性"S",即重视企业文化,因而使整个企业具有一种良好的文化氛围,更加充满生机和活力。帕斯卡尔和阿索斯认为,这 7 个要素是相互关联的,而不是孤立的,它们彼此相互影响。任何企业的成功,都必须紧紧抓住这 7 个要素。

3. 威廉·大内的 Z 理论

Z 理论是由日裔美国学者威廉·大内(William Ouchi)于 20 世纪 80 年代提出的一种新型管理理论。通过对日、美两国成功企业组织管理模式的研究和比较,威廉·大内认为,日本企业的经营管理效率之所以比美国高,是因为其在企业管理中形成了良好的团队文化,称为"日本式"团队文化。在这样的团队文化氛围中,日本企业形成了特有的管理手段:终身雇佣制、缓慢的评价与晋升制度以及多专业多岗位的职业经历。根据这一现象,大内认为美国的企业应结合本国的特点,学习日本企业的管理方式,形成自己的一种管理方式。他把这种管理方式归结为 Z 型管理方式。

Z 理论认为,一切企业的成功都离不开信任、敏感与亲密,因此主张以坦白、开放、沟通作为基本原则来实行"民主管理"。威廉·大内把由领导者个人决策、员工处于被动服从地位的企业称为 A 型组织,他认为当时研究的大部分美国机构都是 A 型组织。相反,他认为日本企业具有不同的特点,并将其称为 J 型组织。A 型组织与 J 型组织的特点区别如表 9-1 所示。

表 9-1　A 型组织与 J 型组织的特点区别

项　　目	美国(A 型组织)	日本(J 型组织)
雇佣制度	短期雇佣制	长期/终身雇佣制
决策制度	首席执行官决策	集体决策
责任制	CEO 充分授权和负责	集体承担责任
控制机制	刚性管理	柔性管理
员工考核与晋升制度	考核频繁	对骨干员工考核
员工培养与职业发展	招聘"专才型"人才	培养"通才型"人才
对员工的关怀	关注工作而不干涉隐私	家庭式管理

资料来源:威廉·大内.Z 理论:美国企业界怎样迎接日本的挑战[M].孙耀君,王祖融,译.北京:中国社会科学出版社,1984.

威廉·大内不仅指出了 A 型组织和 J 型组织的各种特点,还分析了美国和日本的典型组织分别为 A 型和 J 型的不同文化传统,这样就明确了日本的管理经验不能简单地照搬到美国去。为此,他提出了"Z 型组织"的观念,认为美国公司借鉴日本经验就要向 Z 型组织转化,Z 型组织既符合美国文化,又可学习日本管理方式的长处,例如,"在 Z 型组织里,决策可能是集体做出的,但是最终要由一个人对这个决定负责"。而这与典型的日本公司(J 型组织)做法是不同的,"在日本没有一个单独的个人对某种特殊事情担负责任,而是一组雇员对一组任务负有共同责任"。他认为,"与市场和官僚机构相比,Z 型组织与氏族更为相似",并详细剖析了 Z 型组织的特点。

4. 柯林斯的卓越组织的文化特质理论

吉姆·柯林斯(Jim Collins)被《财富》杂志称为当今世界上最有影响力的管理思想家。过去 20 年来,柯林斯的团队通过对卓越的组织管理实践的深入跟踪研究,完成了关于卓越组织文化特质的"三部曲":《基业长青》(1994)、《从优秀到卓越》(2000)、《选择成就卓越》(2011)。

《基业长青》中关于利润的观点,对许多组织认识文化使命有着重要影响:利润就像人体需要氧气、食物、水和血液一样,尽管如此,这些东西都不是生命的目的,卓越的组织必须要有利润之上的追求。

组织实现从平庸到卓越的飞跃,必须要有训练有素的文化,这是《从优秀到卓越》中的观点。"所有的公司都有一种文化,有些公司训练有素,但是有着训练有素的文化的公司却很少见。在拥有训练有素的员工时,你不必在公司设置等级制度。在拥有训练有素的思想时,你不需要在公司设置层层科室。在拥有训练有素的行为时,你不需要过多的控制,在把训练有素的文化和企业家的职业道德融合在一起时,你就得到了神奇的能创造卓越业绩的炼金术。"因此,每个组织看似都有相似的文化,但只有训练有素的文化才能真正使组织与众不同。

在柯林斯的最新成果《选择成就卓越》当中,柯林斯研究了不确定的环境下什么驱使有些组织可以以十倍的速度领先于同行,这种组织被称为"十倍领先者"。研究发现,十倍领先者拥有三种文化特质,即高度自律、实证创新、转危为安。高度自律是指在整个发展过程之中,无论环境如何改变,都坚守价值观,坚守长期目标,并且坚持高水平的绩效标准,而乱世中随波逐流的结局很可能是死路一条。实证创新是指十倍领先者的创造力来源于实证基础,依赖于直接观察和进行实践的试验,而非依赖于个人观点、传统思维以及未曾测试的想法,相比许多企业领导者的疯狂自信,十倍领先者的领导者则多了份理智。转危为安是指十倍领先者对环境保持了高度的警惕,居安思危,他们相信环境会突如其来对其进行攻击,更重要的是,他们会采取必要的准备和措施来解决危机,做到有效应急。需要说明的是,其他企业并非完全没有这些表现,但是从程度上远远不如十倍领先者。

第三节 组织文化的塑造

塑造组织文化要求按照一定的流程创建新的组织文化,并采取措施维持下去。

一、组织文化的创建

创建组织文化包括以下六个步骤:①分析外部客观环境和内部主观偏好;②提出里层核心价值观、基本假设、组织追求;③设计反映里层文化的外层符号系统;④设计组织文化的一致性和统一性;⑤实施组织文化;⑥评价组织文化的实施效果,如图 9-5 所示。

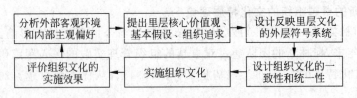

图 9-5 创建组织文化的步骤

1. 内外部环境分析

组织文化是组织外部环境的客观性与组织内部成员的主观偏好相结合的结果,因此,创建组织文化首先要分析组织外部环境和组织内部成员(特别是领导人)自身的偏好,具体需要进行三个方面的工作。

第一步,要向外看——分析组织所处的外部环境的特征,深刻理性地分析这种客观环境对组织的生存发展的挑战和机会。要问自己:组织外部环境特征是什么?什么样的企业能够生存和发展？要想清楚：组织要更好地生存和发展，应该建立什么样的文化？

第二步，要向里看——分析组织大多数成员（包括高层团队）的个人特点、需要和偏好。要问自己：我们的偏好是什么？怎么做企业我们感觉最有意义？组织中大多数成员的偏好是什么？怎么做企业他们感觉最有意义？要想清楚：我们和组织大多数成员喜欢什么样的文化？这种文化能使我们和他们在一起高效而愉快地工作吗？

第三步，要内外结合看——从上面这两步得到了组织文化需要考虑的两个方面，并进行对比。一般情况下，这两个方面既有相同之处，也有不同之处。组织领导团队需要进行平衡和取舍。

2. 提出组织的核心价值观

内外部环境分析完后，需要提出组织的核心价值观、基本假设、核心追求，组织要得出将组织外部环境的客观性与组织内部成员的主观偏好相结合的组织文化的深层部分，包括：

（1）我们组织应该建立什么样的核心价值观？

（2）我们组织应该建立什么样的基本假设？

（3）我们组织应该建立什么样的核心追求、奋斗目标和愿景？

然而，回答上面的三个问题不是一件容易的事情。组织的领导者首先要做到：既要突出组织的个性，又要顺应社会的潮流；既要听取自己内心的愿望，又要了解组织成员的心声。因此，组织领导人需要深思熟虑，既要民主，又要集中。只有这样，提出的组织核心价值观、基本假设、核心追求才能为组织成员所认同。当然，在现实中，组织领导人对组织文化的影响是不一样的。有些组织的文化就是老板文化，领导个人的偏好对组织文化影响极大。也有些组织的文化建立是一个发动群众讨论、集思广益的过程，组织文化反映了大多数成员的心声和愿望。

3. 设计外层符号系统

这一步需要设计一系列的符号来体现上述的核心价值观、基本假设、核心追求。

在设计中应该提出以下几个问题。

（1）组织的标识（如徽标、商标）应该如何设计？

（2）建筑物的式样、颜色、风格如何设计？装修装饰和办公家具应有什么特点？

（3）员工的服装服饰应该如何设计？员工应该体现怎样的面部表情和精神风貌？

（4）应该挂哪些照片、图片？摆放在什么地方？

（5）应该如何设计装饰品？摆放在什么地方？

（6）应该在什么位置安放哪些口号、标语？

（7）应该如何设计制作组织对外宣传的、完整的书籍资料和录像带？如何设计员工手册的式样和内容？

（8）组织中人与人之间应该如何称呼？

（9）应该设计哪些礼仪活动？入司仪式、培训、庆典、晚会、节庆等重要活动应该如何组织？应该有什么特色？如何实现？

（10）应该在组织中树立哪些正面的典型人物？这些典型人物应该具有什么特点？如何评选、奖励、宣传？

(11) 应该总结或整理出哪些故事？这些故事应该针对谁？通过什么样的方式讲授和传播出来？

(12) 组织领导人应发表哪些讲话？做什么样的报告？写什么样的文章？公开倡导什么样的观点？应该如何把领导人的这些言论以适当的方式进行传播，以促进组织文化的形成？

4. 设计组织文化的一致性和统一性

组织文化的里层和表层设计完成后，必须评估一致性和统一性两个方面。这时需要回答以下几个问题。

(1) 组织文化里层的核心价值观、基本假设、核心追求和外层的符号系统表里的一致性应该达到什么程度？也就是说，外层有形的文化符号与里层无形的核心价值观、基本假设、核心追求允许有多大的差别？因为绝对的内外一致是不可能的，也是没有必要的。事物在矛盾中求得生存和发展，内外文化应该在很大程度上是和谐的、一致的，但也可以适当地保持一点不一致的地方。实际上，在组织发展过程中，经常会出现内外不一致的情况（譬如，外部的符号已经改变了，但倡导的核心价值观没有变；或者，已经开始倡导新的核心价值观，但外部的符号还没有改变）。设计组织文化时，应该设计出可允许的内外不一致程度。

(2) 在我们组织里，不同层次、不同部门、不同地域、不同员工的价值观、基本假设、追求、行为方式等，是否需要完全统一（不存在支流文化）？还是应该保持一定程度的多样性（让多种支流文化存在）？为什么？在文化的哪些维度上需要统一性，哪些维度上需要多样性？在设计组织文化时，应该允许或者需要多大程度的多样性？

5. 实施组织文化

在实施组织文化的过程中要回答和完成下面5个基本问题（4W1H）。

(1) 导入什么（what）？组织的资源和人的精力是有限的。领导人应该分析，在当前的环境和条件下，应该导入组织文化中哪些最重要的方面？

(2) 何时导入（when）？我们在什么时候导入上面选定的文化内容是最有效的？譬如，新员工刚入企业、组织面临变革转型、组织取得成功、组织遇到重大危机时等。

(3) 何地导入（where）？我们在什么地方导入这种文化最为有效？譬如，在公司的某个地区分公司、某个部门或者某个特殊群体取得成功后，再推广到其他地方。从文化传播的地方来说，文化的灌输可以在培训教室、工作现场或者在外出旅游等轻松环境下。

(4) 谁来导入（who）？我们应该让哪些人来参与实施（特别是讲解和宣传）组织文化？很多人都可以参与这个过程，譬如，企业高层领导大力宣讲，人力资源经理负责解释，普通基层优秀员工现身说法等。

(5) 以什么方式导入（how）？我们应该以何种方式让员工真正理解、领会和掌握组织文化的核心内容？可供选择的导入方式有：企业领导做报告；人力资源经理授课；外请专家授课；解剖自己组织发展过程中的典型成败案例；学习外面公司的成功案例和经验；在组织中树立典型人物，加强宣传；在组织内部网络上宣传交流；在组织内部刊物上交流、研讨；在组织内部举办经验交流会、表彰会。

6. 评价实施效果

在评价组织文化的实施效果时，要回答以下几个问题。

（1）员工对组织文化的内容理解吗？什么样的方式员工最容易接受？

（2）组织文化实施对员工的心态和行为有什么影响？他们认同和支持该文化吗？对哪些方面他们愿意接受？对哪些方面有保留意见？对哪些方面不认同？为什么？他们分别在行为上有什么表现？

（3）组织文化对组织的业绩有什么影响？哪些指标上升了？哪些不变？哪些下降了？

（4）总的来说，组织文化的实施是否达到了预期目的？今后应该如何调整文化的内容以及实施方法？

二、组织文化的维持

组织文化在建立起来以后，为了不断地强化和维持它，可以采用下列方法：员工招聘、选拔和解聘；正式培训和其他社会化措施；业绩考核、薪酬激励和处罚系统；可视化管理；做好业绩使组织和员工都从中受益。

1. 员工招聘、选拔和解聘

要维持组织文化中确立的员工必须共同遵守的核心价值观和行为方式，第一个关键因素就是要控制好员工的进出环节。

第一个环节是招聘。组织必须建立一套符合组织文化的人员招聘渠道和招聘面试筛选体系。员工在通过面试进入公司后必须有试用期，用公司的文化标准衡量是否可以转成正式员工。

第二个环节是选拔。应该建立合适的反映组织文化的价值观、行为和业绩标准，来进行人员的提升工作，要使其他员工看到，能得到提升的人是组织文化的代表。

第三个环节是解聘。公司通过考核和观察，解聘那些行为和价值观与组织文化背离的、经过多次给予机会和教育培训都无法改变的员工。

通过这三个环节，就可以在员工的素质上强化组织已建立的文化。但是在这个方面，还有特别需要强调的一点是：组织文化要保持活力，也不能完全用一种类型的人，应该根据组织的战略，确定主流文化和支流文化的合理比例关系，然后确定公司中不同类型人员的比例。

2. 正式培训和其他社会化措施

组织文化首先需要通过正式的培训活动让员工知道和理解。譬如，员工进入联想后，首先需要进行"入模子培训"才能上岗，保障员工理解公司的价值观和行为规范。再如，摩托罗拉公司和渣打银行通过各种形式的案例教学和角色扮演来传递组织文化。

有些组织还建立类似师傅带徒弟的方式来传递组织文化。譬如，麦肯锡公司建立"导师制"，给每个刚进公司的新大学生分配一个导师，导师将在日常工作中告诉新员工麦肯锡的文化和工作方式；华旗资讯公司建立了"领带人制度"，只有那些较为资深而且自己的行为和业绩足以成为组织文化楷模的老员工才能有资格成为"领带人"，公司将以被领带人的行为和表现来评价领带人是否合格。

除此之外,有些组织还鼓励员工形成各种非正式群体和开展各种非正式活动,使大家有机会聚集在一起,从而可以分享和传递组织的文化。譬如,公司举行聚餐或旅游活动、业余质量改进团队、周五下午的茶歇等,这些都可以使大家在一起进行交流。人们相互之间受到文化的影响,就容易形成共同的价值观和行为规范。

3. 业绩考核、薪酬激励和处罚系统

组织文化需要通过"指挥棒系统"的建立让员工能够真正对组织文化中提倡的价值观和行为规范身体力行。这个"指挥棒系统"包括业绩考核、薪酬激励和处罚系统。完整的业绩考核系统应该包括对员工价值观、行为、结果等多种指标、多方位(譬如270°或360°)的考核,这样才能使员工发现自己与组织文化要求的标准之间的差距。完整的薪酬激励和处罚系统应该对员工符合和违背组织文化的行为表现进行回馈,员工好的、符合组织文化的行为表现得到表彰,而违背组织文化的行为表现受到抑制。

4. 可视化管理

上述三个方面的措施还必须通过可视化的方法让员工每时每地都能够感受到组织文化的氛围。譬如,组织文化中的核心价值观和行为要求,反映组织文化的各种标识,符合组织文化的优秀员工的照片,领导关于组织文化方面的讲话、文章和照片等,都必须以适当的形式在醒目的位置张贴出来,这样就能时时让员工受到组织文化的熏陶和影响,组织文化也就会得以维持和强化。

5. 做好业绩使组织和员工都从中受益

组织文化真正得到维持和强化的最重要因素还在于使人们看到组织文化带来的结果。作为一个组织的领导人,必须付出现实的努力,做好业绩,让组织和员工都从中获得回报(包括物质和精神上的回报)。员工看到组织文化和良好业绩之间的关系,才能真正从心底里支持组织文化。这是维持和强化组织文化的重要利益基础。

【本章小结】

1. 组织文化是指组织成员的共同价值观体系,为组织所有的成员所接纳,成为组织的一种群体意识,表现为组织的共同信仰、共同追求和行为的统一准则。

2. 霍夫斯特德将组织文化分为四层:符号系统、英雄人物、礼仪活动、价值观。

3. 薛恩提出了组织文化的三层次模型:可观察到的人造物、公开认同的价值观、潜在的基本假设。

4. 现代观点将组织文化划分为三层:表层文化、中层文化、深层文化。

5. 根据组织文化的内在特征,可将组织文化分为学院型、俱乐部型、棒球队型和堡垒型四种类型。

6. 根据权力是集中的还是分散的,以及政治过程是以关键人物还是以要完成的职能或任务为中心,可以将组织文化分为权力文化、角色文化、任务文化和人本文化四种类型。

【关键术语】

组织文化(organizational culture)　　　学院型文化(academy culture)
俱乐部型文化(club culture)　　　　　棒球队型文化(baseball team culture)
堡垒型文化(fortress culture)

【课后练习】

1. 美国艾默瑞大学的桑南菲尔德提出了文化的标签理论,将组织文化分为了四种类型。以下(　　)不属于四种类型之一。
   A. 学院型文化　　　　　　　　　B. 创业型文化
   C. 俱乐部型文化　　　　　　　　D. 堡垒型文化
2. 组织文化的特征不包括(　　)。
   A. 共同性　　　B. 独特性　　　C. 隐藏性　　　D. 不稳定性
3. 组织文化的内部功能不包括(　　)。
   A. 统一思想　　B. 规范行为　　C. 达成共识　　D. 凝聚人心
4. 在组织中,非常重视资历、年龄和经验,要求成员具有极强的适应性和忠诚感,其组织文化是一种(　　)文化。
   A. 学院型　　　B. 俱乐部型　　C. 棒球队型　　D. 堡垒型
5. (　　)是指组织成员的共同价值观体系,为组织所有的成员所接纳,成为组织的一种群体意识,表现为组织的共同信仰、共同追求和行为的统一准则。
   A. 组织制度　　B. 组织结构　　C. 组织文化　　D. 组织规则
6. 霍夫斯特德提出的组织文化四层次模型中不包括(　　)。
   A. 英雄人物　　B. 礼仪活动　　C. 价值观　　　D. 组织规章
7. 哈里森根据权力是集中的还是分散的,以及政治过程是以关键人物还是以要完成的职能或任务为中心,将组织文化分为了四种类型。其中不包括(　　)。
   A. 强文化　　　B. 权力文化　　C. 任务文化　　D. 人本文化
8. (　　)是按照组织文化所涵盖的范围划分出来的。
   A. 强文化　　　B. 主文化　　　C. 任务文化　　D. 人本文化
9. 组织文化的积极功能不包括(　　)。
   A. 凝聚功能　　　　　　　　　　B. 约束功能
   C. 辐射功能　　　　　　　　　　D. 阻碍组织变革
10. 组织文化的消极功能不包括(　　)。
    A. 约束功能　　　　　　　　　　B. 阻碍组织变革
    C. 削弱个人的创造性　　　　　　D. 阻碍组织合并

【案例分析】

案例 9-1

美国西南航空公司"以人为先"的组织文化

许多成功公司的共同点是：建立一套"以人为先"的企业文化，激发员工隐藏的能力，使其成为竞争者无法模仿的优势，美国西南航空公司（South West Airlines）就是一个很好的例子。西南航空最为媒体与企业界人士称颂的是，它从初期仅有3架飞机的地方性小公司，发展至目前美国第五大航空公司的地位。西南航空不仅击败了联合航空（United）与大陆航空（Continental）两家短程航空市场中的劲敌，目前还进一步向Delta与USair挑战。更令人称奇的是，在这个竞争激烈，每位竞争对手都对对方的经营策略、营运成本了如指掌的市场中，西南航空却能将其成本维持在业界最低水准，并创下26年连续获利的纪录。而追求低成本的同时，西南航空也没有降低服务的品质，无论从航班是否准点起降还是从托运行李遗失率和旅客抱怨申诉情况的评比结果来看，西南航空的服务品质均居领先地位。

公司要提高收益，不外乎增加收入与降低成本两种方法。基于这个观念，西南航空选择飞航的地点，大多是位于邻近大都会地区但尚未充分利用的机场，例如，达拉斯的Love Field、休斯敦的Hobby、奥克兰的圣何塞（San Jose）等。另外，西南航空采取低票价、多班次的方式来增加旅客的载运量。有别于其他航空公司——因为不同舱位票价不一，必须依赖计算机程序协助设计使公司航班收入最大化的定价策略，西南航空只有两种票价，一是不分头等或经济舱的一般票价，二是高峰时段的票价；西南航空还试图让同一州内的票价能够统一。服务品质方面，西南航空主要提供的是短程飞航服务，为了简化作业，西南航空在飞行中不提供餐点服务，只供应饮料与花生；较长一些的旅程，则多提供饼干之类的点心。另外，西南航空不划位，采用先到先上制。登机前一小时开始报到，报到手续完成后，每位旅客会拿到一张可重复使用的塑胶登机证，上面只有1至137（737客机最大的载容量）的序号，然后乘客以每30人为一组，号码较小的旅客先登机。

西南航空采取的商业模式并非复杂难懂，但一些后进者如Vanguard、美西（America West）、Reno及Kiwi Air等，企图复制西南航空的经营策略，却没有成功。例如，美西航空1981年成立，短短4年间即成为美国第十大航空公司；不过2年后，却落到需要向法院申请破产法保护的田地，更别提航机能否准时以及对旅客服务的品质了。为什么西南航空在业务不断扩大的同时，却能长时期地维持良好的服务品质呢？其实，西南航空的经营目标与一般企业相同，就是要增加公司的收益。不过在市场管制开放后，许多公司误以为谁能先拿到最大的市场占有率，谁就是赢家。西南航空执行长凯勒赫（Herbert Kelleher）就明白地指出："市占率与公司获利并无直接关系，想想为了增加5%的市占率，多花25%的成本，值得吗？"20世纪80年代中期，美国航空（American Airline）与USair为了进军加州市场，大举买下当地营运状况不错的航空公司，最后却以亏损收场。而1989年触角尚未伸入加州的西南航空，选择在此时乘虚而入，1993年时已成为当地短程航空服务的领导公司。

第九章 组织文化

竞争优势的背后：别人偷不走的无形资产

西南航空的竞争优势到底在哪儿呢？成本结构可能是最显而易见的项目。短程飞航服务因为起降次数频繁，在登机门上下旅客的次数与时间较多，营运成本自然要比提供长途飞航服务高。在这种情况下，谁能提供成本最低的短程服务，谁就占有优势。1994年，西南航空以可载量座位里程（Available Seat Mile）为单位计算的成本约为7.1美分，1998年时为23美分；而在同期间，同业的平均成本水准却较西南航空高出15%～40%，由此可见西南航空在成本方面的优势。

成本优势背后的功臣，则非西南航空飞航团队惊人的生产力与团队精神莫属了。西南航空班机从抵达目的地机场，开放登机门上下旅客，至关上登机门再度准备起飞间的作业时间，平均为15分钟。短短15分钟内，要更换全部的机组人员，卸下近百袋的邮件，再装上数量相近的邮件，并为飞机加满4500磅重的油料。一样的作业内容，大陆航空与联合航空则平均需要35分钟才能完成。

西南航空的团队精神是特别值得一提的。为了在短时间内完成换班归航工作，西南航空的飞行机组人员，不论是空服员还是飞行员，大家一起协助清理飞机，或是在登机门处协助旅客上下飞机。1998年，西南航空每位员工服务的旅客数超过2500人次，而联合航空与美国航空则与业界平均水准相当，约在低于1000人次的水准。飞机迅速归航，利用邻近都会区较不拥塞的机场搭载旅客，皆提高了西南航空飞机在空中飞行的时数，进而得到可观的营业收入。另一方面，西南航空采用单一机型（737）提供服务，也大大降低了维修与训练的成本。

然而有趣的是，西南航空飞行员每月平均飞行70个小时，年薪10万美元；其他如联合航空、美国及Delta航空等航空公司的飞行员每月平均飞行50个小时，年薪20万美元。在平均每人的工作量多，薪水又不比其他同行业高的情况下，为什么西南航空仍能维持良好的服务品质，且想进西南航空服务的人还不在少数呢？这必须从西南航空的企业价值中寻找答案。西南航空内部有3项基本的企业价值（或经营哲学）：第一，工作应该是愉快的，可以尽情享受；第二，工作是重要的，可别把它搞砸了；第三，人是很重要的，每个人都应受到尊重。这3项价值观使西南航空成为"以人为先"的企业。

一位曾在EDS公司任职的西南航空主管，当初准备跳槽时，公司开出比他刚进EDS时还要高出两倍半的薪水条件，希望他能留下。不过最后他还是决定投向西南航空。为什么呢？他的答案很简单：因为在西南航空，他觉得工作"很快乐"。基于对个人的尊重，西南航空不曾解雇过员工，对于员工基于好意而无心犯下的过失，也没有采取特别的惩罚措施。凯勒赫曾经表示："无形资产是竞争对手最难剽窃的东西，因此我最关心的就是员工的团队精神、企业的文化与价值，因为一旦丧失了这些无形资产，也就断送了可贵的竞争优势。"而建构并维系西南航空愉快的工作环境、高度的团队精神，又能激励员工在维持服务品质的基础上降低成本。为公司谋取最大利益的幕后舵手，则是西南航空的"人民部"（The People Department）。

"人民部"：以人为先战略的舵手

很早以前，西南航空就将传统的"人力资源部"更名为"人民部"，并网罗具有营销背景的人员担任部门员工。更名主要是为了摆脱老式的人力资源部门给人"治安警察"的印象,而引进有营销经验的人员,则是要摆脱一般人力资源部门人员没有魄力、缺乏决策勇气、暮气沉沉的状况。在主事者大力变革的领导下,西南航空的人民部摇身一变成了"火炬的看守者",主要任务就是要营造一个符合企业价值的工作环境,让员工能够愉快地为公司效力,为顾客提供高品质的服务。

　　基于这个理念和定位,西南航空的人民部确实也规划出了一套符合西南航空强调"以人为先"精神的工作环境与管理规章。例如,在招聘人员方面,为了找到公司真正需要的人,人民部采取同行招聘的方式。飞行员面试飞行员,行李处理人员面试行李处理人员,让西南的员工自己挑选可以愉快合作的工作伙伴。同时,西南航空也非常重视人员的训练。公司员工每年都要参加一次训练课程,除了强调如何把工作做得更好、更快、成本更低外,公司也利用此机会增加部门间的彼此了解,当然也会再次宣扬公司的价值文化,并借机收集员工对公司的建言。西南航空的训练课程主要在于协助员工学会如何让每天的工作做得更好,而不是要大家整天心系着美国航空或Delta航空又如何如何。激励方面,西南航空人民部所设计的薪资与奖金制度并不复杂,但与其他着重个人表现公司不同的是,西南航空偏向采取集体奖励的方式,来维护并提升团队精神。西南航空的飞行员与空服员是按航次计薪的,而这也反映出执行长凯勒赫经常提到的理念——飞机停在停机坪,是赚不了钱的。另外,西南航空对于工作一年以上的员工实施分红制度,并要求员工投资1/4的红利所得于公司的股票上。目前90%的西南员工持有公司的股票,约占西南航空流通在外股数的10%。

　　西南航空的成功,并不在于它掌握了特殊的关键技术,或是网罗了管理、营销的高手。其实西南航空是一个平凡的公司,它能有今日的卓越表现,完全要归功于其"以人为先"的企业价值,和公司管理规章的落实,营造出可以激发每位员工潜力的工作环境,进而达到公司的经营目标。从诸多类似西南航空的个案研究中,我们会发现:传统上先设定企业最高经营战略,然后设定各部门策略目标,找出执行计划成败的关键因素,并据此设计公司人员的招聘与奖励办法,由管理者监督执行的"公司利益优先"程序,似乎并非成功企业所采取的决策过程;恰恰相反,以"以人为先"的企业价值为基础设定的经营战略与组织体系,才是可持久的成功企业。这类企业决策程序的特色,在于先把一个企业的价值信念找出来,并设计一个能够彰显此价值理念的管理体系,继而建构并培育出企业的核心能力与竞争优势,然后据此设定经营策略,应付瞬息万变的市场状况。管理者在这个过程中,主要扮演的是公司价值与文化的维护者,而非传统模式中对每位员工进行管控的监督者角色。

　　企业成功的途径只有一个,那就是所有人员与各项营运条件都能相互配合;而企业失败的途径却可能有很多种,因为只要企业运作中的某个环节出错,就可能导致失败。例如,一家公司设定了一个与该公司人才优势不符的策略目标,当然无法在业绩上有所表现。据观察,这些以人为先的成功企业,至少有3项共同特质:第一,公司有非常明确的文化价值;第二,将这个价值落实在公司每天的运作当中,包括组织管理与公司经营策略的拟定等;第三,重领导而非管理。这是一个知识经济的时代,人才决定一切。但在不断寻寻觅觅,以高薪礼聘顶尖好手以维持公司成功地位的同时,您是否曾经想过,维持公司优势的人才可能早已进了公司,只是潜力尚待激发而已。西南航空就是一个从平凡中成功的例证。或许,对一个眼光长远的企业而言,如何激发员工的隐藏价值并加以利用,可能要比想尽办法高薪挖角来得更为重要。

资料来源：改编自高中华."员工第一、顾客第二"——解读美国西南航空的可持续发展之路[J]. 中国人才，2010(1)

问题：

（1）从西南航空公司的成功经验中，你领悟到人力资源管理的灵魂或核心理念究竟是什么？为什么西南航空要把"人力资源部"改为"人民部"？

（2）西南航空公司是如何把它的人力资源管理理念运用到企业经营中而成功获取市场竞争优势和胜利的？

（3）西南航空公司"别人偷不走的无形资产"究竟是什么？

案例 9-2
丰田的问题是企业文化引起的吗？

2010年丰田连续召回多种车型，最严重的问题是"意外加速"，也就是车辆会在司机无明显操作的时候自动加速。调查显示，自2010年以来，丰田的这一问题已经造成37人死亡。然而，问题刚刚浮出水面，丰田就否认了这是造成事故的原因。但最终，丰田还是道歉并召回了超过90万辆汽车。

在许多人看来，丰田问题的根源是狭隘自大的组织文化。《财富》杂志认为："就像之前的通用一样，丰田也开始自鸣得意。认为所谓的'丰田模式'才是唯一正确的。"《时代》杂志报道称，"丰田的管理团队只会自我欣赏，变得狭隘孤立，以至于无法恰当地处理当前这样的危机"。交通部长拉胡德将丰田的文化描述为"掩耳盗铃"。

但事实果真如此吗？越来越多的证据表明，丰田的文化乃至于丰田生产的汽车，并不是问题的根源。

美国公路交通安全管理局(NTSA)在2011年发布的报告中得出结论："意外自动加速并不是电路问题引起的。"《华尔街日报》写道："安全监管机构、人为操作错误专家以及汽车制造商都认为，司机操作错误才是造成意外加速的主要原因。"《福布斯》和《大西洋月刊》评论道，丰田汽车由于突然加速而造成的事故大都发生在老司机身上，因为老司机更容易弄混踏板。许多独立调查机构，比如《流行机械力学》和《汽车与司机》这样的权威也都得出同样的结论：意外加速的主要原因在于司机错把油门当成刹车板。

2013年6月，又一轮召回事件震动了丰田公司，问题还是出在刹车系统上，这次丰田召回的是242 000辆普锐斯混合动力车。然而，汽车专家尼尔并不认为丰田是一家管理混乱的公司。"现如今，汽车召回已经非常普遍，我不觉得这会产生多么重大的影响……它又不是唯一受此影响的汽车公司。只不过一段时间内，丰田似乎成了众矢之的。"

丰田的企业文化是否狭隘自满？有可能，但这不是一两天的事了。如今汽车采用的科技系统越来越复杂，企业文化是否要为技术故障负责，这一点还无法判定。

问题：

（1）如果丰田公司自身不是意外加速的原因所在，那它为什么会受到人们的指责？

（2）在强势甚至自大的企业文化中，有没有可能生产出安全、高质量的汽车？

（3）如果你是丰田的CEO，问题曝光后你会如何应对？

案例 9-3

被视为命根子的通用电气价值观

创立于 1878 年的通用电气(GE),在全球企业界被誉为"经理人的摇篮""商界的西点军校",全球 500 强中有超过 1/3 的 CEO 曾经服务于 GE。自 1986 年道琼斯工业指数设立以来,GE 是至今唯一仍在指数榜上的公司。如今,GE 每年盈利超过 150 亿美元,相当于每年创造出一个新的全球 500 强公司。那么,GE 何以基业长青呢?

究其根源,在于 GE 有着博大精深的用人之道。GE 的发展已经不是靠业务、产品或服务,而是靠人的进步和发展,只要 GE 拥有了具备发展潜力的人,只要 GE 的人在进步,GE 就可以发展。GE 的价值观提出,要褒奖德才兼备的人才,要培养精英人才,为全球优秀的人才创造机会,让他们不断成长并实现梦想;要珍视每个员工、每个创意,尊重个人,珍视每个员工的贡献。杰克·韦尔奇一直把人作为 GE 的核心竞争力,并在人才方面倾注了比任何其他事物都多的热情。

被 GE 永远推崇的传统价值观包括坚持诚信、注重业绩、渴望变革,以及
——对客户充满热忱
以客户的成功衡量我们的成功……
永远坚持"六西格玛"质量标准和精神
——奖德才兼备,培养精英人才
为全球最优秀的人才创造机会,让他们不断成长并实现梦想
——增长为本,放眼世界
尊重个人,珍视每个员工的贡献
——主动出击
利用企业规模优势,勇于冒险并尝试新事物……
绝不允许规模成为障碍
——不懈追求更快、更好
利用数据时代的优势加速我们的成功,建设一个更迅捷和更灵敏的 GE
——让 GE 的领导者精神发扬光大
对不断学习和分享创意充满热忱
决意在任何环境下实现目标
有能力激励和鼓舞多元化的全球队伍
关注公司、客户以及社区,与世界息息相关

价值观,尤其是"坚持诚信、注重业绩、渴望变革"这三大核心价值观,是 GE 的命根子。GE 看重业绩、渴望变革,却从不违背诚信,换句话说,在三大价值观中,诚信永远是位于权威之上的"老大"。GE 的核心价值观让 GE 在企业界完美地诠释着达尔文的"进化法则",有违诚信、业绩不佳、不思变革的人都是 GE 淘汰的目标。不同的是,人性化的 GE 让"优胜劣汰"法则显得并非那么无情,被淘汰的 10% 并不意味着死亡,反而是全新的开始,因为 GE 所给予他/她的是足以在其他任何优秀公司发展并取得成功的技能与自信。GE 就是这样把自己置于全球财经领域的制高点上,也正是这种胆略与实力造就了 GE "经理人摇篮"的地位。

是人铸就了GE，人为GE赢得了荣誉和尊重。反之，每一位GE的员工，每一位曾经供职于GE而如今在商界取得成功的人士，他们一生的职业生涯都感受着GE的深远影响。从填一张表格，到发一封E-mail；从一项专业技能，到一种管理技巧；从给同事留一张便笺，到360°全方位的沟通……GE给予他们的，已超越了工作技能本身，诚信观与创新精神已深入他们的骨髓，足以让他们应对一生的挑战。

资料来源：根据"为价值观高唱赞歌！——通用电气用人之道"整理、改编。参见宫惠珉.用人大师[M].北京：经济管理出版社，2007.

问题：
（1）请问被GE视为命根子的企业价值观是什么？
（2）这些价值观是如何影响GE的管理理念和行为的？
（3）组织文化对于GE的成功起到了什么作用？

第十章 组织变革与发展

【学习目标】
1. 掌握组织变革的定义和动力、阻力；
2. 理解组织变革的模型；
3. 掌握组织发展的定义，理解组织发展的阶段；
4. 了解组织发展的方法。

【篇首案例】

小米历史上最大组织变革，"80后"集体上位

2018年9月13日，8岁的小米启动了组织大变革，雷军发出内部邮件宣布小米集团最新的组织架构调整和人事任命，新设集团组织部和集团参谋部。集团组织部将负责中高层管理干部的聘用、升迁、培训和考核激励等，以及各个部门的组织建设和编制审批；集团参谋部将协助CEO制定集团的发展战略，并督导各个业务部门的战略执行。此次变革让小米成为继阿里巴巴和华为后，第三家专门设立组织部的巨头公司。

与此同时，小米改组10个新业务部门，组织部部长与集团参谋长直接向CEO汇报；另外，小米任命了多达14位正副总经理，他们以"80后"为主，平均年龄为38.5岁。这样，小米的结构由"雷军—合伙人—部门负责人—员工"的架构转变成原负责业务的合伙人以组织部、参谋部的形式成为雷军的助手，"雷军、林斌＋组织部刘德＋参谋部王川"就是以后小米的最高权力中心，同时雷军直接面对一线业务部门。

通过这次变革，雷军想要打造一个以能力和业绩为导向的开放型组织体系，鼓励选拔优秀年轻人才。在面对采访时，雷军说："必须把一线业务阵地交给年轻人，让年轻人像创业初期一样涌现出来，建功立业。必须不断有新鲜血液融入，这样才能有人才梯队交接的长效机制。"

正如他在内部信中提到的：没有老兵，没有传承；没有新军，没有未来。在小米的"80后"新生代接过雷军传下的权力棒后，冲锋号角即将吹响，而此次的人事变动，不知能否使小米在凛冬来临之前储备好足够物资，带领小米破敌八方，杀出重围。

现代组织面临生存和发展的各种竞争压力和机会，只有通过不断的组织变革和组织发展，才能从根本上提高组织的核心竞争力。

第一节 组织变革

动态、变化不定的环境要求组织去适应，组织只有不断进行有效的变革，才能适应新的不断发展的形势。在组织变革和发展过程中，会遇到各种助力和阻力，需要采取特定的组织变革和组织发展的方法与技术，运用好助力，克服前进中的阻力，以便顺利达成组织变革和发展的目标。

一、组织变革的定义

组织变革(organizational change)是组织实现动态平衡的发展阶段，组织原有的稳定和平衡不能适应形势变化的要求，就要通过变革来打破它，但打破原来的稳定和平衡本身不是目的，目的是要建立适应新形势的新稳定和新平衡。

狭义的组织变革是指组织根据外部环境的变化和内部情况的变化及时地改变自己内在的正式结构，以适应客观发展的需要；广义的组织变革还包括行为变革和技术变革。组织总是不断地进行一定的变革，比如工作流程调整优化，甄选与录用，机构改革与整合，执行新制度，实施新技术等。组织总是面临来自竞争对手的、信息技术的、客户需求的各种压力。

组织变革概括地说可以分为五类：组织结构变革、技术变革、组织管理制度变革、人员变革、组织物理环境变革。组织结构变革涉及对权力关系、协调机制及其他类似的结构变量的改变；技术变革包括对工作流程、方法以及所用设备的调整；组织管理制度变革包括组织的管理理念与管理方法的改变；人员变革涉及对员工态度、技能、期望、观念和行为的改变；组织物理环境变革包括对工作场所的位置和布局安排的改变。

二、组织变革的动力和阻力

任何组织变革的成功都有赖于绝大多数组织成员的赞成、支持和积极配合，但任何一项变革都涉及对原有制度、关系、行为规范、传统和习惯的改变，从而会造成人们心理上的失衡和行为上的抵制，这无疑会使组织变革产生阻力。

1. 组织变革的动力

组织变革的动力来自各方面，不仅来自组织的外部环境，而且也来自组织内部环境。

(1) 外部变革推动力。组织变革的外部环境推动力包含政治、经济、文化、技术、市场等方面的各种因素和压力，其中与变革动力密切相关的有以下几方面。

① 社会政治。国家的经济政策、企业改革、发展战略和创新思路等社会政治因素也许是最为重要的因素，对各类组织形成强大的变革推动力有着重大的意义。国有企业转

制、外资企业竞争、各种宏观管理体制改革等,都能成为组织变革的推动力。

② 技术发展。机械化、自动化、特别是计算机技术对于组织管理产生广泛的影响,成为组织变革的推动力。高新技术的采用,计算机数控、计算机辅助设计、计算机集成制造以及网络技术等的广泛应用,对组织的结构、体制、群体管理和社会心理系统等提出了变革的要求。尤其是网络系统的应用,明显缩短了管理和经营的时间和距离,电子商务打开了新的商业机会,也迫使企业领导人重新思考组织的构架和员工的胜任力要求,知识管理成为重点。

③ 市场竞争。全球化经济形成新的伙伴关系、战略联盟和竞争格局,迫使企业改变原有经营与竞争方式。同时,国内市场竞争也日趋激烈,劳务市场正在发生深刻的变化,企业为提高竞争能力而加快重组步伐,大量裁员和并购使管理人才日益成为竞争的焦点。

(2) 内部变革推动力。组织变革的内部推动力包括以下3个方面。

① 组织结构。组织变革的重要内部推动力是组织结构,由于外部的动力带来组织的兼并与重组,或者因为战略的调整,要求对组织结构加以改造,这样往往会影响到整个组织管理的程序和工作的流程。因此,组织再造工程也成为管理心理学与其他学科研究的新领域。

② 人力资源管理。由于劳动人事制度的改革不断深入,干部员工来源和技能背景构成更为多样化,企业组织需要更为有效的人力资源管理。管理无疑成为组织变革的推动力,为了保证组织战略的实现,需要对企业组织的任务进行有效的预测、计划和协调,对组织成员进行多层次的培训,对企业不断进行积极的挖潜和创新,等等。

③ 团队工作模式。各类企业组织日益注重团队建设和目标价值观的更新,形成了组织变革的一种新的推动力。组织成员的士气、动机、态度、行为等的改变,对于整个组织有着重要的影响。随着电子商务的迅猛发展,虚拟团队管理对组织变革提出了更新的要求。

2. 组织变革的阻力

虽然组织变革已经具备了一定的动力,但并不是说组织就可以顺利地进行变革了,很多组织在变革中都会遇到阻力。

休兹(E. Huse)认为,抗拒变革的因素有:组织变革的策略威胁到个体和群体的认知,威胁到安全感的损失、地位的损失与权力和责任的损失;管理人员之所以抗拒变革,是因为变革策略威胁到他们的权力和特权;与变革策略有直接关系的员工也会感受到威胁。

(1) 个体对变革的阻力。组织内个体对变革的阻力如图10-1所示。

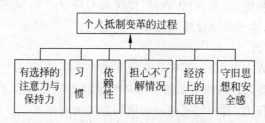

图 10-1 个人对变革产生阻力的原因

① 有选择的注意力与保持力。对自己的注意力和保持力进行选择,是大多数人处世的一种看法,一个人一旦确定了自己的态度后,不愿意随意对新事物作深入客观的了解,如果新事物不能基本符合他们原有的观点,便很容易对变革产生抵制。

② 习惯。即工作和生活的习惯的影响力。人们在长期的工作和生产活动中,对外界环境的刺激做出的条件反应往往会形成一种习惯性的力量。我们每天需要做出大量的决策,为了解决复杂性的问题,人们往往以习惯方式做出习惯化或者模式化的反应。不仅如此,它一旦形成就可以成为人们获取满足的来源,最为常见的是,员工的工资水平在中外任何国家都被认为是只能上升而不能下降,即我们常说的"刚性规律"。

③ 依赖性。由于任何人在其成长过程中都依赖别人满足他们的基本需要,因而,他就在思想上接受了他人的价值观念、生活和工作态度、理想信念的影响。假如他没有在其成长过程中培养出一种独立的人格或品格,培养起自我尊重的价值观念,他对社会和他人的依赖就可能成为组织变革的阻力。

④ 担心不了解情况。变革是新事物,总有一些不确定因素,如果一个人还不清楚了解变革的目的、机制和潜在的结果时,他很可能对变革忧心忡忡,宁愿维持原有的状况。组织成员担心经过组织变革以后将会面临不熟悉的情况,这方面在组织进行管理架构的调整时往往表现得比较明显。例如,在我国国有企业改革过程中,出于对新的工作环境的不适应心理,很多单位均出现了员工情绪波动的状况。

⑤ 经济上的原因。经济上的原因是指组织内个体主要担心组织变革会减少其在经济上的直接收入或间接收入。

⑥ 守旧思想和安全感。变革往往使成员暂时处于不稳定的状态之中,带来某种程度的安全感丧失。变革过程中人们往往会寻找一些办法来保持所谓的安全感,这种安全感往往又与以往的传统有很大的关系。

(2) 组织对变革的阻力。任何组织一旦形成或组成以后,就不再愿意进行任何的变革和创新,组织对变革的阻力如图10-2所示。

① 对权力和影响的威胁。组织权力的来源之一就是对资源的控制,如果组织变革削弱了上述权力,就会阻碍变革的发生。

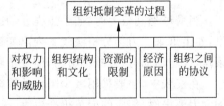

图10-2 组织对变革产生阻力的原因

② 组织结构和文化。组织有其固有的机制以保持其稳定性,组织结构对组织内各项工作给以明确的规定。大多数组织的权力都掌握在拥有重要信息的人手里,任何人只要掌握了这些信息就可以利用它来控制别人。

此外,一个组织不是简单的个体组合,组织的功能与成员的共同标准、工作态度、经营目标、行为规范和领导者的胜任特征有着直接的关联。组织要维持平衡,就必须使组织保持相同的行为。因此,一旦组织准备进行变革时,组织原有的文化就可能或多或少地阻碍这种变革。由于组织文化难以修正,并且可能成为抗拒变革的一个因素,因而创建有效的组织文化就成为组织变革成功的关键。

③ 资源的限制。组织变革需要组织拥有资本、技术、胜任的员工、上级主管部门的支持等众多要素。很多组织由于缺乏资源,原来设想的变革无法实现。改革开放以来,我国

许多地区纷纷设立了大量的经济开发区、软件工业园,但是由于资源的限制,许多项目都未能顺利上马和完成。

④ 经济原因。组织变革需要有一定的人、财、物的投入,经济基础脆弱的组织对变革的承受力相对较弱。

⑤ 组织之间的协议。组织之间的协议通常给人们规定了道义上、法律上的责任,这种协议可以约束人们的行为。如终身雇佣制度会使可能导致减少劳动力需求的改变难以进行。与另一组织签订了某种合同,要改变组织的目标就不会那么容易;所实施的变革如波及其他组织的成员情绪,那些组织也会通过某种方式进行干预。

3. 克服组织变革的阻力

卡斯特和罗森茨韦克指出:"实施有计划的变革要求了解阻止变革的力量并设计筹划出克服这些阻力的适宜的手段。"要使组织变革获得成功,就要尽可能地不让那些导致反对变革的因素发挥作用,最大限度地缩小反对变革的力量,使变革的阻力尽量降低。

克服或消除对变革的抵制的方法主要有以下几种。

(1) 力场分析法。力场分析法(force field analysis)是由卢因创造的考查变革过程的一种方法,这种方法已被证明对注重行动的管理人员非常有用,主要用以分析变革的动力和阻力,找出变革的突破口。

卢因的基本观点是:改革不是一种静止的状态,而是相反方向作用的各种力量的一种能动的均衡状态。对于一项变革,企业中存在着两种力量:一种是动力(driving force),指有利于变革实现的力量,它能引发一种变化,或使变化持续下去;另一种是阻力(restraining force),它扼制了变革的发生或继续进行。当这两种力量对等时,就会达到平衡。

当变革遇到阻力时,如果用强硬的态度压下去,可能一时平息,但阻力因素会积聚力量,卷土重来。力场分析法就是列出变革的动力、阻力因素,按其程序排序,然后采取相应策略,或增加动力,或减小阻力,使变革顺利进行。

在实践中,一般采用减少阻力的策略,因为增加动力会增加紧张。再者,当引发变革的动力消失时,相应的变革也会失去,又回复到解冻状态。因此,推动变革的最好办法是保持动力、减少阻力,当动力无法维持时,紧张会消除,但不会引起任何变化。

力场分析法的程序如下。

首先,寻找问题。

其次,分析问题,列出动力及阻力因素,并按强弱程度排列。同时注意:变革的动力、阻力数目不必相等,因两者的影响力不一定相同,有时候,一项阻力能抵消几项动力。

最后,制定变革策略。针对其中两至三项阻力因素,找出减少阻力的办法。具体考虑谁去做、做什么、可行性以及成本收益。

📖 链接材料 10-1:卢因的"力场分析"

第二次世界大战期间,卢因碰到一家工厂要求全体女工带防护眼镜,受到抵制。他调查、分析了正反两方面的因素,绘成了图 10-3。

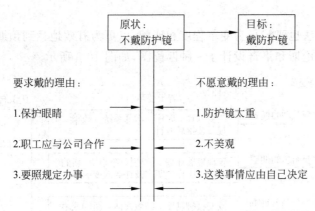

图 10-3 戴防护镜的正反两方面因素

然后,他逐个分析了反对因素,并采取了以下措施。

① 对第一个反对因素(嫌戴上眼镜太重),经过了解只需花 5 美分,就能调换一种比较轻又舒适的镜架,企业领导同意这笔开支,于是问题解决了。

② 对第二个反对因素(戴了不美观),他让每个女工自己设计美观合适的眼镜样式,并开展了竞赛,引起大家的兴趣,有了新的式样,问题也解决了。

③ 至于第三个反对因素,则随着前两个因素的解决,也得到了解决,这样,女工对公司的规定从消极和反对变为积极和支持。

(2) 创新组织文化。从某种意义上讲,组织实际上是一座"冰山",它一半沉于水中,一半露于水外。如果把组织变革的一系列行为比作露出水面的部分,如组织结构、规章制度、技术等的变革,那么沉于水底的部分则是组织的价值观念体系、成员的态度体系等组织文化,如图 10-4 所示。只有切实在组织中形成勇于改革、创新的组织文化,并渗透到每个成员的内心中去才能使组织变革行为更为坚定、持久。

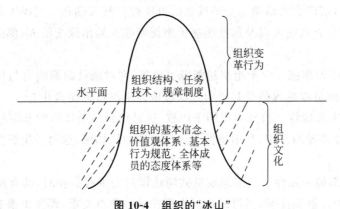

图 10-4 组织的"冰山"

(3) 时机与匹配。即使不存在对变革的抵制,也需要时间来完成变革,不论组织的哪一层级,都需要时间去适应新的制度,排除障碍。强行加速推行变革,反而会"欲速则不达",使组织成员产生一种压迫感,从而产生已成习惯的工作关系的变异,形成前所未有的阻力。

同时,变革方法也要与行为变革程度相匹配,以更为有效地达到预期的变革目标。为此,行为科学家劳伦斯和洛奇设计了一种匹配图,如图10-5所示。

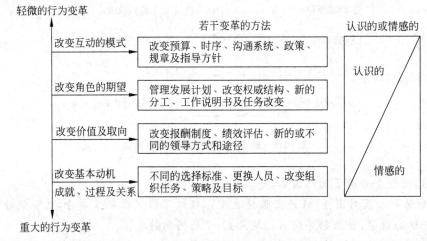

图10-5 变革方法与行为变革程度的匹配

(4) 提高成员参与程度。让成员以不同的形式参与变革,这对改善变革气氛有很大好处。不能参与变革的决策,会使人感到未受到尊重而产生冷漠的态度和不合作的心理。相反,成员参与了某件事情的决策和讨论,就会把这件事看成是自己的事,并且主动地承担责任。参与变革可增加人们的认同,而认同乃是支持变革的真正基础。

(5) 正确运用群体动力。在组织变革中,若能运用群体动力的理论和手段,可以有效地推进变革活动,具体方法有以下几种。

① 加强群体凝聚力。创造一种"我们的"感情,形成"命运共同体",让人们"风雨同舟""患难与共",这样会大幅增加变革成功的可能性。其关键在于组织中那些需要改变态度、价值观和行为方式的人以及那些施加影响促使他人做出改变的人,都要有属于同一群体的归属感。

② 增强组织归属感。一个组织越能吸引成员,则对成员的影响力与号召力越大。组织归属感越强,成员就越容易受其影响并积极地为组织目标而奋斗。

③ 借助个人的威信。权威不等同于职权,这是得到成员认可的非职权性影响力。如能充分发挥各级领导的作用,利用他们来强化群体的认同感,这对于组织变革无疑会产生强大的推动力。

④ 促进认知的一致性。当组织成员共同认识到变革有必要时,就会产生一种来自群体内部的推动力。事实证明,当组织成员不存在这种变革要求,即使由很多权威专家列举一系列理由和事实来说明改革的必要性,人们也会抵制;而如果改革的必要性是由人们自己发现的,行为则会截然相反。

(6) 行之有效的措施。有许多行之有效的应付变革阻力的措施可供选用,如表10-1所示。

表 10-1　应付变革阻力的措施

措　施	应 用 场 合	优　　点	缺　　点
教育与信息沟通	缺乏信息沟通	人们一旦理解,会有助于变革的实施	费时
参与	设计变革的信息不充分,另一方有足够的反抗力量	参与者会承担变革的实施,并将信息综合于变革设计中	费时,易受参与者误导
促进与支持	变革的涉及者有调整障碍	帮助适应变革	费时、费钱、有失败的风险
协同	有利益受损失,并具反抗力的一方	对变革所引起的技能要求的变化,组织给予培训,使人们得到技术补偿,简便易行	允许人们讨价还价
操纵与合作	其他办法无能为力	快、经济	一旦人们意识到被人操纵,会惹麻烦
强制	要求迅速变革,发起人有足够的权力	能克服一切阻力	有风险,使人们对发起者反感

三、组织变革的过程模型

在对组织变革进行研究的过程中,中外学者提出了不同的理论模型。

1. 卢因模式

应用行为学家、心理学家库尔特·卢因(Kurt Lewin)是有计划变革理论的创始人,他(1951)提出的有计划的组织变革模型可以说是最著名的组织变革模型,它包含解冻、变革、再冻结三个步骤,用以解释和指导如何发动、管理和稳定变革过程。这套模型是一种针对企业变革阻力的动态分析技术,目标是对企业变革阻力进行有效的管理,及时化解变革阻力,并将其转化为动力,促进企业成长。

第一阶段:解冻(unfreezing)——创造变革的动力。

解冻意指降低致力于维持现状的力量,通常的做法是提出刺激性的问题,让人们认清变革的需要,并寻求新的解决之道。此外,应注意创造一种开放的氛围和心理上的安全感,减少变革的心理障碍,提高变革成功的信心。

创造变革的动力是一个包括三种特定机制的复杂过程,这三种机制都必须发挥作用,使组织的成员受到激励,从而否定目前的行为或态度。

机制1:必须明确地否定目前的行为或态度,或者在一段时间内不再强化或肯定。

机制2:这种否定必须建立足够的、能产生变革的迫切感。

机制3:通过减少变革的障碍,或通过减少对失败恐惧感来创造心理上的安全感。

这一阶段特别要注意收集有关令人不满的现状资料,与其他组织进行比较,请外部专家来证明变革的必要性。

第二阶段:变革(changing)——指明改变的方向,实施变革,使成员形成新的态度和行为。

执行变革意指发展新的行为、价值观及态度,其方法通常是通过组织结构的变革,或以人力资源为基础的组织变革与组织发展技术。变革是个学习过程,需要给干部员工提供新信息、新行为模式和新的视角,指明变革方向,实施变革,进而形成新的行为和态度。卢因认为,变革是个认知的过程,它由获得新的概念和信息而得以完成。

此阶段又通过两种机制而发生。

机制1:对角色模型的认同。即学习一种新的观点,或确立一种新的态度的最有效的方法,就是观看其他人是如何做的,并以这个人作为自己形成新态度或新行为的榜样。

机制2:从客观实际出发,对多种信息加以选择,并在复杂的环境中筛选出有关自己特殊问题的信息。

这一阶段要特别注意事先向成员提供有关变革的情报资料,鼓励成员参与变革计划的拟订和执行,提供对变革问题的咨询,与成员协商谈判变革所引起问题的解决办法。

第三阶段:再冻结(refreezing)——稳定变革。

卢因认为,组织很容易回复到变革前的做事方式,除非此变革经历再冻结的步骤,通过对组织的再冻结,使其达到新的均衡状态而得以强化。在再冻结阶段,利用必要的强化手段使新的态度与行为固定下来,使组织变革处于稳定状态。卢因强调建立新的系统与程序(如薪酬计划与评估程序),以支持与维持所推动的变革。

为了不断强化新的心态、行为规范和行为方式,使之巩固并持久化,可通过两个机制。

机制1:让成员有机会来检验新的态度和行为是否符合自己的具体情况。成员一开始对角色模型的认同可能很小,应当用鼓励的办法使之保持持久。

机制2:让成员有机会检验与他有重要关系的其他人是否接受和肯定新的态度。群体成员彼此强化新的态度和行为,个人的新态度和新行为可以保持更持久。

这一阶段要特别注意系统地收集变革获得成功的客观证据,并把这些信息及时地提供给变革的参与者,注意使参与变革的成员在物质需求和社会需求上得到变革带来的利益。

2. 唐纳利模式

唐纳利等人对组织变革的全过程进行了系统的研究,提出的组织变革模式如图10-6所示。

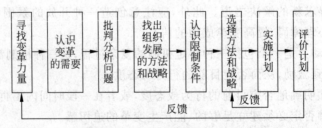

图10-6 唐纳利组织变革模式

图10-6中共包括8个环节。

(1)寻找变革力量。变革力量即要求变革的压力,包括外部和内部的力量。

(2)认识变革的需要。要求领导者能敏锐地在组织发生重大问题之前就认识到变革的需要,善于捕捉组织内需要变革的信息。

(3) 批判分析问题。要弄清问题的实质,要进行些什么变革,变革的目标是什么,如何对这些目标进行衡量等。

(4) 找出组织发展的方法和战略。

(5) 认识限制条件。摸清这些限制条件及其影响程度。

(6) 选择方法和战略。

(7) 实施计划。要注意选择变革的时机和范围。

(8) 评价计划。对实施计划和寻找变革力量这两个环节都提供反馈。

3. 吉普森模式

组织变革的过程模式有很多种,可以用管理学家吉普森提出的组织计划性发展和变革模式作一综合,如图10-7所示。

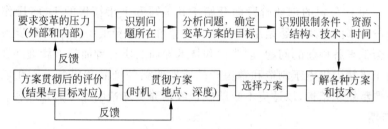

图 10-7 吉普森的组织计划性发展和变革模式

资料来源:杨锡山,等.西方组织行为学[M].北京:中国展望出版社,1986.

第二节 组 织 发 展

组织发展是组织应付外界环境变化的产物,是将外界压力转化为组织内部的应变力及解决问题能力,以改善组织效能。

一、组织发展的定义

组织发展(organizational development)是组织的自我更新和开发。它是组织应付外界环境变化的产物,是将外界压力转化为组织内部的应变力及解决问题能力,以改善组织效能。狭义的组织发展是指以行为科学研究和理论为基础,有计划、系统性地促成组织成员行为的变革;广义的组织发展还包括结构变革和技术变革。

以贝克哈德(Beckhard)为代表的组织发展理论家从目的性和方法论的角度定义了组织发展,认为它是:①有计划的;②包括组织各部门;③运用行为科学知识;④通过对组织过程有计划的干预;⑤所作的自上而下的努力。

组织发展具有以下特征使之区别于其他的变革方法:变革是有计划的、长期的,包括整个组织的各阶层;注重群体和组织的过程,而不是在任务部分;工作小组是组织发展工作的基本单元;强调工作群体的协作;采用行动研究模型;有变革专业人员的参与;必须得到最高层领导的支持;目标在于开发组织解决实际问题的潜力,而不是亲自去解决或提建议。

二、组织发展的阶段

组织发展包括产生期、青年期、成熟期和衰退期4个阶段。

1. 产生期

这一阶段主要是创建新组织,维持生存,要求职工具有献身精神,防止组织早死。在组织产生的初期,其重点是如何确定合适的产品和在市场中求得生存。组织的创立者将他们所有的精力都投入到产品生产和市场活动中。组织是非规范化的和非官僚制的,工作时间也较长,控制也是由创业者个人实施监督,组织的成长往往依赖于一种产品或服务。微软公司的创业阶段即开始于其编写和上市销售的 DOS 操作系统。

这一阶段面临的管理问题是组织领导的必要性。随着组织开始逐渐步入成长期,员工数量增加会带来各种新的问题,创造性和技术导向的所有者面临着管理问题,但是他们可能会倾向于将精力集中于制造和销售产品或发明新的产品和服务上。在危机出现时,创业者必须调整组织结构,以适应不断的成长或培养更加精明能干的管理者。

2. 青年期

组织开始进入稳定发展阶段,要求组织具有灵活性,以接受环境的压力,防止出现人事危机。如果领导危机得到解决,组织将获得有力的领导并开始提出明确的目标和方向。部门也随着权力层级、工作分派及劳动分工而建立,雇员与组织的使命一致并花费很长的时间去协助组织的成功。每个成员都感到自己是集体的一部分,尽管规范的制度已开始出现;但沟通与控制基本上是非规范的。

这一阶段面临的管理问题是委派的必要性。如果新的管理阶层成功了,那么低层级的雇员就会逐渐发现他们自己受到"自上而下"领导体制的强大约束,低层级的管理者开始在他们的作用范围内获得自信并希望有更大的自主权。当高层管理者由于其得力的领导力和愿景使组织获得成功而又不想放弃其职责时,就会发生自主权危机。高层管理者希望使组织的所有组成部分都协调和联系在一起,而组织则需要寻找一种机制去控制和协调各部门而不直接受高层的监督。

3. 成熟期

组织已取得成绩,可以为社会作出贡献,要求企业持续变革,防止出现因竞争而影响人员的创造性。成熟期阶段包括规章、程序和控制系统的安装与运用。沟通虽不频繁但更为规范,可能需要增加工程师、人力资源专家或其他人员。高层管理通常只关心诸如战略和计划等问题,而将企业的经营权留给中层管理者。产品群体或其他分权化的单位的形成可能会提高协调性。以利润为基础的激励制度的实施可能会保证管理者向着全公司最好的发展方向去努力,其效果使新的协调和控制系统能够通过建立高层管理者与经营单位之间的关系使组织继续成长。

这一阶段面临的管理问题是浓重的官僚习气。在组织发展中,繁杂制度和规程可能开始束缚中层管理者,组织似乎被官僚化。中层管理者可能厌恶职员的干涉,创新受到限制。组织似乎太复杂以至于不能通过规范的程序来管理。

4. 衰退期

组织可能不适应外界环境的变化,组织结构僵化,人员观念保守。官僚习气危机的解决是来自合作与团队工作的新意识,贯穿组织的是管理者提高面对问题和共同工作的技能。社会控制和自我约束降低了增加规范控制的必要性,管理者也学会在官僚制中工作而不助长它,规范制度可以被管理者团队和工作人员简化和替代。为实现合作,通常需要公司跨部门形成合作团队,组织也可以被细分为多重部门以保持小公司的哲学观。

这一阶段面临的管理问题是更新的需要。在组织达到成熟之后,它可能进入暂时的衰退期,每 10~20 年就会产生更新的需要。组织脱离与环境的结合或可能导致发展缓慢、过度官僚制或必须经历提高效率和创新阶段,高层管理者在该阶段也经常被更换。组织需要勇敢的领导面对这个阶段上的危机和向新时代迈进,如果成熟的组织不能越过周期性的更新,它们就将衰退。能够度过第一年的企业中有 84% 在 5 年之内仍将失败,因为它们不能从创业阶段实行转变。并且当组织跨入生命周期的未来阶段时,这种转变将更为困难。不能成功解决有关转变问题的组织,其成长会受到限制甚至导致失败。

三、组织发展的方法

在组织变革的过程中,可以采取敏感性训练、调查反馈、过程咨询、团队建设和群体间关系的开发来推动组织发展。

1. 敏感性训练

敏感性训练(sensitivity training)又称 T 小组(训练小组)、实验室训练,是指通过无结构小组的相互作用来改变行为的方法。在训练中,成员处于一个自由开放的环境中,讨论他们自己以及他们相互交往的过程,同时有专业的行为科学家稍加引导。这种小组是过程导向的,也就是说,个人通过观察和参与来学习,而不是别人告诉他学什么,他就学什么。专业人员为参与者创造机会,让他们表达自己的观点、信仰和态度,专业人员自己并不具有任何领导角色的作用,并且在此过程中他们要尽量避免担任领导角色。

T 小组的目标是使主体更明确地意识到自己的行为以及别人如何看待自己,并使主体对他人的行为更敏感,更理解小组的活动过程。它追求的具体目标包括:提高对他人的移情能力,提高倾听技能,更为真诚坦率,增强对个体差异的承受力,改进冲突处理技巧。

如果个人对别人如何看待自己缺乏了解,那么通过成功的 T 小组训练会使他们的自我知觉更为现实,群体凝聚力更强,功能失调的人际冲突减少。进一步而言,敏感性训练的理想结果将是个人和组织更为一体化。

敏感性训练的方法是现代组织发展手段中最早被使用的,但这些手段现在已经不常使用了。关于敏感性训练的效果问题,一直是组织发展学界争论最多的话题。

2. 调查反馈

调查反馈(survey feedback)是通过问卷调查等手段,从组织和部门收集、评估、反馈组织成员所持有的态度、识别成员之间的认知差异以及清除这些差异的一种工具,用于诊断组织并开发适当的工具来促进组织的发展。调查反馈是组织发展的历史进程中的主要技术。最开始时,这种手段只是通过问卷收集关于人员态度的数据,后来发展到用面谈或者收集其他诸如生产率、流动率和缺勤率等更客观的数据来补充说明人员态度。

调查反馈通常包括五个步骤:包括最高管理层在内的所有组织成员共同参与调查的最初设计;使用调查工具对组织所有部门和人员进行调查;组织发展咨询人员分析调查数据,将结果列表,提供诊断分析的方法,指导客户开展调查反馈工作;从组织最高层到部门经理层再到更低层次,依次往下反馈数据;举行反馈会议,共同讨论数据。

3. 过程咨询

过程咨询(process consultation)旨在帮助部门经理、雇员和团队评估并改进包括沟通、人际关系、决策、任务绩效等过程。没有组织能够尽善尽美地运作,管理者经常发现自己部门的工作绩效还可以改进,但却不知道要改进哪些方面以及如何改进,过程咨询的目的就是让外部顾问帮助客户(常常是管理者)对他们必须处理的事件进行认识、理解和行动。

过程咨询与敏感性训练的假设很相似,即通过协调人际关系和重视参与可以提高组织的有效性。但过程咨询比敏感性训练更为任务导向。

过程咨询中的顾问"让管理者了解在他的周围以及他和其他人之间正在发生什么事",他们不解决组织中的具体问题,而是作为向导和教练在过程中提出建议,帮助管理者解决自己的问题。

顾问和管理者共同工作,诊断哪些过程需要改进。在这里之所以强调"共同工作",是因为管理者在对自己所在部门的分析过程中还培养了一种技能,这种技能即使顾问离开以后仍然能持续存在。

重要的一点是,过程顾问不必是解决具体问题的专家,他的专业技能在于诊断和开发一种帮助关系,如果管理者和顾问均不具备解决某一问题所需要的技术知识,顾问则会帮助管理者找到一位这方面的专家,然后指导管理者如何从专家那里尽可能多地获得资源。

过程咨询适用于:管理者知道问题存在但不知道问题具体在哪里;管理者不确定究竟采纳何种具体的咨询和帮助手段;管理者可以通过参与对问题的诊断工作而获益;目标是顾问与管理者共同接纳的且顾问有能力建立一种帮助管理者实现目标的关系;管理者清楚地知道哪种手段是可行的;管理者有能力学会如何评价和解决他们的问题。

4. 团队建设

团队建设(team building)是有计划地帮助团队改善他们完成任务的方式、帮助团队成员提升其人际交往及问题解决技能的一系列活动。

团队建设适用于那些拥有团队的组织,无论这些团队是固定的还是临时性的。它可以帮助问题解决型团队最大化地利用成员的资源和贡献;可以为组成成员提供高水平激励,完成群体决策;还可以帮助团队克服各种诸如冷漠、成员普遍失去兴趣、生产率下降、团队内的抱怨增多、会议缺席率高、缺乏创新、来自团队外部的关于服务和产品质量的投诉增多以及成员间敌对冲突等具体问题。

在团队建设中一般考虑的活动包括:目标设置,团队成员间人际关系的开发,用以明确每个成员的角色和责任的角色分析,以及团队过程分析。当然,团队建设可能强调或排除某些活动,这取决于团队的发展目标和团队遇到的具体问题。但从根本上说,团队建设试图运用成员间的高度互动来提高信任和开放程度。

让团队成员先来确定团队的目标和重心可能是有益的。这会使成员之间对目标的不同看法暴露出来。随后,成员可以评价团队的绩效水平:他们在建构重点和实现目标上的效果如何?由此发掘出潜在的问题。接着,在团队成员都出席的情况下,可以进行自我批评式的讨论。

团队建设也可用于确定每个成员的角色,它可以对每个角色进行鉴别和澄清。对一些个体来说,团队建设为他提供了深入思考某些问题的机会。比如,要使团队达到最优效果,那么他的工作意味着什么?他需要承担哪些具体的任务?

另外,团队建设与过程顾问从事的活动十分相似,即分析团队内的关键过程,明确完成工作的办法以及如何改进这些过程以提高团队的效率。

5.群体间关系的开发

组织发展关注的一个重要领域是群体间功能失调产生的冲突。因此,这一点也成为变革努力的主题之一。

群体间关系的开发(intergroup development)致力于改变群体间的态度、观念和成见。例如,在一家公司中,工程技术人员认为会计部门是由一群害羞而保守的人组成的,人力资源部是由一群"更关注受保护群体的员工感情不受伤害,而不是公司利益的极端自由主义者"组成的。这些成见显然给部门间的协调活动带来了负面影响。

尽管有不少方法可以改善群体间关系,但最常用的是强调问题解决方法,这种方法首先让每一个群体独立列出一系列清单,其中包括对自己的认识、对其他群体的认识,以及其他群体又是如何看待自己的。然后各群体间共享信息,讨论他们之间的相似之处和不同之处,尤其要明确指出不同之处,并寻找导致分歧的原因。

群体间的目标不一致吗?有一些认识受到歪曲了吗?成见是在什么基础上形成的呢?是否有一些原本意图受到了歪曲而导致了差异?每个群体所界定的概念和术语不同吗?对这些问题的回答可以使我们认识到冲突的真实本质。一旦找到了冲突的成因,群体就可进入整合阶段寻找解决方法,改善群体间的关系。

【本章小结】

1.组织变革是组织实现动态平衡的发展阶段,组织原有的稳定和平衡不能适应形势变化的要求,就要通过变革来打破它们,但打破原来的稳定和平衡本身不是目的,目的是建立适应新形势的新稳定和新平衡。

2.组织变革的动力来自内部和外部,阻力则来自个体和组织两方面。

3.克服组织变革阻力的方法有力场分析法、创新组织文化、时机与匹配、提高成员参与程度、正确运用群体动力和行之有效的措施等。

4.组织变革的过程模型包括卢因模式、唐纳利模式和吉普森模式。

5.组织发展是组织的自我更新和开发。它是组织应付外界环境变化的产物,是将外界压力转化为组织内部的应变力及解决问题能力,以改善组织效能。

6. 组织发展包括产生期、青年期、成熟期和衰退期4个阶段。

7. 在组织变革的过程中,可以采取敏感性训练、调查反馈、过程咨询、团队建设和群体间关系的开发来推动组织发展。

【关键术语】

组织变革(organizational change)　　组织发展(organizational development)
敏感性训练(sensitivity training)　　调查反馈(survey feedback)
过程咨询(process consultation)　　团队建设(team building)
群体间关系的开发(intergroup development)

【课后练习】

1. 提出"解冻—变革—再冻结"理论模型的是(　　)。
   A. 梅奥　　B. 唐纳利　　C. 韦伯　　D. 卢因

2. 在卢因的组织变革程序中,利用必要的强化方法将所期望的新态度和新行为长久保持下去的阶段叫作(　　)。
   A. 解冻　　B. 改变　　C. 冻结　　D. 演变

3. 组织发展所经历的阶段不包括(　　)。
   A. 过渡期　　B. 产生期　　C. 成熟期　　D. 衰退期

4. (　　)又称T小组(训练小组)、实验室训练,是指通过无结构小组的相互作用改变行为的方法。
   A. 过程咨询　　B. 团队建设　　C. 敏感性训练　　D. 调查反馈

5. 组织变革的内部动力有(　　)。
   A. 社会政治　　B. 技术发展　　C. 市场变化　　D. 人力资源管理

6. 组织变革的外部动力有(　　)。
   A. 组织结构　　B. 技术发展　　C. 团队工作模式　　D. 人力资源管理

7. 组织变革都不可避免要遇到阻力,其中来自组织的阻力有(　　)。
   A. 资源的限制　　B. 习惯　　C. 依赖性　　D. 守旧感和安全感

8. 组织变革中来自个体的阻力有(　　)。
   A. 资源的限制　　B. 组织文化　　C. 安全感　　D. 组织结构

9. 企业需要组织变革的症状不包括(　　)。
   A. 生产效率明显降低　　B. 重大事情无法决策
   C. 人际关系恶化　　D. 正式渠道压倒非正式沟通渠道

10. (　　)是指组织根据外部环境的变化和内部情况的变化及时地改变自己内在的正式结构,以适应客观发展的需要。
    A. 组织变革　　B. 组织发展　　C. 组织创新　　D. 组织设计

【案例分析】

案例 10-1

海尔的组织变革之路

2007年4月26日,海尔提出"用1 000天实现流程系统创新(Process and System Innovation,PSI),完成2 000~25 000个流程的构建",这被称为"海尔1 000天流程再造"。其实,海尔流程再造并不是只动流程,而是基于信息系统的流程再造,会涉及组织结构的调整,所以称为组织模式调整更合适。

在多次调整后,海尔的组织结构变成了著名的"倒三角"结构。最上边的一级经营体主要包括研发、生产、市场三类,提倡以员工为单位,直接面对用户进行决策;中间的二级经营体又叫平台经营体,也被称为FU平台(Functional Unit,功能单位),主要包括财务、战略、企业文化、人力资源、供应链等,是由大幅精简后的职能部门转变而来,功能由下指令变成提供资源;最下面的三级经营体又叫战略经营体,是原来的高层管理者,同样是由下指令变成了提供资源。这样一来,就彻底颠覆了原来的"正三角组织",组织的决策由一线员工与用户零距离接触后发起,原来的管理者则必须要提供资源进行匹配。其实"倒三角"形成的是一种极度扁平化的组织。

2012年12月,海尔发布网络化战略,正式宣布进入互联网时代,全面对接互联网。海尔未来将是"企业平台化,员工创客化,用户个性化"的组织,未来海尔将只有三类人:平台主、小微主和小微成员,原来的三级经营体们就成了大大小小的平台主。当组织内的资源呈现网络化结构,极致扁平化得以实现,组织真正就变成了一个"平台"。

平台式的海尔开始开放:一边是开放的用户交互,另一边是开放的资源涌入。用户方面,是打造"虚实交互平台",通过海尔社区、微信平台、Facebook及海尔虚拟展厅等网络工具纳入粉丝的体验,听取"吐槽"。卡萨帝品牌、天樽空调等产品,都是与用户交互出来的,而生产之前的交互是这一时期的海尔最强调的部分。资源方面,是打造"开放式创新平台",HOPE(Haier Open Partnership Ecosystem)就是海尔联合全球创新资源的一个平台,其建立了一流的资源超市,可以对接全球专家和解决方案的资源,目前已经实现了与200多万名专家资源信息的无缝对接。海尔引以为傲的"无尾厨电"就是在这一平台上得到解决的。这种转型的意义显而易见,当海尔打开了私有云的用户接口和外部创客接口,用户诉求和创客资源就可以无障碍地涌入海尔的平台,形成对冲,并做大海尔自身作为平台的价值。

这条改造之路也的确艰辛,截至2014年年底,海尔集团只有20%左右实现了小微化,共成立了212家小微公司。这些刚刚成立一年甚至更短时间的"小微们",只有少数几个从无到有的"创业小微"拿到了风投,其他"转型小微"大都还处于艰难摸索阶段。但无论如何,海尔内部的创业热情已经大大提升,张瑞敏期待的一群"小海尔"去捕捉、满足用户需求的局面正在出现。

张瑞敏已经为这条平台化模式发展之路设计了下一步。未来,海尔将聚焦创建两大平台:投资驱动平台和用户付薪平台。所谓投资驱动平台,是从管控型组织变成一个投资平台,平台上只有股东和创业者,即平台主和小微公司、小微成员,平台为小微们提供资金、资源、机制和文化等支持;所谓用户付薪平台,是指员工们不再直接由企业发工资,而是与用户交互,通过给用户创造价值获取薪酬。这显然是海尔对自己平台化组织的再次升级,力图增加用户需求和资源的对冲,投资驱动平台用以加强资源进入平台的意愿,而用户付薪平台用以加强用户交互(使用户进入平台)。如果海尔真能实现投资驱动和用户付薪,这个平台上所有的小微和创客们就能感受到最直接的市场压力和市场动力。

资料来源:海尔的科层改造和组织转型的狂想曲[EB/OL].[2015-04-17]. http://www.ghrlib.com/hrm/12205.

问题:

(1) 海尔组织变革的压力和动力有哪些?

(2) 海尔组织变革过程中遇到的阻力有哪些?你认为海尔接下来要如何实施变革才能提高变革成功率?

案例 10-2

变形记:"农牧帝国"的自我超越

2012年年底至2015年年初,面对动荡不安的外部行业环境以及焦虑、迷茫的内部氛围,中国最大的农牧企业——新希望六和股份有限公司(以下简称"新希望六和")"壮士断腕",主动向自己挑战,进行一系列大刀阔斧的组织变革。2013年、2014年前三季度营业收入、净利润都逆势增长,继续保持农牧行业第一大公司的领导地位,公司集团董事长刘永好、联席董事长兼CEO陈春花皆斩获诸多奖项。

中国农牧行业景气从2012年开始下降,盈利能力持续走低。在此大气候影响下,新希望六和的业绩也持续低迷。"屋漏偏逢连夜雨",2012年11月—2013年5月,这家农牧行业龙头企业先后在"速成鸡"事件、上海黄浦江死猪事件、禽流感和芦山地震中连续"触雷"。接二连三的天灾人祸,导致猪肉和鸡鸭销售价格一再下跌。受此影响,新希望六和2013年上半年收入和利润同比双降。刘永好也不禁在2013年5月的一次股东大会上称:"我们是最倒霉的上市公司。"

在业绩承压的关键时刻,刘永好却突然激流引退。2013年5月,刘永好将新希望六和的旗帜交到女儿刘畅的手中,由刘畅担任新希望六和董事长,他还为女儿安排了一位护航"导师"——陈春花。陈春花以联席董事长兼CEO的身份加入管理团队。同时,陶照续任公司总裁。陈春花与刘畅的二人组合被外界戏称为"太傅摄政,太子监国"。尽管新的管理班子上台后信心满满,声称将带领新希望六和走出困境,但新希望六和的自我转型和突破之路却是步履蹒跚。"速成鸡"、上海死猪、禽流感、地震等事件带来的影响会随着时间被冲淡,但新希望六和深层次的问题在于,走到了今天,其经营管理及组织架构需要应时而变,只有调整自己,才能焕发活力,持续成长。陈春花表示:"我在管理中有一个基本判断,如果我们业绩出现下滑,或者是增长不明显甚至负增长的话,有很大可能就是因为组织不再适合这个企业的发展。"

在重组后,随着业务的拓展,新希望六和下属的企业越来越多,分公司、子公司达到500多家。在新希望六和原本的组织结构中,整体架构分为"股份总部—中心—二级经营单元—分公司、子公司"四级。其中,中心是新希望六和在重组上市初期为保持与原有体系的稳定过渡而设立的一个中间层级,其中成都中心对应于原新希望农牧股份有限公司,主要覆盖南方各省的业务;青岛中心对应于原山东六和集团在山东、河南的业务;三北中心对应于原山东六和集团在东北、华北(河北、山西)、西北(陕西)等地区的业务。二级经营单元包括片区、事业部两种组织形式:片区是经营饲料、屠宰(肉食)业务的二级经营单元;事业部是除饲料、屠宰之外的,专注于某一特定业务的二级经营单元。二级经营单元向上或直接或通过三大中心接受股份总部的领导,向下管理各个三级公司。二级经营单元下面的分公司、子公司就是三级经营单元。

然而,组织架构不够扁平化,垂直层级较多导致了低水平的管控效率,进而导致基层经营单位缺乏足够的激励。原来的组织架构日渐成为新希望六和发展的阻碍。以三大中心为例,作为中间层级,其财务部、技术部、原料部等职能部门与集团总部的职能部门存在一定程度的职能重叠,随着新希望系和六和系的日渐融合,三大中心的存在事实上减缓甚至阻碍了集团总部资源、权力、责任的快速下放以及有效分配。另外,在新希望六和朝消费端服务商转型的过程中起"冲锋陷阵"急先锋作用的各个事业部,也由于三大中心的管控,在市场中变得"束手束脚",难以迅速应对市场变化;同时,三大中心下属都有肉食、种禽、饲料、养殖等类似职能的事业部,事业部职能的重叠会导致产品线之间缺乏协调,产品线之间的整合与标准化难度因此也大幅提高。而更为重要的是,职能的重叠也会导致不必要的内耗,使公司难以在整体上获得深度竞争力、技术专门化以及规模经济的优势。

因此,有必要让各中心下属的事业部脱离中心的管控,整合起来并直属于总部,一来让总部更快地听到"炮声",及时获取市场信息以供决策;二来各事业部也能从总部直接获得权力、责任与资源。组织结构的扁平化,必将使集团总部运行压力增加,因此相应部门的职能调整也需要配套进行。箭在弦上,新希望六和的组织变革势在必行。

查尔斯·达尔文说过:"最终存活下来的不是最强壮的物种,也不是最有智慧的物种,而是那些对环境变化做出最快反应的物种。"作为中国农牧行业"最强壮"的上市公司,新希望六和对内外环境的变化也迅速做出了反应。为了使新希望六和组织结构更加扁平化,产业链之间协同加强,新管理团队上台以后,立即着手对公司组织构架和业务关系进行重大调整,改革的大幕就此拉开。

组织结构变革的第一阶段:试点(2013年4—6月)

2013年4月起,变革第一阶段的试点工作率先在青岛中心的河南、滨海、鲁西区域展开,将所在区域冷藏厂(原属肉食事业部)和饲料厂(原属饲料片区)试行产销分离和一体化运营管理,形成"特区"雏形。禽肉事业部只负责销售,生产归属特区,产销分离,这样可以减少饲料、养殖和屠宰之间的交易成本,提高效率。

一体化运营管理指的是饲料和屠宰一体化的经营模式。2013年7月,青岛中心正式开展组织变革工作。原青岛中心率先被拆分为沂蒙、滨海、鲁西、胶东、中原五个特区,同时终端事业部、种禽事业部、养猪事业部、担保事业部、食品事业部则均归总部管理。而中心也根据变革精神和调整安排,实现了职能转变与理念调整,由管理中心转为服务中心。

组织结构变革的第二阶段:划小单元去中心化(2013年12月—2014年2月)

2013年12月,新希望六和进一步分拆三北、成都中心。成都中心更名为成都片联合运管委员会,其猪肉食品、养殖事业部和担保公司划归股份相应的单位;成立成都服务中心,原成都中心总部及以上未涉及的产业划归成都服务中心,由成都片联负责。三北中心拆分为鲁西北、京津冀、东北、高唐和大象等区域单元。至此,原本处于总部与二级经营单位的中间层级——三大中心就被拆分掉了,形成了"股份总部—二级单元—分公司、子公司"三级的扁平化结构。三大中心被划分为25个经营单位,进一步划小考核单元。

在此基础上,为了聚焦区域,优化区域生态产业链,提升区域系统运营能力,公司打造了"片联+区域+基地"运营架构。片联指片区联合运管委员会,代表总部协调、监督区域权力运行以及干部管理,是区域战略制定的组织者和执行监督者,也是区域平台建设与组织运营的管理者。

组织结构变革的第三阶段:优化调整3(2014年2月—2014年年底)

继拆分为25个经营单元之后,新希望六和继续对组织结构进行优化调整。2014年2月,股份公司下发《禽肉产业深化变革会议纪要》,以期实现特(片)区冷藏厂和饲料厂专业化运营,进一步产销分离,明确责权利。在此期间,禽肉事业部、预混料事业部等也对营销组织架构进行了变革。2014年年初,禽肉事业部在全国范围进行市场区划,成立了22个冻品营销突击队、12个鲜品营销突击队,明确了销量任务目标,业务员归零,重新竞聘上岗。2014年上半年,预混料事业部也全力推行产销分离,成立营销公司,剥离徐州硕虎、宣城六和两家公司,实现"专业的人做专业的事"。

集团总部也进行了相应的调整,以更好地管理各经营单位。总部增设饲料管理部、市场技术部、法务部三个部门。饲料管理部主要负责制订统一的国内饲料业务三年发展战略及规划方案,协同市场技术部、技术研发部、原料商贸部等专业能力平台及各运营区域,联合开发战略产品。市场技术部设首席顾问科学家,以提升整体规划能力、专业化能力和技术服务能力。商贸原料部分拆为采购中心与商贸部。采购中心负责对外采购和内部供应,负责采购线路的管理工作;商贸部负责外部销售渠道开发与销售工作。

截至2014年12月,新希望六和通过产销分离,拆分三大中心,成立省级新区,重组食品控股有限公司和独立一体化公司,形成了总部直管46个经营单元的较扁平结构。

组织变革改变了原有的责权关系和资源分配格局,而这种变化的不确定性会给员工带来不安,甚至导致人员的不配合。为了在组织内部更大范围地达成变革的共识和决心,陈春花选择了向公司员工写信的交流方式,内容从"信仰专注"到"向自己挑战",直触问题本质,对员工动之以情、晓之以理,激励所有人员一起为新希望六和的愿景共同奋斗。

在达成组织变革共识的基础上,更关键的是如何激发员工的创造力与才能,实现对组织业绩目标的转化。为此,新希望六和对激励和绩效考核方案进行了大刀阔斧的变革。整个公司采用了划小单元、分级考核、包干到司的考核方案,实行"分公司、子公司—二级单元—股份总部"分级考核,不同层级业绩奖励计提比例差异化。与此同时,新希望六和采取了一系列激发各区域活力的特色措施,如新区竞聘、管理人员竞聘、红黄牌制度等。以负激励机制红黄牌制度为例,它具体包括黄牌警告、红牌警告和一票否决机制,它保证了权利和责任的匹配,且引入了竞争机制,带动了基层组织的经营活力。

2014年,互联网浪潮席卷了整个全球经济。马云的淘宝平台模式和雷军的小米轻资产模式让新希望六和看到了农牧业变革的可能性。在互联网浪潮下,风口上的猪也能飞起来。但"互联网思维"的精髓掌握并非一蹴而就。尝试可能有机会,但不尝试一定没有机会。新希望六和目前正在试图从生产商向服务商转型。在互联网大潮中,农牧帝国勇立潮头的第一步是扩展在电商领域的业务。

目前,新希望六和在天猫商城、京东商城、微店、淘室、一号店、当当网等平台已基本实现"全网营销",业务开始打上互联网烙印。新希望六和运用"互联网思维"进行自我改造也必然带来自身结构、运作体系以及对外合作关系的变化。

2014年年初,新希望六和食品控股有限公司成立,将其从原来的二级事业部升级为一级事业部,以期打造面向消费者的终端服务平台。企业可能会有边界,而互联网没有边界。新希望六和开始尝试突破组织边界,跨界合作。2014年,新希望六和与京东商城达成战略合作。但自我改造远不绝于此,在2013年的集团年度会议上,新希望六和也明确了"打造顾客导向的农牧企业"的目标,提出"养殖端以饲料增强影响力,消费端加大对终端食品的开发"的布局。为此,新希望六和一方面组建养殖技术服务、金融担保等公司,通过提供广泛的技术、金融、市场、产品、服务来赢得养殖户的认同,将手伸向生猪养殖。

另一方面,开始尝试与消费者"打成一片",如福达计划截至2015年已经推广到了6万家养殖户,未来不久将覆盖所有农户,让消费者能够追溯食品本源,真正做到放心。公司同时发布"关于出资设立华大希望科技有限公司暨关联交易的公告",与深圳华大基因、Helixplus,LTD.共同出资设立"深圳华大希望科技有限公司"。华大希望的战略是追求长远根本的突破,初期聚焦于动物育种、养殖技术与动物营养等方面的研发与产业应用,可为公司在动物选育、养殖、疾病防控等业务带来重大突破。未来,新希望六和将提升国际化水平,尝试整合全球的资源,真正实现让中国的农户走出去。创新求变,思想先行。企业可持续发展的核心是激发人,对新希望六和而言,还要激励内部团队学习与创新,打造学习型组织。自2014年3月开始,新希望六和高管团队频繁走访互联网公司和同行企业进行参观、交流和学习,同时还邀请相关领域专家对公司高管进行培训。比如,在2014年终期总经理工作会议上,就特邀小米公司合伙人雷军分享"小米是如何炼成的"。

任何一家企业的"转型升级"都是一个看上去很美、听上去很动听的故事,但具体到某个行业和某个公司,在路径选择方面又千差万别,模式不可复制,结果也难以预测。但不变革、不转型就是等死,被迫转型很痛苦,预见式转型要有超强的战略洞察能力,要割舍过去的成功与荣光。作为中国最大的农牧企业,新希望六和仍然能"放下身段",向自己挑战,寻求改变本身就是一种自我超越,正如2014年公司终期会议所述:"改变正成为我们最大的资产。我们因为改变而拥有未来。"

2013年是新希望六和的转型的元年,2014年之后则是"革自己命"的年份。无论是组织架构调整、团队激活、组织增效,还是运用互联网思维进行自我改造,新希望六和在收获变革红利的同时,也在承受调整的"阵痛",比如,原有利益群体的阻力、制度与流程的缺少引发的摩擦、变革中的人才流失等。

清末维新派领袖唐才常说过:"变则通,通则存,存则强。"新希望六和演绎的这出"变形记"已经揭开了序幕,但能否完美收场,这个舞台上的新希望六和人将给出最终的答案。

资料来源:陈春花,曹洲涛,等.组织行为学[M].4版.北京:机械工业出版社,2019.

问题：

（1）新希望六和公司进行组织变革的动因及阻力是什么？

（2）结合库尔特·卢因的阶段性变革模式，新希望六和的组织架构变革经过了哪些步骤？

（3）对比新希望六和 2013 年 1 月和 2014 年 12 月的组织架构，分析两者之间的区别。

（4）如果你是这家农牧企业的高管，为了应对未来的形势变化，在组织结构优化调整中可以向互联网企业学习什么？

参考文献

1. 弗雷德·鲁森斯.组织行为学[M].王垒,等译.北京:人民邮电出版社,2004.
2. 斯蒂芬·P.罗宾斯.组织行为学概论[M].12版.孙健敏,译.北京:中国人民大学出版社,2008.
3. 陈国权.组织行为学[M].北京:清华大学出版社,2006.
4. 孙健敏,李原.组织行为学[M].上海:复旦大学出版社,2005.
5. 胡君辰.组织行为学[M].北京:中国人民大学出版社,2010.
6. 理查德·L.达夫特.组织行为学[M].杨宇,等译.北京:机械工业出版社,2004.
7. 黄培伦.组织行为学[M].广州:华南理工大学出版社,2001.
8. 斯蒂芬·P.罗宾斯.组织行为学精要[M].柯江华,译.北京:机械工业出版社,2005.
9. 陈国海.组织行为学[M].3版.北京:清华大学出版社,2010.
10. 余凯成.组织行为学[M].3版.大连:大连理工大学出版社,2006.
11. 李健锋.组织行为学[M].4版.北京:中国人民大学出版社,2010.
12. 杨忠,等.组织行为学:中国文化视角[M].南京:南京大学出版社,2006.
13. 李秀娟.组织行为学[M].北京:清华大学出版社,2003.
14. 关培兰.组织行为学[M].北京:中国人民大学出版社,2003.
15. 孙优萍.组织行为学[M].杭州:浙江大学出版社,2007.
16. 张德.组织行为学[M].大连:东北财经大学出版社,2006.
17. 约翰·阿诺德,等.工作心理学[M].沈秀琼,等译.北京:经济管理出版社,2005.
18. 卢盛忠,余凯成.组织行为学——理论与实践[M].杭州:浙江教育出版社,1993.
19. 余凯成.组织行为学案例集[M].成都:西南财经大学出版社,1996.
20. 杨锡山,等.西方组织行为学[M].北京:中国展望出版社,1986.
21. 孙彤.组织行为学[M].北京:中国物资出版社,1986.
22. 许玉林.组织行为学[M].北京:中国劳动出版社,1996.
23. 颜坚莹.组织行为学[M].广州:暨南大学出版社,1999.
24. 杨锡山,钱冰鸿.行为科学[M].北京:企业管理出版社,1980.
25. 斯蒂芬·P.罗宾斯,玛明·库尔特.管理学[M].7版.孙健敏,等译.北京:中国人民大学出版社,2008.
26. 中国工业科技管理大连培训中心.组织行为学[M].北京:企业管理出版社,1984.
27. 冬青.揭开行为的奥秘——行为科学概论[M].北京:中国经济出版社,1988.
28. 葛林.行为科学在企业中的应用100例[M].北京:中国经济出版社,1988.
29. 修·J.阿诺德,等.组织行为学[M].邓荣霖,译.北京:中国人民大学出版社,1990.
30. 《组织行为学》编写组.组织行为学[M].北京:高等教育出版社,2019.
31. 安德鲁·卜杜布林.组织行为基础——应用的前景[M].奚慧,等译.北京:机械工业出版社,1985.
32. F.E.卡斯特,等.组织与管理——系统方法与权变方法[M].李柱流,等译.北京:中国社会科学出版社,1985.
33. 罗伯特·欧文斯.教育组织行为学[M].孙锦涛,等译.武汉:华中师范大学出版社,1987.
34. R.M.霍德盖茨.工作中的现代人际关系学[M].吴德庆,等译.北京:中国人民大学出版社,1989.
35. 陈春花,等.组织行为学[M].4版.北京:机械工业出版社,2020.
36. 哈罗德·孔茨等.管理学[M].9版.郝国华,等译.贵阳:贵州人民出版社,1993.

37. 小詹姆斯·H. 唐纳利,等. 管理学基础——职能·行为·模型[M]. 李柱流,等译. 北京：中国人民大学出版社,1982.
38. 亨利·西斯克. 工业管理与组织[M]. 段文燕,等译. 北京：中国社会科学出版社,1985.
39. 亨利·艾伯斯. 现代管理原理[M]. 杨文士,译. 北京：商务印书馆,1980.
40. 威廉·大内. Z理论——美国企业界怎样迎接日本的挑战[M]. 孙耀君,等译. 北京：中国社会科学出版社,1984.
41. 赫伯特·A. 西蒙斯. 管理决策新科学[M]. 李柱流,译. 北京：中国社会科学出版社,1982.
42. R. R. 布莱克,等. 新管理方格[M]. 孔令济,等译. 北京：中国社会科学出版社,1986.
43. 占部都美. 现代管理论[M]. 蒋道鼎,译. 北京：新华出版社,1984.
44. 索伯民,王天崇. 组织行为学[M]. 北京：北京理工大学出版社,2017.
45. 杨洪兰,张晓蓉. 现代组织学[M]. 上海：复旦大学出版社,1997.
46. 王风彬. 现代企业的组织与再组织[M]. 杭州：浙江人民出版社,1997.
47. R. A. 韦伯. 组织理论与设计精要[M]. 李维安,等译. 北京：机械工业出版社,1999.
48. R. A. 沙曼. 组织理论和行为[M]. 郑永年,等译. 南宁：广西人民出版社,1988.
49. 埃德加·H. 沙因. 企业文化与领导[M]. 朱明伟,等译. 北京：中国友谊出版公司,1989.
50. 阿伦·肯尼迪,等. 西方企业文化[M]. 孙耀君,等译. 北京：中国对外翻译出版公司,1989.
51. 阿法纳西耶夫. 社会管理中的人[M]. 贾泽林,译. 北京：知识出版社,1983.
52. 俞文钊. 管理心理学[M]. 兰州：甘肃人民出版社,1985.
53. 卢盛忠. 管理心理学[M]. 杭州：浙江教育出版社,2001.
54. H. J. 莱维特. 现代管理心理学[M]. 方展画,等译. 上海：上海翻译出版公司,1988.
55. 程正方. 当代管理心理学[M]. 北京：北京师范大学出版社,1996.
56. 徐联仓,凌文铨. 组织管理心理学[M]. 北京：科学出版社,1986.
57. 爱德加·薛恩. 组织心理学[M]. 余凯成,等译. 北京：经济管理出版社,1987.
58. 杜安·P. 舒尔茨. 心理学与现代工业——工业与组织心理学入门[M]. 汤应鸿,等译. 北京：机械工业出版社,1987.
59. 克特·W. 巴克. 社会心理学[M]. 南开大学社会学系,译. 天津：南开大学出版社,1986.
60. 周晓虹. 现代社会心理学[M]. 北京：群众出版社,1997.
61. 周晓虹. 现代社会心理学名著菁华[M]. 南京：南京大学出版社,1992.
62. 刘正周. 管理激励[M]. 上海：上海财经大学出版社,1999.
63. 约翰·W. 纽斯特罗姆,基斯·戴维斯. 组织行为学[M]. 陈兴珠,罗继,等译. 北京：经济科学出版社,2000.
64. 查理德·佩廷格. 掌握组织行为[M]. 刘天伟,等译. 桂林：广西师范大学出版社,2001.